理想的中國人：孔子教你做君子

張亞中◎著

自序：做個君子，做個心靈高尚的人，做個理想的中國人

孔子站在河畔，感歎「逝者如斯，不舍晝夜。」光陰若如流水，我們都只是行船人。時光無限，生命短暫，如何找尋生命的意義與價值，是每個人無法迴避的命題。如何找到自己生命星空中的北斗，讓我們在黑暗中不致迷失，是我們終身的課題。

我並非儒學經典的專家，而是一位關心中華文化，相信其能賦予生命意義與優化生活態度的普通人。作爲一名長期致力於捍衛與弘揚中華文化的推動者，我深信中華文化不僅是全球多元文化的重要瑰寶，更是能爲人類文明、和平與和諧做出巨大貢獻的資源。

隨著中國大陸經濟的快速崛起，內部文化價值上的腳步顯得有些緩慢，精神文明與物質文明仍有差距。在對外方面，實力累積的速度讓中國在全球舞臺上扮演著愈加重要的角色。然而，實力與威望的持續提升，必須建立在文化自信的基礎上。一個眞正強大的國家，其實力必須建立在文化自信與道德基礎之上。文化是國家立足於世界的深層力量，唯有文化才能贏得眞正的尊敬。另一方面，令人憂心的是，台灣內部部分政治力量長期推行的「去中國化」，使得臺灣過去累積的中華文化精髓漸漸消耗殆盡。因此，弘揚中華文化已是刻不容緩的大事。

撰寫本書，希望能爲深耕中華文化盡一份心力，喚醒每一位中華民族的一分子，都能以成爲「理想的中國人」爲榮爲志。同時，也希望向全世界展示什麼才是「理想的中國人」的眞正品格，讓全球不同文化的人產生欣賞、敬佩甚至學習的意願。當然，做爲「臺灣人也是中國人」的一分子，更期待臺灣民衆重新認識中華文化之美，並以擁有這樣的文化爲豪。

本書主標題「理想的中國人」，旨在探討理想中國人應有的文化、內涵、氣質與風範。中華文化博大精深，其中儒、釋、道三家構成了其精神內核，各有千秋，但儒家思想始終在中華文明數千年的長河中扮演主導角色。因此，「理想的中國人」必然蘊含儒家思想的深邃智慧。

我並沒有任何學術權威爲「理想的中國人」下定義，而是希望藉助中華文化經典，探索和呈現「理想的中國人」應具備的品質與內涵。儒家思想自孔子以降，經過歷代先賢的傳承與發展，形成了清晰的價值體系：從「格物」、「致知」、「誠意」、「正心」、「修身」的成己之學，到「齊家」、「治國」、「平天下」的成物之學，儒家思想無疑是一門兼具人文關懷與生命智慧的學問。

孔子所期望的並非人人皆成聖賢，而是希望每個人都能成爲有仁德修養的君子。孔子說：「君子坦蕩蕩，小人長戚戚。」君子是一個胸懷坦蕩、內外兼修的人。他不是超凡的聖賢，但卻是有仁德、有擔當、有智慧的人。他在面對人生的高山低谷時，既能立足當下，又能仰望星空。他不僅成己，更致力於成物，為社會帶來和諧與進步。

在我看來，「理想的中國人」即是孔子心目中的「君子」，不論男女貧富、才淺學高，人人都可以成為一位「心靈高尚的人」。本書副標題「孔子教你做君子」，即是「君子之學」，探討如何學習做君子、心靈高尚的人。君子這一課題，正是《論語》的主軸，也是孔子終身關懷與實踐的重心。孔子與弟子的討論幾乎都圍繞著如何成為君子而展開。

本書內容皆取材於《論語》，試圖呈現孔子心目中君子的風範與樣貌。全書分為十二個單元，涵蓋了君子在不同情境中的表現，包括：孔子自身的人格陶養與行道濟世、君子在親子師友間的相處之道、君子的立志與學習之路、仁德的培養與展現、面對過失時的態度與反省、挫折中的超越、生活態度與自然的契合、領導者的崇德行道、人間關懷與政治理想，以及對生命意義與尊嚴的追求等。這些內容全面展示了君子的內外修德與人間關懷。

本書的結構安排與所使用的選文，均參照由本人代表孫文學校所編著出版的《中華文化基本教材——論語》一書。在介紹每一篇選文時，包含以下三個主要部分：第一部分是「本文解析」，將選文內容進行完整且清晰的解釋與詮釋；第二部分是「當代意義」，闡述該選文在現代社會中的意義與價值；第三部分是「參考範例」，舉出一位或多位中外著名人士，或小說戲劇中的人物，分析他們的思想、行為及風範，如何與孔子所期盼的「君子」相互輝映。

值得特別說明的是，爲何在撰寫《理想的中國人》時會引述外國人的事蹟？這是因爲本書旨在展示孔子心目中的「君子」並非中國人所獨有，而是人類文明的共同瑰寶。無論中外人物，他們的人格特質與價值觀若與「理想的中國人」的人格相契合，都令人敬佩且值得學習。

撰寫本書的目的並非從事學術性的探討，而是希望以通俗易懂的方式，類似於「科普讀物」，讓更多人願意閱讀並思考中華文化的價值。因此，在每一則選文中都配以相關的歷史人物與故事，讓讀者不僅能夠吸收更多歷史文化知識，更能對「理想的中國人」的內涵有更加清晰而深入的理解。

「士不可不弘毅，任重而道遠」，這是我這二十多年來推動中華文化時的眞實心境。本書的不足之處，懇請讀者多予指正，也期待更多有識之士共同努力，讓中華文化「不廢江河萬古流」，永續傳承。

孫文學校總校長
張亞中 謹識

目錄

第五單元　理想的人格　169

第六單元　過失與反省　215

第八單元　生活的藝術　293

第九單元　品德與領導　327

第十單元　人間關懷與政治理想　373

第一單元

一位君子的誕生

第一節　君子的人格陶養

一、少年孔子

在那個封建制度逐漸走向崩潰的時代，沒落貴族的生活往往非常困頓。失去了經濟優勢，他們只能在社會基層掙扎求存。孔子曾說：「我小時候地位低微，因此學會了許多謀生的技能。」（吾少也賤，故多能鄙事。）然而，貴族的出身仍然使他從生命的深處懷抱著高貴的理想和盼望。對於這樣一位卑微但奮發向上的青年而言，找回高貴的價值和理想，成爲他人生的渴望與追求。

毫無疑問，對當時的任何年輕人來說，貴族的「禮樂生活」就是高貴的象徵，猶如現代人對名校和學位的追求。貴族身分代表了高貴，他們被稱爲「君子」；而平民則被歸爲「小人」。因此，學習禮樂自然成爲晉升高貴階級的途徑。而周代的禮樂制度，與周公的「制禮作樂」密不可分。這或許也是爲什麼周公成爲年輕人心中崇拜的英雄人物之一。

然而，周公的禮樂經過幾百年的演變，到孔子所處的時代，已逐漸淪爲表面化的社交形式，其帶來的「高貴感」也可能只是一種虛榮與自我標榜。這種差異，對年輕人而言，需要細心分辨：究竟是僅僅爲了身分上的君子頭銜而努力，把自己塑造成一個外在高貴的人，還是認識到這種改造可能只是一種淺薄的慾望，一種自私目的的追求？

做出正確的分辨並不容易，而這也正是學習的核心任務之一。孔子，這位年輕時窮困卑微的青年，正是全身心地投入到了這樣的學習中。他沒有停留在浮淺的禮樂形式上，而是努力通過聆聽、觀察、反思，去探尋：什麼才是眞正的禮樂精神？

二、孔子的學習對象：叔向、子產與季札

在孔子年輕的時代，天下有一些著名的人物，如晉國大夫叔向、鄭國執政者子產、吳國公子季札等。他們這些「翩翩佳公子」都對孔子產生了深遠的影響，以下是幾個具體的例子。

在春秋末年，社會變得越來越複雜，爲了提升國家治理水平，鄭國率先制定了一部成文法律。這一舉措從文化發展的角度看，無疑是時代的必然選擇。然而，叔向卻因此寫信給子產，對此提出了重要的批評。他深刻地意識到，這將引發時代的重大變革，並感慨以禮樂治理天下的時代或許已經一去不復返了。這使他開始思考：到底是用刑法治國更好，還是用禮樂治國更好？這個問題正是孔子非常關心的核心課題。

子產則是另一位更爲著名的重要人物。有一次，有人向子產預言，鄭國京城外某日將

會發生一場大火，並提醒他提前做好防範。然而，子產並未理會這一預言。到了那天，大火果然應驗，對京城外造成了嚴重損失，國人紛紛指責子產，認為他不敬天命，導致災禍。然而，子產的處境更加艱難，因為那位預言者再次提出新的預言，稱不久後還會有另一場大火。國人因此強烈要求子產採取行動。

儘管面臨極大的壓力，子產依然保持冷靜。他只是向國人表示：「天道遠，人道邇。」（意即：天道遙遠難測，人事卻在我們的掌控之內。）他認為這些預言只是巧合，我們不應過分揣測天意，而應該專注於做好當下應做的事。最終，第二場預言中的大火並未發生，子產鬆了一口氣，國人也從中汲取了教訓。這種「敬鬼神而遠之」的態度，在當時看來是大膽而大逆不道的，但對孔子卻產生了深遠的啓發。他的這種理念，或許正是源自於子產的影響。

此外，吳國的季札也對孔子有重要影響。《左傳》記載了一則關於季札在魯國觀看魯人演奏《詩經》古樂的故事。在演奏中，季札逐一解釋了自己對《詩經》中〈風〉、〈雅〉、〈頌〉的理解，他能通過歌詩與樂舞，精準洞察每個國家的德行特色。這種「由樂以觀德」的方式，與孔子在《論語》中提倡的教學理念不謀而合，成為孔子教育思想的重要組成部分。

三、「學不厭」與君子人格的誕生

從以上幾個例子可以清楚看出，孔子在學習禮樂的過程中，展現了寬廣而深刻的思考面向。他的學習不局限於一兩位老師，而是以整個時代最傑出的心靈爲學習對象。孔子以「學不厭」的精神，不斷向成爲眞正「君子」的目標邁進。然而，孔子所追求的「君子」，究竟是什麼樣的君子呢？

在那個時代，學習禮樂對一些人來說，不僅是文化修養，也是謀生的技能。他們可以藉此進入貴族或國君的門下，成爲家臣，從而參與政治權力結構，晉身爲「君子」——一種高貴的社會身分。然而，這就是孔子的理想嗎？根據現有文獻記載，年輕的孔子可能因生活所迫，曾經委身於貴族。然而，隨著學問的成熟，他顯然不再是一個追逐身分和地位的人。他具備才能，但並不會自降身價去「兜售」自己。

在《論語》中，孔子明確表達了他的態度：「君子努力的重點在於『道』能否實現，而不是僅僅追求一份職務來糊口。他擔憂的是『道』的成敗，而不是害怕貧窮。」（君子謀道不謀食。耕也，餒在其中矣；學也，祿在其中矣。君子憂道不憂貧。）這段話表明，孔子的學習不是爲了進入上流社會，而是爲了實踐眞正的禮樂精神。他的學習態度與封建時代那些爲身分地位而學習的人截然不同。

孔子將學習禮樂視爲追求人生意義的過程，這使得他的學習進一步深化到根本性的思考。他追求的「君子」，不再只是貴族身分的象徵，而是能夠承載禮樂精神、展現內心尊嚴的人格體現。這樣的「君子」不僅是一種高貴的身分，更是一個高尚人格的象徵，超越了身分、地位與階級的藩籬，回歸於人性本善的內在領域，成爲每個人都能追求的價值目標。

因此，在春秋末年，孔子通過對傳統禮樂制度的反省與重新詮釋，並以自身的實踐爲例，爲中華文化找到了一個「阿基米德支點」。一種全新意義的「君子」由此誕生！（在春秋時期，「君子」一詞有時不僅指貴族身分，也帶有價值評判的含義，指那些德行高尚的貴族。而孔子則是第一位不以身分，而是以人格修養來闡釋「君子」意義的人。）

第二節　君子的行道濟世

孔子曾說：「吾十有五而志於學，三十而立。」（吾十有五而志於學，三十而立，四十而不惑，五十而知天命，六十而耳順，七十而從心所欲，不逾矩。）這段話是他對自身成長的回顧與描述。他用十五年的時間來打磨學養，三十歲時，他已經準備好將所學付諸實踐。然而，孔子面臨的問題是：他應該在哪裏尋找一個能夠展現自己理想的舞臺？

一、中國的第一位平民教育家

在孔子的時代，以他的博學多聞，要尋找一個貴族之家寄身並不困難（事實上，他年輕時確實做過這樣的事）。然而，如果這位貴族無法給予他實踐禮樂理想的機會，那孔子該如何選擇？是為了現實而暫時委屈自己的理想？還是應該「守身待時」，寧可忍受生活的艱難？或者，還有其他兩全其美的方法？這正是孔子在「三十而立」時所面臨的困境。

客觀來說，當時魯國的貴族大多不成器，這讓孔子不願意屈就於他們之下。然而，孔子的學識與品德已經贏得了人們的尊敬，許多年輕人紛紛前來向他請教學問。在這種情況下，孔子選擇以教學為自己的起點，作為實踐「行道」的第一步。

從今天的視角看，教學似乎並不特別。然而在孔子的時代，禮樂的學習是貴族的特權，平民幾乎無緣接觸。貴族和士人有既定的管道接受教育，而一般平民既無機會，也無權學習禮樂。當時教授禮樂更是貴族的專屬職責，普通人既沒有資格教，也沒有資格學。在這樣的背景下，孔子的做法堪稱劃時代的創舉。

孔子的學生中，許多人並非貴族出身，但他從不因學生的身分或階級而有所偏見。他秉持「有教無類」的理念，只要有人願意學習，他就樂於教導。這一舉措不僅打破了當時的階級意識，更體現了知識平等和人格平等的觀念，隱含著對人人平等的認同。

孔子的舉措開創了中國平民教育的先河，使他成為中國歷史上第一位實行平等教育的教育家。他的「有教無類」精神突破了貴族壟斷教育的傳統，讓知識成為所有人都能夠追求的目標。

孔子對教育的這一創新，不僅影響了他所處的時代，也為後世的教育理念奠定了基石。他讓知識不再局限於貴族的特權，而是成為所有渴望進步的人的資源，開創了一個人人皆可受教的時代。

二、課程內容與教學重點

孔子教學的內容包括哪些呢？首先，是當時貴族所需的基本教養，如「禮樂」，以及一些治理政事的實用技能，比如射箭、駕車等技藝。那麼，有沒有教材呢？關於實用技能是否有固定教材，已無從考證；但在禮樂相關的教學中，除了實際的演習，還包括《詩》、《書》等經典教材，也就是孔子所說的「子以四教：文，行，忠，信」中的「文」。

教材有了，那孔子是如何教學的呢？簡要來說，孔子的教學重點可以歸納為三個方面：

第一、解讀禮樂的意義。孔子除了教授學生禮樂的基本內容外，還特別重視闡明禮樂的意義。他不僅傳授形式，更強調內涵，就像我們讀小說、看電影時，能一語道破作品的核心精髓一樣。這種深刻的詮釋，若非對禮樂精神有深入理解，是無法做到的。而禮樂的核心意義，他用「仁」這個概念統攝起來。「仁」的內涵經過後世的豐富詮釋，簡單而言，就是「一種良善的存心，對人對物的關懷」。

第二、因材施教。孔子在實際教學中非常注重因材施教。他往往從學生自身的生命感悟出發，通過啓發式的引導，幫助學生提升人格與道德。換句話說，他的教學重心是道德教育與人格教育，知識教育則放在「行有餘力」的情況下進行。孔子認爲，只有學生的人格與道德得到提升，知識的學習才能眞正發揮作用。

第三、重視實踐。由於教學重點在於道德與人格的塑造，孔子格外強調學問的實踐性。他認爲，眞正的學問必須能夠增進人的道德和人品。因此，他主張教學應與生活緊密結合，深入學生的日常，針對學生面對的各種生命處境和難題，隨時進行指導。這也充分展現了孔子「誨人不倦」的精神。

孔子的教學理念既著眼於學生的生命感悟，又注重道德實踐，這種教育方法超越了形式與知識的傳授，成爲塑造人格的典範。他對教育的全面投入與耐心，至今仍爲後世推崇與學習。

三、出仕

在孔子「學不厭，誨不倦」的辛勤努力下，他培養出了一批具備君子人格的學生，其中以顏淵、子路等弟子最爲知名。隨著教學成果不斷擴大，孔子的名聲也漸漸傳開，慕名而來的學生越來越多。終於在他年過半百之後，迎來了一個在魯國實踐理想的機會。

當時，魯定公誠邀孔子出任中都宰。作爲一位眞正的君子，孔子當然希望藉此機會大刀闊斧地進行改革。果然，一年之內，他的政績卓著，贏得了廣泛的讚譽。隨後，孔子被升任爲魯國的司空及大司寇，成爲魯國重要的執政人物。他以「禮」輔佐魯定公，並在與齊國的夾谷會盟中，成功捍衛了魯國的尊嚴，甚至讓齊國歸還了侵占的魯國土地。

然而，孔子的改革觸動了魯國權臣的利益。尤其是三大家族——史稱「三桓」的季孫氏、孟孫氏和叔孫氏，他們的家臣越禮逾制，甚至將一些城池修築得如同京城一般。爲了整頓這種亂象，孔子發起了歷史上著名的「墮三都」事件。他拆除了三桓勢力的兩座城池，但第三座城池未能如願拆除，這一事件也引發了魯國政壇的震動。

不久之後，齊國送女樂給魯國執政大夫季桓子，這件事暴露出魯國政治風氣的極度腐敗。整個政治氛圍已經與孔子的理想格格不入，而這些汙濁的權貴們也容不下孔子。最終，孔子不得不帶著弟子離開魯國，開始了周遊列國的歲月。

這一年是魯定公十三年（公元前四九七年），孔子時年五十五歲。他在魯國爲官僅三年，雖取得了一些成就，但在禮崩樂壞的時代，君子的道路總是充滿了坎坷與無奈。

四、周遊列國、四海漂泊

在魯國的挫折並未讓孔子放棄以禮樂治世的理想。他選擇浪跡天涯，尋找實現抱負的機會。然而尋找機會是一回事，他不願屈從於現實又是另一回事。當這兩者發生衝突時，我們看到的是一位漂泊各地、吃盡苦頭，卻依然懷抱人間關懷的君子形象。

孔子搭乘弟子冉求駕駛的馬車離開魯國，展開了約十四年的周遊列國之旅。他曾到過衛、宋、陳、蔡、曹、楚等國，其中在衛國和陳國停留的時間最長。由於孔子的賢名遠播，多數國家給予了他一定的禮遇，使得他和弟子們的生活尚可維持。然而衛國的國政比魯國還要混亂。衛國國君與太子骨肉相殘，國君荒淫無度、不守禮法。在這樣的情況下，孔子自然無法找到施展抱負的機會；即使有機會，他也很難妥協屈就。最後，因衛國君主對孔子失敬（衛君與孔子的談話中避開禮樂，而談論兵陣之事），孔子決定離開衛國。

離開衛國後，孔子在陳、蔡、宋之間流浪了很長一段時間。在這段期間，他經歷了無數艱難險阻，包括被人威脅、捲入戰亂，甚至一度糧絕多日。他的弟子們跟隨他一起受苦，幾乎到了苦不堪言的地步。儘管如此，孔子依然保持著弦歌不輟的精神，只要有空間，他就隨時隨地與弟子討論學問。

孔子的著名弟子，如子貢等人，正是在孔子離開魯國後陸續投入他的門下。即便身處漂泊與艱困之中，孔子依然吸引了這些弟子追隨，可見他的人格魅力是多麼深厚而卓越！

五、儒者濟世與隱者守身

孔子在周遊列國的過程中，曾多次遇到隱居的賢者。這些人因爲世局紛亂，選擇遠離塵囂，自耕自食。其中有一次，在淮河流域、陳國與楚國之間，孔子一行人碰見了兩位正在田間耕作的農夫，名叫長沮和桀溺。爲了尋找渡河的路，子路便上前詢問。

長沮問道：「車上那位是誰啊？」子路回答：「是孔丘。」長沮接著問：「是魯國的孔丘嗎？」子路點頭稱是。沒想到，長沮的回答竟是：「那他應該知道渡口在哪裏。」隨後便不再理會子路。無奈之下，子路只好轉向桀溺詢問。桀溺也問子路：「你是誰？」子路答道：「我是仲由。」桀溺再問：「你是孔丘的學生嗎？」子路再次回答：「是的。」桀溺於是說了一段意味深長的話：

「如今天下早已隨波逐流，越來越混亂，誰還能改變什麼呢？當世間都是昏暴之君的時候，與其追隨像孔丘那樣，想要找到明君以救世的君子，還不如追隨像我這樣的隱士，遠離世俗，自耕自食，難道不是更好嗎？」

說罷，他們便繼續耕種，不再理會孔子一行人。子路碰了一鼻子灰，只得回來向孔子報告。孔子聽後，神情黯然，感慨道：

「這兩位的確是世外高人啊！但我卻不能像他們那樣，遠離人群，隱居山林，與鳥獸爲伴。我注定要與天下蒼生生活在一起。正因爲天下無道，我才要這般棲棲惶惶、四處奔走。如果天下都有道，我們就不需要再做什麼了，不是嗎？」

六、流浪者的情懷

由於時代的蒙昧，孔子雖然偶爾能夠接受一些貴族的邀請，提供諮詢，卻始終無法獲得眞正施展抱負的機會。隨著歲月的流逝，孔子漸漸萌生了一個念頭。他曾感慨地說：「我老家的那些年輕人，他們都有著遠大的志向，雖然有些粗疏，但他們的文理中已經顯露出可取之處。只是還缺乏一些剪裁與指正罷了！」（子在陳曰：「歸與！歸與！吾黨之小子狂簡，斐然成章，不知所以裁之。」）

這段話顯示，孔子開始萌生了歸鄉的想法。他也清楚地意識到，這個時代恐怕再也沒有足夠的空間，能夠讓他實現理想了。於是他決心回到家鄉，把教育作爲終身的志業，教導後學，將自己的理念傳承給後世。然而這一年他已經六十三歲，心生歸鄉的願望，卻依然無法如願。爲什麼呢？因爲魯國的大夫們依然容不下他。

這到底是誰的不幸呢？或許，正如儀封人所說的那樣，他請見孔子後感慨道：「天下無道已經如此之久了！也許老天派孔子來到人世間，就是要讓他像一個『木鐸』一樣，警醒世人，讓大家明白正道的所在吧！」難道孔子這一生立身行道，注定要成爲「東西南北之人」嗎？

但正如他所言：「富與貴，是人之所欲也，不以其道得之，不處也；貧與賤，是人之所惡也，不以其道得之，不去也。君子無終食之間違仁，造次必於是，顚沛必於是。」即使流離失所、困頓不堪，他依然「學不厭，誨不倦」，追求仁道，並在這一過程中實現了自己的理想。

或許孔子的一生免不了有些遺憾，但他絕不會後悔，因爲他無愧於自己的堅持與信念。他以實踐仁道爲生命的核心，即使遭遇挫折，也以此爲榮。畢竟人生的過程永遠比結果更加重要，不是嗎？

第三節　君子的守先待後

魯哀公十一年（公元前四八四年），因孔子學生子貢、冉求等人在魯國的傑出表現，終於改變了魯國執政大夫季康子的態度，正式邀請孔子回國。同年冬天，孔子結束了十四年的流浪生活，回到了魯國。魯哀公親自接見了他，而季康子更是多次向孔子請教治國之道。然而這位年邁的賢者，終究未能被這些年輕的執政者眞正重用。

孔子的治國理想到底是什麼呢？早在他尚未步入仕途時，曾與顏淵、子路談論各自志向，他便簡要地概括了自己的政治抱負：「老者安之，朋友信之，少者懷之。」（使老人得以安居，朋友之間互相信任，並且關懷年輕人。）這看似簡單，但卻是無比深遠的理想。如果有哪位執政者能眞正實現這一境界，天下豈不成爲太平盛世？

然而孔子終其一生，始終未能獲得一個合適的舞臺，去實現這份治世抱負。儘管如此，他的理想與信念，透過經典的記載，跨越時代，深刻地啓發了無數後世英傑。即使未能在有生之年親見理想實現，他的精神卻早已化作文化的燈塔，照亮了後世前行的道路。

一、創建儒家學派

孔子的理想雖然未能在當時實現，但卻爲後人留下了深刻的啓示，引領我們更深入地思考理想與現實的種種問題。如果現實無法盡如人意，而理想常被認爲是空談，那麼設法將這些理想寄寓於代代相傳的「經典」之中，以啓發後人，豈不是另一項偉大的事業嗎？

孔子曾在流浪途中遭遇險境。有一次，他被困於匡地。當地百姓誤認爲孔子是殘害他們的陽虎，便將他團團圍困。在情勢危急、弟子驚慌失措之際，孔子講了一段著名的話：

「周文王已逝，但周初所傳下的禮樂之道，不正寄託在我們這些人身上嗎？若老天注定要讓禮樂之道毀滅，那麼後世之人又怎能理解禮樂的意義？若老天不想讓禮樂之道消亡，那匡人又怎麼可能傷害我們呢？」（文王既沒，文不在茲乎？天之將喪斯文也，後死者不得與於斯文也；天之未喪斯文也，匡人其如予何？）

這段話與其說是對弟子們的安慰，不如說是孔子對自己生命使命的深刻表白。他的生命正是為了承擔繼承與發揚禮樂之道的責任。如果這個使命無法在現實中完成，那麼他願意竭盡所能，確保禮樂之道得以保存，期待它在未來得以實現。

自回到魯國後的四年間，孔子專注於兩項看似平凡、卻震古鑠今的事業：其一，整理與編纂既有的經典；其二，培育能傳承禮樂之道與君子人格的青年學者，如曾子、子游、子夏、有若等人。他們成為完成孔子繼志述事志業的重要力量。

就這樣，一個影響中國兩千多年，乃至東亞鄰國千餘年的儒家學派誕生了。同時，一個充實飽滿的君子人格世界，也深深植根於我們的文化心靈之中，並持續發揮其光芒，影響著未來的世代。

二、整理古代經典

孔子晚年的兩項偉大事業值得深入探討，特別是他對古代經典的整理工作。《史記》

記載，孔子返魯後「刪《詩》《書》，訂禮樂」。然而，這個記載可能並不完全符合事實。根據後世考證，孔子所讀到的《詩經》，與此前以及我們今天所讀的版本，內容大致相同。或許有少數句子在後世失傳，但整體而言差異不大。

至於《書經》，確實因秦始皇焚書的緣故而流失了大量內容，但並無明確證據顯示孔子對其進行過刪改。同樣地，關於孔子改訂禮儀的說法，由於缺乏直接證據，也難以確認其眞實性。

因此，孔子所謂「整理」經典，應更貼切地理解爲對經典進行系統化處理，使之更方便於閱讀與講解，而非對內容本身進行刪改或重訂。他的工作並非對傳統經典進行大幅更動，而是在保留原貌的基礎上，爲後世學者提供了更清晰的指引。

三、古典新義

《論語》中保存了一些孔子講解經典的記錄，雖不完整，但依然生動。讓我們透過一個例子，感受孔子與弟子們的課堂互動。

有一天，孔子與弟子討論《詩經．衛風》的〈碩人〉，這是一首讚美女子的詩。其中有句：「手如柔荑，膚如凝脂，領如蝤蠐，齒如瓠犀，螓首蛾眉。巧笑倩兮，美目盼兮。」描寫女子的手、肌膚、脖子、牙齒、眉毛和眼神笑容的美好。《論語》中特別引用了其中的「巧笑倩兮，美目盼兮」，並加入「素以爲絢兮」一句。這句詩原文雖已失傳，但幸得孔子保留了下來。

當子夏問起「素以爲絢兮」的意思時，孔子回答：「繪事後素。」初聽可能有些費解，但實際上，孔子用「繪事後素」來解釋繪畫的過程：在畫彩色畫時，先塗上素底（白底），再加以彩色點綴。換言之，彩色的絢麗需要以素樸爲基礎。

孔子用繪畫的比喻，進一步闡述核心價值：「禮」的高貴與美感，必須以「仁」的良善爲根本。這讓子夏有所領悟，他問：「禮是否也在仁之後呢？」孔子的解釋，將一首讚美女子的詩上升到對禮樂制度內涵的思考：一位眞正的君子，不僅要遵守禮儀規範，更需要具備仁心，才能彰顯內外兼具的高貴與美感。

正如孔子常說：「人而不仁，如禮何？人而不仁，如樂何？」仁是禮樂的根基，也是君子人格的核心。這番互動讓孔子深感欣慰，他讚美子夏：「你的見解對我也是一大啓發！你已經領悟到《詩》的眞諦，我可以和你進一步討論《詩》了。」

這段教學互動，不僅展現了孔子與弟子的深刻討論，更體現了如何從經典中發掘精神內涵，並賦予其新的意義。在這樣的討論中，經典不僅被解讀，也被重新詮釋與豐富化。這正是孔子整理經典、賦予經典新生命的重要意義。

四、君子志業的代代相承

我們也看到了那些追隨孔子的弟子，在他的教導下如何一步步被培育成出類拔萃的君子。「吾黨小子」中，最値得一提的便是曾子。曾子並不是一位天資聰穎的奇才，《論語》中甚至提到：「參也魯」，意即曾子較爲遲鈍。然而，孔子的學問並不僅僅是爲聰明人設計的，而是任何人都可以領悟的，尤其是那些質樸的人往往更能深刻體會其精髓。曾子正是這樣的例子。

有一天，孔子問曾子：「我的學問之道一以貫之，你能理解嗎？」曾子回答：「我明白。」課後，其他弟子追問曾子，孔子的話究竟是什麼意思。曾子用極簡練的話，爲孔子的學問下了一個註腳：「忠恕而已矣。」這兩個字的意思是「盡己之心」和「推己及人」，將孔子的思想濃縮得簡潔明瞭。

（原文：子曰：「參乎！吾道一以貫之。」曾子曰：「唯。」子出。門人問曰：「何謂也？」曾子曰：「夫子之道，忠恕而已矣。」）

孔子與弟子們透過眞實的生命互動和思想交流，完成了「禮樂之道」的傳承，並開啓了一個以「仁」爲核心的精神世界。這一傳承，成爲中華文化歷史上最璀璨的篇章之一。

五、君子不死，典型永在

魯哀公十六年（公元前四七九年），孔子這位雖然生不逢時，卻照耀千古的君子，在平靜中走完了他波瀾壯闊的一生，從此化為歷史的永恆。他如何形容自己的一生？「學而不厭，誨人不倦」便是他對自身的評價。而歷史則給予他更崇高的讚譽：他是那位「知其不可而為之」的君子，也是那位「知我者其天乎」的知命之人。後人尊稱他為「至聖先師」，或以「聖人」名之，因為他所代表的不僅是學問，更是「人格典範」。

孔子的學生們這樣形容他：「望之儼然，即之也溫，聽其言也厲」——遠望時，他莊重威嚴；接近時，卻溫和可親；而聽他的言論，又深感嚴正與教誨之力。這樣一位真誠且真實的君子，其生命深深融入了後世的文化基因之中。

孔子辭世後，他的弟子與再傳弟子將他一生的行誼與言談編纂成《論語》。這部書以孔子為核心，記錄了一幅幅君子人格的精神肖像。書中的每篇每章，猶如一幅幅拼圖，需由讀者自行拼湊，組構出君子的精神面貌。《論語》的主題涵蓋廣泛，是闡明人文精神與六經意義的最重要著作之一。

儘管《論語》在戰國初年就已編纂成書並受到重視，但在秦始皇焚書坑儒的文化浩劫中，部分篇章不幸遭焚毀。漢朝興起後，流傳下來的版本有《魯論》、《齊論》、《古論》三種。現今我們讀到的《論語》，主要以《魯論》為基礎，共分二十篇，每篇下又分若干章。由於《論語》是儒家重要經典，歷代對其注解與詮釋極為豐富，三國何晏的《論語集解》、南宋朱熹的《論語集注》、清朝劉寶楠的《論語正義》都堪稱代表性作品。

兩千多年來，《論語》已逐漸融入中國人的文化心靈，並在東亞文化圈中成為一盞永不熄滅的明燈。日本德川時代的儒者伊藤仁齋甚至推崇《論語》為「最上至極宇宙第一書」。然而，這盞明燈是否能繼續發光，還是逐漸黯淡，已不再是孔子的責任。君子的精神需要後來者不斷傳承與發揚，而我們是否能繼承這份智慧，回應當代的新課題，就取決於我們是否願意立志成為一位君子。

第二單元

親子師友之道

前言

每個人都曾是純眞無邪的孩童。你是否曾經觀察過，當孩子們第一次遇見陌生人時的模樣？他們的反應千差萬別，但最常見的情景是，他們躲在父母的背後，用那雙充滿好奇的大眼睛，悄悄打量著不熟悉的面孔。隨著時間的推移，在父母的耐心引導下，他們開始對這個世界產生信任，學會了如何與家庭以外的人相處、交流。

我們都知道，孔子和他的弟子們極爲重視「孝」的美德。但是「孝」究竟是一種怎樣的品格呢？最初，它確實是宗法制度中的一環，然而到了孔子的時代，這個概念有了深刻的轉變。對孔子而言，「仁者，愛人」的含義，是源於眞摯的情感，旨在與所有人建立和諧圓融的關係。我們彼此融合，你、我、他不再孤立，每個人都從自身的桎梏中解放出來，讓自己的人生意義更加完整而豐富。而這種廣博的圓滿，不正是源自我們在家庭中，與父母之間那份最初的親情嗎？這難道不正是「孝」最根本的意義嗎？如果沒有這份原始的親愛之情，我們又如何知道該如何去面對陌生人、如何去善待他人呢？

因此，我們與他人相處的原則，起點正是對父母的敬愛、對兄弟姐妹的友愛。從家庭關係中的親密感出發，我們學會了尊敬師長，與朋友互相信任，友善地對待每一位與我們相遇的人。「仁」是人之爲人的核心價值，因爲我們將陌生的他者，視爲可以親切稱呼的

「你」。而「孝悌」正是這樣的人倫根本：視他人如同自己，視他人如同親近的家人。

作爲一個個體，我們自然而然地在家庭生活中培養出「仁」的種子，這體現於「父子倫」和「長幼倫」之中。當我們步入學校，開始接觸師長和同學，學習如何與原生家庭以外的人相處，也學習如何成爲一個成熟、負責的成年人，這就是「朋友倫」。因此，本單元將分爲三個部分，分別探討「親子手足之道」、「朋友交往之道」以及「師生相處之道」，希望能夠引導大家深入理解人際關係的眞諦，培養健全而豐富的人格。

第一節　親子手足之道

一、行孝道就是為社會做貢獻

或謂孔子曰：「子奚不為政？」子曰：「《書》云：『孝乎惟孝，友于兄弟，施於有政。』是亦為政，奚其為為政？」（〈為政〉）

孔子認爲，孝順父母與友愛兄弟是從政的基礎。這一觀點非常深刻，它強調了孝道不僅僅是家庭倫理，更是社會治理的基礎。只有從家庭中學會了愛與尊重，才能將這些美德帶入社會，形成良好的社會風氣。

有人詢問孔子，「你什麼不去從政？」孔子說：「《尚書》中說：『孝道重在行孝，並友愛兄弟，再延伸到政治事務上。』這也是我從政的基礎，何必非得從政才叫做爲政呢？」

孔子在春秋時期多次被問及從政之事，這段話是他對「是否一定要擔任公職」的回應，表達了他對「爲政」的深刻理解。孔子認爲，政治不僅僅是國家層面的行政管理，更是一種由家庭倫理延伸到社會治理的責任。孔子引用《尚書》的話語——「孝乎惟孝，友于兄弟」，強調孝順父母與友愛兄弟是政治的基礎。家庭的和睦是社會治理的起點。孝悌之道從家庭延伸到公共事務，成爲良政的核心。這意味著，治理一國的原則與治理一家的原則應是一致的。孔子認爲，實踐孝悌本身就是在履行政治責任，無需一定擔任官職才算「從政」。

孔子的這段話將「孝道」與「從政」相連，表達了家庭倫理在治國中的重要性。孔子認爲，孝順父母與友愛兄弟是從政的基礎。這一觀點非常深刻，它強調了孝道不僅僅是家庭倫理，更是社會治理的基礎。只有從家庭中學會了愛與尊重，才能將這些美德帶入社會，形成良好的社會風氣。

這種觀點展現了孔子對爲人處世的深刻理解，也讓我們看到孝道不僅是個人行爲，更是整體社會的基礎。孔子把孝悌視爲家庭和諧的基礎，並進一步延伸到國家治理，體現了儒家思想中由內而外、循序漸進的倫理觀。

孔子的這段話對現代社會也有重要的啓示。第一、在現代，我們常把成功等同於追求權力或名利，但孔子提醒我們，眞正的成功其實在於內心的修養與人際的和諧。第二、如果每個人都能在家庭中踐行孝道，並把這種愛延伸到對社會的責任，社會將變得更加和諧與穩定。第三、孔子告訴我們，不必一定要成爲官員才算貢獻社會，從家庭、社區開始，以愛心和道德影響周圍的人，就是一種服務和治理。無論個人是否身居要職，對家庭的責任與親人的關懷，都是對社會的一種貢獻。

這段話也讓我們反思現代的家庭倫理與責任意識。今天的家庭結構和人際關係雖然比過去更複雜，但孔子的觀點仍然提醒我們，無論身處何種角色，家庭的和睦是我們走向社會和成功的基礎。子女對父母的孝敬、兄弟姐妹之間的友愛，都是維護家庭和社會穩定的關鍵，這些價值比外在的地位和權力更加持久。

我們來舉兩個中外的例子：

我們在《封神演義》中看到姜子牙的忠孝與治國理念的關係。姜子牙雖年老無功名，但他始終尊敬父母，友愛兄弟。在輔佐周武王建立周朝的過程中，他將孝悌之道融入治國理念，成爲一代名相。姜子牙在《封神演義》中既是忠孝的典範，也是理想政治的實踐者。他以忠孝爲核心，延展出他的治國理想，塑造了一個兼具智慧、仁德和勇氣的傳奇人物形象。姜子牙的形象體現了孝悌如何影響忠臣和治國大計，反映了「家國同構」的思想。

托爾斯泰（Leo Tolstoy）的《戰爭與和平》中，安德烈・博爾孔斯基（Andrei Bolkonsky）是一位深刻、複雜且極具魅力的角色，承載了作品對生命、愛情、榮耀與意義的多重探討，他對父親充滿敬愛，並以家庭責任爲基礎處理個人與國家的關係。他的孝悌之心使他在國家危機時刻承擔起責任，體現了家庭倫理與國家治理的聯繫。安德烈的角色展示了孝悌倫理如何影響政治決策，並推動個人承擔更大的社會責任。

無論是中國的古典小說還是西方的經典文學，都展現了孝悌對家庭與社會穩定的重要性。在這些作品中，家庭倫理不僅是個人道德的起點，也是社會與國家治理的核心。這些故事提醒我們，眞正的政治從孝悌開始，家庭和諧與國家治理息息相關，這種普世價值跨越了文化與時代的界限，具有深遠的啓發意義。

二、孝悌為仁的根本

有子曰：「其為人也孝弟，而好犯上者，鮮矣。不好犯上，而好作亂者，未之有也。君子務本，本立而道生。孝弟也者，其為仁之本與！」（〈學而〉）

孔子的儒家思想中，孝悌是爲人處世的基礎。孔子的弟子有子就提到：「一個人的爲人若能孝順友愛，卻喜愛冒犯長上的，非常少。不好冒犯尊長，卻喜歡叛亂國家者，從來沒有聽過。君子致力於根本，根本建立了仁道自然產生。孝悌這件事，大概是做人處世，推行仁道的根本吧！」

有子是孔子的弟子。他的話從根本上揭示了人際關係的和諧之道。他強調，「其爲人也孝弟，而好犯上者，鮮矣。不好犯上，而好作亂者，未之有也」，如果一個人懂得孝順父母、友愛兄弟，那麼他自然不會去冒犯長上或叛亂國家，因爲這種人心中已經有了深厚的道德基礎。這種「孝悌」的品德讓人對他人懷有敬重與愛護的態度，從而在社會中展現出穩定、負責的行爲。這告訴我們，每個人都可以從家庭開始培養仁愛之心，這不僅有助於個人成長，也爲社會和諧打下了基礎。

有子還特別表達了「致力於根本」的重要性。君子應該專注於抓住根本問題，當根本建立起來，仁道自然會生發。而孝悌就是仁德的根本，推行仁道與社會和諧的起點。這就是有子說的「君子務本，本立而道生。孝弟也者，其爲仁之本與」的內涵。就像樹木的根深才能葉茂一樣，做人也是如此。孝悌之道，作爲人生的根本，是一切德行的源泉。只有當我們的內心充滿對家人的愛與敬重，才能擁有更廣闊的胸懷去接納他人、幫助他人。

孝悌在現在社會非常重要。第一、對家庭關係的重要性：在現代社會中，家庭關係的和諧仍然是個人幸福的重要來源。有子的觀點提醒我們，孝悌不僅是對父母與兄弟的愛，更是尊重與關心他人的體現。第二、對個人品格的養成：孝悌教育能幫助培養個人的責任感與倫理觀念，使人更容易在社會中形成良好的行爲模式。第三、對社會穩定的功能：有子的話啓示我們，社會的穩定與和諧有賴於每個人從家庭中養成良好的倫理與品格。這對於現代社會中的教育與文化建設具有重要意義。

我們來舉兩個中外的例子：

北宋理學家程顥與程頤兄弟以孝順聞名，他們通過孝道的實踐，將儒家「修身齊家」的理念融入理學體系。他們不僅忠於朝廷，還推動儒家思想的深遠影響。程氏兄弟的忠孝典範體現了思想家如何將家庭倫理延伸至國家忠誠。

奧維爾．萊特（Orville Wright）和威爾伯．萊特（Wilbur Wright）是美國著名的萊特兄弟，他們共同致力於飛行器的研究與實驗，最終於一九〇三年成功實現人類歷史上首次動力飛行。他們的創新對美國乃至全球的航空業發展起到了革命性作用。萊特兄弟通過兄弟間的合作與信任，展示了如何共同推動技術進步，造福國家與世界。

這兩個故事展現了中外兩個兄弟「孝」、「悌」品德對於社會的貢獻，他們兄弟間親情與合作，爲整個社會也做出了偉大的貢獻。

三、行孝應該遵守禮制

孟懿子問孝。子曰：「無違。」樊遲御，子告之曰：「孟孫問孝於我，我對曰：『無違』。」樊遲曰：「何謂也？」子曰：「生，事之以禮；死，葬之以禮，祭之以禮。」（〈為政〉）

在行孝時，要不要考慮到禮制的規範？有一天，孟懿子問孔子行孝的方法。孔子說：「無違」，即「不要違背禮制」。樊遲替孔子駕車時，孔子告訴他：「孟孫氏問我如何行孝，我回答說：『不要違背禮制。』」樊遲問：「這是什麼意思？」孔子說：「父母在世時要依禮侍奉他們，死後要依禮埋葬他們，祭祀時也要依禮祭拜他們。」

孔子強調「禮」在孝道中的重要性。孔子指出，孝順父母不僅是感情的表現，也應該做到「無違」，也就是不要違反禮制，更應該通過合適的方式來體現。「生，事之以禮；死，葬之以禮，祭之以禮。」當父母在世時，應以禮侍奉，表現出尊敬與體貼；父母去世後，也要依禮埋葬，並在祭祀中懷念，這些都是孝道的具體實踐。孔子的觀點不僅重視情感的真誠，也強調了行為的端正，這讓孝道更加有莊嚴，更能表達對父母的深切敬意。

在現代社會，孝道依然是家庭和諧的重要基石。第一、孔子的「無違」提醒我們，孝道不僅需要情感的付出，也需要遵守一定的規範與傳統，以促進代際間的相互尊重。第二、愛被合禮地表達，才能讓彼此之間的關係更加和諧。禮節爲我們提供了表達愛與尊敬的途徑，讓孝道變得不僅僅是一種情感，而是一種行爲的準則。第三、這種準則不僅讓人與人之間的關係更穩定，也有助於在整個家庭乃至社會中形成一種良好的道德風氣。例如與長輩相處時的耐心與尊重，或是在重要節日中對先人的懷念，這些都是孝道的延伸。

我們來舉幾個中外的例子，來談談不同文化在舉行婚禮時，如何兼顧愛與禮：

中國傳統婚禮以「三書六禮」爲基礎，從納采（提親）到迎親（成婚），每一步都充滿對禮的遵守和對情感的重視。例如，迎親時的新郎鞠躬叩拜，表達對新娘及其家庭的敬意，反映了婚姻中愛與禮的平衡。婚禮不僅是兩個人情感的結合，也是兩個家庭間的禮制聯繫，體現了中國儒家文化中的和諧與倫理。

在西方基督教傳統中，婚禮包含新娘進場、牧師證婚、交換戒指、誓詞等環節。這些儀式既是一對新人對彼此愛的承諾，也遵循宗教和社會的禮儀規範。婚禮誓詞中有「無論貧富、疾病或健康，皆不離不棄」的承諾，表達愛的深度；而宗教祝福與親友的見證則體現了對禮的尊重。

印度教婚禮中的「火祭儀式」（Agni Puja）是婚禮的核心，新人圍繞聖火七圈，象徵七世同心，對彼此的承諾不僅是基於愛情，也遵守宗教的神聖規範。儀式既展現新人的愛情，又承載對神聖傳統的敬畏，是愛與禮的完美結合。

中外文化中的婚喪喜慶儀式，無論是中國的三書六禮，還是西方、印度的基督教婚禮，都體現了愛與禮的完美結合。這些儀式不僅承載著情感，也以禮爲框架維護了倫理秩序與文化傳統，讓家庭和社會更加和諧與穩定。

四、孝以敬為本

子游問孝。子曰：「今之孝者，是謂能養。至於犬馬，皆能有養。不敬，何以別乎？」（〈為政〉）

孔子是非常重視家庭倫理的。在儒家的思想裏，特別強調「孝道」。他們認爲，愛的根本在於「孝」，也就是對父母的愛與尊敬，愛的力量是從對父母的孝順開始的，然後延伸到兄弟姐妹，最後影響到整個社會和歷史文化。

有一天，子游問孔子行孝之道。孔子說：「現在所謂孝順的子女，只是被稱讚能夠奉養父母，讓父母吃好穿暖。但是說到家中的狗和馬，牠們也會飼養牠們的父母。如果對父母不存著尊敬的心，那和動物有何不同呢？」

孔子回答子游關於孝道的提問，闡明了孝不僅是物質上的奉養，更重要的是內心的尊敬和情感關懷。這是儒家對孝道的核心認知，將「孝」提升到「孝敬」的層次。孔子提醒我們，真正的孝不是僅僅讓父母吃好、穿暖，這樣的孝行僅是表面的，若缺乏內心的尊敬，就與狗和馬等動物無異。孔子的這句話，表達了一種超越物質的愛與敬。他告訴我們，「孝」是一種從內心發出的尊重，是對父母的重視與感恩之情。只有當子女對父母心存感恩、真心關懷，這份孝才會有深度，也才會讓父母感到真正的安慰。

孔子將孝道從單純的物質供養提升到精神層次，凸顯了孝道的倫理意義，這種觀念對於維繫家庭和社會和諧具有重要作用。孔子認爲孝的核心在於敬意，這提醒人們在家庭關係中，情感的關懷與尊重比物質的提供更重要。

在現代社會中，我們應該如何盡孝？第一，重視精神關懷：許多人因爲繁忙，認爲給父母提供優渥的生活條件就已經盡到了孝道，但往往忽略了精神上的陪伴與交流。孔子的話提醒我們，孝順應該包括對父母的尊重、理解與關懷，讓他們感到被愛與尊重。第二、關注父母內心需求：在物質生活充裕的當下，許多家庭可能更需要的是情感上的聯結。我們應該多花時間陪伴父母，與他們聊天、聆聽他們的想法，讓他們感受到子女的溫暖。第三、孝道在於恭敬：孝道不僅是外在的行爲，還包含內心的態度。尊敬父母，是真正的孝順，而非僅僅停留在表面的供養上。這樣的孝道能夠帶來更深厚的家庭情感，讓親情更加溫暖。

中國的歷史文化中幾乎沒有不孝而能成大事者，忠臣良友均出自孝子之門，我們舉幾個中外的例子如下：

朱柏廬是明清時期著名的學者，對父母孝敬無比，並在家庭中提倡尊老愛幼的價值觀。他撰寫的〈朱子家訓〉成為中國家庭教育的經典，強調「孝敬父母、兄友弟恭」是立家之本。他自己以身作則，對父母極為恭敬，日常生活中的一舉一動都讓人感受到他對孝道的重視。

宋朝的岳飛不僅對國家忠心耿耿，對母親也十分孝順。他的母親以「盡忠報國」四字訓誡他，岳飛始終銘記在心，無論在戰場還是平日，都對母親充滿敬愛與感恩。岳飛將忠孝結合，對母親既有深厚的孝心，也有發自內心的尊敬，成為歷史上忠孝兩全的典範。

德國醫生史懷哲（Albert Schweitzer）一生投身非洲醫療事業，他的慈善理念源於母親的影響。他時常感激母親在他成長中灌輸的愛與奉獻精神，並將母親的教誨化為行動，救助了無數生命。史懷哲將孝敬升華為對全人類的愛與責任，將母親的價值觀傳遞到更廣闊的領域。

這幾則故事都表明，孝順不僅僅是物質上的奉養，更應該注重精神層面的尊敬與情感交流。他們的行為都展示了「既孝且敬」的典範，為我們現代人提供了深刻的啓發。

五、孝之難在色難

子夏問孝。子曰：「色難。有事弟子服其勞，有酒食，先生饌。曾是以為孝乎？」（〈為政〉）

子夏問行孝之道。孔子說：「對待父母和顏悅色是最困難的。當父母有勞務時，子弟要幫父母的忙，而子弟有飲食，也該請父兄尊長食用。但難道這就眞正能窮盡孝道的全部了嗎？」

在這段話中，孔子認爲，孝道不僅僅是外在的行爲，最困難的是內心態度的調整，即對父母和顏悅色地表現出敬意與關愛。

孔子強調，「色難」，對父母保持和顏悅色、態度和善，是孝道中最難做到的一部分。人們常常容易在勞動或物質供養上滿足父母，但卻難以克制自己的情緒，眞正做到在日常互動中表現出溫和尊敬。「有事弟子服其勞，有酒食，先生饌」，這描述了孝的基本形式，即在父母有需要時，子女應幫忙勞作；有食物時，應先敬獻父母。但這些只是孝的外在行爲。「曾是以爲孝乎」：孔子進一步指出，孝道不應僅僅停留在行爲層面，還應包括內心的敬愛，與對父母情感需求的關注，這才是孝道的精髓所在。

「色難」這句話讓我們思考，對待父母的態度往往更重要。有時候，因爲生活的壓力，子女在照顧父母時容易顯得急躁，或僅僅完成基本的責任而缺乏熱情。然而父母眞正需要的，是子女溫暖的態度和和善的陪伴。孔子提醒我們，孝道更多的是子女的內心態度和情感。這讓我們反思，在日常生活中，或許因爲壓力與忙碌，我們在對待父母時往往容易缺乏耐心。孝道的眞正挑戰在於用心去對待父母，以和善的態度與他們相處，這才是孝道的眞正內涵。

我們來舉兩個中外的例子：

宋代文學家黃庭堅對母親至孝，尤其在母親病重時，他親自侍奉左右，無微不至。他寫下詩文記錄母親的教誨，並用感恩的心態面對母親的離世。黃庭堅用和顏悅色與實際行動詮釋了孝道，展現了克服「色難」的內心修養。

貝多芬（Ludwig van Beethoven）是世界知名的音樂家，他的父親是一位嚴厲且酗酒的人，貝多芬始終以孝敬的態度對待他，承認父親對自己音樂啓蒙的重要性。在父親晚年，他依然提供生活上的照料，沒有怨言。貝多芬以克制情緒與實際行動展現了孝道的深度，克服了內心對父親的複雜情感。

這些故事進一步展現了孝敬中的「色難」挑戰，讓我們瞭解，孝道不僅是一種行爲，更是一種內心的修養與情感的升華，爲我們詮釋了孝道的多維度價值，啓發我們用愛與敬，建構和諧的親子關係。

六、勸諫父母態度要委婉

子曰：「事父母幾諫。見志不從，又敬不違，勞而不怨。」（〈里仁〉）

如果父母親有缺失時，做爲子女的，應該用什麼樣的態度向父母表達？孔子說：「事奉父母時，若父母有缺失，要用委婉的方式勸諫。若見父母的心意不接受，仍須恭敬不違背，雖然心裏憂慮，卻不可有怨恨的神色。」

孔子認爲要用智慧的方式處理親子關係。他強調，在面對父母的缺失時，子女要「幾諫」，抱持著尊重的態度，並用溫和、委婉的方式，而非直言不諱來提出勸諫。這種方式不僅讓父母更容易接受，也體現了子女對父母的敬意。孔子的觀點提醒我們，孝順不僅僅是服從，而是在尊重的基礎上進行溝通，讓親子關係更加和諧。「見志不從，又敬不違」指的是，若父母不接受勸諫，子女仍須保持對父母的恭敬態度，不因不同意見而違逆或忤逆父母。「勞而不怨」是指，即使心中憂慮，也不應對父母心生怨恨，反而應該以行動表現孝道，用耐心與行動化解困境。

在現代社會中，親子間的代溝是常見現象。孔子的話告訴我們，第一、無論觀念如何不同，尊重永遠是溝通的基礎。子女應該學會如何表達意見，而不是直接反對或否定父母的想法。這種方式有助於避免爭執，讓彼此的關係更加親密。第二、這種態度有助於我們更加成熟，學會尊重長輩的意願，而不是一味要求他們改變。第三、這種智慧對我們在面對家庭以外的關係中，也同樣具有啓發意義。

我們來舉兩個中外的例子：

舜的父親性格暴躁，繼母與弟弟常對他不友好，甚至屢次試圖加害於他。面對這種情況，舜並未與父母爭辯，而是以自己的行動表現孝順。他不僅在田間辛苦勞作，還主動修繕家庭房屋，讓父母感到愧疚，最終感化了全家人。舜以實際行動取代直接勸諫，用自己努力的溫和方式改變父母態度，展現了「幾諫」的效果。

俄羅斯大文豪托爾斯泰（Leo Tolstoy）是俄羅斯乃至世界文學史上的一位偉大文豪，他的作品深入探討人性、社會、道德與宗教等問題。他以兩部經典長篇小說《戰爭與和平》（*War and Peace*）與《安娜・卡列尼娜》（*Anna Karenina*）聞名於世，這些作品展示了他對人類心理的深刻洞察和對社會現象的全面描繪。托爾斯泰晚年時極力推崇「放棄物質財富」的理念。他主張極端的節儉，甚至影響到家庭的正常開支。這讓家人，尤其是他的妻子和子女感到爲難。他女兒認爲這樣會影響家人的生活質量，通過寫信而非當面對父親表達意見，語氣委婉且尊重，最終讓托爾斯泰接受了一些改善建議。托爾斯泰的女兒用書信的方式代替直接交談，既避免了尷尬，又有效傳達了建議，展現了「幾諫」的智慧。

七、外出應向父母告知

子曰：「父母在，不遠遊，遊必有方。」（〈里仁〉）

父母還健在時，我們如果出遠門要注意什麼？孔子說：「當父母在世時，不要去太遠的地方遊玩，一旦出遊，一定要告知父母外出的明確地方。」

孔子認爲「父母在，不遠遊」：當父母健在時，子女不應該離家太遠，因爲父母需要子女的陪伴和支持。離家過遠可能讓父母感到不安和孤單。「遊必有方」：如果確實需要外出，必須明確告知父母去向，讓父母瞭解並安心。這一教導體現了孔子對孝道的理解，不僅是對父母物質上的照顧，更包含對他們情感上的關懷與責任。

孔子提醒我們，尋求責任與自由的平衡。孔子並未完全禁止子女外出，而是強調要以父母的安心爲前提。這體現了對自由的適度規範，以及對父母的一種責任心和體貼之情。孔子提醒我們，孝順不僅僅是陪伴在父母身邊，更要顧及父母的擔憂與牽掛。當我們外出時，及時告知父母行蹤，這樣能讓他們安心，不會因爲不知道我們的去向而產生焦慮。這種做法在現代依然非常適用，特別是在快速變遷的社會中，保持與父母的聯繫顯得尤爲重要。在現代社會，爲了工作或生活的需要，常常遠離家鄉，但我們仍然可以通過電話、信息或視頻保持與父母的聯繫，讓他們感到放心。

我們來舉兩個中外的例子：

二十四孝中的王裒，是魏晉年間的名士，他的母親在世時，他無論外出與否，都會告訴母親自己的行程，並且定時向母親匯報自己的安全狀況。母親去世後，他仍保留這一習慣，表現了對母親的深切懷念。王裒的行爲正是「父母在，不遠遊，遊必有方」的實踐，展現了對父母的敬愛與孝道。

英國查爾斯・達爾文（Charles Darwin）在進行長達五年的「小獵犬號」航行時，遠離家鄉與父母。然而，他通過詳細的書信與父母保持聯繫，報告自己的行程、健康狀況以及所見所聞，這些書信成爲家人瞭解他的唯一窗口。達爾文的行爲展現了「遊必有方」的精神。他用書信安撫父母的牽掛，同時也展示了他對父母情感的重視。書信中充滿了對家人的關愛，減輕了父母的擔憂，維繫了親情。即便是長時間的科學探險，對家人的關懷與責任也不應被忽視。

這些故事展示了「遊必有方」的普世價值。即使在追求個人事業或探索世界的過程中，通過書信或其他方式保持與父母的聯繫，既是對家庭責任的履行，也是對父母情感的回應。在現代社會，這種做法通過電話、電子郵件和視頻通話進一步便利化，但其核心價值依然適用：家庭關懷與個人自由應該和諧並存。

八、要關心父母的年齡

子曰：「父母之年，不可不知也。一則以喜，一則以懼。」（〈里仁〉）

做為子女的，應該要記得父母親的年齡，也要表達出感情。孔子說「父母的年齡，我們一定不可以不知道。一則以高興的心情，慶賀他們的高壽；一則以戒愼恐懼的心情，擔心他們日漸衰老。」

孔子提醒我們，子女應該時刻關注父母的年齡變化，並表達出對父母的兩種不同情感。一方面，我們應該為父母的長壽感到開心，這是一種祝福，是對父母健在的感恩；另一方面，父母日漸年老，也應讓我們心生警醒，提醒自己多陪伴、多關愛，因為陪伴父母的日子終究有限。孔子強調的這兩種情感，讓子女對父母的關愛更加細膩且深情。

在現代社會中，孔子的教導依然具有深遠的意義。父母的年齡是一個讓我們反思孝道的標記，提醒我們珍惜與他們相處的時光。我們可以在日常生活中，通過一些小細節來關心父母，比如定期檢查他們的健康狀況、安排家庭聚會，甚至只是簡單的問候，這些都能讓父母感到溫暖。孔子強調的「一則以喜，一則以懼」，提醒我們在喜悅與憂思之間找到平衡，這也是孝道中重要的一環。

我們來舉兩個中外的例子：

張慶是一位北宋著名的孝子，傳說他對母親極為孝順。張慶已年過六十，母親仍然健在。有一天，他因為無意中惹怒了母親，被母親責罵並用拐杖打了幾下。張慶的反應出人意料，他不但沒有怨言，反而喜極而泣。張慶之所以高興，是因為他認為母親打他，說明母親的身體還很健康，手中還有力氣。如果母親年老體弱無法教訓他，他反而會擔心母親的健康。然而，他也同時感到難過。他覺得自己年紀已高，還不能完全讓母親滿意，母親需要為自己操心，因此對自己的孝行感到愧疚。

亞伯拉罕．林肯（Abraham Lincoln）是美國第十六任總統，以其在美國內戰期間的領導能力、廢除奴隸制的貢獻以及著名的演講〈蓋茨堡演說〉聞名於世。他對繼母莎拉．布什懷（Sarah Bush）有深厚的感情。在成為總統後，林肯特意抽出時間帶繼母一起探訪他們曾經居住的地方，讓她重溫往日的記憶。林肯全程細心陪伴，讓繼母感到滿足與幸福。林肯用陪伴的方式帶給母親快樂，表現出他對繼母的深厚感情，也讓家庭充滿溫暖。

張慶的故事在儒家文化中很常見，它們不僅教導子女對父母應懷感恩之心，也反映了古代中國對親情的重視與價值觀的深遠影響。在現代，也有很多帶父母旅行盡孝的故事。例如，有一些人在父母退休後，陪伴他們遊覽家鄉外的名勝古跡，或者去國外欣賞不同文化風光。他們認為，父母辛苦了一輩子，應該趁著健康尚可時，享受生活，彌補過去忙碌而未曾擁有的親子時光。

第二節　朋友交往之道

一、批評他人不如自省

子貢方人。子曰：「賜也賢乎哉？夫我則不暇。」（〈憲問〉）

我們在與朋友相處時，經常碰到的問題就是，有些人喜歡隨意地批評他人，同樣地，現在的網路世界中，也有不少人以批評羞辱他人來刷存在感。孔子是如何看這個問題呢？

子貢非常喜歡批評別人。有一天孔子對子貢說：「你眞的那麼賢能嗎？要是我就沒有空閒來批評別人。」

在這段話中，孔子對子貢頻繁批評他人的行爲提出了委婉的勸誡。他以反問的方式問道：「賜也賢乎哉？」，「你眞的那麼賢能嗎？」藉此提醒子貢，人應該將更多的精力放在反省自身，而非隨意批評他人。批評別人並不能彰顯自己的賢能。孔子進一步強調：「夫我則不暇」，以「要是我就沒有空閒來批評別人」的話語，引導子貢將注意力從他人身上轉移到自我修養上。過於關注他人的缺點會讓我們忽視自身的成長，也可能導致人際關係中的緊張與矛盾。因此，與其批評別人，不如反思自我，這樣才能眞正提升自己的德行。

在現代社會中，尤其是社交媒體的興起，讓人們更容易在公開平臺上對他人發表評價，甚至有時會過度批評。然而這種行爲並不能讓我們眞正成長，反而可能會增加不必要的紛爭和負面情緒。孔子的話在當代提醒我們，在現代職場和人際關係中，少批評、多包容，往往更能贏得尊重。當我們將批評的衝動轉化爲包容和理解，既能維持良好的人際關係，也能激勵自己保持謙虛的態度，不斷提升自我。這正是孔子「專注自我修養」理念在當代的最佳體現，讓我們在複雜的社會中保持積極的心態，並不斷追求進步。

孔子在這段話中提醒我們，批評別人並非賢能的表現。孔子婉轉地告訴子貢，過度批評他人往往只會浪費時間，讓人忽略了自身的提升與修養。這提醒我們，與其在朋友間吹毛求疵，不如花時間反思和提升自己。眞正的朋友之道應該是相互鼓勵、共同進步，而非彼此挑剔，這樣才能在交往中建立眞誠的關係。

我們來舉兩個中外的例子：

清代康熙年間，張英是著名的文學家，官至禮部尚書。他的家鄉安徽桐城老家，有一條小巷子與鄰居相接，原本僅僅是個生活空間，卻因鄰里對巷子的土地歸屬發生爭執，雙方各不相讓，矛盾逐漸升級。家人認爲張英是朝廷重臣，或可憑藉其地位向對方施壓，於是寫信向他求助，希望他出面解決。收到家信後，張英並未利用權勢干預，反而寫了一首詩回信給家人，詩中寫道：「千里修書只爲牆，讓他三尺又何妨？萬里長城今猶在，不見當年秦始皇。」詩句以幽默且深刻的方式提醒家人，與鄰居爭執不過是小事，應該學會退讓，與人爲善，並藉歷史故事（秦始皇的長城）點明「千秋功業終成空，唯德流芳於後世」的道理。於是，張家主動退讓三尺，鄰居見狀深受感動，也退讓三尺。於是，原本的爭執化解，留下了寬六尺的巷子，這條巷子後來被稱爲「六尺巷」。張英體現了不斤斤計較、以德服人的智慧，也與孔子「不暇批評」的精神一致。

古希臘哲學家蘇格拉底（Socrates）在面對他人想說他人壞話時，提出了「眞實（truth）、善意（kindness）、有益（usefulness）」的三重篩選法，暗示若言論無助於提升自己與他人，則應避免開口。「眞實」就是「你要告訴我的這件事，確定是眞的嗎？」如果對方無法保證所說的內容完全眞實，那麼這話便無必要繼續講下去。「善意」就是「這件事是善意的嗎？」即便話語是眞實的，但如果它充滿惡意，可能會傷害他人或挑起衝突，那麼這話同樣沒有價值。「有益」就是「這件事對我有幫助嗎？」即使是眞實且善意的，如果對聽者而言毫無價值或幫助，這話也可以不必說出口。當三個篩選問題都得不到肯定的回答時，蘇格拉底便會建議對方不要再說下去。他認爲，空談無益，甚至可能會導致誤解、傷害與社會矛盾。蘇格拉底認爲批評若無助於提升自己與他人，則應避免開口，與孔子「不暇批評」的精神一致。

二、慎選益友，遠離損友

「益者三友，損者三友。友直，友諒，友多聞，益矣。友便辟，友善柔，友便佞，損矣。」（〈季氏〉）

人不可能沒有朋友，但是，誰是益友，誰是損友，如何分辨？孔子說：「對我們有益的朋友有三種，有害者也有三種。朋友正直，朋友誠信，朋友見聞廣博，就是益友。朋友習於表面功夫，但實際上偏邪不正；朋友善於討好別人，而不誠懇待人；朋友本身並無主見，而是習慣摘取他人的言論，是有損的朋友。」

在這段話中，孔子將朋友分為「益友」和「損友」兩類，並具體指出了益友和損友的特徵。孔子的這段話顯示了他對於選擇朋友的深刻理解與智慧。他提醒我們，朋友之間的相處並不只是彼此的陪伴，更是相互影響和成長的過程。孔子說，「友直，友諒，友多聞」，正直的朋友會在我們偏離正道時糾正我們；誠信的朋友值得信賴，能帶給我們安全感；見聞廣博的朋友則能開拓我們的視野，幫助我們學習新的知識。這些益友會讓我們在生活和事業中進步。而「友便辟，友善柔，友便佞」，那些虛偽、缺乏誠意、無主見的朋友，則容易讓我們受其負面影響，甚至可能誤導我們。因此，孔子的教導鼓勵我們在交友中保持謹愼，選擇那些眞正能夠激勵自己的人。

在現代社會中，交友環境更加複雜，我們更需要具備分辨益友和損友的能力。社交媒體和網絡的發展使得交友變得更加方便，但也讓人際關係更加膚淺和表面化。孔子的這段話提醒我們，交友不僅僅是追求數量，更重要的是朋友的質量。我們應該選擇那些正直、誠實且具有見識的朋友，這樣的朋友不僅能在我們困難時提供建議，還能在我們迷茫時給予正確的引導。而那些只在表面上迎合我們，卻無眞心實意的朋友，則應適當保持距離，以免受到負面影響。這樣才能在現代社會中保持積極的生活態度，並取得眞正的進步。

我們來舉幾個中外的例子：

春秋時期，齊國鮑叔牙以正直與誠信聞名，對好友管仲的缺點從不諱言，並在關鍵時刻推舉管仲輔佐齊桓公，成就一段「管鮑之交」的歷史佳話。他是「友直」與「友諒」的典範。春秋時期，范蠡與文種同爲越王勾踐的賢臣。范蠡多次提醒文種功成身退，然而文種未能聽從，最終遭禍。范蠡的忠告展現了「友直」的可貴。北宋名臣范仲淹博學多聞，交友甚廣。他與富弼、歐陽修等文臣深交，彼此切磋學問，共同推動政治改革與文風振興。范仲淹一生「先天下之憂而憂，後天下之樂而樂」之志，與這些多聞之友的互動密不可分。

作爲師生的蘇格拉底與柏拉圖，關係超越普通友誼。蘇格拉底以其多聞與智慧影響了柏拉圖，使他成爲古希臘哲學的奠基者，體現了「友多聞」的價値。安徒生（Hans

Christian Andersen）的文學道路充滿艱辛，但因爲恩人科林（Jonas Collin）的資金、知識與精神支持，他得以全心投入創作，並最終成爲了世界著名的童話作家。科林的誠信與支持是「友諒」的典範。德國文學巨匠歌德與席勒（Goethe and Schiller）的友誼是「友直」的典範。席勒毫不避諱地批評歌德在某些作品中過於追求形式之美，而忽略了思想深度。歌德也對席勒的作品提出誠懇建議，指出其中的缺陷與改進之處。這種坦誠的批評與互相啓發，使兩人共同推動了德國文學的黃金時代。

這些故事證明了孔子的看法，朋友不僅是生活中的陪伴者，更是影響我們價值觀與行爲的重要力量。選擇益友、遠離損友，是每個人都應該學會的人生智慧。

三、先讓自己成為益友

子曰：「益者三樂，損者三樂。樂節禮樂，樂道人之善，樂多賢友，益矣。樂驕樂，樂佚遊，樂宴樂，損矣。」（〈季氏〉）

我們常說，「物以類聚、人以群分」，要想交到好朋友，首先自己要成爲一個有優點、值得交的朋友，如果自己都不能提升自己，自己缺點一大堆，那麼也很難交到益友。

那麼，孔子認爲，怎麼樣才能培養自己的優點，避免自己的缺點呢？

孔子說：「對我們有益的嗜好有三種，有損的也有三種。喜愛受到禮樂的節制，喜愛稱道他人的優點，喜愛廣結益友，是有益於自身修養的嗜好。愛好放肆的享樂，愛好閒散遊蕩，愛好宴飲之樂，則是有損於自身修養的嗜好。」

在這段話中，孔子指出有益於自身修養的嗜好和有損於自身修養的嗜好。他認爲，「樂節禮樂，樂道人之善，樂多賢友」，喜愛受到禮樂的節制、稱道他人的優點、廣結益友，參加具有藝術和文化氛圍的活動、學習他人優點、參與社區或志願服務活動，這些都是能增強修養的嗜好。反之，「樂驕樂，樂佚遊，樂宴樂」，過度的娛樂消費，喜歡遊蕩閒散、無所事事，和毫無節制地享樂，則會逐漸侵蝕我們的時間和精力，使我們遠離自己的長期目標。

孔子的這段話讓我們認識到，「嗜好」不僅僅是生活的調劑，更是塑造個人品德的關鍵。當我們選擇那些能夠提升自我修養的嗜好時，人生將變得更加豐富和有意義。在追求快樂的同時保持節制，這正是孔子所倡導的自律與智慧，值得我們在現代生活中借鑑和實踐。

孔子說的「樂者三樂」中的「樂節禮樂」，在今天，這可以理解爲對藝術、文化的熱愛，追求美的同時不失節制，例如參加音樂會、欣賞文藝作品等。「樂道人之善」，可以理解爲應學會多讚美他人，看到他人的優點，而非只專注於批評。這能促進個人的謙遜與人際和諧。「樂多賢友」，可理解爲積極參與學術討論、專業社群或興趣小組，結交志趣相投且見識廣博的人，能讓我們的思想更加深刻。孔子說的「損者三樂」的「樂驕樂」，可以理解爲現代社會中，過於沉迷於自我炫耀（例如在社交媒體上炫富或虛榮心作祟），就是「樂驕樂」的現代化表現。「樂佚遊」，可以理解爲現代人常因過度依賴電子設備（如刷手機或過度玩遊戲）而浪費時間。「樂宴樂」，可以理解爲沉迷於頻繁的聚會與享樂生活，不僅對健康有害，也容易削弱個人的意志力與責任感。

我們來舉幾個「損者三樂」的中外例子：

晉惠帝司馬衷身爲皇帝，卻沉迷於宮廷奢華的宴飲享樂（「樂宴樂」）。他對百姓疾苦毫不關心，甚至說出「何不食肉糜」的荒唐話，最終導致晉朝的衰敗。隋煬帝楊廣愛好遊山玩水，興建豪華宮殿與運河（「樂佚遊」）。他過於沉溺於個人享樂而忽視國家治理，導致國庫空虛與民怨四起，最終隋朝滅亡。

羅馬皇帝尼祿（Nero）因其奢靡的生活方式和暴虐的統治風格而廣爲人知，也常被描述爲一位極具負面的歷史人物。他迷戀奢侈的宴會與無度的娛樂（「樂宴樂」），甚至在大火焚燒羅馬時繼續尋求娛樂。他的放蕩行爲導致人民反感，最終被推翻。奧斯曼帝國的蘇丹易卜拉欣一世（Ibrahim I）因無節制地享受奢侈生活與荒唐的娛樂（「樂驕樂」與「樂宴樂」），被稱爲「瘋狂的蘇丹」。他的揮霍行爲損害了國家財政與人民福祉，最終被廢黜。

這些故事與現代實例進一步揭示了孔子「損者三樂」的深刻智慧，提醒我們在生活中選擇眞正有益的嗜好，避免沉迷於短暫且有害的快樂之中。

四、若有德行，四海之內皆兄弟

司馬牛憂曰：「人皆有兄弟，我獨亡。」子夏曰：「商聞之矣：『死生有命，富貴在天。君子敬而無失，與人恭而有禮。四海之內，皆兄弟也。』君子何患乎無兄弟也？」（〈顏淵〉）

有一天，司馬牛憂慮地對子夏說：「別人都有兄弟，而只有我沒有。」子夏安慰他說：「我卜商聽過這樣的俗語：『生死都有天命，富貴也是上天注定的。有才德的人只要恭敬而不犯過，待人謙恭有禮，那麼普天之下都將是你的手足。』一個君子何必擔心沒有兄弟呢？」

現在的社會，很多人背井離鄉出外工作，也有人生下來就是獨生子女，他們渴望有朋友、有兄弟。孔子兩個學生的對話，告訴了我們應該如何看待這個問題。

在這段話中，我們看到兩位同學的溫厚與體貼的交流。司馬牛感到憂慮，因爲他沒有兄弟，而子夏以智慧的話語安慰他。子夏先是以「死生有命，富貴在天」安撫司馬牛，提醒他要接受人生的無常與天命的安排，不要過於執著於命運無法改變的事實。然後再告訴司馬牛，眞正的君子可以通過自身的修養與德行超越血緣限制，與四海之內的有德之人建立如手足般的情誼，從而不再感到孤單。這樣的人無論走到哪裏，都能贏得他人的尊重與友誼。這段話表達了孔子門人的「天命觀」與「人際觀」，對於天命欣然接受，對於人際關係的理解，認爲眞正的友情不一定依賴血緣，而是建立在德行之上。

經常聽到有人說，「四海之內皆兄弟」，但是深入瞭解以後，應該可以更瞭解，這是有前提的，也就是自己需要有好的德行，四海之內才會有兄弟。

子夏的話表達了儒家對「德行」的重視。即便沒有血緣上的兄弟，只要具備才德、謙遜和禮貌，就能在社會中結交到許多志同道合的朋友。這種觀點賦予了友情更深的意義，超越了血緣的限制，強調了「君子之交」的價值。子夏的回答充滿智慧，安慰了司馬牛，並且引導他將眼光放在自己的品行上，而不是單純依賴外在的關係。

現代人常常在工作和生活中感到孤獨，尤其是獨生子女或遠離家鄉的人。然而子夏的話也提醒我們，不必因缺乏血緣上的兄弟姐妹而感到孤單。我們可以通過提升自我，廣結志同道合的朋友，從而建立如兄弟般的關係，化解孤獨。眞正的友誼並不依賴血緣，而是來自共同的信念、彼此的支持以及道德上的契合。只要我們待人以禮，持有謙恭之心，便可以在人際關係中找到「兄弟」，便會發現世界上充滿了可以成爲「手足」的朋友。對於君子而言，重視德行對於友情的重要性，待人謙和、眞誠相處，是建立深厚友情的關鍵，無需拘泥於家族或血緣的限制。只要守住好的德行，四海之內皆可爲兄弟。子夏的觀點也與現代的「全球公民」理念相契合——通過相互尊重與包容，與不同背景、文化的人建立友好關係，推動人類社會的和諧與進步。

我們來舉幾個中外小說中的故事：

在《封神演義》中，姜子牙以正直與忠誠著稱，因爲他的仁德，吸引了衆多英才的追隨。哪吒因敬佩姜子牙的高尚品德，與他結下了深厚的友情，並在伐紂的過程中對姜子牙全力支持。雖然《呂氏春秋》是散文，但其中記載的俞伯牙與鍾子期的故事成爲傳世的友情典範。俞伯牙以琴聲傳遞內心的眞誠，鍾子期因深刻理解而成爲知音，二人的友誼基於德行與才華的共鳴。

在柯南・道爾（Sir Arthur Conan Doyle）的作品《福爾摩斯探案集》中，大偵探家夏洛克・福爾摩斯（Sherlock Holmes）雖然性格孤傲，但因他的正直與對眞相的執著，贏得了華生醫生（Dr. John H. Watson）的尊敬。華生的忠誠與支持正是源於對福爾摩斯道德與才智的高度認同，兩人成爲經典的友誼代表。在雨果（Victor-Marie Hugo）的《巴黎聖母院》（*Notre-Dame de Paris*，也有譯爲《鐘樓怪人》）一書中，吉普賽女孩愛斯梅拉達（Esmeralda）因爲善良與同情心，成爲外貌醜陋但心地純潔的卡西莫多（Quasimodo）唯一的朋友。愛斯梅拉達對卡西莫多的尊重與支持，使他爲她不惜犧牲，展現了因德行而建立的深厚友誼。

這些小說故事展現了友誼如何通過眞誠、善良與堅韌的德行建立起來。眞正的友情源於內在品德的吸引，而非外在條件的束縛。這些故事在今天依然能啓發我們在生活中以德行爲基礎，去吸引眞摯的朋友。

五、對朋友的忠告要有分寸，要適可而止

子貢問友。子曰：「忠告而善道之，不可則止，毋自辱焉。」（〈顏淵〉）

給朋友建議時，要注意哪些事？做爲一個好朋友，看到朋友有困難時，我們經常會善意地給了幫忙，這是很好的美德，但是我們應該用什麼態度幫忙呢？如果朋友屢勸不聽，我們又應該如何應對呢？

子貢問孔子交友之道。孔子說：「對待朋友要忠誠勸諫，並善於引導，但若屢勸不聽就要適可而止，千萬不要自取其辱。」

孔子的這段話揭示了交友中的重要原則——忠誠、善導與克制，展現了儒家對人際關係的深刻洞察。孔子認爲，「忠告而善道之」，對朋友應當以忠誠的態度指出其錯誤，並以智慧的方式加以引導。這種忠誠不僅是對朋友的眞心關懷，也是一種對自身道德修養的體現。然而，忠告的方式需講究方法，「善道」，即善於引導才能讓對方心服口服，而非

產生反感。「不可則止」，如果朋友屢勸不聽，就應適可而止。孔子強調勸諫應以對方的接受能力爲基準，過度的勸說不僅無效，還可能傷害彼此的感情。「毋自辱焉」，孔子提醒我們，過於執著於改變別人可能會讓自己陷入尷尬或失去尊嚴。懂得退一步，尊重朋友的選擇，也是成熟的人際態度。

孔子的這段話傳達了交友中誠信與智慧的平衡。他提倡在朋友之間保持眞誠和忠誠，這是建立良好友誼的基礎。眞誠的朋友不僅會在對方遇到困難時支持他，也會在他偏離正道時給予勸導。孔子的教導強調了「忠誠」的可貴，但同時也提醒我們，對朋友的勸諫要有分寸，不能因爲一味勸說而引發對方反感，反而損害了友誼。

孔子這段話可以應用在當代的人際關係中。第一、要以尊重他人爲前提。在職場上，對同事或下屬進行建議時，應採取善意且建設性的方式，而非強加意見。同時，如果建議被拒絕，應適可而止，避免引發衝突。在家庭裏，親人之間應該相互提醒，但也需尊重對方的決定，過度干涉可能導致矛盾升級。在朋友間，朋友之間的忠告應該眞誠，但若對方無法接受，應學會放手，避免因此影響感情。第二，要有自我保護的智慧。孔子提醒我們，在試圖幫助別人時，應避免過度付出而損害自己的尊嚴。這種克制能讓我們在人際交往中保持自尊與理性。第三、要有人際交往的界限。現代心理學中強調「設立界限」的重要性，這與孔子的觀點一致。當朋友的行爲影響到我們自身時，適時退出是一種健康的選擇。

我們來舉幾個中外的故事：

孟子多次向梁惠王勸諫治理國家的方法，雖然起初梁惠王聽從建議，但最終因爲不改過錯而激怒了孟子。孟子選擇離開，不再自取其辱，展現了「不可則止」的智慧。北宋時期，蘇軾曾多次勸說好友章惇不要過度干涉政事，但章惇執意堅持自己的做法，最終導致權力之爭。蘇軾選擇退避，體現了儒家的「毋自辱焉」。

在莎士比亞的《哈姆雷特》劇本中，霍拉旭（Horatio）作爲哈姆雷特王子（Prince Hamlet）的朋友，以其忠誠和理性支持哈姆雷特，成爲他在宮廷陰謀和情感困境中的堅實依靠，他多次提醒他克制自己的復仇計畫，但哈姆雷特並未完全接受。霍拉旭選擇陪伴但不再勸諫，保留了他們之間的友誼。在《簡・愛》（Jane Eyre）一書中，簡・愛的朋友聖約翰・里弗斯（St. John Rivers）試圖說服簡嫁給他並隨他去海外傳教，但簡因忠於自己的情感而拒絕。聖約翰沒有過度強求，最終兩人仍保持了朋友關係。

孔子的「忠告而善道之，不可則止，毋自辱焉」爲我們提供了在人際關係中的重要智慧：朋友之間應坦誠、善意，但也需尊重彼此的界限與選擇。這種智慧在古今中外的交友故事中都有深刻體現，爲我們現代社會的人際交往提供了寶貴的指引。

六、以文會友，以友輔仁

曾子曰：「君子以文會友，以友輔仁。」（〈顏淵〉）

如何交到好朋友，是每個人的期待，但這也是件不容易的事。在孔子的循循善誘中，最擅於歸納孔子精神的曾子，爲我們指出了朋友交往的基本方法，讓我們每個人都能回歸到一種良善的存心與對人對物的關懷上，從而培養出了一位君子。

曾子說：「一個有才能的人常常用詩書禮樂之文來聚會益友，再藉由益友來輔佐自己行仁。」

曾子的這段話揭示了交友與修身的內在聯繫，體現了儒家對友誼與道德修養的高度重視。「以文會友」，就是「用文化聚集朋友」。曾子認爲，君子交友的基礎應是共同的文化修養與價值觀。「文」指詩書禮樂等文化典範，君子通過這些高尚的文化活動與朋友相聚，既提升自身品味，又篩選出志同道合的益友。這種友誼超越了世俗的功利，建立在共同的精神追求之上。「以友輔仁」，就是「用友誼促進德行」。友誼不僅是情感的交流，更是道德修養的推進力量。益友能相互激勵與勸誡，讓君子在友誼的過程中不斷完善自己的仁德。這種友誼既是生活中的支撐，也是道德成長的助力。

曾子的這番話揭示了「詩書禮樂」作爲文化和道德提升的工具，不僅能陶冶情操，還能幫助我們找到與自己志趣相投的朋友。這些朋友因爲共同的價值觀和目標而聚集在一起，彼此扶持，共同成長。曾子的觀點表明，眞正的友誼應該具備精神的共鳴和道德上的相互促進，這樣的友誼才能夠持久且具有深度。透過詩書禮樂的學習和交流，益友之間能夠不斷激勵彼此實踐仁德，這種友情的價值遠超於一般的社交關係。

在當代社會中，社交媒體讓人際關係變得碎片化，許多交往僅停留在表面。然而，曾子的這段話提醒我們，友誼的建立不僅是爲了消磨時光，更應該是促進彼此成長。通過文化的交流與學習，能夠讓友誼更具深度與意義。我們可以選擇參加讀書會、文化講座、藝術沙龍等活動，通過對詩書、藝術的共同興趣來結交志同道合的朋友，並在這種友誼中提升自己的素養和品德，而這些益友不僅是生活中的陪伴，更是人生路上的助力。當代心理學研究也表明，積極的人際關係能促進心理健康與道德成長。我們應選擇那些能激勵我們、幫助我們成長的朋友，遠離對自己有負面影響的交往。

我們來舉幾個中外的故事：

杜甫與李白因詩歌結爲朋友，二人雖性格迥異，但共同追求詩歌的藝術境界。他們在詩作中彼此讚頌、互相啓發，展現了「以文會友」的典範，並在亂世中保持了對美與正義的共同堅守。北宋文學家歐陽修在曾鞏青年時期發現了他的才華，主動提攜並與之成爲好友。兩人在文學創作與政治倫理上彼此扶持，共同推動了北宋文學的繁榮。

丹麥童話大師安徒生（Hans Christian Andersen）與英國小說家狄更斯（Charles Dickens）因文學成就而結識。儘管文化背景不同，但他們因對社會不平等的關注建立了深厚的友誼，並通過書信討論彼此的作品和理念。《魔戒》（*The Lord of the Rings*）作者托爾金（J. R. R. Tolkien）與《納尼亞傳奇》（*The Chronicles of Narnia*）作者路易斯（C. S. Lewis）因共同的文學與宗教信仰結爲好友。他們在牛津大學的文學沙龍中頻繁交流，彼此批評與啓發，共同創造了二十世紀最偉大的奇幻文學作品。

這些故事展現了「以文會友，以友輔仁」的永恆價值：通過文化聚集志同道合的朋友，並通過朋友的支持和交流提升自己的德行與智慧。這一理念在古今中外的文化背景下都有重要的實踐價值。

第三節　師生相處之道

一、尊重學生個性，啓發自信

子路、曾皙、冉有、公西華侍坐。子曰：「以吾一日長乎爾，毋吾以也。居則曰：『不吾知也！』如或知爾，則何以哉？」子路率爾而對曰：「千乘之國，攝乎大國之間，加之以師旅，因之以饑饉，由也為之，比及三年，可使有勇，且知方也。」夫子哂之。

「求，爾何如？」對曰：「方六七十，如五六十，求也為之，比及三年，可使足民。如其禮樂，以俟君子。」「赤，爾何如？」對曰：「非曰能之，願學焉。宗廟之事，如會同，端章甫，願為小相焉。」「點，爾何如？」鼓瑟希，鏗爾，舍瑟而作。對曰：「異乎三子者之撰。」

子曰：「何傷乎！亦各言其志也。」曰：「莫春者，春服既成，冠者五六人，童子六七人，浴乎沂，風乎舞雩，詠而歸。」夫子喟然歎曰：「吾與點也！」三子者出，曾皙後。曾皙曰：「夫三子者之言何如？」子曰：「亦各言其志也已矣。」

曰：「夫子何哂由也？」曰：「為國以禮，其言不讓，是故哂之。」「唯求則非邦也與？」「安見方六七十如五六十而非邦也者？」「唯赤則非邦也與？」「宗廟會同，非諸侯而何？赤也為之小，孰能為之大？」（〈先進〉）

孔子的教育宗旨是有教無類、因材施教。我們先來看看孔子與他的學生們在聊天時的輕鬆畫面。

有一天，子路、曾皙、冉有和公西華四個學生陪著孔子坐著聊天。孔子說：「你們別因爲我年紀大，就不好意思說說自己的理想。平時你們總說：『沒人瞭解我呀！』那假如有人眞的理解你們了，你們會想怎麼做呢？」

子路馬上回答：「如果我能去管理一個有一千輛兵車的小國，這國家夾在大國之間，經常被外敵侵擾，內部還有饑荒。如果給我三年時間，我就能讓百姓勇敢善戰，也能讓大家知道國家的方向。」孔子聽了，微微笑了笑。

接著，孔子問：「冉求，你呢？你的想法是什麼？」

冉求回答：「如果我能去治理一個約六、七十平方里、或五、六十平方里的小國，三年後，我可以讓百姓過上富足的生活。至於禮樂教化這些事，可能還得請別人來幫忙。」

孔子又問：「公西赤，你怎麼想的？」

公西赤回答：「我不敢說我能做到什麼，只是願意學習。比如在宗廟祭祀時，或者在諸侯見天子的場合，我願意穿上禮服，戴上禮帽，做一個小小的儀式主持人。」

最後，孔子問曾點：「那你呢？」

這時，曾點慢慢停止彈琴，站起來回答說：「我的想法跟他們不太一樣。」

孔子說：「沒關係啊，這只是說說大家的想法而已。」

曾點說：「我想的是，到了暮春，也就是春天快要結束的時候，大家換上春天的衣服，我和五六位大人、六七個小夥子一起到沂河裏洗洗澡，然後去舞雩臺上吹吹風，一路唱著歌回來。」

孔子聽了，長嘆一聲說：「我喜歡曾點的想法呀！」

這時子路、冉有、公西華都出去了，曾皙留了下來問孔子：「老師，剛才三位同學的志向怎麼樣呢？」

孔子回答：「他們也只是說說各自的理想而已。」

曾皙問：「那爲什麼您笑仲由（子路）呢？」

孔子解釋說：「管理國家要講究禮讓，但他說話時一點謙虛都沒有，所以我笑了。」

曾皙又問：「難道冉求的想法就不是國家大事嗎？」

孔子說：「六、七十平方里、五、六十平方里的地方，也可以是國家大事啊！」

曾皙繼續問：「那公西赤說的就不是大事嗎？」

孔子回答：「宗廟祭祀、諸侯會盟、朝見天子，這些不是國家大事還能是什麼呢？如果公西赤只能做個小小的儀式主持，那誰來做更重要的儀式呢？」

這段對話生動地展現了孔門師生間的互動。孔子以親切的態度鼓勵弟子們說出各自的理想，而學生們也都坦率地以眞性情回應老師的提問。首先，直率的子路率先發言。他表示，若能讓他去治理一個頻遭大國欺凌、內憂外患的國家，他有信心在三年內讓這個國家重回正軌，並讓人民嚮往道義、勇於抗敵。這是多麼豪氣的說法啊！當然，這話聽起來有些輕率，似乎把事情看得過於簡單了。但孔子只是微微一笑，並沒有嚴厲地教訓他。

相較之下，冉求和公西華顯得更謹愼。冉求表示，若將一個小國交給他治理，他有把握在三年內讓人民過上豐衣足食的生活，但並不敢保證能帶領百姓走上禮樂之道。而公西華則更爲謙虛，他表示自己只願意擔任一個輔助角色，協助國君處理祭祀與會盟的事務。然而，若他們能眞的做好這些事情，不也意味著國家能逐漸步入正軌嗎？這些可都不是小事。從這裏看來，孔門弟子們的志向確實令人驚歎。我們現在的師生是否也有如此宏大的理想與責任感呢？

最後是曾皙的回答，更是別具一格。表面上看，他的志向似乎沒有其他同學那麼「宏大」，但他描繪了一幅和樂、寧靜而美好的生活圖景。在暮春時節，大家穿上新做的春衣，聚在河邊洗去冬日的積塵，隨後唱著歌一同回家。若我們的生活也能這般祥和，你不覺得這樣的人生很美好嗎？能描繪出如此志向的人，必有一顆寬廣的心胸。也因此，孔子特別對曾皙表示了讚許。

這段孔子與弟子的對話展現了孔子對於師生關係的相處之道。首先，孔子打破了師生之間的拘束，主動鼓勵學生發表自己的理想，這種包容的態度讓學生感到自由自在，不會因為害怕權威而壓抑自己。這樣的師生互動模式，充分展現了孔子的教育智慧。孔子不是單方面地灌輸知識，而是通過對話，瞭解每位學生的特質，並根據他們的回答來引導和啓發，幫助他們找到適合自己的發展方向。

此外，孔子對每位學生的回答都抱持尊重與包容的態度，不論是子路的勇敢進取，冉求的務實治國，公西赤的謙遜自守，還是曾點的悠閒自然，孔子都給予接納和思考。他欣賞曾點的生活態度，並沒有批評其他人的志向，這表現了孔子對不同價值觀的接納，並鼓勵學生根據自己的特質來實現理想，這種開放的態度為學生提供了多元成長的空間。

當代社會越來越多元，個人的價值觀和理想也更加多樣化。第一、孔子這種尊重學生個性、鼓勵多元發展的態度，正是現代教育所提倡的。第二、孔子這段與弟子的對話，向我們展示了師生相處之道的眞諦——尊重、啓發、包容。第三、在當代，這種教育智慧可以幫助教師與學生建立和諧的關係，鼓勵學生發展個性，並以多元的角度看待人生，進而追求更豐富、充實的生活。這種教育方式在當前多元化社會中，無疑具有深遠的意義。

我們來舉幾個強調「尊重個性、因材施教」的中外的例子：

孔子是中國歷史上最早提出「因材施教」思想的教育家。他根據弟子的性格特點與學習需求進行教學。例如：子路性格急躁，孔子通過實踐和社會責任教育來引導他冷靜思考。顏回性格謙和內向，然而孔子從不因顏回的沉默寡言而忽視他，反而在學問上特別關注他，並多次讚揚顏回「不遷怒，不貳過」。孔子的尊重與肯定讓顏回建立了自信，成爲孔子最器重的弟子之一。孔子的教育方式展現了對學生個性的尊重，並激發了他們不同的潛力。北宋理學家程頤在教學中重視啓發而非灌輸，常用問題引導學生自主思考。他尊重每位學生的個性化思維方式，讓學生在自由的思想空間中探索。這種啓發式教育讓學生在學問上形成自信與獨立判斷力。

美國教育家杜威（John Dewey）主張學習應該以學生的興趣與實踐經驗爲基礎。他的「做中學」（learning by doing）理念強調在眞實情境中進行探索式學習，尊重學生的個性化需求。例如，他設計的課程中會包含實地考察與動手實驗，幫助學生發現自己的潛能並增強自信。蒙特梭利（Montessori）教育法注重尊重每個孩子的個性發展，強調「孩子是學習的主體」。她設計的教具和環境鼓勵孩子自主選擇學習內容，並根據自己的節奏探索知識。在這種自由與指導相結合的模式下，孩子們能夠在學習中建立自信心。

二、對學生既肯定也提醒

子曰：「衣敝縕袍，與衣狐貉者立，而不恥者，其由也與？『不忮不求，何用不臧？』」子路終身誦之。子曰：「是道也，何足以臧？」（〈子罕〉）

對於一個老師或領導者來說，如何肯定學生或部屬，又如何讓學生或部屬不會志得意滿，是一件不容易的事。哪些事情是師長應該肯定的，又有哪些事情是師長應該提醒的，也取決於師長的修養與風範。

孔子說：「我的弟子之中，能穿著破舊的袍子和身披狐皮的朋友站在一起，卻不以之爲恥者，可能只有子路一個人吧！就像《詩經》說的『不忌恨也不貪求，那裏還會行事不善呢？』」子路聽了非常高興，並以此作爲一生的目標。孔子認爲他太得意了，乃說：「這只是正道而已，哪裏値得如此洋洋得意呢？」

在這段話中，首先呈現出一個貧窮的子路站在富貴人家邊上，但是也一點都不會覺得矮人一截的畫面。

孔子提到子路的特質，讚揚他能夠穿著簡陋的衣服與穿著華麗的朋友站在一起，卻不感到羞恥，這展現了子路內心的強大與超然。孔子以《詩經》中的話爲例，強調「不忮不求」（不嫉妒、不貪求）是一種高尚的品德，且能讓人行事無愧。在孔子看來，能超越貧富差異，保持內心的坦然，正是君子之風。當子路因受到孔子的讚美而得意時，孔子立刻指出：「是道也，何足以臧？」意思是提醒他，這只是走在正道上，沒什麼值得驕傲的。

孔子這段對話揭示了兩層深刻的道理：第一層，平常心與不攀比、不貪求的態度，是君子應具備的基本品格。第二層，修德行善是人之正道，不應以此為榮而忘記自我反省，否則容易陷入驕傲與自滿。孔子的這段話不僅是對子路的勸誡，更是對所有人的啓示：在追求德行的過程中，應以平常心面對物質差異，以謙虛心對待已有的成就。「不忮不求，何用不臧？」既是對美德的讚頌，也是對人生正道的深刻概括。這種智慧在任何時代都具有重要的借鑑價值。

在當代社會中，這段話對我們依然具有深刻的啓示。第一、現今許多人往往被物質和地位所迷惑，以他人的穿著、收入甚至社會地位來判斷一個人的價值。孔子的教導提醒我們，眞正值得追求的是內在的品德和堅持，而非物質上的比較。第二、學會坦然面對自身的生活狀態，不因他人的富貴或貧窮而影響自己的內心，這樣的態度有助於建立更健康的人際關係。

此外，孔子對子路的提醒也讓我們看到，在追求成功和德行的路上，謙遜始終是不可或缺的品質。即使在某些方面取得成就，也不應該因此自滿或驕傲，而應該將其視為正道的基本表現，不斷提升自己。這種不以小成為滿、不以物質為衡的態度，讓我們能更專注於道德修養，在人生的道路上不斷成長。

我們來舉兩個「不忮不求」的中外故事：

俞伯牙是春秋時期一位才華橫溢的音樂家，鍾子期則是他的知音。當俞伯牙彈奏時，鍾子期總能一語道破琴曲所描繪的意象，比如高山流水的壯麗景象。這種心靈相通的默契，令俞伯牙驚歎不已，並因此視鍾子期為自己的知己。鍾子期從未嫉妒俞伯牙的才華，反而全心全意地欣賞俞伯牙的音樂。在鍾子期去世後，俞伯牙痛失知音，悲痛欲絕，從此摔琴斷弦，發誓不再彈奏，因爲他認爲世界再也沒有人能理解他的音樂。這段友誼成爲千古傳誦的佳話，充分體現了「不忮不求」的精神。鍾子期不攀比、不嫉妒，對俞伯牙的才華抱以由衷的敬佩與理解；而俞伯牙則珍惜鍾子期的眞誠和慧心，兩人之間的關係超越了世俗的功利考量，純粹而深厚。這種「高山流水遇知音」的情誼，成爲後世人們對理想友誼的最高典範，也啓發我們如何在友誼中追求純粹與眞誠。

法國存在主義哲學家讓-保羅・薩特（Jean-Paul Sartre）與阿爾貝・加繆（Albert Camus）雖然在哲學理念上存在著深刻的分歧，特別是在自由意志與荒誕主義的探討上，但這絲毫未影響他們對彼此的才華與思想的尊重。儘管後來兩人因《反抗者》（加繆的作品）與薩特及《現代》雜誌的立場出現意見對立，但他們並沒有因爲對方的聲名或理念而生出嫉妒或敵意。加繆始終尊重薩特對存在主義的貢獻，而薩特也承認加繆在文學與哲學領域中的卓越地位。這段關係中蘊含了對思想自由的高度尊重，他們用自己的方式展現了哲學家「求眞務實」的品格，也反映了「不忮不求」這種君子風範的深刻意義。

三、對學生旣有禮樂教化，也有幽默對話

子之武城，聞弦歌之聲。夫子莞爾而笑，曰：「割雞焉用牛刀？」子游對曰：「昔者偃也聞諸夫子曰：『君子學道則愛人，小人學道則易使也。』」子曰：「二三子，偃之言是也，前言戲之耳。」（〈陽貨〉）

我們常常有個刻板印象，認爲孔子一定是個嚴肅的長者。其實如果進一步瞭解，可以發現孔子也是很幽默的，會開學生的玩笑。另外，也可以看出，不論地方的大小，孔子都非常重視禮樂的教化功能。這兩點，都是做爲老師可以參考的，用輕鬆的態度與學生相處，用清楚的價值來告誡學生。

有一天，孔子到魯國的武城探望弟子子游，遠遠就聽到音樂傳來。孔子微笑著說：「殺雞焉用牛刀，治理小地方哪裏需要用到禮樂教化呢！」子游分辯著說：「過去我曾經聽過您的教誨：『上位者學習禮樂就能愛護人民，下位者學會禮樂則容易配合。』」孔子說：「弟子們，言偃的話是對的，我剛才只是說說笑話罷了！」

孔子的這段話表達了他對「禮樂教化」的重視，無論地方大小、地位高低，都應該在

教化上有所追求。孔子雖然表面上開玩笑說「治理小地方不必用到禮樂」，但其實也是在考驗子游是否眞正理解禮樂的核心價值。子游的回答不僅展示了對孔子教誨的深刻理解，也表現了他在禮樂上的堅持，這正是孔子所期望看到的。

現代社會的管理者、教育者，可以從孔子的觀點中得到啓發。在企業或社團中，這種禮樂精神可以轉化爲「尊重、溝通與協作」，上位者若能謙遜地尊重他人，則容易贏得下屬的支持；而下位者若能懂得配合，也能更好地發揮自己的價值。這將會使得團隊更有效率、更加和諧。

在這一段話中我們也看到，孔子對子游開了一個不甚恰當的玩笑時，學生也會當場根據道理來抗辯，老師也不會爲了面子而死不認錯。這種親切、平等，而且專注在人格修養、人生志業上的師生互動模式，也不正是我們所嚮往的師生相處之道嗎？

以下我們舉幾個強調「尊重、溝通與協作」文化的當代中外企業：

中國大陸的華爲企業非常重視員工之間的尊重與溝通，公司內部提倡「開放分享」的文化，讓不同部門在創新項目中密切合作。他們的「平臺＋團隊」模式讓來自不同專業背景的員工能夠高效協作，共同開發出領先的科技產品。臺積電以其高效的製造與創新能力，成爲半導體行業的全球領導者，內部設立跨部門溝通機制，確保在晶圓製造的每個環節中，工程、製造、品管等部門之間能保持順暢對話。在實現尖端製程技術（如三奈米）中，研發與生產團隊的高度協作是其成功的關鍵。臺積電將「團隊成就大於個人表現」作爲重要文化之一。

日本豐田強調「和文化」，提倡團隊成員之間的尊重與協作。他們的精益生產方式依賴於生產線上每位員工的貢獻與溝通，通過不斷改進的精神實現了卓越的產品質量。歐洲空中巴士的飛機製造需要多國團隊的精密合作，各個國家負責不同部件的研發與生產。這種高度協作的模式基於各國團隊間的尊重與有效溝通，確保了產品的高效生產與卓越性能。

在當代企業的運作中，傳統的禮樂精神可以轉化爲相互「尊重、溝通與協作」。以上這些企業在強調「尊重、溝通與協作」方面，已經形成了具有特色的文化。這些案例展現了成功企業如何將這些價值應用於內部管理、外部合作與市場創新，爲其他企業提供了寶貴的借鑒。

四、與學生坦誠與無私的共享，建立互信

子曰：「二三子以我為隱乎？吾無隱乎爾。吾無行而不與二三子者，是丘也。」（〈述而〉）

我們在小說裏面經常看到，師父往往喜歡留一手，以顯示自己永遠是高深莫測。孔子是不同意這種言行的，他面對學生，只有坦誠與無私的共享，而沒有任何的藏私。

有一天，孔子告訴弟子說：「同學們，你們眞的以爲我隱瞞什麼沒有傳授嗎？我才沒有隱瞞什麼呢！我從來沒有任何言行，不和你們共享共事，這才是我孔丘的作風啊！」

孔子是中國古代最偉大的教育家，他的弟子有數百人。在傳統社會中，知識的傳授通常是封閉而選擇性的，師徒之間常存在「隱而不言」的現象。然而孔子對此明確表態，認爲自己在教學中沒有任何隱瞞，所有的言行都與弟子公開分享。

孔子強調，自己「無行而不與二三子者」，意思是說他的言行都以身作則，無論是生活中還是學術上，弟子們都可以直接觀察與學習，沒有任何需要隱瞞的秘密。他通過親身示範，將德行與知識融入到具體的行爲中，這是儒家教育的重要特色。

孔子的話語中透露出對弟子的尊重與信任。他將弟子視爲平等的學習夥伴，而非僅僅是被動接受知識的對象。這種開放與坦誠的態度，建立了師生之間的深厚信任，也爲後世教育樹立了典範。

從孔子的談話中，可以瞭解到，在現代教育中，第一、要注意到教育的開放性與透明性。教師應該保持對學生的坦誠與開放，將知識無私地傳遞給學生，而非將其視爲一種權威的象徵。這種態度有助於營造平等的師生關係，激發學生的學習動力。第二、注意到以身作則的重要性。現代教育者應注重自身的道德修養，通過實際行動影響學生。例如，教師如果要求學生守時，自己也應該準時；要求學生誠實，自己也應以誠待人。第三、注意到共享的教育理念。孔子的精神與現代開放教育（如MOOCs、共享課程、開放課程）的理念不謀而合。知識應該是普惠的，每個人都有接受平等教育的權利。教育者不應對知識加以壟斷，而應努力讓更多人受益。第四、注意到師生要建立互信。教育應建立在信任的基礎上。教師應坦誠相待，讓學生感受到尊重與平等，從而建立良好的師生關係。

以下是幾則在教育上做到「無隱」的中外故事。

北宋思想家張載在今陝西一帶的關中地區講學活動，被稱之爲「關學」，他對學生一視同仁，無論貧富出身，都傾力教導。他將自己的哲學理念如「爲天地立心，爲生民立命，爲往聖繼絕學，爲萬世開太平」毫無保留地傳播，影響深遠。明代李時珍歷時二十七年編寫《本草綱目》，將自己一生的醫學研究與知識公開，供後世學習與使用。他的無私奉獻使這部著作成爲中醫藥學的重要典籍。

無論是學校教育還是在線教育，透明化和公開化有助於消除教育不平等，讓更多人受益。例如，MOOCs（massive open online courses，大規模開放在線課程）的理念就是將知識免費分享給所有人，這是一種現代化的「無隱」。美國的哈佛大學與麻省理工學院聯合推出的開放課程平臺edX，通過在線課程免費分享世界頂尖大學的教育資源。這種現代教育方式體現了知識共享的普惠理念，與孔子「無隱」的思想一脈相承。目前愈來愈多的大學，均有「開放課程」，讓一般人也可以從網路上學習新的知識。

這些故事表明，「無隱」的教育理念具有跨越時空的價值。在古今中外，這種坦誠無私的教學方式爲教育的進步與發展提供了強大的動力。

第三單元

立志與為學

前言

人是有文化需求的生命體，從出生起便開始接受來自家人的教導，而隨著年齡增長，又逐漸在更大的社會群體中學習，最終成爲一位眞正的學子。對孔子而言，學習並非只是掌握一技之長，而是一種終生的生活態度與方式。要如何保持這份持久的學習熱情呢？那便是立志——擁有一個眞心嚮往、願意爲之奉獻一生的遠大目標。當內心有了這份堅定的志向，學習的腳步便不會輕易停歇。因此，孔子認爲，學習的起點在於立志，有了志向，學習才眞正開始。

孔子所教導的是一種追求「道」的志向，這樣的學習不僅僅是技藝的學習，更是涵蓋了整個人格的德行之學。德行的培養需要以內心的情感和良知作爲指引，透過向他人學習、選擇美好的品質來效法，同時輔以知識和技藝的積累，才能逐步形成健全而高尙的人格。這種德行之學不僅僅是爲了成就自我，更是面向自身的「爲己之學」，它始終在提醒我們反省自我、關懷他人，並且推動我們不斷完善這個世界。

孔子以自己的切身體驗，向所有學子發出由衷的呼喚：試著去體驗這樣的學習吧，因爲這不僅充滿愉悅，絕非沉重的負擔，更會成爲人生旅途上最堅實的依靠與支柱。這個單元從立志開始，最終在學習的樂趣中圓滿，而德行的修養則貫穿始終，成爲整體學習的核心。

本單元分爲三節，分別是君子立志、成德與學習。

第一節　立志：開啟遠瞻的航圖

一、立志要堅定與不可動搖

子曰：「三軍可奪帥也，匹夫不可奪志也。」（〈子罕〉）

孔子認爲，學習的起點在於立志。要以一種什麼樣的心態立志呢？孔子認爲，立志必須堅定且不容動搖。孔子說：「即使三軍之眾，如果士氣渙散，連主帥都會被劫奪；但若一介匹夫意志堅定，誰都不能改變他的心志。」

孔子所說的「三軍可奪帥，匹夫不可奪志」展現了他對個人意志的高度重視。「三軍可奪帥」意思是說，軍隊即使人數眾多，若沒有主帥或統一的方向，也會變得渙散無力。這是一種對外在力量容易被削弱或摧毀的描述。而孔子說的「匹夫不可奪志」，則是希望我們明白，意志的力量是內在的，它來自於我們對理想的堅信和對價值的執著，在多變的環境中，應該保持對理想的執著，不輕易改變初心。這句話強調即使是一介普通之人，只要意志堅定，則無法被動搖，無法奪去他內心的志向。這句話也帶來了深刻的啓發，無論是面對外界的困難、挫折，還是來自內心的疑惑，只要心志堅定，就能夠突破一切障礙，成就自我。這一理念無論在古代還是現代，對個人、團隊與社會的發展都具有深刻的指導意義。

在快節奏的現代生活中，人們容易因外界壓力或困難而迷失方向。孔子的話告訴我們，只有堅持自己的志向，才能眞正實現個人價值。現代教育除了知識的傳授外，也應注重學生意志力的培養，幫助他們在困境中堅守自己的信念。這是個人成長與社會發展的重要基石。

我們來舉幾個中外的故事：

中國的歷史中有太多「匹夫不可奪志」的偉大故事。戰國時期楚國的屈原因政治失意被流放，但他始終堅守「忠君愛國」的信念，面對楚國的衰敗，他毅然投江以明志，表達了對國家的忠誠。他的行爲成爲「匹夫不可奪志」的生動範例。西漢時期的司馬遷在受刑後，仍然堅守記錄歷史的信念，最終完成了不朽的《史記》。他的堅定意志體現了「匹夫不可奪志」的精神。文天祥在南宋滅亡時，寧死不屈，拒絕投降元朝，堅守自己的愛國信念。他在獄中寫下〈正氣歌〉，以表明忠誠與氣節。他的精神體現了堅定的意志力，成爲民族氣節的象徵。

美國的海倫·凱勒（Helen Keller）自小因病失去視力和聽力，生活一度陷入黑暗。然而她並未因此喪失對生活的熱愛和求知的渴望。在老師安妮·沙利文（Anne Sullivan）的幫助下，海倫學會了閱讀、書寫，甚至最終進入哈佛大學拉德克利夫學院學習，成為一位傑出的作家，最著名的作品是《我的生活》（*The Story of My Life*）。海倫不僅在學業上取得了巨大成就，還是一名社會活動家，積極參與社會活動，倡導平等和身障者的權益。海倫·凱勒的故事正是「匹夫不可奪志」的生動詮釋，即便身體有障礙、生活充滿挑戰，她仍以堅定的意志克服了種種困難，實現了自己的理想，成為激勵無數人的榜樣。

二、要立志追求「道、德、仁、藝」

子曰：「志於道，據於德，依於仁，游於藝。」（〈述而〉）

一位立志要做君子的人，應該要做哪些事呢？孔子說：「君子應該立志追求正道，並努力執守修道所得之美德，平時遵循著仁心行事，並時時遊習於六藝之間，以陶冶心志。」

孔子說：「志於道，據於德，依於仁，游於藝。」這句話可以簡單解釋為：一個人應當立志追求「道」，以道德作為立身之本，依靠仁愛來待人接物，在學習六藝中陶冶性情。這段話涵蓋了君子的四個層次修養，勉勵人們在立志、道德、仁愛和六藝各方面全面發展。

這句話展現了孔子對理想人格的完整構想。他認爲，君子應該以「道」爲志向，即追求眞理和理想，而非僅僅著眼於個人的利益。其次，孔子強調「據於德」，即應該以道德作爲立足之本，無論在任何情況下，都不應放棄自己的道德原則。此外，孔子還強調「依於仁」，告訴我們在待人接物時，應以仁愛之心對待他人，這樣才能建立良好的人際關係。最後，「游於藝」，即透過「遊習於六藝之間」（禮、樂、射、御、書、數）進行全方位的學習，讓知識與品格的發展相輔相成，在學習各種技能和知識中陶冶性情，使人格更加豐富圓融。

孔子這種教誨，不僅鼓勵人們掌握多方面的知識，也提醒我們在知識之外，更應以德行爲本，讓知識爲修養服務，成就一個有品格、有能力的君子。

在當代社會中，第一、「志於道」就是要明確目標與價値觀。個人應該確立正確的人生目標和價値觀，不隨波逐流，堅守內心的正義感與道德標準。第二、「據於德」，就是要以品格立身。現代人無論從事什麼職業，都應注重道德修養，誠實守信，將品德作爲行爲的根基。第三、「依於仁」，就是要關愛他人，和諧共處。在人際交往與社會活動中，應該多關心他人，追求彼此尊重與共贏的關係。例如，現代的醫生或教師，如果僅僅掌握了醫學或教育的知識，而缺乏對病人或學生的關懷，那麼他們的專業技能也將無法發揮應有的價值。相反，若他們能夠在專業之外，懷抱仁愛之心，以溫暖的態度對待每個人，那麼他們的職業便能夠眞正造福他人、實現自我價值。第四、「游於藝」，就是要重視藝術與技能的學習。在今天，學習技能和藝術不僅能提高個人的職業能力，還能陶冶心性，豐富精神生活。這與現代教育提倡的德智體美勞全面發展理念一致。

諸葛亮一生致力於匡扶漢室，堅守「鞠躬盡瘁，死而後已」的信念。他的〈誡子書〉中提倡君子修身養德，對後世影響深遠。他以德治國，施行仁政，並以才智守護蜀漢，體現了「志於道、據於德」的精神。宋代理學家朱熹認為讀書是修養道德、追求正道的方式。他在《四書章句集注》中闡述了仁愛與德行的重要性，並通過不懈學習和教化影響後人，成為理學的代表人物，展現了「依於仁」的核心思想。陶淵明不慕名利，選擇隱居田園。他的詩歌充滿自然與人性的眞誠，反映了他堅守自我、不隨波逐流的志向。他的創作也體現了「游於藝」，以詩歌陶冶性情，傳遞道德理想。

在西方的文學作品中，也可以看到很多符合孔子對君子的期許。在荷馬史詩《伊利亞特》（*The Iliad*）中，阿基里斯（Achilles）堅守戰士的榮譽，面對困難與挑戰不懈努力。他的行動展現了對正義與使命的執著，體現了「志於道」。雨果（Victor Hugo）的《悲慘世界》（*Les Misérables*）中的冉阿讓（Jean Valjean），儘管面對誤解與迫害，仍以仁愛之心對待他人。他在不斷的自我救贖中，踐行了「依於仁」。在西方文明中，雖沒有「君子」與「六藝」的文化體系，但有不少人物，將藝術視為人格養成與道德實踐的工具，達文西（Leonardo da Vinci）是畫家、工程師、解剖學家，一位藝術與科學的巨人，他將「藝」當作通往智慧與人性圓滿之路，是西方最接近孔子「游於藝」理想的全才君子。

這些故事展現了孔子的理念如何在古今中外的不同文化與人物中得到體現，無論是追求正義、培養品德還是提升技能，都離不開「志於道，據於德，依於仁，游於藝」的智慧指引。

三、應當仁不讓，在仁德面前應勇於承擔

子曰：「當仁，不讓於師。」（〈衛靈公〉）

一般來說，當老師和學生在一起時，學生應該禮讓老師，但是在一些有關仁義道德的事，學生的態度應該是什麼呢？孔子說：「面對於行仁之事，弟子可以不謙讓於師，行於所當行。」

孔子說：「當仁，不讓於師。」這句話的意思是：在面對「仁德」的時候，即使面對師長或尊者，君子也應該勇於承擔，不必謙讓。這是孔子對弟子的一種勉勵，告訴他們在仁德面前，不分年齡、身分，人人都應該挺身而出，堅持仁義的原則。

「當仁，不讓於師」強調了對「仁」的重視，也體現了君子在道德判斷面前的果敢與

堅定。這句話告訴我們，仁德之道不分身分地位，凡遇到應該行仁義之事，無論面前是誰，都應該挺身而出，這是一種高度的責任感和道德自信。孔子的這番教誨，旨在培養學生在道德面前的主動性，讓他們具備為仁德挺身而出的勇氣。

在現代社會中，每個人都應該在力所能及的範圍內，承擔對他人和社會的責任。無論年齡、職位高低，面對需要行動的時刻，應該積極主動，體現個人的社會價值。當前社會中，就有許多社會活動家在面對不公正的社會現象時，無論身處何種地位，往往挺身而出，為弱勢群體發聲。他們不因面前的權力或社會地位而退縮，這正是「當仁，不讓於師」的體現。

我們來舉兩個「當仁不讓」的中外歷史人物故事：

文天祥在宋元之際，面對元朝入侵南宋的局勢，堅決選擇捍衛國家。他原本是一位才華橫溢的學者，進士出身，但在國難當頭之時，他選擇擔任宋朝的抗元將領，積極組織義軍，奮勇抗敵，為後人樹立了「當仁不讓」的榜樣。他讓我們看到，真正的君子在面對仁義和責任時，應該不畏強權，勇於承擔，這才是忠誠和堅定的最高體現。

著名的美國民權領袖馬丁．路德．金（Martin Luther King Jr.）也是一個「當仁不讓」的例子，他在種族歧視盛行的時代，勇敢地站出來倡導平等與正義，成為了無數人心中的道德榜樣。他的努力促成了美國《一九六四年民權法案》和《一九六五年選舉權法案》的通過。他以其非凡的勇氣、智慧和仁愛精神，改變了美國的歷史。他的故事告訴我們，即使面對巨大挑戰，非暴力與堅定的信念依然可以成為爭取正義的強大力量。

四、君子不器，既有仁德也有才華的多樣性

子曰：「君子不器。」（〈為政〉）

一位君子是否只要固守自己的專業與德行就可以了呢？孔子並不這樣認為。孔子說：「有才德的人不像器皿一般，只有固定的功能。」

孔子說：「君子不器。」這句話意指真正的君子不應該像器皿那樣只有單一的功能或用途，而應該具備多方面的才能，能適應多變的環境。孔子用「器皿」作為比喻，強調了君子應該超越狹隘的專業局限，不拘泥於既有的成就，追求德行和智慧的全面發展，也願意學習新知識，挑戰新事物，而達到更寬廣的成就。在孔子眼中，君子應該是一個全能型人才，不僅具備深厚的道德修養，還應具備靈活應變的能力。他們能夠根據不同的情境，展現出多樣化的才華與德行，而非僅僅在單一領域中發揮作用。

在當代社會中，孔子的「君子不器」反映在以下兩個方面。第一、「個人能力全方位發展」。在今天的社會中，個人應該避免將自己局限於某一技能或角色，而應追求全方位的發展。在當今職場中，企業需要具備跨領域知識和適應能力的綜合型人才。例如，一個

專業的工程師也可以學習領導力與創新能力。第二、「教育的全面性」。教育的目標應該是培養全方位的綜合型人才，而非僅僅傳授某些專業知識。孔子的理念啓發我們，學校應重視學生的全面發展，包括道德修養、批判性思維與實踐能力。

我們來舉兩個中外故事爲例：

當代蘋果公司的創辦人史蒂夫·賈伯斯（Steve Jobs）可以算是一個典型的例子。他不僅擅長技術，更深諳設計、藝術與市場需求的結合，正是因爲他具備跨越多領域的才能，才得以創造出蘋果這樣具有革命性的產品。

另一個更有代表性的就是明代大儒王陽明。他一生涉獵廣泛，無論在哲學、軍事、政治，還是教育領域，都取得了卓越的成就，他的多面才能與適應能力。他並沒有局限於某一種角色，而是在多方面發展自己，成爲一位全方位的君子。他的事跡讓我們看到「君子不器」的深刻內涵，即一位眞正的君子不應該只是某一領域的專家，而應該具備全面的素養和多方面的才能，從而能夠靈活應對各種挑戰，成就更高的人生價值。

五、君子要有分享、謙遜與關懷社會的志向

顏淵、季路侍。子曰：「盍各言爾志？」子路曰：「願車馬衣裘，與朋友共，敝之而無憾。」顏淵曰：「願無伐善，無施勞。」子路曰：「願聞子之志。」子曰：「老者安之，朋友信之，少者懷之。」（〈公冶長〉）

每一個人的格局與視野都不同。那麼做為一位君子，應該有什麼樣的志向呢？從每個人的志向可以看出他的格局與視野。有一天，顏淵和子路陪侍孔子而坐。孔子說：「何不各自談談你們的志向呢？」子路首先回答說：「我希望能夠與朋友分享自己的車馬衣裘，即使用壞了也毫無遺憾。」這顯示了子路對朋友的重視，願意與朋友無私分享，並對物質上的損耗毫不計較，流露出他的豪爽與友愛之心。接著顏淵說：「我希望不炫耀自己的長處，不張揚自己的功勞。」顏淵的志向更偏向內在修養，他希望保持謙遜，不去誇耀自己的優點，並且不邀功，展現出他內斂謙和的品格。子路也好奇老師孔子的志向，於是請孔子談談自己的理想。孔子說：「我希望老年人能夠得到安養，朋友之間能夠彼此信任，年輕人能夠得到關懷和愛護。」孔子的志向體現出他對社會和諧的關懷，展現出他對各個年齡層的深切關愛。

這段話記錄了孔子與兩位弟子顏淵和子路的對話，表達了三人對人生志向的不同理解。子路的志向在於願意與朋友分享自己的物質財富，即使物品損壞也不計較，展現了他的豪爽與對朋友的重視。這種志向反映了人際交往中的義氣與忠誠。顏淵的志向在於專注於內在修養，表達了「不炫耀長處，不張揚功勞」的謙遜品質，強調道德內化的重要性。孔子的志向則是涵蓋對社會和諧與倫理關懷的理想，包括老者安養、朋友信任、少者受愛護，充分展現儒家「仁」的核心精神。

這段對話充分展現了君子「仁」的精神，無論是子路的無私分享，顏淵的謙遜低調，還是孔子對老幼的關懷，都是對道德的不同詮釋。孔子及其弟子們不僅關心自己的得失，更重視周遭人的幸福與和諧，這種精神鼓勵人們追求超越個人利益的價值，展現出君子對仁德的追求。

在當代，我們也應該樹立對社會的關懷之心。現代社會競爭激烈，子路的志向提醒我們保持分享與合作精神，構建更溫暖的人際關係。顏淵的「無伐善，無施勞」教導我們保持低調與謙遜，注重道德自省，而非過度追求外在炫耀。孔子的理想提醒我們關注弱勢群體（如老人和兒童），和建立信任的社會環境。成功的志向不僅是個人的成就，還應包含對他人的關懷與社會的責任。在今天，無論是個人發展還是職業選擇，都應該兼顧社會的需要，這樣的志向才能夠持久並富有意義。

我們來舉幾個中外的歷史人物故事，看看他們如何追求與落實自己的志向。

三國時期的蔣琬是一位德行高尚的人。他在當官時將家中的田地借給鄉里耕種，幫助窮人渡過難關。他從不計較財產損耗，始終把鄉親們的利益放在首位，正如子路的精神，願意無私分享。東晉書法家王羲之雖然被尊爲書聖，但對自己的藝術成就從不自滿，甚至稱自己「書如童子」。他在創作過程中不斷追求進步，謙虛低調的態度，與顏淵「無伐善，無施勞」的精神如出一轍。元朝科學家郭守敬設計水利工程，讓農田得以灌溉，同時減少洪澇災害。他的工作保障了百姓生活安穩，特別是老弱群體能夠得到更好的生存條件，體現了孔子的理想：讓老者安養、少者受益，造福社會。

美國鋼鐵大亨安德魯・卡內基（Andrew Carnegie）堅信「財富來自社會，應回饋於社會」。他在晚年捐資建立了兩千五百多座公共圖書館，讓知識和資源對所有人開放。他的行爲體現了子路的「與朋友共，敝之而無憾」的分享精神。達・芬奇（Leonardo da Vinci）是文藝復興時期的天才，但他總是對自己的作品保持謙虛態度。他曾表示：「我的藝術永遠未完成。」他的內在修養和持續反思體現了如同顏淵的謙遜精神。英國動物學家珍・古道爾（Jane Goodall）致力於保護黑猩猩及其棲息地，同時也推動人與自然的和諧共存。她不僅關心動物，也注重改善當地村民的生活條件，實現生態和社會的雙重和諧，契合孔子對「老者安之，少者懷之」的願望。

這些人物的故事不僅符合孔子及弟子們的志向，更展示了在現代社會背景下如何將分享、謙遜與社會關懷落實到行動中，成爲跨文化的榜樣。

六、學習應為提升自己而非為他人認可

子曰：「古之學者為己，今之學者為人。」（〈憲問〉）

學習是一生的功課，但我們是爲自己而學習，還是爲了得到他人的認可才學習的呢？對於期許他的弟子都能成爲君子的孔子來說，要成爲一位有仁德的君子，必然是爲己而學習。

孔子說：「古代的學習者是爲了自己的進德修業而學習，而現在的學習者則往往是爲了取悅他人，或獲得外界的認可而學習。」

孔子在這裏指出了學習動機的差異，強調了「爲己之學」的重要性，即學習應該出於內心的追求和自我提升，而不是僅僅爲了迎合他人的期待，或追求世俗的名利。這句話反映了孔子對「學習的本質」的深刻理解。他認爲眞正的學習應該是爲了提升自我、增進自己的品格和能力，而不應該只是爲了獲得外在的名聲或他人的讚賞。這種「爲己」的學習動機，能夠讓人更加專注於內在成長，進而達到眞正的學問造詣和道德修養。

在現代社會中，教育與學習往往被功利化。第一、影響到教育。當代教育多強調分數和排名，忽視了培養學生的內在動力和人格修養。孔子的觀點提醒我們，教育應該注重學

生的內在發展，讓他們成爲眞正有德行、有思想的人，而不僅是成績的追求者。第二、影響到學術界。學術界過於重視發表數量與榮譽頭銜，學者的研究方向容易被外界需求左右。孔子的觀點提醒學者應回歸初心，追求學問的本質意義，摒棄功利驅動。第三、影響到個人。在目前高度資訊化的時代，人們容易受到社交媒體的影響，學習變得碎片化且淺層化，許多人學習只是爲了炫耀或獲得認可。孔子的話鼓勵現代人反思學習的意義，追求更有深度的自我提升，學習不應只是爲了外在的回報，更應該是自我完善的一部分。

我們來舉兩個中外文學作品中，學習讀書只是了當成炫耀工具的例子：

《儒林外史》是一部揭露科舉制度弊端的小說。范進考取功名後，完全沉浸於科舉成功帶來的榮耀之中，甚至因中舉而瘋狂。他的學習目的並非追求知識或修養，而是爲了功名和社會地位，這正是典型的「爲名利」的學習態度。在《紅樓夢》小說中，薛蟠雖身爲富家公子，但粗俗無知，對讀書毫無興趣。當他被家人要求讀書時，往往只是敷衍了事，偶爾識幾個字，便急於在別人面前炫耀。他的行爲反映了追逐虛榮的學習態度。

在簡・奧斯汀（Jane Austen）的《傲慢與偏見》（*Pride and Prejudice*）中，柯林斯牧師（Mr. Collins）努力炫耀自己的學識和地位。他時常引用一些晦澀的經文和禮儀知識，試圖博得他人的認可，但他眞正的學問和內涵卻十分空洞。他的角色帶有幽默色彩，是小說中對社會虛榮與地位追求的諷刺體現。在費茲傑拉德（F. Scott Fitzgerald）的《大亨小傳》（*The Great Gatsby*）中，湯姆・布坎南（Tom Buchanan）時常談論自己讀過的書，特別是那些涉及社會種族優越論的書籍，以炫耀自己的「博學」。但實際上，他對這些知識的理解非常膚淺，只是爲了顯示自己的「優越」。

這些中外文學角色展現了「爲炫耀或取悅他人」學習的典型特徵：他們追求的是外界的認可、名聲和地位，而非內在的成長或眞理的探求。這種態度常常導致角色失去眞正的知識價值，甚至讓他們陷入虛榮與膚淺的境地。

七、君子應志在正道，而非外表

子曰：「士志於道，而恥惡衣惡食者，未足與議也。」（〈里仁〉）

君子應有什麼樣的品質？如果因爲外在環境不好，就感到低人一等，還算個君子嗎？

孔子說：「一個有志於追求『道』（即正道、眞理、道德）的人，如果會因爲穿著簡陋、飲食粗劣而感到羞恥，這樣的人不值得與之討論大道理。」

孔子在這句話中，通過簡短的批評，表達了對君子應有品格的深刻見解。孔子認爲，如果一個人因穿著簡陋、飲食粗劣而感到羞恥，說明他內心仍然受制於物質的浮華與虛榮心，無法專注於精神世界的追求。孔子認爲君子是「志於道」，即君子不應被外在的物質條件所困，應專注於內心的修養和道義的追求。孔子認爲品格的高尚與物質的貧富無關，君子應該以追求正道爲志，而非計較外在的裝飾。孔子的這番教誨提醒我們，追求崇高的理想需要耐心和堅持，無論環境多麼艱難，都不應動搖自己的志向。物質條件的好壞並不應影響到一個人對道德和理想的追求。

現代社會充滿物質誘惑，許多人以物質來衡量成功，以穿著和飲食來評價一個人的價值，這與孔子批評的「恥惡衣惡食」如出一轍。在物質追求盛行的當代社會，孔子的觀點提醒我們，應該注重內在品格的修養，而非過分關注外在的衣著、飲食或社會地位。無論在什麼樣的物質條件下，堅持自己的價值觀與人生目標，才是最值得追求的理想。這種態度有助於現代人擺脫物質的束縛，建立更深層的自我認同。

陶淵明是東晉時期著名的詩人和隱士，他的一生和思想正是「士志於道」的寫照。他不喜歡官場中的勾心鬥角和名利爭奪，他「不爲五斗米折腰」，表達了自己不願爲了微薄的俸祿而屈尊降貴的志氣。他以清貧自處，追求自我心志的提升，並用詩歌表達自己對自然和自由的熱愛。

當代的英國動物學家簡．古道爾（Jane Goodall）長期生活在非洲叢林中，穿著簡單樸素，專注於研究黑猩猩和保護生態環境。她以實際行動展現了超越物質的精神追求。除了科學研究，古道爾還積極投身於動物保護與環境保育事業。簡．古道爾憑藉她的研究、保護行動和倡導工作，成爲全球環保運動的象徵之一，並獲得多項榮譽，包括英國勳章和聯合國和平使者頭銜。她一生致力於動物保護、科學研究和環境教育，至今仍不懈地爲地球的未來而努力。

二〇〇三年出生的年輕的環保活動家格蕾塔・滕伯格（Greta Thunberg），於二〇一八年首次在瑞典議會前舉行獨自的氣候罷課活動，拉開了「星期五為未來」（Fridays for Future）運動的序幕。她選擇低碳簡約的生活方式，甚至放棄搭飛機以減少碳排放。她不因外在物質條件而動搖，將自己的聲音用於推動全球氣候行動。她被《時代》雜誌評為年度人物。她的堅韌和對氣候正義的承諾，讓她成為二十一世紀最有影響力的環保人士之一。

這些中外的故事充分展現了對精神與內在價值的堅守，他們以實際行動詮釋了孔子所說的「志於道，而不恥惡衣惡食」。這些榜樣提醒我們，真正值得追求的是內心的道德、智慧與價值，而不是對物質的執著與虛榮心的迷戀。

第二節　成德：創造良善的品德

一、修身以孝悌為本，仁愛為行

子曰：「弟子入則孝，出則弟，謹而信，汎愛眾而親仁。行有餘力，則以學文。」（〈學而〉）

君子應該如何修身，是應該學習六藝，還是先學習仁德？孔子提出了他的看法，也是他對學生的教誨。孔子說：「為人子弟在家要孝順父母，出門要善事長輩，友愛朋友，持守著謹慎而信實的態度，並且廣博地關愛大眾，更要親近有仁德的人。在這些生活實踐之後，若有多餘的力量，就用來學習詩書六藝等文化與技術知識。」

總體來看這段話，孔子認為，人的德行應從小時候就開始培養。在父母和長輩的呵護和指導下，孩子應該養成謙恭體貼、遵守規矩的態度，並展現出謹慎真誠的心意，學會關心他人，並喜歡親近有愛心、道德高尚的人。這些待人處事的品質將成為一生的寶貴財富，甚至比知識更為重要。

孔子的這段話勉勵學生在行爲和修養上做到全面發展。首先，孔子強調家庭中的「孝」與「悌」，提醒學生在家裏應該孝順父母，這是德行的根基；在外，應該尊敬兄長和年長者，建立起和睦的兄弟關係。這種家庭關係的和諧有助於個人的品格塑造，培養良好的道德基礎。

其次，孔子強調「謹而信」，要求學生行事謹愼小心並且講求誠信。這不僅是對自我的要求，也是在爲他人著想，注重信任和誠實的美德。孔子還強調「汎愛衆而親仁」，即學生應當廣泛地關愛他人，親近有仁德的人，以此來培養自己。

最後，孔子提到「行有餘力，則以學文」，表明他對學生全面發展的期望。學文指的是對禮、樂、射、御、書、數等知識進行全方位的學習，以使自己能夠成爲一個全方位的君子。在孔子看來，道德行爲和待人處世應該優先於書本知識的學習，因爲只有具備了良好的品德，學問的知識才能夠被眞正有效地運用。

在當代社會，第一、孔子強調孝悌之道，提醒我們重視家庭教育，培養孩子尊敬父母、友愛兄弟姐妹的品格，這是塑造健全人格的基礎。第二、「謹而信」「汎愛衆」的理念在當代社會依然重要。無論在職場還是日常生活中，謹愼處事、誠實守信，以及關愛他人，都能促進和諧的人際關係。第三、當代教育過於注重知識傳授，忽視了道德品格的培養。孔子的話提醒我們，在教育中應優先注重品德教育，再逐步進行專業技能和知識的培養。

清朝名臣曾國藩可以稱得上是孔子「弟子入則孝，出則弟，謹而信，汎愛衆而親仁」教誨的實踐者。他以忠誠、孝順、誠信和仁愛為人稱道，在家庭、仕途和人際關係中都展現了這些品德。曾國藩的事蹟讓我們看到，孔子的教誨在現實生活中的具體體現，即以道德為根本，在人生各個層面保持正直仁厚的態度。

其實不只是孔子，外國的哲學思想家，也認為品德修養重於知識的學習。古希臘哲學家蘇格拉底（Socrates）認為，美德（virtue）是人生的最高追求，遠比知識或物質更為重要。他提倡「認識你自己」，強調內在道德修養的重要性，並指出無德的知識只是徒增邪惡的工具。他的名言：「未經審視的人生不值得過」，「美德即知識」（Virtue is knowledge）。蘇格拉底認為，眞正的知識來自對美德和自我靈魂的深刻理解，外在知識若沒有美德的指引，則容易誤入歧途。近代德國哲學家康德（Immanuel Kant）將道德品德置於理性和知識之上，提出「善良意志」（good will）是唯一無條件的善。他認為，所有的行為應以道德法則為準繩，而非僅僅依靠知識或經驗。他的一句名言：「兩樣東西越是反覆深思，它們就在我的心靈中喚起愈加深厚的敬意：頭頂的星空和內心的道德法則。」

這些中外的思想家都一致認為，知識應該服務於道德，而非反之。這些思想不僅與孔子的「行有餘力，則以學文」觀念相契合，也為當代社會提供了深刻的啓示：追求知識的同時，不能忘記道德的根基。

二、學習他人之長，三人行必有我師

子曰：「三人行，必有我師焉。擇其善者而從之，其不善者而改之。」（〈述而〉）

每個人都需要學習，但是老師在哪裏？老師一定在學校嗎？只有向老師學習才算是學習嗎？孔子的回答非常清楚簡單，時時刻刻，從每個人身上，我們都可以找到我們可以學習的地方。

孔子說：「當我們與他人三人同行時，總會遇到可以學習的對象。看到他人身上的優點，就要學習並效法；而看到他人身上的缺點，則應反省並改正自己。」

孔子的這段話提醒我們，人生是一條不斷學習的路，無論遇到誰，都可以成爲我們的「老師」，幫助我們在品德和智慧上不斷進步。

孔子的這段話展現了他對學習態度的高度重視，並闡明了一種開放且謙虛的學習哲學。第一、「三人行，必有我師焉」，處處皆可學習。孔子認爲，即使在最平常的場合（如三人同行），也一定可以找到值得學習的榜樣。這反映了一種謙遜開放的學習態度，強調學問來源於生活和周圍的人，而非僅限於經書或特定的老師。第二、「擇其善者而從之」，學習他人的優點。當發現他人身上的優點時，應該虛心學習並加以實踐。這是一種主動效法的學習精神，能夠讓人快速提升自身的德行與能力。第三、「其不善者而改之」：以他人為鏡反省自己。當看到他人的缺點或不足時，應該反思自己是否也存在類似的問題，並努力改正。這是一種「借鑑他人」的反省方法，將他人的不足轉化為自我進步的契機。

在現代社會中，這句話也有深刻的意義。在職場中，我們可以觀察他人處理問題的方法、對待工作的態度、與人溝通的技巧，並學習他們的優點。同時，我們也應當注意到他人可能的不足之處，警醒自己在遇到類似情境時避免重蹈覆轍。這種「隨時學習、隨時自省」的態度，有助於我們的個人成長，使我們更加成熟和理性。

我們來舉兩個例子：

唐朝的名相房玄齡在朝堂上，充分展現了「三人行，必有我師」的精神。他不僅善於學習同僚和下屬的優點，也時常接受批評，改進自我。在他的領導下，唐朝的許多賢才都得到了發揮才幹的機會，他的謙遜和包容，使他成為唐太宗李世民的得力輔佐之一，並對唐朝的繁榮發展做出了巨大貢獻。

美國超驗主義哲學家愛默生（Ralph Waldo Emerson）認為，每個人都擁有值得我們學習的特質。他鼓勵人們廣泛接觸不同的人與事物，從中吸取智慧。他的兩則有關名言：「每個人我都能學到東西，因為每個人都有比我強的地方。」「世界是一本活的書，所有人都是我們的老師。」愛默生的思想與孔子高度契合，提倡謙遜地從周圍的人中汲取智慧。

還有更多的思想家，均秉持「向他人學習、向自然學習」的「三人行，必有我師」的理念。他們強調學習來源的多樣性，認爲每個人和每件事都可以成爲我們的老師。這種開放的學習態度提醒我們，謙虛和觀察是成長的基石，智慧無處不在，關鍵在於是否願意學習並從中提升自己。

三、學而不思則罔，思而不學則殆，學思要平衡

子曰：「學而不思則罔，思而不學則殆。」（〈為政〉）

學習與思考，哪個是根本？這個問題可能不會有完美的答案。孔子認爲，二者如一體的兩面，缺一不可。

孔子說：「學習而不思考，會迷惑不解；而僅靠思考而不學習，則會陷入危險或無所依據。」

孔子在這裏強調了學習與思考的相互依存關係，認爲只有學習和思考並行，才能眞正掌握知識並發展智慧。

學習別人的長處是「學」，能夠分辨判斷是「思」。「學」與「思」就像鳥的雙翼，缺一不可。德行不是空談，也不僅僅是書本上的理論，而是需要我們在生活中不斷反思和實踐的學問。孔子「學而不思則罔，思而不學則殆」這句話深刻地揭示了學習的本質。單純地接受知識而不進行思考，容易變得茫然不知所措，無法將知識轉化爲自己的智慧；而僅僅依靠思考卻不去學習，也會讓人因缺乏知識的支持而陷入困境。孔子的這種觀點啓發我們，學習不僅是吸收知識的過程，還應該是內化和思索的過程。

在現代社會中，隨著知識的爆炸式增長，學習的渠道越來越多，但如何將知識有效內化成爲自己的東西是關鍵。孔子的話提醒我們，學習不僅僅是「看書、背誦、記憶」，還需要通過反覆思考來眞正理解，並在生活中運用。反之，過分依賴自己的思考而忽視學習，也容易形成主觀偏見，缺乏客觀基礎。只有在學習中不斷反思，在思考中不斷學習，才能眞正做到知行合一。

朱熹在《論語集注》中解釋這句話時指出：「學者需要多思以自得，思者需要學以自進。」朱熹本人重視將學習與反思結合，他創立的理學體系便是通過對經典的深入思考與實踐得來的。明代哲學家王陽明提出「知行合一」，認爲知識（學）必須通過行動（思的實踐）才能眞正成爲自己的智慧。他的思想與孔子的「學與思」平衡論有著高度一致性。

當代科學家愛因斯坦（Albert Einstein）曾說過，「想像力比知識更重要，因爲知識是有限的，而想像力可以包羅萬象。」然而他的想像力是建立在大量學習和研究的基礎之上的。他從經典物理學中吸收了紮實的知識，並在此基礎上進行深入思考，最終推導出相對論。如果他只接受物理學的知識而不思考，或只依賴想像力而不學習，就不可能有這樣的成就。他的名言：「學習知識後要不斷反思，這樣知識才能成為自己的東西。」

法國哲學家笛卡爾（René Descartes）以其「我思故我在」聞名，但他的哲學方法是建立在對知識的廣泛學習之上的。他提倡對所有既有知識進行質疑（思考），並在學習和驗證的過程中尋求眞理。如果他僅學習而不懷疑（不思），或僅質疑而不學習（不學），都無法成為現代哲學之父。他的名言：「質疑是學習的起點，但沒有知識作為基礎，質疑就毫無意義。」

以上這些中外人物從不同的時代和領域詮釋了孔子「學而不思則罔，思而不學則殆」的思想。他們都認為學習和思考相輔相成，缺一不可，並通過實踐展現了兩者結合的重要性。無論在學術研究、社會實踐還是個人修養中，他們的例子都強調了平衡的學習觀，對現代教育和個人成長具有深遠意義。

四、學習既要謙虛也有寬容

曾子曰：「以能問於不能，以多問於寡；有若無，實若虛，犯而不校。昔者吾友嘗從事於斯矣。」（〈泰伯〉）

君子在學習時應該什麼樣的態度？孔門的儒者，曾子認爲，謙虛與寬容是學習，也是待人處事時，很重要的兩個品質。

孔子的弟子曾子說：「有德性的人，即使有能力，也會虛心向沒有能力的人請教，即使自己的見識多，也會向見識少的人請教。即便擁有，也要表現得像沒有；即便充實，也要顯得虛心謙遜。即使受到冒犯，也不去計較。過去我的朋友曾經在這些地方下過工夫。」

曾子的這段話主要闡述了君子在學習時應該有的態度。第一、「以能問於不能，以多問於寡」，這是一種虛心請教的態度。曾子認爲，即便自身有能力或見識廣博，也應當虛心向能力不足或見識較少的人請教，因爲每個人都有自己獨特的經驗與智慧可供學習。這種態度不僅展現了謙虛，也能促進知識的互補。第二、「有若無，實若虛」，這是一種保持謙遜的態度。即便擁有財富或知識，也應該表現得像沒有一樣；即使內心充實，也應顯得虛懷若谷。這種謙遜的品格既是一種美德，也能避免引發他人的嫉妒與衝突。第三、「犯而不校」，這是一種寬容大度的態度。面對他人的冒犯或不敬，有德之人選擇不去計較，這不僅是一種胸懷，更是修養的體現。小事化了、大事化無的態度能避免無謂的衝突，維護和諧。第四、「昔者吾友嘗從事於斯矣」，這是一種以榜樣爲勉的態度。曾子提到自己的朋友曾在這些方面努力，意在說明這些美德不是天生的，而是可以通過後天修養實現的。他提醒我們，追求德性需要持之以恆的努力。

曾子這段話以謙虛與寬容爲核心，提醒我們學會向不同的人請教，善於從他人身上汲取智慧，並以低調謙遜的態度面對世界。這些德性不僅提升個人修養，也爲我們在現代社會中處理人際關係提供了寶貴的指導。

這段話在今日還是很適用的。例如，在職場上，一位經驗豐富的主管不僅應該指導新人，也應該虛心聽取他們的新觀點和新思維，因爲每個人都有自己獨特的見解。此外，當別人對我們有所冒犯或誤解時，寬容對待、不計較小事，這樣的胸懷會讓我們在團隊合作中更受歡迎，也有助於營造和諧的工作氛圍。

我們來舉幾個中外讀物中的相關故事：

諸葛亮才智過人，但在出征時，仍常與基層士兵對談，瞭解地形、軍情、敵情等細節。據《三國志》與〈出師表〉記載，諸葛亮事無鉅細、勤於詢問，對下不倨，尊重實務經驗者之見。諸葛亮即使爲丞相，亦能放下身段向「不能者」（非將領的士兵）請教，可謂「以能問於不能」的典範。在《水滸傳》中，做爲領導者的宋江在面對眾多梁山好漢的不同意見時，始終保持謙虛態度，尤其對李逵等粗人從不計較冒犯，選擇包容和引導。他的「犯而不校」贏得了梁山好漢的信任與支持。

在暢銷小說與電影《魔戒》（*The Lord of the Rings*）。中，佛羅多（Frodo）身爲指環的持有者，但在許多時候，他從山姆（Sam）的忠誠和堅毅中汲取力量，最終完成了摧毀魔戒的使命。這展現了領導者向追隨者學習的「以多問於寡」。在《夏洛蒂的網》

（*Charlotte's Web*）故事書中，小豬威爾伯（Wilbur）在面對自己的懦弱時，從蜘蛛夏洛的勇敢與智慧中學到了如何堅強面對困難。夏洛雖然是微不足道的小生物，但卻成爲威爾伯的老師，這是「以能問於不能」的眞實寫照。

這些故事展現了謙虛求教和開放學習的巨大價值。無論是歷史名人還是當代人物，他們的成就都離不開「以能問於不能」、「犯而不校」的態度。孔子和曾子的智慧提醒我們，無論身處什麼時代，「謙遜、寬容、低調」這些美德都能指引我們在人生道路上取得長遠的成就和幸福。

五、學習的精神：始於足下，堅持不懈

子曰：「譬如為山，未成一簣，止，吾止也；譬如平地，雖覆一簣，進，吾往也。」（〈子罕〉）

我們都聽過「逆水行舟、不進則退」的成語。這句話用在學習上，眞是太適當不過了。那麼，孔子用什麼來形容學習應該鍥而不捨呢？

孔子說：「求學的過程就像堆土成山，最後只差了那麼一堆土還沒有堆成，這時你若停止了，那也是你自己停止放棄的。而堆土成山也必然是從平地上倒第一堆土開始，雖然

倒第一堆土只是開始，離眞正成山還很遙遠，但只要你持續不斷，終有成功的一天。」

孔子藉此說明，在成爲君子的過程中，堅持不懈的重要性，不論目標有多大，只要不斷努力，就能逐步達成；而一旦停止努力，即使接近成功，也無法完成。

我們熟知的成語「功虧一簣」，指的是長久的努力最終在最後一刻放棄了，讓人感到非常遺憾。這句話適用於學習和事業，但用在德行的修養上更爲深刻。追求德行是一條需要內心引導的路，我們需要抗衡他人的眼光，尋求內心眞正的滿足，而不被世俗的成就所左右。這條路不是沒人知道，而是少有人眞正下定決心去走，更少有人能堅持到底。

孔子的這段話強調了持之以恆和毅力的重要性。他以「築山」和「平地」爲比喻，指出成功的關鍵在於不輕易放棄，即使只差一步也不能自我放棄，反之，即使步伐緩慢，也應堅持不懈。正如「千里之行，始於足下」，只要我們在每一個當下都用心，就能夠感受到不斷成長的喜悅，最終才有可能達成圓滿的境界。

在當代社會中，孔子的話同樣可以提醒我們，成功往往在於堅持那最後的一步。在科研工作中，研究者們可能花費數年來進行研究，過程中經歷多次失敗和調整，但如果不能堅持，所有的努力都將前功盡棄。同樣地，在職場或學習中，許多人也常因短期挫敗而失去信心，半途而廢。這句話提醒我們，成功不僅僅取決於開始時的熱情，更在於能否克服最後的困難，不斷進取。

當代中外人物中，華爲創辦人任正非和特斯拉與SpaceX創辦人埃隆・馬斯克（Elon

Musk），他們都體現了孔子所說的「堅持不懈」的精神。他們在各自的領域中，即使面對挫折和失敗，依然選擇持之以恆，不斷突破自己，最終成就了不凡的事業。他們的例子提醒我們，在任何領域中，堅持到底、永不放棄的態度，才是達成目標的重要關鍵。

另外一個大家最熟悉的例子應該就是跑馬拉松。每位完成馬拉松的選手，無論在最後階段多麼疲憊，都選擇咬牙堅持到終點。他們用行動詮釋了「未成一簣，止，吾止也」的深刻意義。

以上例子都是在一般事物上的堅持不懈，已經很了不起，但是德行上的修爲更不容易，若以「君子」爲一生的追求與實踐的目標，更需要經常警惕自己，要持之以恆，不要功虧一簣。

六、以「文、行，忠，信」為內涵的全人教育

子以四教：文，行，忠，信。（〈述而〉）

孔子是中華民族的至聖先師，他認爲，眞正的教育應該是以培養學生以品格爲核心的全人教育。在孔子那個年代，他就已經開始在教育上落實他的理念。

孔子以「文、行、忠、信」四個方面來教育學生，即「詩書之文，行事操守，忠實盡

心，誠信如一」四個方面。「文」是指要學習文化、知識和經典；「行」是指要實踐和修養自己的品德；「忠」是指要忠誠、盡心竭力；「信」則是指要誠實守信。孔子強調在教育中不僅要教授知識，更要培養學生的品德修養和行事準則，做到學習和實踐相結合，忠誠和信任並重。

孔子的四項教育原則體現了他的「全人教育」理念。「文」和「行」使學生在學識和德行方面得到平衡發展；「忠」和「信」則塑造了他們的內在品質和道德價值。孔子認爲，學習的最終目的是修身養性，使學生成爲有品德、講誠信的人，這樣的教育思想深刻影響了後世。

從上個世紀末開始，西方國家已經察覺才他們教育的危機，許多著名的大學都強調「全人教育」（holistic education），注重學生在知識、品德、人格、情感和社會責任等方面的全面發展，而非僅僅關注學術成就或技能訓練。這種教育理念的核心是培養學生成爲完整的人，能夠在個人生活、社會關係和環境中實現平衡與和諧，進而具備適應現代社會挑戰的綜合素質。

例如，美國的哈佛、耶魯等名校，英國的劍橋與牛津大學都有開設「全人教育」的課程，強調自由教育和全人發展，鼓勵學生多元學習、培養學生的學術能力、道德觀和公共服務精神。在亞洲的新加坡大學、香港中文大學、日本的早稻田大學、臺灣大學，也都有類似「全人教育」爲理念的課程設計。北京大學也強調「博雅教育」，借鑒西方文理學院的教育理念，「博雅」代表了平衡的學術與品格培養，強調對學生全面素質的培養。其他如清華大學、復旦大學，也開設一些通識方面的課程，以促使學生在知識面向和人格修養方面的全面成長。

以上全球各大學目前的教育理念，均已向孔子的「全人教育」理念靠攏，這顯示孔子的教學理念是非常前瞻與全面，這是我們中華文化的驕傲。

七、人生不同階段應有不同的心志追求

子曰：「吾十有五而志於學，三十而立，四十而不惑，五十而知天命，六十而耳順，七十而從心所欲不踰矩。」（〈為政〉）

人生雖然短暫，但必不是虛無，而每一個階段都有其成長的意義，整個人生就是一個「修行」的過程，也就是不斷「修正自己行爲」，讓自己能夠逐漸認識自己、世界的過程。孔子把他自己在不同人生階段的期許、立志、修養與智慧，分享給他的弟子，供其弟子學習參考。

孔子說：「我十五歲的時候，就立志向學，確立了學習的目標和方向。三十歲的時

候，就能堅定自立，達到自我成長和社會責任的穩定階段。四十歲的時候就不再困惑，對人生和事理有了較清楚的理解。五十歲的時候，就能領悟上天的使命，理解人生的自然法則和宇宙的安排。六十歲的時候，則能領會不同人話語中的眞意，也不會感到不順耳，心態變得更加包容。七十歲的時候，能夠隨心所欲地做任何事，也不會越禮的規範，達到自然而然的道德修養。」

可以用簡短四個字，爲孔子每一個成長的階段做描述。孔子「吾十有五而志於學」，是「少年立志」階段；「三十而立」是「青年自立」階段；「四十而不惑」是「中年明智」階段；「五十而知天命」是「壯年通達」階段；「六十而耳順」是「老年包容」階段；「七十而從心所欲不踰矩」是「晚年自然」階段。

這七個不同的階段合起來，展現了孔子一生的自我修養和人生智慧。他通過不同階段的修行，逐漸達到心靈上的自由與超脫。孔子這種不斷自我成長的態度，是對人生的深入理解，也爲後人提供了精神上的指引。他的經歷鼓勵人們在不同年齡階段，都應該有合適的目標，不斷提升自己。

當然，我們可能無法達到孔子的境界，但是孔子的這段話可以視爲一種人生規劃的啓示。每個階段都有不同的重點與使命，我們可以根據自己的年齡、經驗和人生狀態，來設定適合的目標。但是最終是要隨著人生的成長，要逐步放下偏執，變得更包容、更自由，追求內心的安定與和諧。這種人生境界的追求，對現代人提升自我修養、實現個人理想有著重要意義。

我們來舉中外人物的故事，他們也是在人生不同階段追求自己的目標。

曾國藩少年立志（十五而志於學），他幼年勤奮，立志學習儒家經典，通過科舉進入仕途。他從年少時便確立了學習方向。青年自立（三十而立），他三十歲中進士，開始在朝廷中擔任要職，逐漸成爲朝廷的重要人物，實現了人生的自立。中年成熟（四十而不惑），在四十歲左右，曾國藩經歷了個人和家族的多次挫折，但他逐漸建立起湘軍，並將道德修養與實際治理結合，形成不惑的智慧。壯年知命（五十而知天命），曾國藩在五十歲後主導平定太平天國，並深刻理解到「以修身治天下」是他的使命。晚年包容（六十而耳順），六十歲後，他變得更加包容，不再計較功名，專注於教育子孫與傳承文化。

俄國大文豪托爾斯泰（Leo Tolstoy）年少時開始接觸文學和哲學，並立志成爲一名偉大的作家，可謂少年學習（十五而志於學）。三十歲時，他創作了《戰爭與和平》，奠定了他作家的地位，有了青年成就（三十而立）。四十歲後，他經歷信仰危機，轉向追求宗教與精神的眞理，寫出《安娜・卡列尼娜》等深刻探討人性的作品，屬於中年轉變（四十而不惑）。在七十歲時，托爾斯泰放棄財富與名聲，追求內心的平和與靈性的自由，已經做到晚年超然（七十而從心所欲不踰矩）。

他們兩人展現了不同人生階段的成長目標與成就，啓發我們在人生的每個階段都要有明確的目標，堅持學習與修養，實現自己的價值與使命。

八、從政智慧：謹言慎行、知進退

子張學干祿。子曰：「多聞闕疑，慎言其餘，則寡尤；多見闕殆，慎行其餘，則寡悔。言寡尤，行寡悔，祿在其中矣。」（〈為政〉）

孔子支持弟子從政，但前提是以「仁」和「道」爲指導，奉行道德治國。孔子會針對他弟子的從政成果與個人品德提出批評與建議。孔子的弟子冉求（子有）曾任魯國的大夫，曾協助季孫氏治理地方，但孔子曾批評他因助長權貴而未能堅持道義。子路（仲由）曾任衛國的官員。子路以勇敢和忠誠著稱，在從政中表現了剛毅的個性，但孔子也提醒他注意言行的分寸。宰我（子我）曾任魯國的官員。孔子對宰我多次批評，認爲他有時言辭浮誇，未能完全踐行君子之道。子貢（端木賜）曾擔任外交使者，以智慧和口才著稱，善於處理外交事務，在諸侯國間推動和解。

有一次子張向孔子學習如何得到職位俸祿，也就是問孔子如何出仕作官的方法。孔子說：「多聽取他人的言論，而把有疑惑的先擱下來，謹慎表達其他有把握的言論，就會減少他人的不滿；多看看他人的作爲，再把不穩妥的措施先擱下來，謹慎施行其他有把握的，就會減少自己犯過的悔恨。」孔子接著說，「言寡尤，行寡悔，祿在其中矣」，也就是說，如果言論很少遭致怨尤，行事又很少會自己後悔，那麼出仕的功名與俸祿就在其中自然可得了。」

孔子這段話的核心在於教導「謹言愼行、知進退」的智慧。他強調在說話和行動上都要多觀察、多反思，避免過度表達自己而導致失誤或後悔。孔子的教導是要人們養成謙虛、愼重的態度，減少不必要的言行錯誤，這樣自然會贏得信任和機遇。這段話展示了孔子對爲人處世之道的深刻理解，提醒人們在工作和生活中要謹愼謙虛，只有如此才能穩步獲得他人的信賴，進而取得成功。

在現代職場中，孔子的這段話具有高度的借鑒意義。例如，在職場會議上，應多聽取他人意見，對不確定的事保留觀察，少發表不確定的評論，這樣便能減少失誤。同樣，在行事上也要審愼，做好調查和準備後再行動。這樣的謹愼態度不僅能幫助我們減少失誤，還能贏得同事和上司的信任，從而獲得更多的職業機會和晉升空間。

周公旦是周朝的開國元勳，周武王的弟弟，他的行事風格就體現了孔子「謹言愼行」的思想，以穩健的行事風格贏得了人心。在周武王去世後，年幼的成王繼位，周公旦以攝政身分輔佐新王，卻始終保持低調、謹愼的態度。他在國內安定局勢、整合各諸侯力量時，謹言愼行，不輕易做出極端決策，以防止引起權力鬥爭和動盪。他以德服人，注意每一個決策的影響，並且常常警惕自己的行爲是否合乎禮法，以避免因個人失誤而損害周朝的穩定。他的謹言愼行最終成功穩定了王朝，並且成爲後世治國典範。

作爲美國獨立戰爭的領袖，華盛頓在戰爭期間始終保持謹愼。例如在紐約戰役中，英軍兵力遠遠超過華盛頓的部隊。華盛頓選擇暫時撤退，而不是輕率迎戰。他深知己方兵力不足，並且這一戰對士氣至關重要。他的謹愼決策保全了大部隊，爲日後的戰爭反攻贏得了時間。在成爲美國首任總統後，華盛頓的謹言愼行依然是他施政的重要特點。他明白自己作爲第一位總統，所作所爲將成爲後人效仿的榜樣，因此在決策和言論上格外小心。在美國建國初期，法國和英國的衝突讓美國陷入兩難。華盛頓選擇頒布《中立宣言》，避免美國捲入歐洲戰爭。這種「多聞闕疑，愼行其餘」的態度幫助他贏得後世的尊敬。

第三節　學習：領略生命的至樂

一、追求學習與實踐的喜悅

子曰：「學而時習之，不亦說乎？有朋自遠方來，不亦樂乎？人不知而不慍，不亦君子乎？」（〈學而〉）

《論語》一書有二十篇，各篇通常以第一章的第一句話得名。〈學而〉是《論語》第一篇的第一章。今天常說的「學習」一詞，源出於此，將「學」和「習」連結起來也是孔子思想的結晶。孔子曾形容自己：「學而不厭，誨人不倦。」（「厭」是滿足的意思）他一輩子好學不倦，樂在其中，也將所學的收穫和學習實踐的生活毫無保留地與人分享。孔子一生，所學、所習和所教合成一件事情。他的爲學，與自覺、反省、成長、關懷和奉獻息息相關，所謂「學而時習」，遠不止於專業知識的複習，更是在各種生活情境和待人處事之中，不斷驗證所學，努力完善自己，善待他人。

孔子說：「若學習之後，還能適時實踐以印證所學，不也是心中的喜悅嗎？有朋友從遠方來共學，不也非常快樂嗎？別人如果不知道我的才學，我的心中卻不埋怨，不也是一種君子的成德風範嗎？」

孔子認爲，「學」的本義是由仿效到領悟的過程，「習」則是在實行中將所學融進生命。一旦心的覺醒與生活實踐適切地結合起來，那麼學習便不是苦差事，而滿是成長的愉悅。有志氣相投的友朋遠來切磋或受學，共鳴分享的快樂更令人沉醉。雖然聽從內心召喚、全心奔赴理想的人，總有他人不易瞭解，甚至無法欣賞的時候，但若人生有了更高的修養，內在成長的快樂將足以使他對此種孤寂毫不介意。

孔子這段話提醒我們幾個重要的生活智慧：第一、學以致用的重要性：學習不僅僅是知識的積累，還需要實踐來驗證學到的東西。這種「學而時習」的學習過程，能讓人感到內心的喜悅，因爲學以致用才是學習的眞正價值所在。第二、友情的共學共進：與朋友一起交流學習，分享彼此的知識和見解，讓人更有動力，也是一種令人快樂的經歷。這種「有朋自遠方來」的情誼，在現代也能帶來無限的樂趣和啓發。第三、不被外界評價所左右：即使沒有人認識或瞭解我們的能力和學識，內心也應保持寬容，不因被忽視而怨恨，這種不以外界眼光爲意的態度正是君子的風範。

孔子這段話落實在現代社會中，第一、知識更新的速度極快，孔子的「時習」提醒我們，不僅要學習新知識，還要持續應用，從實踐中總結經驗，提升能力。第二、孔子的「有朋自遠方來」對當代的跨文化交流與全球合作有很大的啓發。我們應該珍視每一次與不同背景的人交流學習的機會，讓多元思想激發更多創意。第三、現代社會對成功的定義常以外在評價爲主，但孔子提醒我們，眞正的幸福來自內在的平和與修養。學會接受外界的忽視，專注於自我提升，是一種更高層次的生活態度。

我們來舉幾個中外的故事，他們都是「學而時習、學以致用」的例子。

春秋時期的魯班不僅學習了木工的基本理論，還通過實踐發明了鋸子、刨子等工具。他以自己的智慧改良了建築技術，極大提高了施工效率。魯班通過「學而時習」、「學以致用」，將理論轉化爲工具和方法，開創了中國古代工程技術的先河。東漢時期的張衡通過學習天文與地理知識，設計出世界上第一臺候風地動儀，用於測量地震的方向。他的發明體現了科學理論的應用價值。張衡不僅學習知識，還將其轉化爲實用技術，爲防災救援作出了貢獻。

馬丁・路德（Martin Luther）是德意志著名的宗教改革家，十六世紀基督教新教的奠基人之一，他通過學習《聖經》和神學知識，提出宗教改革的主張，並將理論付諸實踐，推動了基督教的變革。他的《九十五條論綱》（*The Ninety-Five Theses*）不僅改變了宗教，也對歐洲的政治和文化產生了重大影響。馬丁・路德用學識實現了思想解放，展示了學以致用的力量能推動整個社會進步。美國政治哲學家湯瑪斯・潘恩（Thomas Paine）在學習政治與哲學後，撰寫了《常識》（*Common Sense*），闡述獨立和民主的重要性，鼓舞了美國獨立運動。他用文字喚起了人民的覺醒，影響了革命的進程。潘恩用學識引導社會行動，表明理論和實踐的結合可以改變歷史。

「學以致用」的精神是中外偉大人物取得成功的共同特徵。這些故事啓示我們：知識需要實踐來檢驗與完善、理論與現實需求的結合、創新需要學以致用：馬斯克與賈伯斯通過實踐，將學識轉化爲改變世界的力量。這些故事提醒我們，不僅要學習知識，更要將其運用到實踐中，才能眞正產生價值，推動個人和社會的進步。

二、不義富貴如浮雲，仁德才有眞快樂

子曰：「飯疏食，飲水，曲肱而枕之，樂亦在其中矣。不義而富且貴，於我如浮雲。」（〈述而〉）

孔子把學習當作一件快樂的事，他告訴弟子，成爲一位有仁德的君子，即使粗茶淡飯，生活簡樸，也是快樂的。不義的富貴，快樂也只是浮雲。

孔子說：「如果行事合義，即使吃著粗糙的食物，喝著水而無酒享用，彎著手臂當枕頭休息，快樂也自在其中。如果不合義而得到了富貴名利，對我而言就猶如過眼浮雲一般，毫不値得眷戀。」

孔子這段話體現了他的價値觀和人生態度。他認爲，眞正的快樂不在於物質上的富貴，而在於是否合乎義理。如果行事合乎義理，即使過著簡單的生活，吃粗糙的食物、喝白水、枕著手臂休息，也能感受到內心的快樂和自在。而那些不合義得來的富貴和名利，對孔子而言，如同過眼的浮雲，無法帶來眞正的滿足與價値，反而是虛幻而空洞的。

孔子以自身的生活態度告訴我們，第一、尋找內在的快樂：快樂不是來自外在的財富和地位，而是來自內心的平靜和自我滿足。第二、拒絕不義的富貴：他強調「義」在生活

中的重要性，不義的富貴如同浮雲，提醒我們在追求物質利益的同時，不應違背內心的正直和道德標準。第三、簡單生活的智慧：孔子提倡「知足常樂」的理念，生活的品質不一定取決於物質的豐富，而在於我們對生活的態度。即便生活簡樸，只要心中無愧，簡單中也能體會到豐富的幸福感。簡單來說，在現代社會中，我們應該重視內在的道德價值，堅守正義之道，才會擁有眞正的快樂和滿足感。

清朝的林則徐是一位符合「眞正的快樂不在於物質上的富貴，而在於是否合乎義理」這一價值觀的歷史人物。他以正直無私、忠於國家而聞名，爲了抵抗鴉片對中國的危害，不惜得罪權貴，最終付出了被貶謫的代價。林則徐在廣州查禁鴉片的過程中，面臨著巨大的壓力與誘惑。當時不少利益相關者企圖用金錢和權力收買他，甚至威脅利誘，但林則徐始終堅守自己的道德底線。他選擇了「合乎義理」的行動，即使這意味著自己要過著簡樸甚至受人排擠的生活。他視富貴如浮雲，寧願過得清貧無畏，也不願失去內心的快樂與自在。

林則徐在被貶至新疆伊犁的歲月裏，生活艱苦，但他內心的堅定和快樂並未受到物質生活的影響。他常常自勉，並以此爲榮，堅信自己所做的是對國家和百姓有益的事情。他的名言「苟利國家生死以，豈因禍福避趨之」，充分表現出他對義理的追求。

林則徐的故事告訴我們，眞正的快樂不在於物質上的富貴，而是源於內心的正直和對義理的堅守。他所追求的不是個人的享樂，而是對國家和人民的責任感。這種精神超越了物質的富足，成爲歷史上忠義不屈、愛國愛民的典範。

狄奧根尼（Diogenes）是古希臘犬儒主義的代表，他過著極簡主義的生活，住在一個木桶裏。他拒絕財富和名利，認爲快樂來自於與自然和義理的和諧。當亞歷山大大帝問他需要什麼時，他只是說：「請你站開一點，別擋住我的陽光。」狄奧根尼用行動詮釋了義理高於物質享受，認爲簡單生活和內心的自由才是眞正的快樂。

三、學習快樂到忘了吃飯與煩惱

葉公問孔子於子路，子路不對。子曰：「女奚不曰：『其為人也，發憤忘食，樂以忘憂，不知老之將至云爾。』」（〈述而〉）

孔子在周遊列國時備嘗艱辛。當他約六十三歲時，陳國遭受戰亂，孔子倉皇，師生在途中絕糧受饑，好不容易到了楚國占領的蔡地，才受到縣尹葉公的接濟。葉公對孔子不甚瞭解，向作爲孔子的使者的子路詢問孔子是什麼樣的人。子路面對自己滿心崇敬，卻正挨餓、狼狽失意、而且已經衰老的老師，眞不知該如何介紹。孔子幽默地向子路做了自我介紹：「你怎麼不告訴他，孔子這個人的爲人啊！熱切追求學問時會忘了吃飯，學有所得就快樂得忘了煩惱，不知老年就快要來臨了。」

這段話體現了孔子對學問的熱愛與對生活的樂觀態度。孔子是一個熱衷於學習、時常沉浸於學問中，以至於忘了吃飯的人。學有所成時，心中的喜悅讓他忘卻煩惱，而年華的流逝在他心中並無重擔。他對學問的追求如此忘我，以至於將世俗的煩惱置之度外，心中只有對知識的渴望與追求的快樂。

孔子的話讓我們看到在學問與生活的連動：第一、「以學問為生命動力的熱情」，這種熱情不僅是對知識的渴求，更是一種生命態度。第二、專注當下，他的樂觀心態使他能夠專注於追求智慧，專注於學問而忘記了日常生活中的壓力與煩惱，享受當下的充實感。第三、樂觀面對年華流逝。孔子對歲月的淡然讓我們明白，無需過度憂慮年齡的增長或時間的流逝。只要我們內心充實，熱愛自己所做的事，就能夠在歲月中找到心靈的安定。

我們來舉幾個中外人物的故事。

作為中國「兩彈一星」的奠基人，錢學森一生致力於航空航天與國防科技的研究。他常常廢寢忘食地投入工作，甚至連基本的休息時間都很少。他從事業中找到快樂，對國家的熱愛與責任感讓他無怨無悔。「雜交水稻之父」袁隆平終生致力於解決糧食問題。他經常在田間工作，不懼日曬風雨，忘我研究水稻技術。他從幫助百姓解決糧食困難中獲得快樂，直到晚年仍然活躍在田間地頭。

查爾斯．達爾文（Charles Darwin）是英國的自然學家，在追求真理的過程中完全符合孔子「發憤忘食，樂以忘憂，不知老之將至」的精神。他在年輕時隨「小獵犬號」進行長達五年的環球考察，深入研究各地的動植物。在這段旅途中，達爾文不畏艱險，不斷觀察、記錄、思考，夜以繼日地致力於自然科學的探索，幾乎忘記了食物和休息。回國後，達爾文將多年來的研究資料進行分析、思考，歷經二十多年持續努力，最終完成了他的代表作《物種起源》（*On the Origin of Species*），奠定了進化論的基礎。即便是晚年身體健康欠佳，他也堅持研究和寫作，沉浸在探索生物演化奧秘的樂趣中。達爾文的熱情和專注使他達到了「樂以忘憂」的境界，從未因年齡的增長而停下腳步。

這些了不起的人物，在追求科學眞理的過程中體現了無比的熱愛與專注。他們的故事告訴我們，當一個人眞正投入自己熱愛的事業時，不僅會達到「發憤忘食」的境界，還能在過程中體驗到深深的快樂與滿足，絲毫不因年齡增長而懈怠，眞正實現了「樂以忘憂」。

四、對德行的渴求應如對美的追求

子曰：「吾未見好德如好色者也。」（〈子罕〉）

大家可能很難想像，孔子會把「德行」與「美色」放在一起比較。從這一方面可看出，孔子與弟子的談話是很幽默的。

孔子說：「我從未看過一個人喜好德行的程度，超越喜好美色啊！」

孔子問弟子，什麼是熱愛？見到美好的德行，能否如見美色般怦然動心？孔子認爲，一切知識、技能或德行，有了熱愛便能使它發光。孔子在這句話中表達了對人們追求德行的期許。他指出，至今還未見過有人對修養德行的熱情，能超越對美色的喜好。這表明孔子認爲，大多數人對外在的美有強烈的追求，卻往往忽略了內在德行的培養。而孔子期望我們對德行的渴望，應該與對美色的吸引力相當，甚至超越它。孔子認爲，見到美好的德行時，能如同見到美麗的事物般怦然心動，才算是眞正的熱愛。

這種熱愛，是讓知識、技能或品德都能展現光輝的動力來源。當我們樂在其中，不爲外界所動，就能達到一種純粹而自得的境界。而對德行的愛，也是孔子教育思想的核心。他希望弟子們能夠發自內心地欣賞和追求美好的品德，而不是僅僅停留在追求外在的形式。

我們來看看兩位了不起的人物，他們如何詮釋生命中的美。

弘一法師（李叔同）的故事，完美詮釋了「對德行如對美的追求」。他的一生經歷了從藝術家到僧人的蛻變，將對美的追求轉化爲對德行的追求，成爲無數人心目中的道德典範。弘一法師在成爲僧人之前，是近代中國著名的藝術家李叔同。他在音樂、書法、戲劇、繪畫等領域均有卓越成就。他是中國話劇的先驅，創作了〈送別〉等膾炙人口的歌曲，並將西方美術引入中國，對近代文化產生深遠影響。在藝術生涯中，李叔同追求美的極致，他認爲藝術是人類情感和精神的升華，是生命的一部分。李叔同在中年時毅然放棄世俗的成就與榮譽，出家成爲弘一法師。他認爲，物質的美和藝術的成就雖然重要，但更高的目標是追求精神上的德行，這才是永恆的「美」。他將對藝術的追求升華爲對德行的追求，認爲內在的善良與道德是人生的最高境界。

聖方濟各（Saint Francis of Assisi）出生於一個富裕家庭，但他在青年時期經歷了內心的轉變，認爲物質的奢華無法帶來眞正的快樂。他選擇放棄財富，投身於簡樸的生活中，並以愛與慈悲感化世界。他將自己所有的財產分給窮人，選擇過著極其簡樸的生活，並以親手勞作維持生計。他認爲眞正的美來自於心靈的純淨與德行的實踐。聖方濟各尊敬自然萬物，他將所有生命視爲平等，提倡愛護動物與自然。他的祈禱文〈陽光頌〉充滿對大自然的讚美，表達了他對道德之美的追求。聖方濟各如弘一法師一樣，選擇遠離世俗的榮華，將追求德行視爲人生的最高境界。他用行動展現了「德行如美」的理念，感召了無數人追隨。

五、學習的最高境界是樂在其中

子曰：「知之者不如好之者，好之者不如樂之者。」（〈雍也〉）

孔子將學習的快樂分爲三個層次。孔子對弟子說：「瞭解所學事物的人比不上喜好學習的人，喜好學習的人又比不上樂在其中的人。」

孔子在這句話中指出了學習的「知、好、樂」三個層次：「瞭解、喜好、樂在其中」。這三個層次分別爲「瞭解學習的意義、培養學習的愛好、從學習中獲得滿足感」。他認爲僅僅瞭解所學事物的知識是初步的，眞正熱愛學習的人會進一步去探索和鑽研，而最高的境界是能從學習中獲得樂趣，並將學習視爲一種享受。這不僅讓學習變得輕鬆愉快，還能讓學習成爲生命的一部分。

孔子期望弟子們不僅僅滿足於掌握知識，更希望他們能培養對學習的熱愛，並最終達到樂在其中的境界。這種對學習的熱情能夠驅使人不斷進步，不僅提升知識水平，還能豐富個人心靈。孔子的這句話提醒我們，學習的眞諦在於找到內在的樂趣，而不僅僅是外在的知識獲取。

達・芬奇（Leonardo da Vinci）是一位眞正熱愛學習的人，他不僅是一位偉大的藝術家，也涉足科學、工程學、解剖學等多個領域。他對世界萬物充滿了求知的熱情，不斷探索生命、自然與藝術之間的關聯。他不僅追求繪畫技藝的精湛，還通過學習解剖學來深入理解人體結構，提升自己的繪畫水平。達・芬奇的學習過程是由衷的愛好和不斷的滿足，在知識與創作中找到了無比的快樂。他的筆記本中充滿了各種研究與思考，反映了他對學習的深刻理解和滿足感，正如孔子所說的「知之者不如好之者，好之者不如樂之者」。

張衡是東漢時期的科學家、天文學家、發明家，他一生熱衷於天文學、地理學與工程學。他製作的渾天儀是世界上最早的天文儀器之一，並提出「地動說」的雛形。他發明的候風地動儀，則是全球第一個用於監測地震方向的裝置。除了科學技術，他還是一位傑出的文學家，創作了〈歸田賦〉、〈二京賦〉等經典作品。張衡通曉書法和繪畫，其藝術成就同樣令人欽佩。張衡在研究天文和地理時，常常廢寢忘食，將學習視爲對宇宙奧秘的探索，從中找到無窮的樂趣，用一生的努力詮釋了「知之者不如好之者，好之者不如樂之者」的深刻意義。

六、合義之富可求、不義之財不取

子曰：「富而可求也，雖執鞭之士，吾亦為之。如不可求，從吾所好。」（〈述而〉）

孔子說：「如果財富是合於道義、求而可得，那麼我即使是駕車（擔任僕役）的人，我也願意去做。如果財富是不合道義，那我不如遵循心中的仁德理想去行事。」

在這段話中，孔子表達了他對財富與仁德的態度。他指出，如果財富符合仁德道義，求而可得，那麼他願意去追求，甚至不介意做低微的工作來獲得它。但若財富是不合仁德的，他寧願遵循自己內心的理想去行事，而不願為了追求不確定的財富而迷失自我。

孔子的這段話顯示出他對價值觀的堅持。對孔子而言，財富並不是生活的最終目標，他更重視的是理想和內在的追求。他提醒人們，財富雖然重要，但不應該凌駕於仁德理想之上。我們應該在追求物質生活的同時，保持對內心仁德義理的堅持，讓人生充滿意義與自我成就感。孔子這種追隨內心、堅持自我的態度，展現了孔子對生活的深刻理解。

盛唐詩人王維在官場失意後，逐漸傾向於隱居生活，專注於詩歌創作與佛學修行。他隱居輞川別墅，融入山水，過著半隱半仕的生活，詩歌中充滿了自然與禪意。王維的詩句「行到水窮處，坐看雲起時」表達了對自然與生活簡單之美的深刻感悟。王維通過山水詩與禪宗修行，強調內心的平靜與生活的簡樸，尋求精神富足的追求。

美國哲學家和作家梭羅（Henry David Thoreau）曾以一種簡樸而自給自足的生活態度聞名，他選擇在瓦爾登湖邊搭建簡單的小屋，過著簡樸的生活，並在此期間寫下了《湖濱散記》（*Walden*）。他認為真正的富足並非物質上的積累，而是內心的豐盈與自由。他的生活方式和思想反映了對物質財富的淡然，強調人生的價值在於追求精神上的滿足和生活的簡單純粹。

王維與梭羅兩人的選擇正是孔子提醒君子「不如遵循心中真實的理想去行事」的實踐。他們選擇追求自己的理想，尋求精神上的富足，他們也為世人留下美好的作品，完成了他們有意義的人生。

七、君子好學之道是勤勉、謹愼與修德

子曰：「君子食無求飽，居無求安，敏於事而慎於言，就有道而正焉，可謂好學也已。」（〈學而〉十四）

子曰：「十室之邑，必有忠信如丘者焉，不如丘之好學也。」（〈公冶長〉）

怎麼樣才叫做「好學」？孔子在與弟子兩次對話中提到他對於好學的看法。

在一次對語中，孔子說：「君子不求飲食的飽足和居所的安逸，平時勤敏行事並謹愼言詞，親近有德者以修正自己的行爲，這樣的人可以稱得上是好學了。」在另一次對話中，孔子也強調了自己對學問的熱愛。孔子說：「即便是在一個只有十户人家的小村莊裏，也一定有像自己一樣忠信的人，但未必有像自己這般『好學』的人。」

孔子說「十室之邑，必有忠信如丘者焉，不如丘之好學也」，這句話表現了孔子對自己孜孜不倦追求學問的自豪，也彰顯了他對學習的堅定信念。孔子並非炫耀自己，而是希望藉此表達學習的重要性，提醒弟子們學習不僅僅是獲取知識，而是對眞理、智慧的不懈追求。

在談到什麼才算是「好學」呢，孔子在這些談話中提出了眞正的好學之道有三點，分別是「追求內在的提升、勤勉與自律、親近有德之人並學習修養」。孔子指出，有才德的君子不應追求飲食的飽足或居所的安逸，而應該在行事上勤奮，言辭上謹慎，並親近有德之人，從中學習如何修正自己的行為。這樣的人，才可以稱之為「好學」。

孔子的這段話強調了學習不僅是知識的積累，更是修養的提高。孔子期許弟子們在生活中磨煉自己的心性，不沉溺於物質享受，眞正的學問來自於內在的勤奮、自律和對德行的堅持，以及接近有德的人。這種學習態度讓我們在日常生活中找到學問的價值，並不斷進步，成為更完善的人。

范仲淹是北宋的政治家與文學家，他以「先天下之憂而憂，後天下之樂而樂」為人生信條，將修身與治國結合。他生活簡樸，勤於學習與工作，始終關注百姓福祉。范仲淹與名士歐陽修、韓琦等互相砥礪，提升學養與治國能力。

印度的國父甘地以追求簡樸生活、謹慎行事而聞名。他選擇過著極其樸素的生活，穿著自織的衣物，食物也以簡單為主，居住的地方也是極其簡樸。他不追求奢華和舒適，而是專注於自己的信仰和行動。甘地在行事上始終保持愼重，並以非暴力為基本原則。他謙虛、尊重他人，常與有德之士交流學習，甚至在監獄中也堅持閱讀和學習，以不斷提升自己的思想境界。

他們兩人在生活方式和為人處事上，都表現出對物質的淡泊和對德行的重視，並透過勤奮、謹慎的方式不斷修正自己，追求內在的成長，正是孔子理想中「好學」與「君子」的典範。

第四單元

問孔子「仁」是何物？

前言

「仁」不僅是《論語》的核心精神，更是孔子思想的精髓。然而，什麼是「仁」？爲何「仁」能在孔子及其弟子間引起深刻共鳴？它蘊含了哪些智慧，展現了怎樣的情懷？在現代社會，「仁」又如何幫助年輕學子成長，並與當代社會需求相契合？爲了更清楚地回答這些問題，本單元將從以下三個方面進行討論：

第一節：「仁德的指點」。孔子談論「仁」既具有個別性，也具情境性。因此，我們需要回到孔子與弟子們的教學現場，通過幾則記錄弟子請教「仁」與孔子指點的選文，逐步深入理解仁德的內涵。在這些案例中，我們發現孔子的重點不僅是解釋「仁」的含義，更在於引導弟子通過實踐仁德來認識自己，發現自身的價值與定位。

第二節：「仁心的自覺」。孔子從「不安」的角度啓發仁心的所在，正如三年喪制的存在意在安撫內在情感，並建立倫理規範。面對社會動盪與文化衰敗，孔子強調以「仁」爲核心，爲禮樂注入新的生命力。這表明「仁」是孔子應對時代問題的重要方略，而「仁」的實踐則在於個體對仁心的自覺。曾子的話告訴我們，知識分子應以剛健弘毅的精神，肩負起推行仁德的使命，並將其具體體現在日常生活的實踐中。

第三節：「仁者的格局」。孔子並不輕易以「仁」稱許他人，但卻稱讚道德上有瑕疵的管仲「如其仁」，並以「仁」來描述殷商三賢各自的行事風格。這些案例展示了孔子對「仁」的廣闊格局，也幫助我們理解「仁」的大義與靈活運用。透過這些分析，我們不僅能重新審視「仁」在兩千多年前的意義，更能以現代視角爲「仁」注入新的生命力，將其融入當下的理解與實踐中，賦予「仁」全新的時代意義。

第一節　仁德的指點

一、「行仁」就是泛愛衆人

樊遲問仁。子曰：「愛人。」（〈顏淵〉）

「孔曰成仁、孟曰取義」。「仁」是孔子《論語》思想的核心，那麼，孔子主張如何行「仁」？

孔子的弟子樊遲問孔子如何行仁。孔子說：「愛人」，即「要泛愛眾人」。

孔子對「仁」的教導，不僅僅是抽象的概念，而是根據每個弟子的個性特點，來進行針對性的指導。樊遲喜歡問，在《論語》留下三次問仁的記錄。孔子對樊遲的這一次的回答最爲簡單與平實，他的目的是要告訴樊遲，「仁」不只要有善心，更要實踐。

孔子指出，「仁」的核心在於廣泛地愛護衆人。這表明了仁德不僅僅是關愛親近的人，而是將關懷和愛心擴展到所有人之間，不分身分貴賤，或能力高下，成爲一種無差別的普遍之愛。

「仁」在儒家思想中是最高的德行，涵蓋了人與人之間的關愛、尊重、寬容和互助。孔子認爲，實踐仁德的人應該不僅限於家庭和朋友，而是應該擴展到社會中的每一個人，這樣的愛才是眞正的仁愛。「泛愛衆人」意味著不分貴賤、親疏，都應該予以同等的關懷，這是一種包容和無私的愛。這樣的仁德可以促進社會的和諧，使人與人之間更加親近、信任，形成互助的良好氛圍。

毫無疑問，耶穌基督是「泛愛衆人」的最佳典範，他一生傳播愛與寬恕的信息。他在《聖經》中教導人們「愛人如己」，強調我們應該愛每一個人，甚至是敵人。這種愛不是僅僅對親人朋友，而是擴展到每一個需要幫助的人，無論他們是窮人、病患、被社會所遺棄的人，還是罪人。耶穌與那些被社會所忽視的人交朋友，與稅吏、罪人吃飯，對他們表達理解和憐憫，這正是「泛愛衆人」的具體行動。耶穌的愛超越了個人，擴展到全人類。他的行動和犧牲鼓舞人們去愛護周遭的人，去寬容和理解，這正是孔子所說的「泛愛衆人」的仁愛精神的完美詮釋。

墨子是春秋戰國時期著名思想家，主張「兼愛非攻」，提倡人人平等、互相關愛。他認爲應該像愛自己的親人一樣去愛他人，並極力反對戰爭與暴力。墨子經常親自參與調解紛爭，甚至帶領弟子協助弱國修建防禦設施，以抵抗強國的侵略。墨子的思想和行動完美詮釋了「泛愛衆人」，他的理念對後世的和平思想產生了深遠影響。

另外一位「泛愛世人」的典範，就是德蕾莎修女（Mother Teresa）。她一生致力於照顧窮人、病患和邊緣人群，她在印度加爾各答創辦了仁愛傳教會，救助無數貧困和垂死之人。她的愛無分貧富、無分種族和信仰，她認爲每一個人都應該得到愛與關懷。她的行動生動地詮釋了「泛愛衆人」的理念，成爲世界仁愛的象徵。

二、仁者懂得慎言

司馬牛問仁。子曰：「仁者其言也訒。」曰：「其言也訒，斯謂之仁已乎？」子曰：「為之難，言之得無訒乎？」（〈顏淵〉）

司馬牛問孔子如何行仁。孔子說：「一個仁者的話是有所忍耐，不輕易出口的。」司馬牛接著問說：「一個人說話不輕易出口，就可以稱得上是仁者嗎？」孔子說：「要做好這件事是十分困難的，我們說話時難道不需要有所忍耐嗎？」

孔子是根據每個弟子的個性特點來進行針對性的指導。由於司馬牛多言且躁，因此當司馬牛問及如何行仁，孔子提醒他說話要謹愼，因爲仁者講話要克制，不輕易開口。孔子認爲，仁不只是表面的言辭，而是一種由內而外的眞實感受，需要時刻自我改善。孔子所說的「愼言」正是一種提醒。這段話表達了孔子對於司馬牛的具體指導，讓他明白實踐仁德的具體方法，並眞正受益於此。

孔子對司馬牛的回答中，傳達了「愼言」的重要性，讓我們看到了孔子對仁德的理解。孔子認爲，語言不僅是表達的工具，更是反映一個人品德的鏡子。他強調，一位眞正有仁德的人，不僅要在行爲上表現出仁愛，也要在言語上有所克制，做到不輕易出口。孔子指出，說話需要愼重和考慮，應該有忍耐之心，不輕易說出傷害他人的話，這正是仁者應有的態度。

在現代社會中，言論的傳播比以往更加迅速，一句不經意的話可能會對他人造成深遠的影響。社交媒體的發展讓人們更容易隨意表達自己的想法，但愼言的重要性卻更加凸顯。孔子的「愼言」之道提醒我們，在發言前要有忍耐之心，深思熟慮，避免因一時衝動說出不合適的話。

我們來舉幾個例子：

一個符合孔子「愼言忍耐」教誨的例子是美國民權運動領袖馬丁・路德・金博士（Martin Luther King Jr.）。馬丁・路德・金在爭取非裔美國人平等權利的過程中，面對了極大的敵意與暴力威脅，但他始終選擇非暴力抗爭，並以謹慎的言辭來表達自己的主張。即便在極具挑釁的情況下，金博士也能保持冷靜，用理性而溫和的語言來呼籲正義與平等，避免激化矛盾。金博士著名的「我有一個夢」演講中，他訴諸於希望和愛，而非仇恨和敵對，這一演講感動了數百萬人，並推動了民權運動的進展。他的言辭充滿力量，卻不帶有任何敵意或激進色彩，這種自制力和對語言的慎重使用，體現了孔子所說的「仁者言語有忍耐」。馬丁．路德．金的慎言與忍耐使他的聲音在全世界範圍內得到了尊重，成爲一種呼籲和平與人權的象徵。

唐代文學家柳宗元作爲《永州八記》的作者，以言辭含蓄深刻著稱。在被貶永州期間，他用寓言體形式表達自己的觀點，既表達了思想，又避免了直接冒犯權貴。〈捕蛇者說〉通過一位農民的遭遇，含蓄地批判朝廷苛政，但語言委婉，使讀者能感受到他的內心關懷而非激烈對抗。柳宗元的慎言方式既保護了自己，又有效地傳遞了思想，是文學與智慧的結合。

唐代宰相李泌是一位謹慎用語的智者，深得唐玄宗、肅宗的信任。他以審慎的言辭和策略避免了朝廷內的諸多危機。在建議唐肅宗平定安史之亂時，李泌用「天時、地利、人和」的邏輯說服君王，避免直接批評現狀，使皇帝虛心接納他的建議。李泌的慎言不僅體現了政治家的智慧，也展現了以理服人的藝術。

這些人物的故事告訴我們，「慎言忍耐」不僅是一種個人修養，更是一種智慧，能夠在逆境中為他人和自己創造機會與和平。

三、克己守禮為仁

顏淵問仁。子曰：「克己復禮為仁。一日克己復禮，天下歸仁焉。為仁由己，而由人乎哉？」顏淵曰：「請問其目。」子曰：「非禮勿視，非禮勿聽，非禮勿言，非禮勿動。」顏淵曰：「回雖不敏，請事斯語矣。」（〈顏淵〉）

顏淵問孔子如何行仁。孔子說：「克制自己，使言行舉止合乎禮就是仁的表現。如果你哪一天能夠克己返禮，那麼全天下的人都會稱許你的仁德了。行仁是自發的，難道還要仰賴別人嗎？」顏淵說：「請問行仁的具體條目為何？」孔子說：「若是不符合禮的事，就不要輕易的去看、去聽、去說和去做。」顏淵說：「我顏回雖不夠聰敏，但希望能依照著您的教導去做。」

孔子是根據每個弟子的個性特點來進行針對性的指導。顏淵才德兼美，孔子對他向來寄予厚望，故答以「一日克己復禮，天下歸仁焉」的期許。孔子這段話表達了孔子對「仁」的核心理解：行仁的關鍵在於「克己復禮」，即克制自我，使所有言行舉止都符合禮的要求。孔子指出，行仁是內在自律的結果，並不依賴外力；只要一個人能夠克己守禮，就自然會得到他人的敬重和稱許。顏淵進一步詢問如何實踐，孔子指出，可以從日常生活最切近處著手：「不符合禮的事，不要看、聽、說、做」，這體現了孔子對行爲的嚴謹要求。

這段話充分體現了孔子的「克己復禮」思想，強調自我約束與禮的規範結合，將個人行爲的修養視爲行仁的根本。孔子對仁的解釋並非抽象的道德理論，而是具體可操作的行爲準則。孔子認爲，眞正的仁是從自我內心出發，自覺地遵循禮的規範，達到一種言行合一、內外一致的境界。顏淵也因理解並接受了這種教導，而立志遵循，體現了弟子對師道的敬重和對仁德的追求。

在當代，孔子的「克己復禮」精神依然適用於我們的生活，特別是人際交往和職業操守中。現代社會提倡自律和遵守公共秩序，而這正是「克己復禮」的現代表現。自我克制、尊重他人、不逾越規範，使得我們的言行舉止更加合宜，也讓社會更加和諧。尤其在公共場合，克制自己的衝動言行，避免過度暴露私人情緒，符合孔子所說的「不符合禮的事，就不要看、聽、說和做」。這種自我修養的態度，有助於我們在人際中建立信任和尊重，成爲一個眞正值得信賴、被他人稱許的人。

我來來舉兩位中外著名思想家的例子。

曾子是孔子的弟子，以德行修養深厚著稱，特別是在克己復禮的精神上有出色的表現。曾子一生注重自律和道德修養。他不僅在言行舉止上謹愼守禮，而且以「孝」爲重，在日常生活中極力避免失禮的行爲。他提出「三省吾身」，即每日反思自己的言行是否符合禮，是否眞誠待人，是否實行了所學的道理。這一習慣正是「非禮勿視、非禮勿聽、非禮勿言、非禮勿動」的具體實踐，體現了自律與內省的精神。

西方哲學家蘇格拉底也是一位「克己復禮」的代表。他一生追求眞理，對道德自律有極高的要求。他堅信人應該遵從內心的「道德之聲」（即所謂的「守護神」或「良知」），並常常在言行上謹守這些道德規範。他主張不做任何不符合道德的事，不僅在個人生活中保持克制，還時常質疑並批判他人不合道德的行爲。他的「非禮勿視、非禮勿言」體現在他拒絕隨波逐流、不因世俗的眼光或權力壓力而妥協，即便在面臨審判和生命威脅時，他依然不願背離自己的道德信仰。

四、仁就是「己所不欲，勿施於人」

仲弓問仁。子曰：「出門如見大賓，使民如承大祭。己所不欲，勿施於人。在邦無怨，在家無怨。」仲弓曰：「雍雖不敏，請事斯語矣。」（〈顏淵〉）

仲弓問孔子如何行仁。孔子說：「出門行事要像迎見尊貴的賓客一般謹慎，治理人民也要像承辦隆重的祭祀一般恭敬。自己所不想要的態度或行事，就不要施加在別人身上。

如果能夠如此實踐，不但在諸侯之邦不會遭受抱怨，在卿大夫之家也不會遭受抱怨。」仲弓說：「我冉雍雖無不夠聰敏，但希望能依照您的教導去做。」

孔子是因材施教，仲弓德行良好，有從政的潛力，因此孔子教導他在待人接物上要謹愼誠懇，並奉行「己所不欲，勿施於人」的道理，讓他懂得推己及人，這樣就可以在從政時得到百姓的信賴，眞正安民。

在這段話中，孔子回答了仲弓關於如何行「仁」的問題。孔子認爲，行仁應當從「尊重」和「愼重」出發。他以「出門如見貴賓」和「治理如行祭祀」來比喻，強調了在任何事上都要保持謹愼恭敬的態度。同時，他還提出了「己所不欲，勿施於人」的原則，這不僅是待人接物的基本態度，也是推己及人、利人利己的道德準則。

孔子主張的行仁方式，既尊重他人也謹愼自律，這是一種高度的道德修養。這樣的態度不僅使個人行事更爲穩妥，也會受到他人敬重，從而避免在工作和生活中產生不必要的誤解或矛盾。仲弓雖然認爲自己能力有限，但表示願意實踐孔子的教誨，這種謙遜和實踐的精神，正是行仁的第一步。孔子並未強求仲弓立即做到完美，而是鼓勵他從小事著手，逐漸累積仁德。

這段話的道理在當代同樣適用。現代社會強調人際尊重和平等，無論在工作場合還是社會交往中，「己所不欲，勿施於人」仍是待人接物的基本原則。尤其在職場管理和公共服務中，若能以謹愼、恭敬的態度待人，將他人放在心上，很多人際衝突和不滿可以得到緩解。同時，尊重他人需求，理解他人立場，能建立良好的人際關係，從而促進個人和團體的和諧發展。

孔子的「己所不欲，勿施於人」是一種倫理和道德準則，強調從他人的視角設身處地，避免對他人造成不必要的傷害。佛教經典與基督教《聖經》中也有類似的思想，並從各自的宗教觀點對這一理念進行了詮釋：

佛教強調「慈悲爲本」，即對一切衆生抱有悲憫心，避免對他人造成痛苦，這與孔子的理念高度契合。佛經中提到，「自不欲受苦，亦勿加彼。」這句話明確指出，我們不希望受苦，就不應讓他人受苦，這與「己所不欲，勿施於人」在思想上不謀而合。佛教中的五戒：不殺生、不偷盜、不邪淫、不妄語、不飲酒，本質上是對他人尊重的一種約束，避免做出違背他人意願的行爲，完全符合「己所不欲，勿施於人」的道德要求。佛教強調因果報應，善因結善果，惡因結惡果。若我們施加不欲的事物於他人，將來必定承受相應的業果。

在《聖經》中，耶穌明確提到與「己所不欲，勿施於人」類似的思想。《馬太福音》7:12：「所以，無論何事，你們願意人怎樣待你們，你們也要怎樣待人，因爲這就是律法和先知的道理。」這句話與孔子的理念有異曲同工之妙，但更進一步，強調不僅僅是不施加不欲之事，還要主動以善意待人。基督教提倡博愛，《馬可福音》12:31：「要愛人如己。」耶穌在世時更以自身行動詮釋了「己所不欲，勿施於人」。當耶穌被釘十字架時，他依然祈求上帝原諒那些迫害他的人。耶穌的寬容與饒恕展現了對他人感受的深刻理解，即便在受難中，他依然選擇愛與寬恕，而非將痛苦回施於他人。

無論是佛教還是基督教，均對孔子的理念進行了不同角度的闡釋，展現出這一理念在全球範疇內的普遍價值。它提醒我們，不僅要避免傷害他人，更應該主動選擇善意，創造更和諧的世界。

五、仁者博施濟眾：己欲立而立人，己欲達而達人

子貢曰：「如有博施於民而能濟眾，何如？可謂仁乎？」子曰：「何事於仁，必也聖乎！堯舜其猶病諸！夫仁者，己欲立而立人，己欲達而達人。能近取譬，可謂仁之方也已。」（〈雍也〉）

「己所不欲，勿施於人」是孔子對仁者的要求，是一種設身處地的期許，而「己欲立而立人，己欲達而達人」也是孔子對仁者的要求，是一種推己及人的圓滿。

有一天，子貢問孔子說：「如果有一位廣施恩澤於民，又能濟助眾人的人，可以稱他爲仁者嗎？」孔子說：「他哪裏只是仁者呢？必然是一位聖人吧！連堯舜恐怕都做不到呢！一個眞正的仁者，自己想要依正道立身處世，也能協助他人立身處世；自己想要通達

正道，也要協助他人通達正道。能夠就近以自身為譬喻，而推及他人，可說是實踐仁道最恰當的方式了。」

孔子的教育是多元的，他經常根據每個弟子的特性來進行針對性的指導。子貢提出了遠大的「博施濟衆」抱負，孔子則提醒他不要好高騖遠，應從切近之處入手。孔子強調仁德的實踐要做到「己欲立而立人，己欲達而達人」，也就是自己希望成就時，幫助他人一同成就。這樣的共情使仁德的實踐更加圓融。讓仁不僅僅停留於理念層面，而是通過實際行動來實現。他從每個人都能做到的日常行為出發，賦予「仁」以可操作的方式，使得這一道德理想更具現實意義

孔子的話語中流露出一種高度的仁愛精神，認為眞正的「仁」在於把自己放在他人立場上，關懷他人，並推己及人。他認為一位仁者在追求道德完善的同時，應該也關注到他人的成長與發展。這不僅是對自己負責，更是一種為人處世的高尙態度。

在現代社會，強調同理心和共情能力與孔子的「推己及人」思想高度契合。無論是家庭生活、職場合作，還是公共事務，這種設身處地的思考方式都能增強人際關係的和諧。孔子將「仁」具體化為立人立己的實踐，對於當代的教育更有啓發，老師不僅教導學生學術知識，還應引導其人格養成，幫助他們自立並協助他人。

我們來舉幾個履行孔子「推己及人」的中外教育人物。

中國近代人物陶行知先生是一位落實孔子「己欲立而立人，己欲達而達人」理念的著

名的教育家，他一生致力於平民教育，提倡「生活即教育」的理念，積極推動鄉村教育和工人教育，爲教育普及和改善中國貧困地區的教育環境做出了巨大貢獻，被尊稱爲「人民教育家」。陶行知常說：「捧著一顆心來，不帶半根草去。」他認爲，教育的目的不僅僅是讓個人成才，而是讓所有人都能獲得知識、具備立足社會的能力。他創立了「曉莊學校」，強調知識與生活的結合，鼓勵學生在實際生活中學習和成長。他提出「教人教己，做事做己」的觀點，培養學生的獨立人格和社會責任感，這正是「己欲立而立人，己欲達而達人」的體現。

英國約翰・洛克（John Locke）被譽爲「現代教育之父」，他撰寫的《教育漫話》強調因材施教，注重人格培養。他認爲教育的目的是讓每個孩子成爲健全、獨立的人，而不是灌輸死板知識。洛克提倡尊重孩子的天性，教育者應以成全孩子的未來爲己任，而不是以自己的目標限制孩子的成長。洛克用他的理論和實踐詮釋了「己欲立而立人」，幫助教育對象在德智體全方位發展。

霍雷斯・曼（Horace Mann）被稱爲「美國公共教育之父」，他提倡義務教育，認爲每個孩子都有平等接受教育的權利。他致力於改善教育機構，推動免費公共教育體系，讓更多孩子受益，實現自我提升。霍雷斯・曼用公平教育的實踐詮釋了「己欲達而達人」的教育情懷。

這些教育工作者，秉持著「推己及人」的教育理念，展現出仁者君子的風貌，而他們的恩澤永遠爲世人所懷念。

六、智者重人倫之義，敬鬼神而遠之

樊遲問知。子曰：「務民之義，敬鬼神而遠之，可謂知矣。」問仁。曰：「仁者先難而後獲，可謂仁矣。」（〈雍也〉）

我們都聽過「仁者樂山、智者樂水」這句話，那麼孔子又是如何區分仁者與智者的不同呢？

樊遲問孔子如何成爲智者。孔子說：「要致力於（帶領人民從事）符合於人倫的道義，並且對鬼神存有敬畏之心，卻不過於接近（迷信）鬼神，可以稱得上是智者了。」樊遲又問孔子如何行仁。孔子說：「一位仁者一定是先考慮行事的難處，設身處地的規劃而實踐，進而獲致成功，這樣就近乎仁者的態度了。」

在這段話中，孔子回答了樊遲關於「如何成爲智者和仁者」的提問。對於智者，孔子認爲要具備兩個特質：一是致力於推廣符合人倫道義的事業，二是對鬼神抱持敬畏的態度，但不過度依賴或迷信，也就是「敬鬼神而遠之」。這樣的人對於人倫和世事有深刻的理解，又不爲虛幻的事物所迷惑，是智者的表現。孔子在《論語．雍也》中提到「未能事人，焉能事鬼？」，強調人倫之義重於對鬼神的崇拜。他認為，人若不能盡到對他人的責任，便無法談論對鬼神的虔誠。

而關於如何行仁，孔子強調仁者應該先考慮行事的困難之處，能夠周密規劃，進而成功達成目標。這表明仁者的行為不僅要有愛心和善意，更需要理性和謹慎，這樣才能真正實踐仁道。

這種智慧和仁愛的態度在當代依然適用。現代社會需要在推動人倫和公義事業的同時，避免迷信與偏執，並在行動中謹慎周全。例如，許多慈善家和公共服務者在幫助他人的過程中，不僅秉持愛心，還注重計畫性和持續性，這正是智者和仁者的體現。

我們舉兩個「智者」的例子：

劉禹錫是唐代中期著名的詩人，他以直言進諫、詩歌風骨剛健聞名於世。他的詩歌作品關注社會現實，兼具哲思與情懷。劉禹錫的詩作中常提到鬼神，但他對鬼神的態度既尊重又帶有質疑的理性精神，《天論》便是這種思想的集中體現，在尊重傳統信仰的同時，質疑天命與鬼神的權威，提出了「天是否真的能掌控人間一切？」的疑問。他認為，無論是自然災害還是人事成敗，都應更多依賴人自身的努力，而不是將一切歸因於神祇或天命。體現了唐代士人追求真理與現實改變的思想自覺。劉禹錫的詩歌思想啓發後世文人以理性看待信仰問題，強調以人為本的思想，這種精神在宋代士人中得到延續，如范仲淹和王安石。

英國的牛頓（Isaac Newton）是科學革命的重要人物，以其對運動定律、萬有引力以及微積分的創建而聞名，也是位虔誠的基督徒，他相信神創造的世界可以通過科學來理解。他在《自然哲學的數學原理》中揭示了自然法則，取代了過去對神秘力量的解釋。牛頓一方面尊重宗教，認為神是宇宙的創造者，另一方面用科學探索自然現象。牛頓展現了理性與信仰共存的態度，尊重鬼神但不迷信。

他們兩人既尊重鬼神信仰文化，但更強調理性、現實行動與人倫道德的實踐，展現了儒家文化中對理性與現實的高度重視。

七、仁者態度端莊，做事認真，誠信待人

樊遲問仁。子曰：「居處恭，執事敬，與人忠；雖之夷狄，不可棄也。」（〈子路〉）

近幾百年來，西方的社會達爾文主義伴隨著帝國主義殖民落後地區，造成當地莫大的傷害。西方的政治、經濟、文化菁英在其中扮演著重要的主導角色，但是對於中華文化中的仁者而言，並不認同這種「以強欺弱」、不尊重落後文明的態度。孔子就表達了他的看法。

樊遲問孔子如何行仁。孔子說：「一個仁者的日常起居必須態度端莊，執行任務必須敬愼認眞，並和人誠信交往。即使到了蠻荒之地，也不能放棄這種恭敬忠誠的態度。」

孔子認爲，一個有仁德之心的人，即使在日常生活中，也要保持莊重和謹愼的態度。執行任務時，要盡心盡責，對人則必須誠實守信。即便身處蠻荒之地，面對不同文化和習俗，也應該堅守這種態度，不因環境變遷而放鬆對自己的規範。

這種要求強調了內在道德的堅定性，即不管身處何地或面對何種情境，都不應隨意改變自己對仁義的堅持。這在現代社會中，對於旅行者、跨文化工作者或移民而言，尤其具有指導意義。在任何環境中，始終保持恭敬和誠信，是對他人和文化的尊重，也是自我人格的體現。

在今天的世界，我們經常遇到不同文化背景的人和事物。學習孔子的觀點可以幫助我們在任何陌生的環境中，始終保持自我約束，對人友善，以誠信態度面對世界。無論是出差、移民，還是文化交流，這種精神能促進相互尊重和理解，也讓我們在多元的世界中保持內心的穩定。

鄭和是中國古代傑出的航海家，受命於明成祖下西洋，在東南亞、南亞和非洲等地的各個國家和地區進行貿易和外交活動。雖然當時的明朝文化和科技水準，在世界上相對先進，但鄭和並未因對方文化程度的不同而表現出傲慢或輕視。相反，鄭和在航行過程中尊重各地的風俗習慣，謙遜地與當地首領交往，並贈送各種中華禮物以示友好，建立起雙方的信任與尊重。

鄭和的行爲充分體現了「居處恭，執事敬，與人忠；雖之夷狄，不可棄」的精神。他並沒有因爲自己的文化優勢而輕視他人，而是以友善、尊重、誠信和開放的態度與他國交流，這樣的舉動使得明朝與許多國家建立了穩定的貿易和外交關係，爲後世留下了和平交流的典範。

歐內斯特・沙克爾頓（Ernest Shackleton）是英國著名的南極探險家，在一九一四年的「耐力號」探險中，船隻被冰封，整個探險隊陷入極端惡劣的環境。然而沙克爾頓不僅在困境中保持冷靜，還對隊員們展現出極高的尊重和關懷。他每日進行規律的團隊活動，如早晨鼓勵隊員整理內務、用餐時保持儀式感，讓大家保持精神上的穩定和尊嚴。他始終以身作則，關心每一位隊員，分配食物公平公正，甚至將自己的口糧讓給他人。沙克爾頓的行爲展現了即使在極端環境中，依然可以通過恭敬與守禮維繫人性尊嚴和團隊士氣。

這些例子中的人物均以禮儀與恭敬維繫人性尊嚴，展現了文化中對禮的高度重視。

第二節　仁心的自覺

一、禮制必須以仁心為基礎

宰我問：「三年之喪，期已久矣。君子三年不為禮，禮必壞；三年不為樂，樂必崩。舊穀既沒，新穀既升，鑽燧改火，期可已矣。」子曰：「食夫稻，衣夫錦，於女安乎？」曰：「安。」「女安則為之！夫君子之居喪，食旨不甘，聞樂不樂，居處不安，故不為也。今女安，則為之！」宰我出。子曰：「予之不仁也！子生三年，然後免於父母之懷。夫三年之喪，天下之通喪也。予也有三年之愛於其父母乎？」（〈陽貨〉）

生老病死是人之大事。在面對喪事時，喪事的禮制眞的這麼重要嗎？孔子的確很重視禮制，但是更在意的是禮制所要表達的核心內涵。

宰我問孔子說：「父母去世三年的喪期，其實一年即可。君子如果三年不行禮，禮節必然生疏。三年不習樂，樂理必然疏略。在去年舊穀已盡，今年新穀收成之後，以及每年春天重新取新木取火的一年循環之後，守喪滿一年應該就夠了。」孔子說：「在父母過世一年後就吃著米，穿著錦衣，對你而言安心嗎？」宰我說：「安心。」孔子就接著說：「那你眞的安心就去做吧！一個君子在守喪時，即使吃到甜美的食物都不覺得甘甜，聽到美好的音樂也不快樂，平時居家也不能安心，所以自然的不能只守喪一年。現在你如果眞的安心，就去行一年之喪吧！」宰我走出之後，孔子說：「宰予眞是一個沒有仁心的人啊！一個孩子三歲之後，才能離開父母的懷抱。三年的喪期一向是天下通行不變的喪制，難道宰予對自己的父母，有三年的關愛之情嗎？」

在這一則對話中，善長於辯論的宰我，自信滿滿地提出了兩個理由來反對三年守喪的做法。首先，他認爲：「君子三年不行禮，禮必壞；三年不行樂，樂必崩。」他以守喪可能導致禮壞樂崩爲理由，從功效的角度反對三年之喪。其次，他說：「舊穀既沒，新穀既升，鑽燧改火，期可已矣。」這是基於自然循環的規律，從「穀物的生長與用火的經驗」推論出「守喪一年即可」。

然而，對於宰我的這兩點理由，孔子並不接受。孔子認爲，宰我的思考錯失了問題的核心。爲了點醒宰我，孔子反問他：「若你在守喪時吃美味佳肴，穿華美衣服，你的內心會感到安然嗎？」孔子的這一反問，實際上表明守三年之喪的意義並不在於外在的規範或功效，也不是基於自然循環的邏輯，而是關乎內心的眞實感受——是否心安。換言之，守三年之喪的重點不僅在於遵守禮制，更在於表達對父母養育恩情的感恩與追思。

遺憾的是，宰我並未領悟孔子的教誨，而是直接回答說：「心安。」孔子對此深感失望，但仍耐心地教誨弟子：每個人在出生後，經過父母三年的細心呵護，才能逐漸脫離父母的懷抱。如今父母離世，我們是否應該回報這三年的養育之恩呢？宰我未能從這一點反省自身，因此孔子批評他「不仁」。

其實，三年守喪並非不能改，也並不是在「三年」與「一年」之間單純爭長短。而是宰我提出的理由，以及他對孔子問題的回應，顯示他並未理解「禮」的根本精神——「仁」。由此可見，外在的禮樂制度，必須建立在真誠的情感和善良的本心之上，才能彰顯其真正的價值。唯有如此，我們的行為才能做到「誠於中而形於外」。

在當代，隨著時代變遷與生活習慣的改變，婚喪喜慶的方式也產生巨大的改變，但是無論怎麼改變，「真誠的情感和善良的本心」卻是永遠不應該改變的。禮的基本精神是仁，堅守「仁」的價值，才是我們在面對所有婚喪喜慶應有的態度。

我們來談談中國古代特有的「丁憂」制度。

「丁憂」是中國古代特有的一種喪禮與服喪制度，體現了儒家文化中對孝道的高度重視。在《禮記》等儒家典籍中，孝道被視為倫理的核心，而「丁憂」制度則是孝道實踐的重要體現。丁憂期間通常為三年，實際時間約為二十七個月，這被認為是對父母養育恩情的象徵性回報。在丁憂期間，穿著喪服（如麻布製成的粗衣），以示哀悼。停止官職、學業或其他社會活動，專心為父母守靈與料理後事。嚴格避免喜慶活動，包括婚娶、宴會等。

在不同文化中，也有類似中國「丁憂」這種體現對已故親人哀悼與尊重的習俗，雖然形式與儒家文化有所不同，但這些習俗同樣表現出對家庭、親情以及死亡的深刻關注。

天主教的喪葬文化中，對父母等近親的哀悼被視為基督徒愛與尊敬的體現。守靈通常進行一至三天，哀悼期根據家族傳統而定，對父母的哀悼可能長達一年。喪禮後，家人身著黑衣，並在教堂舉行彌撒祈禱，為亡者靈魂的安息祈求。哀悼期內，親屬避免參與娛樂活動，專注於禱告和慈善事業，表達對亡者的尊敬。羅馬天主教注重靈魂的救贖與永生，通過哀悼與祈禱表達愛與尊敬，與中國「慎終追遠」精神有共通之處。

這些習俗雖然形式各異，但都表達了對逝者的尊重、對家庭倫理的重視，以及對死亡的深刻反思。無論是在儒家文化的「丁憂」，還是其他文化的哀悼習俗中，都體現了人類共通的情感與倫理價值。

二、若不仁，禮樂只是形式而已

子曰：「人而不仁，如禮何？人而不仁，如樂何？」（〈八佾〉）

在婚喪喜慶活動中，人們經常會有禮樂的活動，但是孔子提醒，如果當事人缺少仁心，這些外在的禮樂與制度，將只是沒有生命與內涵的形式而已，沒有多大的意義。

孔子說：「一個人若是沒有仁心，禮樂制度的規範對他又有何用呢？」

這段話，孔子強調「仁」的重要性，認爲無論是禮儀制度還是音樂的教育功能，若是沒有仁德的內在支撐，都會變得空洞無力。

在孔子看來，若禮樂制度失去了內心眞誠的支持，便會淪爲形式化的規範，最終走向虛假與僵化。而這正是孔子所面對的時代危機，也是他極力挽救的文化困境。外在的禮樂制度，必須立基於善良的存心與眞誠的情感，才能彰顯它的高貴性。如此我們所有的行爲，才能「誠於中」而「形於外」。在孔子看來，禮樂制度若無眞誠的生命爲基礎，將流於形式的規範而趨於虛假與僵化，這正是孔子所面對的時代危機與困境。

孔子認爲，仁是人之所以爲人的根本。仁是一種內在的德行，它表現爲對他人的關懷、愛護以及道德上的自我約束。禮樂作爲外在的規範，是用來培養和維護人際間的和諧關係，若沒有仁心爲基礎，禮儀與制度就成了單純的形式，音樂也不再能啓迪人心。這段話表達了孔子對「仁」的重視，提醒我們仁是所有行爲的出發點。

古代的禮樂也是一種制度與規範。在現代社會中，我們也有許多外在的制度和規範，如法律、道德標準等，但這些若缺乏內心的眞誠和仁愛，容易流於形式，失去其眞正的價值。例如，在職場中，我們可能會遵守公司規章，但若缺少對同事的關懷與尊重，表面的和諧也難以長久。孔子的這段話提醒我們，無論在生活還是工作中，都應以仁心爲基礎，用眞誠的態度去面對他人，這樣才能實現眞正的和諧與幸福。

商紂王是商朝最後一位君王，歷史上以暴虐無道聞名。他雖然在形式上遵循禮制，建造宏大的宮殿，舉行聲勢浩大的祭祀和樂舞，但其內心毫無仁德。他荒淫無度，發明「酒池肉林」，濫用百姓的血汗來滿足自己的私欲。此外，他對忠臣剛直之士殘酷迫害，甚至剖心挖骨以試驗忠誠。紂王的所作所爲完全背離了仁德的核心價值。雖然他表面上依循禮樂制度，但他的行爲卻使得這些形式變得空洞而毫無意義，最終導致百姓苦不堪言，怨聲載道。後來，周武王起兵推翻了紂王的統治，建立了周朝，這也說明了一個統治者若無仁德，僅僅依靠禮樂和形式是無法穩固江山的。

法國路易十四（Louis XIV）號稱「太陽王」，在位期間建立了中央集權的專制王權，表面上推崇宮廷禮儀與制度，但實際上背離了仁德。表面上以盛大的宮廷禮儀體現秩序與威嚴，但他揮霍無度，建造凡爾賽宮，導致國庫空虛。他通過重稅壓榨農民，貴族與百姓的經濟負擔愈發沉重，民怨四起。路易十四的政策使法國經濟陷入困境，百姓苦不堪言，爲日後的法國大革命埋下伏筆。雖然制度表面華麗，但缺乏仁德與關懷的統治只能導致更大的危機。

這些例子顯示出，制度的存在必須以仁德爲核心，否則僅僅依靠形式和儀式，難以持久維繫社會的穩定與發展。

三、仁道近在咫尺與一念之間

子曰：「仁遠乎哉？我欲仁，斯仁至矣。」（〈述而〉）

想成為君子很難嗎？孔子認為不難，就在自己的一念之間。

孔子說：「仁道真的離我們很遠嗎？只要我心想要行仁，那麼仁道就開始實踐了。」

孔子的這段話表達了一種積極而實踐的生命態度。兩千多年前孔子所倡導的「仁」，並非遙不可及。因為「仁」既然意味著每個人「良善的存心與對人對物的關懷」，只要每個人願意真誠面對自己與他人，從當下真誠情感的呈現，就可以體會仁心。所以孔子勉勵我們：「仁遠乎哉？我欲仁，斯仁至矣。」

孔子的這段話表達了一種積極而實踐的生命態度，仁並不是遙不可及的理想，而是每個人隨時可以選擇的行動。所以孔子勉勵我們：「仁遠乎哉？我欲仁，斯仁至矣。」只要心懷仁德之念，便能在當下開始實踐，無需等待特定的條件或環境來達成。我們若能打開自己真實的內心而不斷地成長進步，並在人生的正路上實踐，就能擴及家人、社群、國家，乃至全世界。換句話說，藉由仁心的自覺與實踐，我們便能開創美好的世界。

在當代社會，這句話提醒我們不必為了追求遠大的目標而忽略了身邊的每個當下。

「仁」可以表現在日常的小事中，比如對家人和同事的關懷、對陌生人的善意，以及對社會和環境的責任。它也啓發了我們，要在現實中勇於實踐自己的價值觀，而不僅僅停留在空想或等待合適時機。

例如，在公益活動中，一個人願意捐出一點時間或資源去幫助需要的人，就是行仁的具體表現。即使只是微小的善行，也能讓仁道得以實現並延續。

不同文化中，也有與孔子的理念相近的。佛教所言「放下屠刀，立地成佛」與孔子所說的「仁遠乎哉？我欲仁，斯仁至矣。」在本質上有著深刻的共通性，兩者都強調內心的轉變和行動的即時性，只要立志向善，仁道或佛道便能立刻展現。「放下屠刀，立地成佛」指出，無論一個人過去的罪業有多深，只要當下願意放下邪念，誠心悔過，佛心即可起，便有可能走向佛道，得到心靈的救贖。

在《聖經》中，耶穌教導人們悔改（repent），即從內心深處承認自己的罪，並改變生活方向，開始追隨神的道路。和孔子的「我欲仁，斯仁至矣」一樣，都強調內心的轉變是行善的起點。基督教同樣主張，悔改是重生的開始，只要眞心悔過並立志行善，就能立刻改變生命方向，走向神的光明。「悔改」並不只是停留在內心，而是需要以行動來彰顯，如對他人的愛、服務和寬恕。

從各個宗教文化的內涵來看，只要有意願，仁愛、慈悲、悔改與善行都可以從當下開始。

四、君子要有弘毅之志

曾子曰：「士不可以不弘毅，任重而道遠。仁以為己任，不亦重乎？死而後已，不亦遠乎？」（〈泰伯〉）

在中華文化中，「君子」是一個極具意義的角色，其內涵不僅關涉道德修養，更是一種文化理想和人格典範；不僅修身齊家，更承載著治國平天下的社會責任。這個社會責任必然需要有大格局與大志氣，也必然是一條任重而道遠的道路。

曾子說：「士人不能不心胸寬廣，志氣堅強，因爲他的責任重大而實踐仁道的路途遙遠。把行仁當成責任，這責任不也是很沉重嗎？到死才能停止行仁，這路途不也是很遙遠嗎？」

透過傳承孔子理想的曾子，讓我們瞭解到實踐仁德，也是一種責任與自我承諾。曾子這句話展現了君子應具備的堅毅品質與崇高使命。他認爲，一個眞正有志之士應該心胸寬廣且意志堅定，因爲他所背負的是重大的責任與遙遠的道途。「仁」是君子一生的承擔與追求，這樣的使命不僅艱難，還需要長久的堅持，直到生命的終點。曾子強調，仁道並不是輕易完成的任務，而是需要一生的努力與持續的修養。

這段話所展現的不僅是對仁德的嚮往，更是對自己責任的認眞承擔。「弘毅」是一種超越個人得失的精神力量，是在面對困難時仍然堅守初衷、勇往直前的意志。曾子的話提醒我們，要有爲道義堅持不懈、無怨無悔的決心。

在現代社會中，這段話具有很大的啓示意義。我們身處快速變遷的時代，往往容易被瞬間的得失所左右。然而曾子的話告訴我們，要想成就長久而有意義的事業，需要具備堅定的意志和不懈的努力，才能走得更遠，承擔更大的責任。

這種精神適用於各行各業。無論是從事教育、醫療還是社會公益，都需要一顆「弘毅」的心，願意爲理想付出一生，並在困難中堅持下去。例如，一位教育工作者若能將培養下一代視爲仁道，便會不辭辛苦，無論多麼艱難，都會一心堅守在教學崗位上，直到生命的終點。

「士不可以不弘毅」不僅是曾子對士人的期許，也是對我們每個人面對責任和追求理想的勉勵。它提醒我們，仁道的實現需要一種不畏艱難、堅定不移的信念，只有如此，人生才會眞正有意義並充滿成就感。

星雲大師的一生正是「士不可以不弘毅，任重而道遠」的眞實寫照。他身爲一位弘揚佛法的僧人，從早年於臺灣創立佛光山開始，就立志將佛教的慈悲與智慧傳播至全世界。面對種種挑戰與艱辛，星雲大師始終保持堅韌的意志，無論是面對宗教信仰的困境，還是文化傳播的障礙，他從未動搖信念。他的「弘毅」精神，不僅體現在佛法的教化上，更表現在他致力於推動教育、慈善、文化交流等方面的貢獻中。

星雲大師將「弘法利生」視爲自己的畢生責任，這正是「仁以爲己任」的體現。他在「人間佛教」的理念引領下，創辦了佛光大學、國際佛光會等，並透過世界各地的佛光山分支，將佛教思想傳播至五大洲，影響無數人。這樣的責任與使命並非一時興起，而是他以一生的時間來完成的「道遠」。他曾說：「弘揚佛法不是爲自己，而是爲衆生的福祉。」這種心懷衆生、肩負重任的精神，正是「任重而道遠」的最佳詮釋。

即使在年老體弱之際，星雲大師依然堅持講經弘法，爲佛教未來的發展不遺餘力。他的毅力不僅展現在對佛法的執著上，也表現在他對人生價値的理解上。無論是提倡和平，還是推動兩岸文化交流，他始終堅持信念，努力促進世界的和諧。星雲大師的「弘毅」精神，不僅是佛教的典範，更是對人類共同價値的承諾。

第三節　仁者的格局

一、仁者心懷天下

子路曰：「桓公殺公子糾，召忽死之，管仲不死。」曰：「未仁乎？」子曰：「桓公九合諸侯，不以兵車，管仲之力也。如其仁！如其仁！」（〈憲問〉）

齊國內亂導致公子糾與小白（也就是後來的齊桓公）之間的權位爭奪。當時，召忽與管仲原本輔佐公子糾，但小白繼位後，公子糾被魯國人殺害，而管仲最終卻成為對手小白的宰相。這場齊國的政治事件中，管仲背離舊主、效忠新君的行為引發廣泛質疑。

子路說：「桓公殺了哥哥公子糾，家臣召忽自殺了，但是管仲卻沒有殉難。」子路因此說：「管仲不是仁者吧！」孔子回答說：「桓公糾合了諸侯一起尊奉王室，卻不靠武力和戰爭，這全是管仲的功勞。這就是他的仁德啊！這就是他的仁德啊！」

在這段談話中，最先表達不滿的是一向講義氣的子路，他批評道：「召忽為此而死，管仲卻不死。」與召忽從容赴死的選擇相比，管仲的苟且偷生，似乎帶有貪生怕死之嫌。

隨後，口才出衆、善於議論是非的子貢更進一步批評道：「既不肯殉主，又選擇輔佐敵方。」對此，孔子在兩則談話中均爲管仲辯護，並從更高層次評價其功業，間接認同管仲爲「仁者」。

子路在提到管仲時，對他沒有選擇殉難而產生疑問，認爲他不符合「仁者」的標準。然而孔子的回答揭示了仁的更高層次——「格局與大義」。孔子指出，管仲輔佐齊桓公，以非暴力的方式成功糾合諸侯，振興了王室的威望，推動了天下的和平與秩序，這才是眞正的仁德。

在孔子看來，「仁」並非僅表現在狹隘的忠誠與個人犧牲上，而是包含了更廣泛的視野和更深遠的影響。管仲的選擇並非出於自私，而是因爲他明白自己肩負著重大的歷史使命。他選擇留在世上，輔佐桓公完成治國安邦的大業，爲天下百姓謀求安定，這是一種高尚的仁愛，體現了仁德的廣博與深遠。

孔子的回答表明，「仁」的標準不應僅僅限於形式上的忠烈，還要看行爲是否對社會有益，是否能造福於更多的人。仁者的格局在於超越個人的得失，追求更大的善與和諧。

在當代，這段談話教導我們，眞正的仁愛不僅僅是對親近之人的情感付出，更是對整體社會福祉的關注。例如，一位企業家選擇投身公益事業，放棄短期利益，爲弱勢群體提供長期的支持與幫助，這便是一種現代化的「仁者格局」。

管仲的故事提醒我們，仁德不僅僅是個人品行的修養，更是一種對社會的責任與承擔。無論是領導者還是普通人，只要能懷揣大義，立足當下，心繫天下，就能成爲一位具備「仁者格局」的人。

魏徵原本是隋末反隋領袖李密的幕僚，但在隋朝滅亡後，他改事唐太子李建成，玄武門之變後，他再入唐太宗李世民之門。魏徵在唐朝成爲著名的諫臣，敢於直言不諱地批評李世民的過錯。他的忠誠不僅是對李世民個人的效忠，更是以整個國家的長治久安爲己任，甚至多次冒犯李世民，爲百姓利益爭取政策改革。魏徵的行爲展現了「忠於國家而非個人」的精神，他的諫言對唐朝的繁榮起到了重要作用，體現了仁道的大格局。

德意志的馬丁．路德（Martin Luther）起初是一名虔誠的天主教神父，對教廷表現出極大的忠誠。他發現教廷販賣贖罪券等腐敗行爲，決定挑戰羅馬天主教的權威。他發起宗教改革，主張「因信稱義」，推動基督教從形式化的宗教儀式轉向個人的信仰實踐。馬丁．路德的行爲展現了忠於眞理與信仰，超越了對宗教權威的效忠。

這些故事說明，他們原本效忠於某個人物或權威，但後來爲了社會的整體利益改變效忠對象或立場，展現了超越個人關係與狹隘忠誠的大仁精神，眞正的忠誠不應局限於個人或權威，而應超越狹隘的效忠對象，追求全社會的利益與更高的道德價值。

二、仁者追求大義

子貢曰：「管仲非仁者與？桓公殺公子糾，不能死，又相之。」子曰：「管仲相桓公，霸諸侯，一匡天下，民到于今受其賜。微管仲，吾其被髮左衽矣。豈若匹夫匹婦之為諒也，自經於溝瀆，而莫之知也。」（〈憲問〉）

不只是子路，子貢對於管仲的爲人也是有意見的。孔子也一如以往告訴子貢應該如何評價一個人的行爲。

子貢說：「管仲稱不上是仁者吧？齊桓公殺了他的主人公子糾，管仲不但不能爲主人殉難，反而還去輔佐桓公。」孔子說：「管仲輔佐了桓公，讓齊國稱霸諸侯，進而匡正天下歸於正道（尊王攘夷），中原人民到現在還蒙受他的恩惠。如果沒有管仲，我們現在恐怕都已經淪爲披頭散髮、左邊開襟的蠻夷之邦了。哪裏一定要如普通人只拘泥於小信呢？只能自縊而死，陳屍於田野的水溝之間，卻沒有人知道他是誰啊！」

在這則選文中，子貢的質疑源於對「仁」的理解，他認爲管仲的行爲違背了忠義之道：未能爲主人殉難，反而選擇效忠於桓公。但孔子以更高層次的視角爲管仲辯護，強調仁的眞諦並非拘泥於形式上的忠誠，而是致力於大義。孔子指出，管仲的功績——「相桓公，霸諸侯，一匡天下」。無論是「九合諸侯，不以兵車」，還是避免戰爭、造福天下百姓，孔子都強調管仲以外交手段推動和平的重要性。更爲關鍵的是，孔子在這則談話中說道：「若非管仲，吾等早已披髮左衽矣。」這進一步點出，管仲的仁德在於其輔佐桓公推行「尊王攘夷」，匡扶中原，使天下重歸安定秩序。若非管仲能夠團結中原諸國，尊奉周室、抵禦外族，中原可能已遭受異族入侵，華夏文化亦將面臨毀滅性危機。

管仲的不拘於死節與市井小信的堅守小節形成鮮明對比。儘管他在細節上未能完全遵循傳統道德，管仲個人的行爲並非全面受到孔子的肯定，孔子也批評他器小、不儉、不知禮。但在攸關天下興衰的大事上，管仲卻展現出宏觀視野與變通智慧，成就了偉大的仁德功業。我們透過孔子對管仲這一歷史人物的評價，更能理解孔子稱許管仲爲「仁者」的重點所在。

孔子更進一步點出，拘泥於「小信」或形式上的忠義，雖然看似高潔，但如果無法造福更多人，反而會淪爲毫無意義的犧牲。仁者應該具備宏大的格局，能夠取捨得失，爲大義而活，而非僅僅追求名節上的清白。

在現代社會，這段談話啓發我們重新思考「忠誠」與「責任」的意義。仁德不僅是對個人或小圈子的忠誠，更是對社會整體的奉獻。這提醒我們，無論身處何種角色，個人價值的實現不在於一時的道德選擇，而在於對長遠公益的貢獻。比如，一位企業家在公司面臨危機時，選擇不僅爲股東服務，更考慮員工的生計和社會責任，這是一種現代的「仁者格局」。同樣，社會領袖或政策制定者，也應具備這種遠見與胸懷，權衡每個決策的長期影響，而非僅僅追求個人的清白或一時的輿論好評。

管仲的故事教導我們，眞正的仁者要有大視野、大智慧。無論是治理國家、企業，還是處理個人關係，都應以天下爲念，追求更廣泛的福祉，而非拘泥於形式和小信。這樣的仁德，才能在時代的洪流中發揮持久的價值。

我們來談談另一個義大利著名的科學家、數學家、天文學家伽利略（Galileo Galilei）的故事。伽利略因支持「日心說」理論與教會發生激烈對立，遭到異端裁判所的審判。一六三三年，爲了保全性命，他在審判中不得不公開否認自己的科學發現，選擇向教會妥協。他因此被軟禁在家中，終生無法自由。儘管受到監視，他仍然在軟禁期間繼續研究與著作，最終完成了《兩種新科學》，標誌著古典物理學的誕生，對後世的科學研究具有深遠影響。它不僅鞏固了伽利略在科學史上的地位，也爲現代科學的理性和實證精神指明了方向。伽利略的妥協是爲了生存，但他的內心始終堅持科學眞理，最終實現了巨大的貢獻。

從以上故事可得知，無論是管仲還是伽利略，他們從效忠個人或狹隘的權威，轉向以社會整體利益或眞理爲重，體現了超越個人得失和小忠小義的「大仁」精神。

三、面對無道，仁者以自己價值觀做選擇

微子去之，箕子為之奴，比干諫而死。孔子曰：「殷有三仁焉。」（〈微子〉）

我們經常聽到的一句話：「殺生成仁、捨生取義。」這是中華傳統儒家文化中的兩個重要概念，體現了儒家對於道德價值與生命意義的深刻理解。這句話強調在面對重大道德抉擇時，仁德正義的實現比生命本身更爲重要。它展現了一種崇高的精神追求，願意爲了維護人倫和仁義，甚至犧牲自己的性命而在所不惜。但是要維護仁德，犧牲自己生命是否是唯一的標準呢？孔子提出了不同的看法，他從一則商殷的歷史事件談起。

殷商的微子啓見紂王無道而離去，箕子因直諫而成爲囚犯，比干極諫而被剖腹挖心而死。孔子稱讚說：「殷商有三位仁者！」

在這則選文中，孔子談到了商代末年的三位代表性人物：微子、箕子、比干。微子是商紂王的哥哥，箕子和比干則是商紂的叔父。當商紂荒淫無道時，三人都曾勸諫紂王改過自新。最終，微子選擇離開，箕子因直諫淪爲奴隸，比干則因諫言遭剖心而死。雖然三人的命運截然不同，孔子卻將他們都讚譽爲「仁者」。

這表明，孔子認爲「成仁」並非僅僅等同於犧牲生命。由於每個人的角色和處境不

同，他們的選擇雖然不同，但無一不是從對天下的關懷和仁愛出發，以自身的行爲彰顯了對道義的追求，活出了各自生命的價值。

孔子稱他們三人都是「仁者」，正是因爲他們三人超越了個人的安危得失，以天下爲念，堅守道義和良知，無愧於「仁」的標準。

在現代社會，微子、箕子和比干的故事啓發我們重新審視個人在面對不義之時的選擇與態度。他們的行爲表明，仁者並非消極隱忍，而是在適當的時機，選擇以自己的方式傳達對正義的堅守。

例如，現代的吹哨人制度就體現了類似的精神：一些企業或組織內部的成員，爲了揭發不公和違法行爲，可能選擇冒險揭露內幕。他們的舉動往往承受著巨大的壓力，但正因爲他們堅信正義與良知的價值，他們的行爲才具有了道德上的高度。此外，在生活和工作中，我們也面臨著是否能夠堅持原則、說眞話的抉擇。無論是爲弱勢者發聲，還是拒絕參與不公行爲，這些都是對我們內心仁德的考驗。仁者的格局並非遙不可及，而是每個人在日常抉擇中所能展現的對正義與善良的堅守。

微子、箕子與比干的故事提醒我們，眞正的仁德在於堅守原則，勇於面對困境，並以實際行動履行自己的責任。這種精神不僅超越時代，也永遠値得我們效法與學習。

以下是一些中外人物，他們無視個人的安危與得失，以天下爲己任，堅守道義與良知的感人故事：

文天祥是南宋末年的忠臣，在元軍攻陷南宋後，拒絕投降，以身殉國。在被元軍俘虜後，文天祥遭受各種威脅利誘，但始終不屈服。他在獄中寫下〈正氣歌〉，以表達自己的忠誠和堅守。他的名句「人生自古誰無死，留取丹心照汗青」成爲忠義的象徵。文天祥超越個人安危，以國家和道義爲念，彰顯了堅守良知的崇高精神。

蘇格拉底（Socrates）是古希臘著名哲學家，因被指控「敗壞青年」和「不敬神靈」而被判處死刑。面對指控，蘇格拉底拒絕妥協，堅守自己的哲學信念。他拒絕逃離雅典，選擇接受毒酒處死，以捍衛眞理與正義。他堅信：「不加省察的人生不值得一過。」蘇格拉底的選擇表現了對眞理的堅守，無視個人安危，爲後世留下了哲學精神的榜樣。

這些人物的選擇與行動告訴我們，眞正的偉大在於無私的犧牲和對眞理的執著，爲天下福祉貢獻力量而無懼得失。

第五單元

理想的人格

前言

有人說：「人不癡狂枉少年」，也有人形容青春期為「徬徨少年時」，還有人告訴我們：「做自己最好。」青春期是人生中充滿激情與挑戰的階段，既是自我探索的開始，也是人格形成的重要時期。在這個過程中，青少年往往會面臨來自內外的雙重壓力。他們一方面需要從外在規範逐步走向內在的自我要求，另一方面也需要尋找自己的價值與定位。那麼作為一名年輕人，你是否曾經想過：自己希望成為什麼樣的人？

早在兩千多年前，孔子便以他深刻的智慧，引導弟子追求理想人格，描繪出他心目中「君子」的典範。孔子所提倡的有德君子，並非遠不可及的聖人或高高在上的偶像，而是腳踏實地、眞誠生活的人。他們有血有肉，充滿濃厚的人間氣息，同時又具備堅韌不拔的品格與高尚的道德情操。

每個人或許都曾自問：我們來自何處？將要前往何方？在眼前的生活中，我們該如何找到生命的意義？在這個紛繁複雜的世界裏，又該如何在衆聲喧嘩中守住自己的初心？孔子的教誨不僅僅提供了對這些問題的解答，更為我們指明了一條通往理想人格的道路。

透過閱讀經典，我們得以觀察人世間的是非善惡、光影交錯，見證不同行為與價值選擇所帶來的後果。孔子將「君子」與「小人」這兩種人格類型鮮明地對比，讓人們在兩者之間找到指引。君子之所以被推崇，是因爲他們能表裡如一，堅守道義，並以高遠的格局服務於社會；而小人則因私欲膨脹，偏重一己之利，而常與道德相背。

在本單元中，我們將從三個子題深入探討孔子的思想。首先，我們將研究君子如何做到言行一致，並理解這種表裡如一的美德如何成爲理想人格的基石。其次，我們將分析君子與小人在品行上的根本差異，透視道德選擇背後的深層原因。最後，我們將通過孔子與學生的對話，體會孔門教育因材施教的智慧，並瞭解通往君子之路的多種方式。

跨越時空的界限，孔子的思想依然爲我們提供了寶貴的啓示。他提醒我們，理想人格的追求不僅是一個人內在的修養，更是一種積極回應時代挑戰的生活態度。在「君子之義」與「小人之利」的對比中，我們不僅能分辨出何爲正道，更能找到引領自己人生方向的燈塔。

第一節　表裡如一的君子之德

一、君子以義為依歸，靈活而不失原則

子曰：「君子之於天下也，無適也，無莫也，義之與比。」（〈里仁〉）

社會上一直有個誤解的印象，好像君子就是做事規規矩矩，有些拘束，一成不變，甚而有點老古板，很難被改變的感覺。這些看法，其實只是對了一部分，在孔子看來，君子的特點，是只會以仁義爲核心，並不會特別執著於特有的看法或做法。

孔子說：「君子（有才德者）對於天下的萬事萬物，都沒有一定要這樣的看法，或絕對不這樣的執著，只依從道義行事。」

孔子的這句話充分展現了他對「道義」的核心關注。君子不固守成見，而是根據道義的原則靈活應對各種情境。這種態度既反映了君子的包容性，又顯示出其高度的智慧和胸懷。無論面對何種挑戰，君子始終以道義爲準繩，能在變化萬千的世事中把握方向，做出符合倫理和正義的選擇。

孔子在此提醒我們，世界並非非黑即白，往往充滿複雜性與多樣性。唯有拋開偏見與成見，以「義」爲行動的依據，才能在多變的局勢中展現仁者風範。

在當代，這段話對於我們在工作、生活中的選擇與判斷，具有深刻啓發。隨著全球化、科技進步和多元文化的交融，現代人經常需要在多種價值觀和觀點中找到平衡。固守某一成見，往往會導致判斷失準，甚至錯失良機。例如，在企業管理中，領導者若能拋開僵化的規則，根據不同情境靈活應對，同時以公平與正義爲核心，就能更好地處理員工關係和商業決策。在個人層面，對家人、朋友甚至陌生人，我們應該避免單純以個人好惡爲行事標準，而是以正義和道德爲準則，推己及人。

孔子的智慧告訴我們，人生道路上，唯有以「義」爲核心指導，我們才能在多變的環境中活得坦然且充實，並眞正成爲心懷天下的「君子」。

李鴻章是晚清的重要政治家，面對內憂外患，他在不同時期根據局勢調整策略。他起初主導洋務運動，推動現代化改革，在甲午戰爭後，他簽訂《馬關條約》，被批評爲「賣國」，但他的選擇是基於當時中國的實力，爲了爭取更多喘息時間。後來，他又參與國際談判，試圖維護國家利益。李鴻章雖然備受爭議，但他的靈活應對和以國家長遠利益爲核心的道義精神，不應被忽視。

美國第十六任總統林肯（Abraham Lincoln）在內戰中努力平衡奴隸制問題與國家統一。林肯雖然早期並未積極提倡廢除奴隸制，但隨著局勢變化，他逐漸將廢奴作爲內戰的重要目標。他在《解放奴隸宣言》中，明確表示廢除奴隸制是國家和社會進步的必然方向，並以此凝聚人心，最終實現國家的統一。林肯根據局勢靈活調整立場，但始終堅守他要避免美國分裂的核心思想。

這些人物的故事告訴我們，靈活的應對策略與堅定的道義追求並不矛盾，真正的智慧在於如何在變化中堅守核心價值，並以此造福更多人。

二、君子應慎言敏行

子曰：「君子恥其言而過其行。」（〈憲問〉）

子曰：「君子欲訥於言而敏於行。」（〈里仁〉）

在孔子看來，對於君子而言，言行合一是應有的基本原則。如果「言過於其行」，或「行過於其言」，都是君子要避免的。以下兩則選文是孔子的看法。

第一則選文，孔子說：「君子（有才德者）以他的言談超過實際行動爲羞恥。」在第二則選文中，孔子說：「君子（有才德者）常常思量他該少說話，不逞口舌，於當做的事就明快地去實踐。」

孔子所說的「君子恥其言而過其行」以及「君子欲訥於言而敏於行」，都是在倡導

「愼言敏行」的美德。孔子強調愼言敏行，反對言過其實的虛浮作風。說話容易，但將話付諸行動卻需要相當的毅力和誠意。因此，在言語出口前應深思熟慮，不爲一時口舌之快。一旦說出口，就應該爲之負責，這樣才能贏得別人的尊重。若一個人的言語浮誇卻行動遲緩，甚至毫無作爲，將會被視爲失德或虛僞之「恥」。

君子的價值在於實踐，而非空談。這句話提醒我們，在日常生活中應該少說空話，多行實事。言談雖然可以展現一個人的智慧與思維，但只有具體的行動才能眞正改變世界，贏得他人的尊敬。

在當代社會中，這句話尤其具有警示意義。在社群媒體盛行的時代，人們習慣用文字與語言建構形象，但若言語缺乏行動支持，便可能淪爲「嘴上君子」。因此，我們應該更加注重「說到做到」，在實踐中積累聲譽，而非僅依靠言語塑造外在的形象。

鄧小平是中國改革開放的總設計師，他以「不管白貓黑貓，能抓住老鼠就是好貓」的務實態度聞名於世。他並不熱衷於理論爭辯，而是注重實際行動。在他主導下，中國進行了改革開放政策，推動經濟特區的設立和市場經濟的引入，實現了中國從貧困到繁榮的轉變。鄧小平強調少說空話，多做實事，他常說：「實踐是檢驗眞理的唯一標準。」在他的領導下，中國經濟迅速發展，人民生活水平顯著提高，他的務實作風成爲中國現代化的重要基石。

阿梅莉亞・埃爾哈特（Amelia Earhart）曾說過：「冒險値得一試。」這並非僅僅是豪言壯語，而是她一生的眞實寫照。一九三二年，她用單引擎飛機成爲第一位獨自飛越大西洋的女性飛行員。埃爾哈特以身作則，一生公開反對性別歧視，主張女性應該有平等的機會和權利去追求自己的夢想。她曾說：「女人就應該嘗試去做男人所做的每一件事，無論她們是否成功。」這一理念激勵了無數女性走出家庭，追求自己的職業生涯和夢想。一九三七年，她試圖環繞地球飛行，雖然最終在太平洋失聯，但她勇敢無懼的精神和對理想的執著，永遠刻在歷史的長河中。埃爾哈特用她短暫但輝煌的一生，突破了性別限制，啓迪了後世無數女性。她的故事告訴我們：「言少敏行」、「言出必行」的精神，不僅僅是一場飛行，更是一種改變世界的行動。

三、君子不以言舉人，不以人廢言，客觀公正，愼思納言

子曰：「君子不以言舉人，不以人廢言。」（〈衛靈公〉）

有人說，「說話是一門藝術」，的確如此。語言是人類表達思想、傳遞情感的重要工具。恰到好處的言語能影響一個人的情緒，甚至改變一個人的人生。例如，溫暖的鼓勵可以爲迷茫中的人注入信心；恰當的讚美可以拉近人際距離；而深刻的洞見能激發思考，引發深遠影響。古語云：「良言一句三冬暖，惡語傷人六月寒」，充分說明了語言的影響

力。

但是對於君子而言，說話固然重要，但是言語並不代表一切，因此，如何納言則取決於君子的智慧。孔子是怎麼看這個問題的呢？

孔子說：「君子（兼指上位者、有才德的人）不輕易因爲一個人出眾的言論而舉用他，也不會因爲一個人的行事失當而完全對他的建言廢棄不用。」

孔子的這句話強調君子用人與納言的原則，指出君子不會被花言巧語所迷惑，也不會因先入爲主的偏見而排斥異己。能言善辯或表現出眾的人雖然具有吸引力，但仍需觀察其實際能力。同時一個品行欠佳或常有過失的人，其話語中可能仍有可取之處。只有秉持公正、客觀的態度，就事論事，才能全方位地評價一個人。

這種態度反映了孔子對於「德」與「能」平衡的重視。人無完人，每個人的言行都可能具有其價值，君子應以理性與寬容之心觀待，避免武斷或偏激。只有這樣，才能爲社會注入更多元的智慧，並發掘每個人的潛力。

在網路時代，許多言論眞假難辨，尤其是在公共討論中，我們更需要警惕偏見與情緒化判斷，培養全面審視的能力。只有學會「不以言舉人，不以人廢言」，才能在資訊爆炸的時代中保持理性，做出明智的選擇，並促進社會的多元包容與進步。

我們來舉兩個中外的歷史人物，看看他們如何面對不同的意見。

唐太宗是唐朝的開國皇帝之一，開創了「貞觀之治」。唐太宗在建國之初，對曾經支持太子李建成的人才，並未因其過去立場而排斥。他重用魏徵，充分聽取他的諫言，並將他列爲朝中核心大臣之一。魏徵多次直言不諱，甚至觸怒李世民，但李世民始終秉持「有則改之，無則加勉」的態度，最終成就了唐朝的繁榮。李世民不因魏徵曾效忠自己的政敵而否定其才能，展現了「不以人廢言」的胸襟和智慧。

法國啓蒙思想家伏爾泰（Voltaire）與盧梭（Rousseau）理念不合，私下也彼此不喜，甚至筆戰不休。然而當盧梭被驅逐、陷入困境時，伏爾泰仍站出來爲他的言論自由辯護。他曾說過那句著名的話（儘管後來學者爭論是否眞出自他之口）："I disapprove of what you say, but I will defend to the death your right to say it."（我不贊同你的觀點，但我願意誓死捍衛你說話的權利。）這不僅是「不以人廢言」，更是對自由與理性的極致捍衛。

這兩個例子再次說明，「不以人廢言」的理念能促進更大的合作與成就，並展現對自由與理性的追求。

四、君子專注自我提升，而非外求理解

子曰：「君子病無能焉，不病人之不己知也。」（〈衛靈公〉）

我們應該都有過，沒有被人理解或沒有被人重視的感覺。面對這種情形，應該如何處

理呢？孔子表達了他的看法。

孔子說：「君子（有才德者）只憂慮自己的能力不足，而不憂慮別人不瞭解自己。」

孔子這句話教導我們，君子應該將注意力放在提升自己的能力和品德上，而不是擔憂他人是否認識或理解自己。這是一種積極內省的態度，反映了君子以內在修養爲核心的價值觀。孔子強調，眞正值得關心的，是自己是否具備完成使命的能力，而不是外界的評價或認可。

這種態度展現了一種高度的自信與內在平衡，因爲君子明白，外界的認可最終源於自己的實力與德行。若自身不足，即使獲得暫時的認可也無法長久。因此，與其苛求外界，不如反求諸己，這才是通向成功的根本之道。

在當今競爭激烈且強調表現的時代，人們往往容易陷入對外界評價的追求中，忽略了眞正需要努力的方向。孔子「君子病無能焉，不病人之不己知」這句話提醒我們，應把焦點放在自我提升上，無論是在學業、事業，還是品德修養上，都應該以能力與內在價值爲重。在人際關係中，與其抱怨他人不理解自己，不如先努力做好自己的角色。只有不斷努力，充實自己，才能在適當的時機獲得別人的認可與尊重。

我們來舉兩個專注自我提升，而非外求理解的例子。

王羲之是東晉著名的書法家，被譽爲「書聖」，以行書〈蘭亭集序〉聞名。王羲之年輕時對書法極爲癡迷，他專注於臨摹前人的書法作品，不斷琢磨筆法與結構。他不在意是否立即得到他人的認可，而是埋頭苦練。相傳他曾在池邊練字多年，墨汁將池水染黑，後人稱之爲「墨池」。最終王羲之開創了書法藝術的新高度，成爲後世無數書法家的楷模。王羲之的成功來自於對能力的專注提升，他不求外界立即認可，而是追求書法藝術的極致，展現了「君子病無能焉」的精神。

文森特．梵高（Vincent van Gogh）是著名的荷蘭畫家，後世稱其爲印象派的先驅之一。梵高生前未受人重視，他的作品大多未被理解或認可。然而他從未因外界的不理解而停止創作。他每天刻苦練習畫技，對藝術充滿熱情，最終留下了許多不朽的作品。雖然生前默默無聞，但他用作品證明了自己的藝術才華。梵高專注於內心的熱愛與創作，不在意他人的評價，展現了「君子病無能焉」的精神。

這些藝術家的行爲啓示我們，眞正的君子應該專注於提升自我能力，而非過分在意他人的看法，唯有如此，才能實現更大的成就並贏得歷史的尊重。

五、君子博學於文，約之以禮，就可不離正道

子曰：「君子博學於文，約之以禮，亦可以弗畔矣夫！」（〈雍也〉）

君子如何才能夠保持君子的風範，而不會日漸失去自己的素養。孔子提出了他的看法。

孔子說：「君子如果廣博深入地學習古代文化，並且用禮規範自己的行爲，也可以說是不背離正道了。」

孔子以「博學於文，約之以禮」做爲對君子的期許，指出君子應該廣泛學習文化知識，並以禮節規範自己的言行。這段話強調了文化素養與禮節的重要性，認爲它們是君子不偏離正道的根本。孔子認爲，學習古代文化可以讓人瞭解智慧的傳承，而禮則提供了行爲的框架，確保學到的知識能夠轉化爲德行與實踐。這種學問與禮的結合，使得君子能在內外兼修中展現出品德高尚的人格特質。

在當代社會，這句話提醒我們，教育不僅僅是知識技能的傳授，更是價值觀和行爲規範的培養。在信息爆炸的時代，我們可以通過多樣化的途徑吸收知識，但知識的應用需要有道德準則來指引。以禮爲約束，不僅僅是守規矩，更是一種尊重他人和社會的態度。特別是在多元文化的現代社會，尊重與包容是人際交往的基石。學習文化的廣博與遵循禮儀的自律，能讓個人在生活中既保有內在涵養，也展現出對外的尊重，進而爲社會和諧貢獻力量。

明代哲學家王陽明強調「知行合一」，認爲學習文化不僅是書本知識的積累，更要通過實踐來實現。他廣泛學習經典文獻，並在處理朝政和軍事中以禮節和正直爲行事準則。王陽明在平定南方叛亂後，並沒有因爲勝利而驕傲，而是以禮規範行事，處處以和解和教化的方式安撫地方百姓。他用文化與禮節化解矛盾，促進了地方穩定，展現了「博學於文，約之以禮」的深遠智慧。

臺灣成功的企業家王永慶，就是以文化與禮經營人際關係。王永慶被稱為「經營之神」，他在企業管理中強調學習和禮儀的重要性。他從一個米店的小老闆做起，始終秉持「待人以誠」的態度，對顧客與員工都謹守禮節。他鼓勵員工不僅提升專業能力，還要注重道德品行。王永慶在企業中建立了一套以文化和倫理為核心的管理體系，這不僅促進了企業的成功，也贏得了合作夥伴和社會的尊敬。

第二節　秉直而行的君子之義

一、君子喻於義，小人喻於利

子曰：「君子喻於義，小人喻於利。」（〈里仁〉）

世俗有「人不為己，天誅地滅」的說法，似乎指出有些人會先想到自己，考慮物質的利益，甚至不斷地擴展慾望，於是衍生出每天新聞中常見的偷盜犯罪事件。但是更有些人卻選擇能以公正合宜的言行，不損己害人，將心安理得的道德放在慾望的滿足之前。孔子視有仁德的人爲君子，無仁德的人爲小人。孔子認爲，君子與小人最大的差別，就在於彼此對「公義」與「私利」的重視程度不同。

孔子說：「君子只曉得依照道義行事，而無有德的小人卻只曉得依自身的利益行事。」

「君子喻於義，小人喻於利」這句話揭示了人格和行爲的本質差異，強調「義」的重要性。君子以道義爲核心，展現了高尚的品格和對社會責任的承擔；而小人則過度關注個人利益，忽視道德和公義的價值。這種分辨方式不僅點明了個人品德的重要性，也呼籲人們在決策時要考慮長遠的善與公正。

孔子這番談話，用在現代社會中，也有深刻的啓發意義：首先，在企業運營中，僅僅追逐短期利益可能導致對環境或社會的損害。企業也應該注重「義」，追求可持續發展與社會責任。其次，每個人在面臨困境或選擇時，都會有「義」與「利」之間的取捨。選擇「義」意味著尊重他人、追求長期價值，而不僅是當下的利益最大化。

三國時期，關羽因戰亂與劉備失散，爲護嫂而暫時歸順曹操，但內心始終忠於劉備。即使曹操待之不薄，仍在得知劉備下落後，掛印封金，千里走單騎、過五關斬六將，誓守劉備之妻不辱。關羽的行爲體現了「君子喻於義」，他心中始終將忠義置於利益之上。即使在強大的誘惑和危險面前，仍然選擇堅守信念，爲後世留下了義薄雲天的美名，成爲後世尊爲「關聖帝君」的典範。反觀清朝乾隆年間的大貪官和珅，雖有才華，外表也溫文儒雅，實則貪婪成性。他靠逢迎皇帝獲得寵信，把持朝政多年，藉機斂財無度，死後抄家所得相當於清朝多年國庫總額。和珅滿腦子充滿私利，毫無廉恥之心，是「以利爲本、罔顧國家」的行事方式，正是「小人喻於利」的典型例子。

羅馬共和時期，西塞羅（Marcus Tullius Cicero）是著名的政治家和演說家。當凱撒的勢力日益增強，許多羅馬元老因懼怕其專權而選擇妥協，但西塞羅選擇捍衛共和制度，揭發卡提林陰謀。儘管這使他招致強權者的忌憚，最終被迫流亡，甚至在晚年被處死，但他始終堅持原則，拒絕以權力與利益爲交換，對抗不公。西塞羅的選擇展現了「喻於義」的精神，他爲了共和的公平正義，捨棄個人安危。即使最終付出生命代價，他的名聲和信念卻永垂不朽。反觀在基督教故事中，猶大（Judas）爲了區區三十枚銀幣，背叛了師父耶穌，將其出賣給羅馬士兵。猶大的行爲是追逐利益而喪失道德的典範，最終受到千古唾罵。猶大的行爲正是「小人喻於利」的例子。

「君子喻於義，小人喻於利」在中外歷史中都有鮮明的對比。君子懂得追求長遠價值和道德的光輝，而小人則因追逐短期利益，常常失去更大的意義與尊嚴。我們從這些故事中可以學到：堅持道義雖然困難，但它是通向眞正成功與長久尊重的必經之路。

二、君子懷德懷禮，小人懷土懷惠

子曰：「君子懷德，小人懷土；君子懷刑，小人懷惠。」（〈里仁〉）

有人說，「人不為己，天誅地滅」，但也有人說，「君子愛財，取之有道」。這顯示，君子不會為了利益的考慮，而把道德放在慾望的前面。但是，所有小人一定都是壞人嗎？在孔子眼中，有些小人只是未經仁德修養的人，而他們的思想習性缺乏提升，以致於他們的價值觀受到局限。

孔子說：「君子只在意能否保有自己的德行，而小人只在意自己目前所擁有的；君子所在意的是合乎禮法，見賢思齊，向更好的人事看齊，而小人則只追逐於利益。」

孔子的這段話中所提到的小人，就是未經仁德薰陶的人，他們格局視野都比較小，而只在在意自己現在擁有的會否失去，以及是否能夠馬上得到利益。孔子在這段談話中進一步闡釋了君子與小人在價值追求上的差異。君子關注的是自身德行的提升與對規範的恪守，將品德作為人生的最高追求。而小人則執著於眼前的利益和私有的得失，缺乏長遠的格局和道德的堅守。

孔子以「懷德」和「懷刑」來形容君子的胸襟，展現出的是對道義和禮法公正的嚴格要求；而「懷土」和「懷惠」則揭示了小人的短視與功利，這種對比為後人提供了分辨人格高低的準則。

這段話在今天具有重要的啓示作用。在現代社會，過度追求物質利益常導致價值迷失。而君子的「懷德」提醒我們，眞正的成功來自於品德的修養和對社會的貢獻，而非個人利益的積累。君子的「懷刑」對應的是現代社會的法治精神，強調個人要尊重法禮規範，以維護社會的公平正義；相反，小人的「懷惠」只顧個人好處，往往破壞公共秩序；小人的「懷土」只執著於當下與現實利益，阻礙了進一步的成長。而君子的胸襟體現了一種超越個人得失的視野，能夠承擔更大的責任，從而成就更大的事業。

南宋時期，岳飛以「精忠報國」為己任，始終懷抱保家衛國的理想。他不因權貴的壓迫而放棄原則，也不被利益誘惑所動，堅持抗金，成為後世歌頌的民族英雄。他的「懷德」精神展現出君子風範。而相較之下，秦檜為了保全自己的地位，勾結金國，迫害忠臣岳飛，最終以「莫須有」的罪名將岳飛害死。他的所作所為完全以個人利益為出發點，毫無道德可言，正是典型的小人「懷土、懷惠」。

在美國內戰期間，尤利西斯・S・格蘭特（Ulysses S. Grant）是美國內戰期間的聯邦軍統帥，他以堅韌與忠誠著稱。他專注於實現國家的統一與奴隸制的廢除，並以高效的軍事策略為北方贏得內戰。格蘭特不追逐個人利益，而是以國家大義為重，後來成為美國總統，是「君子懷德、懷刑」的代表。相對地，西蒙・卡梅倫（Simon Cameron）是林肯內閣中的戰爭部長，以腐敗和濫用職權聞名。他利用職位之便爲個人和支持者謀取利益，導致軍事供應系統混亂，嚴重損害了北方的戰爭努力。最終，他因貪污被迫辭職，被後人譴責爲以個人利益爲重的小人，是「小人懷土、懷惠」的代表。

「君子懷德，小人懷土」讓我們理解到，格局的高低取決於追求的目標是否超越自身利益。追逐私利最終會導致名譽敗壞甚至悲劇性的結局。我們應從中汲取教訓，選擇正直與長遠的格局，避免陷入功利的泥沼。

三、君子坦蕩蕩，小人長戚戚

子曰：「君子坦蕩蕩，小人長戚戚。」（〈述而〉）

君子與小人的品格不同，那麼他們所展現出來的氣度會有什麼不同呢？

孔子說：「君子的心胸平和廣闊，顯現樂易舒泰態度；而無才德的小人的心胸狹窄不能容人，常爲個人的處境憂戚。」

孔子的這句話深刻地揭示了君子與小人心態上的巨大差異。君子與小人在心胸氣度上的不同。君子對利益不計較、不爭求，與人相處，內心寬容善解，所以擁有平和開闊的氣質；小人錙銖必較，在意獲利的多寡、權位的高低與衆人的評價，將自己的情緒交由外在人事來決定，是以經常處於焦慮之中，因不滿足而充滿怨恨與憤怒。

孔子這句話不僅是對人性特點的描述，更是一種人格修養的指引。孔子教導我們，內心坦蕩源自品德高尚與無私無愧，唯有心中有義、有德，才能面對生活中的波瀾而不被輕易打擾。

在壓力重重的現代社會，保持內心的坦蕩有助於心理健康。第一、君子的胸襟讓人從容面對挑戰，不被短期的得失所束縛；反之，小人的戚戚常因嫉妒與執念陷入痛苦，難以自拔。第二、君子坦蕩的態度有助於建立良好的人際關係，展現包容與大度。而小人因爲斤斤計較或爭權奪利，往往損害團隊協作精神，最終自陷孤立。第三、君子懂得從長遠看待問題，懂得取捨；小人則過於計較當下利益，導致情緒起伏不定，影響人生發展。我們應以君子的態度來看待人生，追求內心的平和，而非被外界的誘惑與困境所左右。

北宋文豪蘇軾因「烏臺詩案」被貶海南，一生經歷多次貶謫。面對命運的不公，蘇軾非但沒有怨天尤人，反而以豁達心態面對。他在流放地寫下許多傳世名作，如〈赤壁賦〉、〈定風波〉，還致力於改善當地民生。蘇軾心懷道德與智慧，即使身陷困境，仍能笑談風雨，展現了「君子坦蕩蕩」的胸懷。反觀秦朝宦官趙高爲了鞏固自己的權力，不惜篡改皇帝遺詔，扶持傀儡皇帝胡亥，並設計排除異己。他爲了私利患得患失，導致秦朝迅速走向滅亡。他的陰險與焦慮正是「小人長戚戚」的典型表現。

俄國文豪托爾斯泰晚年追求心靈的淨化，淡泊名利，將關注點轉向人類的精神成長。

他以寫作與慈善爲核心，過著簡樸的生活，展現出高尙的品格和坦蕩的心態。反觀，莎士比亞的悲劇《馬克白》（*Macbeth*）中，主角馬克白因爲過度追求權力，在篡奪王位後，始終生活在恐懼與不安中。他不信任任何人，甚至對自己親近的人心生疑忌，最終因內心的戚戚不安而自取滅亡。

以上故事讓我們看到，「君子坦蕩蕩」是一種平和與無愧的心態，它讓人在困境中找到平靜，並從容面對人生挑戰；而「小人長戚戚」則是狹隘心胸的表現，讓人陷入焦慮與不安。我們應向君子學習，培養豁達胸襟，以正直和坦蕩走好人生之路。

四、君子和諧而不黨同，小人黨同而不和諧

子曰：「君子和而不同，小人同而不和。」（〈子路〉）

君子與小人在處理人際關係時是否有所不同？

孔子說：「君子與人和諧相處，而不黨同偏私；無才德的小人則流於黨同伐異，而不能與人和諧相處。」

孔子的這句話揭示了君子與小人在人際交往和價值觀上的顯著差異。君子的人格風範是坦然無私，因此可以公平正義待人，廣結善緣，不爲利益與他人爭逐或衝突，不因一時

的得失而耿耿於懷，於是待人處世自然和諧無怨；而經常焦慮的小人擔憂不能得利，所以結黨營私，以小團體或派系的方式形成勢力，爭名牟利，甚至偏袒與自己同一立場的人，罔顧正義與公理。

「君子和而不同，小人同而不和」這句話不僅是對人際智慧的闡釋，更是一種理想的合作模式。孔子提倡的「和而不同」是一種建立在尊重與包容基礎上的多元觀點，鼓勵我們在保持個性和原則的同時，也要與他人和睦相處，追求共同的進步。

在當前多元文化與全球化的時代，這句話具有深遠的啓示作用：第一、在社會裏，「和而不同」是一種多元共存的智慧。在一個由不同文化、宗教、政治理念構成的世界中，君子式的態度能夠包容差異，尋求最大共識，避免衝突與對立。第二、在現代職場中，「和而不同」的精神尤爲重要。一個高效的團隊需要成員之間相互尊重、取長補短，而不是盲目追求一致，壓制不同聲音。這種多元化的合作模式往往能激發創新與進步。第三、在人際關係上，「君子和而不同」提醒我們，即使在私人關係中，也不應過度迎合或壓抑自我。我們可以尊重彼此的不同，並找到共存的平衡，而不是像小人般只顧自己的利益或偏見，破壞和諧。

我們來看兩個「和而不同」的中外故事。清末名臣曾國藩在組建湘軍時，面對來自不同背景、性格迥異的將領。曾國藩善於接納不同的觀點，對屬下如胡林翼、左宗棠等將領既尊重又包容，他沒有強求大家完全一致，而是利用每個人的特長，讓他們各展所長。曾國藩的「和而不同」策略，使得湘軍最終成為平定太平天國的重要力量。美國立國之初，各州意見分歧巨大，尤其在中央集權與州權問題上爭執不下。《美國憲法》的制定過程體現了「和而不同」的精神。各方代表在費城會議上展開激烈辯論，儘管觀點不同，但最終都以合作為目標，經過多方妥協達成共識，創造了世界上第一部成文憲法。這段歷史表明，即便在理念與利益衝突的情況下，只要秉持和諧與包容的態度，仍然可以找到平衡點，實現共贏。

我們再來看兩個「同而不和」的中外故事。秦國朝堂的趙高利用權力威逼朝臣附和自己的錯誤，甚至逼迫群臣指鹿為馬。這種「同而不和」的氛圍看似一團和氣，但實則充滿欺瞞與恐懼，最終導致秦朝的迅速滅亡。法國大革命期間，雅各賓派（Jacobins）內部表面上意見一致，但實際上各懷鬼胎，彼此之間充滿不和與猜忌。這種「同而不和」最終使得革命陷入內鬥，失去了初衷與民心。

五、君子公正而不偏私，小人偏私而不公正

子曰：「君子周而不比，小人比而不周。」（〈為政〉）

君子與小人的待人處事有什麼不同？

孔子說：「君子公正而無所偏私，而小人（無才德者）則往往結黨營私而不公正。」

孔子的這句話清晰地描述了君子與小人在待人處事上的本質差異。君子胸懷坦蕩，以公正之心對待每個人，不因私情而偏袒任何人；而小人則常常結黨營私，以個人利益為核心，偏袒一己之私，缺乏大局觀和公平心。這種對比強調了正直與無私的價值，同時也是對理性與原則的呼籲。

孔子的觀點在現代依然充滿啓發性。他指出，真正的和諧與合作來自於對整體的包容與公正，而非基於利益的短期聯盟或偏私之舉。

「君子周而不比，小人比而不周」對現代社會具有重要的啓示意義：首先，在企業或團體中，領導者應以公平公正的態度對待每個人，而非依靠個人偏好或私情進行分配或決策。偏私的行爲可能短期有利，但長期會損害團隊的信任與凝聚力。

其次，政治、商業或職場中，派系鬥爭往往因「比而不周」導致內部矛盾和資源浪費。放眼現代的各行各業，不管是政壇、杏林或商場、法界，皆可透過媒體看到許多彰顯公義或爭取私利的新聞報導，也許是收受賄賂、假造病歷，或是生產黑心食品、做出錯誤判例，危害社會者多結黨成派，彼此照應與勾結，進而共享龐大的非法利益。但陰影之處必有光照，仍會有公義正直之人出面舉發，追求眞相，當人人心中的善念能夠相互牽引觸發，明亮溫煦的信仰自能吸引衆人接近，讓整個社會瀰漫良善的君子之風。這就是「周而不比」的價值所在。

第三、在日常生活中，君子的態度提醒我們，應該避免狹隘的私利行為，從整體出發，公平待人，才能贏得眞正的尊重和持久的人際關係。

戰國時期，趙國名將廉頗因自恃功高，不滿文官藺相如官位在自己之上，處處刁難藺相如。藺相如瞭解廉頗的性格後，選擇以大局為重，主動忍讓，避免與廉頗正面衝突。他認為兩人若內鬥，將削弱趙國的國力，最終利於敵國。廉頗在得知藺相如的良苦用心後深受感動，主動向藺相如負荊請罪，二人最終攜手合作，共同保衛趙國，成為歷史上「將相和」的美談。藺相如的「周而不比」體現出大局觀和對國家的忠誠。他不計個人恩怨，公平對待同僚，避免結黨排斥廉頗，最終促成將相合作，保全了國家的利益。

美國內戰期間，亞伯拉罕・林肯（Abraham Lincoln）在建立政府時，選擇了一批理念不同甚至與他對立的人作為內閣成員，這被稱為「對手團隊」（team of rivals）。林肯並未因私人恩怨或政治立場而排斥這些對手，而是基於他們的能力與專業來做出任命。他以公正的態度團結各方力量，最終成功領導美國走出內戰，廢除奴隸制度。林肯的「周而不比」精神展現了眞正的領導力，他能超越私利與黨派之見，追求更高的公義目標。

相對地，明朝末年，朝廷內部分裂為東林黨與非東林黨（宦官及其他政敵）兩大勢力。東林黨以反對宦官專權為旗號，強調清廉和正直，但部分東林黨人過於熱衷拉幫結派，導致排擠異己。而非東林黨勢力則依仗宦官權力，對東林黨大肆打壓。雙方黨爭不斷，導致國家機構癱瘓，國力衰退，無法有效應對內憂外患，明朝最終滅亡。黨爭導致的結黨營私和互相攻擊是「比而不周」的顯著例子，雙方以私利為重，未能兼顧國家整體利益。

法國大革命中，國民議會內部分裂為溫和改革的吉倫特派（Girondins）與激進的雅各賓派（Jacobins），雙方理念不合，互相攻擊，甚至動用暴力清洗對手。雅各賓派掌權後，對吉倫特派進行大規模鎮壓，導致內部殘酷的政治鬥爭。這種「比而不周」的派系鬥爭，不僅撕裂了革命力量，還引發了法國社會的進一步混亂。

六、君子易共事難取悅，小人難共事易取悅

子曰：「君子易事而難說也：說之不以道，不說也；及其使人也，器之。小人難事而易說也：說之雖不以道，說也；及其使人也，求備焉。」（〈子路〉）

君子與小人哪個比較好共事？哪個比較好取悅？孔子不只明確地給出了答案，還說出了理由。

孔子說：「君子容易共事卻難以取悅：如果不用正道去取悅他，他是不會愉悅的；但是等到他有事要用人時，會隨著才具而分別任用。無才德的小人在平時難於共事卻容易去取悅：即使不用正道去取悅他，他也會愉悅（被討好）；但是一旦他有事要用人時，會對

爲其所用的人求全責備，斤斤計較。」

孔子以「君子易事難說，小人難事易說」精確地揭示了兩種人格的本質，以及兩種人在人際互動與用人態度上的差異進行了深入剖析：君子秉持原則，公平待人，注重人之所長，所以很容易共事，但是難以被取悅；小人則缺乏道德約束，注重私利與表面感受，容易被討好，但在用人時卻苛求挑剔，反映出心胸與格局的差距。

北宋時期，范仲淹是以清正廉明著稱的名臣。范仲淹在擔任官職時，始終以國家利益和百姓福祉爲重。他公正無私，凡事講求道理，不輕易妥協。因爲堅持原則，他的同僚和上級可能不容易討好他，但與他共事卻十分順暢，因爲他對事情的處理一向光明磊落，不帶個人私心。范仲淹的行事風格正體現了「君子易事難說」。雖然他難以被私情取悅，但只要以正道行事，合作就非常順利。他用人時更是根據能力安排職責，不苛求完美。

二戰期間，英國首相溫斯頓．丘吉爾（Winston Churchill）以堅毅果斷著稱，但其個性強硬，有時讓人難以親近。丘吉爾在戰爭中要求內閣成員和軍事將領必須講實話、做實事，對阿諛奉承的人態度冷漠。然而他的原則性和果斷性，使得他在危機時期能夠快速決策，帶領國家走向勝利。即使有人覺得他難以討好，但所有與他共事的人都承認他的行事公正和以大局爲重。丘吉爾的態度體現了「君子易事難說」的特點。他不輕易因奉承而動容，但只要一切以國家利益爲重，他的領導就變得非常有方向和效率。

秦二世胡亥因昏庸無能而被宦官趙高操控，最終導致秦朝滅亡。胡亥只需一點甜言蜜語就能開心，但在處理國政時，卻對群臣懷疑，事事刻薄。趙高利用這一點，通過阿諛奉承輕易取得他的信任，卻讓國家陷入內亂，最終導致秦朝的覆滅。胡亥的性格正是「小人難事易說」的典型，他容易被取悅，但在實際合作中卻難以建立信任，對臣下苛刻，導致朝廷內部不和。

法國皇帝拿破崙三世喜歡被人稱讚，經常根據表面的支持作出短視決策。拿破崙三世在外交上重用一群只會討好他的官員，這些人經常提供片面意見，迎合他的喜好，卻無法在關鍵時刻提供眞實而有效的建議。結果，他在普法戰爭中因用人不當而遭遇慘敗，導致第二帝國滅亡。拿破崙三世容易被表面的阿諛奉承討好，但在實際管理中難以處理眞正的問題，正是「小人難事易說」的例子。

七、君子成人之美不成人之惡，小人反之

子曰：「君子成人之美，不成人之惡。小人反是。」（〈顏淵〉十六）

觀察一個人，並不一定要聽他說什麼，也要看這個人對其他人的態度與作爲。孔子認爲，君子與小人在這一方面有很大的差別。

孔子說：「君子只會成就別人的善美之行，不會助長他人的惡舉；無才德的小人的行

徑則與此相反，他們只會助長別人的惡意惡行，而不樂於成就他人的美好心念及善行。」

孔子的「君子成人之美，不成人之惡。小人反是」這句話揭示了君子與小人在道德行爲上的根本差異。君子以成就他人的美善爲己任，見到他人有善行或正念，會竭力幫助與支持；而對於惡行，則選擇遠離、不助長，甚至予以制止。相反，小人卻樂於促成他人的惡行，助長不良風氣，甚至以此謀取私利。

這句話不僅展現了君子的高尚品德，也爲我們提供了一個價値判斷的準則：在面對他人的選擇或行動時，應該如何抉擇，才能既造福他人，也促進整體社會的善行與正氣。

「君子成人之美，不成人之惡」這句話對現代社會中的人際關係與道德判斷具有深刻啓示：在個人生活中，我們應該樂於鼓勵他人的正向行爲，如讚美勤奮、支持公益行動；而對於惡行，則應保持距離，避免助紂爲虐。在職場中，一個健康的團隊需要成員間的正向支持與激勵，幫助彼此成長，而不是利用權力或私利鼓勵不正當行爲。在培養下一代時，應教導他們如何分辨是非善惡，懂得成人之美，不助長惡行，成爲品德高尙的人。

春秋時期，晏嬰是齊國的賢相，以正直和勸諫著稱。有一次，齊景公喜愛奢華，並提議建造一座奢侈的宮殿。大臣們大多順從，唯有晏嬰勸諫道：「民衆的生活已經十分艱苦，若建造此宮殿，必將加重百姓負擔。」他用智慧和誠懇的態度說服了齊景公，使其停止了這一不仁之舉。晏嬰體現了「君子成人之美，不成人之惡」的品格，他選擇阻止君主的不當行爲，幫助他改正錯誤，避免了民衆的困苦。

羅馬帝國皇帝尼祿（Nero）以奢侈和殘暴著稱。尼祿周圍的親信為討好他，不斷慫恿他進行各種暴行，如迫害基督徒、焚毀羅馬城等。他的親信不但不勸諫，反而助長其惡行，最終導致尼祿失去民心，羅馬社會陷入混亂。尼祿周圍的小人爲了私利，助長他的惡行，正是「成人之惡」的具體體現。

「君子成人之美，不成人之惡」提醒我們，要做一個推動善行、阻止惡行的人。每個人在生活與工作中，都有可能影響他人，我們應該像君子一樣，助人爲善，遠離惡行，以促進社會的正氣與和諧。這不僅是一種道德準則，更是提升自我價值的方式。

第三節　光明坦蕩的君子之路

一、君子行先於言

子貢問君子。子曰：「先行其言，而後從之。」（〈為政〉）

子貢問孔子如何實踐君子之德，孔子說：「一位有才德的人，應該先實踐了他話裏面想做的事，然後再把話說出來。」

子貢的性格喜歡品評別人，孔子希望他凡事能夠先實踐再說。故對子貢的回答是：行動要走在言語之前。這是貫徹君子言行一致的重要法門。

孔子這段話強調了「以身作則」和「言行一致」的重要性。君子不僅是講道理，更重要的是身體力行，先做到自己想說的，再向他人傳達。這種「先行其言」的態度不僅展現了君子的眞誠和負責，更能贏得他人的信任與尊重。

孔子的教導揭示了一個深刻的道理：只有親身實踐所主張的理念，言語才有說服力。空談理想而不付諸行動，只會讓人失去信任，甚至帶來負面影響。因此，這段話對我們如何修身立德，如何成爲榜樣，都具有深遠的啓發。

在現代社會中，孔子的這句話有以下幾層啓示：第一、一個好的領導者，不管他是企業領袖、教師、家長，一定是「以身作則」，必須身體力行，才能帶動團隊。若僅僅靠命令或說教而自己不實踐，則難以服衆。企業領袖、教師、家長等角色，皆應遵循此道。第二、言行一致是誠信的體現。無論是朋友、同事還是合作夥伴，只有先做到自己所說的，才能贏得他人的信任與長久的關係。第三、在當代，許多人容易陷入「說得多，做得少」的困境。孔子這句話提醒我們，實踐永遠是最強大的語言，遠勝於一切空談。

曾子是孔子的學生，以言行一致、誠信立身著稱。有一天，曾子的妻子哄孩子時說：「如果你乖，我就殺豬給你吃。」孩子乖了之後，妻子以爲是玩笑話，準備作罷。然而曾子卻堅持按照承諾殺豬，並告訴妻子：「言而無信，不可教子。」他以實際行動告訴孩子，誠信是做人最基本的品德。曾子的行爲體現了「先行其言」的理念，他用行動證明了自己的承諾，爲孩子樹立了榜樣，影響深遠。

印度聖雄甘地也以以身作則著稱，他的行爲與理念一致，深受世人敬佩。有一次，一位母親帶著孩子找到甘地，希望他勸孩子不要吃太多糖。甘地聽後，讓母親帶孩子兩週後再來。兩週後，他對孩子說：「不要再吃糖了。」母親感到困惑，甘地解釋說：「當時我自己還吃糖，所以不能去說服孩子。我花了兩週時間戒掉糖，才有資格教導他。」甘地用實踐證明了「先行其言」的重要性，他深知只有自己做到，話語才有說服力，展現了君子之德的眞諦。

二、君子內省不疚、不憂不懼

司馬牛問君子。子曰：「君子不憂不懼。」曰：「不憂不懼，斯謂之君子已乎？」子曰：「內省不疚，夫何憂何懼？」（〈顏淵〉）

幾乎每個人在做壞事以前，心中都會有些憂懼。擔心家人不能原諒，害怕會被法律處罰。如果一個人因爲內疚而產生憂懼，那麼他所做的事情一定是有問題。在孔子看來，做人只要堂堂正正、問心無愧，就不會有內疚，也不會有憂懼，而這正是人們衡量君子的標準。

司馬牛問孔子，君子的實踐之道。孔子說：「有才德的君子是一個不會憂慮、不會恐懼的人。」司馬牛說：「難道不憂慮不恐懼，就有資格成爲君子嗎？」孔子說：「當一個人行事得當，而內心省察毫無愧疚時，他還有什麼可憂慮恐懼的？（這也就是成爲君子的起點了）。」

司馬牛的哥哥有意謀反，司馬牛既憂國也憂兄，陷於兩難之境。司馬牛問孔子，什麼是君子之道，也是想解除隱藏在他心中的憂懼。所以孔子答覆：「君子不憂不懼。」亦即「君子坦蕩蕩」的意思。司馬牛並沒有完全明白，所以再問。孔子再爲解釋：「內省不疚，夫何憂何懼？」一個人若自省沒有對不起任何人的事情，一切無負於人，自心沒有愧疚，則何來憂懼？這就是君子。

孔子通過回答司馬牛的提問，闡明了君子之所以能做到「不憂不懼」的原因，在於內心的坦蕩與無愧。眞正的君子不會因外在的得失而恐懼，也不會因未來的不確定而憂慮，因爲他們時刻保持自省，確保自己的行爲符合道德與正義。這種內省無愧的心態，是君子安身立命的根本。

孔子的回答進一步啓發我們，「無愧於心」才是克服憂懼的關鍵。如果一個人能做到事事「問心無愧」，那麼他自然能心安理得，無所畏懼。這不僅是一種道德修養，也是一種超越內外困境的心理力量。

現代人常因壓力過大而產生憂慮與恐懼，但孔子提醒我們，憂懼的根源在於內心的愧疚與不安。如果我們能保持行事端正、問心無愧，就能大幅減輕心理負擔，獲得內心的平和。即使遭遇困難，也能坦然應對，因爲「無愧於心，無懼於事」。孔子強調「內省不疚」，這提醒我們要經常反思自己的行爲是否符合道德標準。只有通過不斷的自我檢討與改進，才能做到內心無愧，成爲一個眞正的君子。

清朝道光年間，鴉片走私猖獗，林則徐被任命爲欽差大臣，負責禁菸。林則徐在廣州主持虎門銷菸，毅然將數萬箱鴉片銷毀。面對英國的威脅與朝廷內部的阻力，他堅持正義，坦然履行自己的職責。他在致信道光皇帝時說：「苟利國家生死以，豈因禍福避趨之！」林則徐無懼於外壓與權臣的責難，因爲他相信自己的行爲是爲百姓與國家盡忠。林則徐的「內省不疚」讓他無懼內外壓力。他的坦然和正直成就了歷史上最具正氣的壯舉之一。

喬爾達諾．布魯諾（Giordano Bruno）是文藝復興時期的重要科學思想家，因堅持泛神論，宇宙無限沒有中心，不受地球和太陽的限制，以及世界是多重的，其他行星上可能存在智慧生命等理論，他在面對審判時拒絕否認自己的觀點，在一六〇〇年被宗教裁判所判處火刑。他在行刑前據說曾說：「你們對我宣判的懲罰，比我所受的懲罰更可怕。」這展現了他對自己的思想和信仰的堅定立場。他被處決於羅馬鮮花廣場（Campo de' Fiori），該地現如今矗立著一座紀念他的雕像，成爲自由思想的象徵。他對宇宙的無限性和多重世界的預見，啓發了後來的科學家如伽利略、開普勒和牛頓。布魯諾的堅定信念體現了「內省不疚、不憂不懼」的精神。

「內省不疚，無憂無懼」是一種高尚的人生境界。這些中外故事中的人物，無論是忠於國家的英雄、捍衛正義的思想家，還是平凡卻偉大的普通人，他們的內心坦蕩，使他們能面對困難和挑戰，始終堅守道義。他們提醒我們，只要心中無愧，便能活得坦然、無畏，成爲眞正的君子。

三、君子修己以敬，安人安民

子路問君子。子曰：「脩己以敬。」曰：「如斯而已乎？」曰：「脩己以安人。」曰：「如斯而已乎？」曰：「脩己以安百姓。脩己以安百姓，堯舜其猶病諸！」（〈憲問〉）

子路問如何做才符合君子之道？孔子說：「要用恭敬的態度去修養自己。」子路說：「如此而已嗎？」孔子說：「要先修養自己，接著使周遭的人各得其所。」子路說：「如此而已嗎？」孔子說：「先修養自己，再使天下百姓都能安居樂業。只是修己以安百姓的境界，恐怕連堯舜都還擔心自己做不到呢！」

名列政事科的子路，向來以從政爲抱負，個性率直。面對他的提問，孔子語重心長地希望他能以禮修身，自「脩己以敬」做起，進而才能安人、安百姓。

「脩己以敬」，就是首先強調自我修養，培養敬畏之心。這種敬，是對自己責任的恭敬、對道德的恭敬，也是對他人的尊重。第二個階段是「脩己以安人」，也就是在修養自己後，君子要推己及人，幫助身邊的人過得更好，實現人際和諧。最後一個階段是「脩己以安百姓」，這時君子應以更高的胸懷和責任感去影響更廣大的群體，使天下百姓安居樂業。孔子以堯舜爲例，說明這是一個極高的境界，連聖王都擔心自己做不到。孔子這段話不僅爲個人修養提供了指導，也爲君子如何承擔社會責任指明了方向。它將修身、齊家、治國、平天下的理念高度濃縮，成爲君子之道的經典詮釋。

孔子的教誨在今天依然適用，無論是個人修養還是社會責任，都能帶來深刻的啓發：「修己以敬」，就是要提升個人修養；「修己以安人」，就是要促進和諧關係；「修己以安百姓」，就是要承擔社會責任，服務更多人，努力改善社會條件，造福大衆。

堯舜被譽爲中國古代的聖王，以德治國，造福百姓。堯帝即位後，以自身的修養與德行感化群臣和百姓。他將位子禪讓給品德與才能俱佳的舜，舜繼位後，繼續修己以敬、以德服人，帶領百姓過上安居樂業的生活。堯舜二帝的治理以「修己以安百姓」爲核心，被後世尊爲治國理想。堯舜的行爲體現了「修己以敬」的起點，以及「修己以安百姓」的最高境界，展示了古代聖王的德行和責任感。

美國建國元勳本傑明・富蘭克林（Benjamin Franklin）以多才多藝和道德修養著稱。富蘭克林年輕時設立了一份「道德修養清單」，每日反省自己的言行，逐步提升自我。他不僅在科學和印刷行業取得了成功，還致力於社會公益，例如創辦公共圖書館、志願消防隊和慈善機構。他的修養不僅成就了個人，也改善了周圍人的生活，對美國早期社會的發展產生了深遠影響。富蘭克林以「修己以敬」爲個人道德準則，並用自己的智慧與行動實現了「修己以安人」和「修己以安百姓」。

四、君子有仁也有智：可逝不可陷，可欺不可罔

宰我問曰：「仁者，雖告之曰：『井有仁焉。』其從之也？」子曰：「何為其然也？君子可逝也，不可陷也；可欺也，不可罔也。」（〈雍也〉）

君子利人利己，與人爲善，應該受人尊敬，可是亂世惡人可能出於妒嫉，會有陷害君子、設陷阱和騙局要檢驗君子的想法，甚至惡人用自己的權勢來批判、毀謗與醜化君子時，那麼，面對險惡環境的君子又該如何自處呢？

善於思辨的宰我向孔子提出尖銳的質疑。宰我問孔子說：「一位仁者即使有人告訴他說：『有個人落入井中了。』難道他會立刻跟著跳下去救援嗎？」孔子回答說：「他怎麼

會如此做呢？一位有德者可以聽到呼救後馬上前去救人，卻不會貿然下井；他可以暫時被欺騙，卻不會一直被蒙蔽。」

孔子回應宰我的這段話，非常清楚地強調了，君子在面對緊急情況時，不會沒有仁德，但也不會沒有理性與智慧。所以君子絕不是可以任由他人愚弄的，更不是「好好先生」或「爛好人」。孔子認為，君子謹守法度，自有他的原則與判斷，君子是「有所為，有所不為」，用理性判斷情況，選擇最有效的方法幫助他人。不會盲目地為了表現出善意而不顧後果。

孔子的話對現代人的思維方式和行動方式具有深刻啓示：第一、要「理性救助，避免盲目行動」，在突發事件中，僅有善心是不夠的，還需要具備理性判斷與科學方法。例如，見到溺水者，應先確保自己的安全，再採取正確的施救方式，而非直接跳入水中冒險。第二、要「學會辨別真相，不被誤導」，君子的「可欺而不可罔」提醒我們要培養批判性思維。現代社會充斥著虛假信息，我們應該善於分析，避免被長期蒙蔽或誤導。第三、要做到「平衡情感與理智，智慧行善」。善心與理性並非對立，真正的仁者會將兩者結合，用最恰當的方式幫助他人，既不讓自己陷入困境，也能最大程度地解決問題。

孔子提醒我們，仁者之道不僅需要善心，更需要理性與智慧。我們應學會在緊急情況下快速反應，但不陷入盲目行動；應具備清醒的頭腦，即使一時受騙，也能通過分析回歸真相。在現代社會中，「可逝也，不可陷也；可欺也，不可罔也」是一種智慧的行事方式，是讓我們在面對挑戰時既行善又自保的至高法則。

東漢名臣楊震以廉潔剛正著稱。一位曾受楊震提拔的官員爲感恩，夜晚送來黃金，並說：「夜深無人知曉。」楊震卻回答：「天知，地知，你知，我知。」楊震雖一度被誤認爲可以接受黃金，但他最終用理性和廉潔守住了道德底線，避免了陷入不義。楊震以清醒的判斷力化解了貪腐的危險，他的「不可罔」體現了仁者的智慧與原則。

古希臘數學家阿基米德（Archimedes）以智慧與科學探究著稱。當國王要求檢驗王冠是否爲純金時，阿基米德並未直接將王冠砸碎檢查，而是通過理性思考與水的浮力實驗找到了解決方案，最終成功揭露了眞相，既保護了王冠也揭示了科學原理。阿基米德的行爲展現了「可逝也，不可陷也」的精神，他迅速回應國王的需求，但選擇以科學而非盲目的方法完成了任務。

五、君子三戒：少戒色、壯戒鬥、老戒得

孔子曰：「君子有三戒：少之時，血氣未定，戒之在色；及其壯也，血氣方剛，戒之在鬥；及其老也，血氣既衰，戒之在得。」（〈季氏〉）

如同日有陰晴、月有圓缺，人生不可能只有追求而沒有節制。人生在不同階段有不同

的追求，同樣地，也應有不同的節制。君子在不同人生階段應有什麼樣節制，孔子提出他的期許。

孔子說：「君子要戒除三種人生階段的錯誤行爲：年輕時，精神氣力尚未安定，要戒除好色的行徑；等到壯年時，精神氣力正處剛強階段，要戒除與人爭鬥的行徑；到了年老時，精神氣力已經衰竭，要戒除貪得無饜的行爲。」

孔子的這段話深刻剖析了人生不同階段的心理與行爲特點，並給予針對性的修養指導。孔子將人生劃分爲三個階段，指出每個階段的主要誘惑與需要克服的弱點：第一、少年時要戒色：年輕時，精力充沛但意志不穩定，容易被情感和慾望控制，因此需要戒除過度追求感官享樂的行爲。第二、壯年時要戒鬥：壯年時，血氣方剛，易有爭強好勝之心，此時需克制衝動，避免因爭鬥而損害自己與他人。第三、老年時要戒得：晚年時，精神衰退，容易產生對財富或名利的執著，此時應放下貪欲，追求內心的平和與超然。

在現代社會中，孔子的三戒仍有極高的啓示性，對不同人生階段的人提供了修身指導：在青年時期，要懂得自律與理性。在充滿誘惑的年輕時代，學會控制情感和慾望，專注於學習與成長，是塑造良好品格的基礎。在中年時期，要懂得合作與包容。中年人處於事業與生活的高峰期，容易因競爭和壓力而發生衝突。此時需要保持理性，學會合作，避免衝動爭鬥，追求雙贏的解決方式。在老年時期，要懂得放下執著，追求精神富足。年老時，應該放下對財富和名利的過度追求，專注於家庭和內心的滿足，爲後代和社會留下精神遺產。

清末名臣曾國藩在修身立德方面堪稱典範。少年戒色：曾國藩年輕時，以讀書為重，不追求感官享受。他在家書中告誡弟弟，要避免沉迷於酒色。壯年戒鬥：壯年時，曾國藩在軍中面臨各種權力鬥爭，但他始終克制情緒，以謙和的態度化解矛盾。老年戒得：晚年時，曾國藩功成身退，拒絕朝廷的高官厚祿，專注於教育子孫和整理學問，體現了無欲無求的超然境界。曾國藩的人生修養充分地遵守了孔子的三戒精神，為後人樹立了典範。

著名投資家華倫．巴菲特（Warren Edward Buffett）以廉潔自律、理性投資著稱。巴菲特年輕時，將所有精力投入到學習投資知識，遠離物質享樂。壯年時期，在商業競爭中，他從不惡性鬥爭，堅持誠信經營，並注重與合作夥伴的和諧關係。晚年時，他將大部分財富捐贈給公益事業，不為財富所累，追求內心的平和與對社會的貢獻。巴菲特用一生實踐了「君子三戒」，成為現代人學習的榜樣。

孔子的「君子三戒」揭示了隨年齡變化的自我修養之道，提醒我們在不同人生階段關注自身弱點，克服慾望與執著。無論是曾國藩的家國情懷、巴菲特的行動智慧，都展現了三戒的普世價值。我們應當以此為指南，成為一位不斷修身的現代君子。

六、君子厭惡非德之人

子貢曰：「君子亦有惡乎？」子曰：「有惡：惡稱人之惡者，惡居下流而訕上者，惡勇而無禮者，惡果敢而窒者。」曰：「賜也亦有惡乎？」「惡徼以為知者，惡不孫以為勇者，惡訐以為直者。」（〈陽貨〉）

子貢說：「一位君子也有厭惡的人嗎？」孔子說：「君子當然有厭惡的人呀。君子會厭惡那些只說別人壞處的人；君子會厭惡那些明明身居下屬卻無端毀謗上司的人；君子會厭惡那些自認勇敢卻沒有禮貌的人；君子也會厭惡那些自認行事果敢卻不通事理的人。」孔子說：「賜啊！你也有討厭的人嗎？」子貢說：「我厭惡那些窺伺他人缺失而自以爲聰明的人；厭惡那些魯莽不謙虛卻自以爲勇敢的人；厭惡那些揭發他人隱私，而自以爲正直的人。」

孔子和子貢的對話揭示了君子之道中對於不道德行爲的批判。孔子明確指出，君子有自己的價值標準，會厭惡以下幾類人和行爲：第一種：「惡稱人之惡者」：君子厭惡那些喜歡揭人短處、故意中傷他人的人。這種行爲損人不利己，破壞人際和諧。第二種：「惡居下流而訕上者」：君子厭惡那些身居下位，卻憑空毀謗上級，無視基本尊重與秩序的人。第三種：「惡勇而無禮者」：君子厭惡那些盲目自信，卻沒有基本禮貌的人。勇敢應與理性和謙遜相伴，否則便是莽夫行徑。第四種：「惡果敢而窒者」：君子厭惡那些自認果敢，卻行事僵化、不通情理的人，因爲果敢若失去靈活性，容易引發災難。

子貢補充說明了他自己的觀點，進一步強調君子厭惡以下三類人：第一種：「惡徼以爲知者」：厭惡那些窺伺他人缺點，並以此爲聰明的人。這種人缺乏正直與善意。第二種：「惡不孫以爲勇者」：厭惡那些自以爲勇敢，卻缺乏謙遜與禮儀的人，眞正的勇敢應該與品德結合。第三種：「惡訐以爲直者」：厭惡那些揭露他人隱私，卻以此爲正直的人。眞正的正直應該是保護他人尊嚴，而非傷害他人。

孔子與子貢這段話反映了君子的道德觀：既要維護社會秩序，又要具備仁愛和善意的品德，放在現代的社會，我們可以得到以下幾點啓發：第一、「批判惡行，維護正義」。君子不是對任何行爲都無條件包容，而是對惡行保持清晰的界限，批判不符合道德的行爲，維護社會公正。第二、「重視尊重與謙遜」。在現代社會中，無論在家庭、職場還是社交場合，尊重他人、謙虛待人都是維持良好關係的基礎。無禮與魯莽往往導致衝突與對立。第三、「智慧行事，避免傷害他人」。當下很多人以「直言不諱」爲榮，實際上卻傷害了他人的隱私與尊嚴。孔子的觀點提醒我們，眞正的正直與智慧應該建立在善意與共情的基礎上。第四、「勇敢需與禮貌相結合」。勇敢不是衝動行事，而是冷靜、禮貌地表達意見，既維護了自己的立場，又尊重了他人的感受。

孔子與子貢的對話告訴我們，君子應該對不符合道德的人和行爲保持清醒的批判態度，這既是維護自身道德的要求，也是推動社會進步的必要行動。在現代社會，我們應該學會分辨眞正的勇敢、正直與智慧，拒絕那些看似善意但實則損人的行爲，讓善良與理性成爲行事準則，成就君子品格。

三國時期，諸葛亮以智謀與正直著稱。在蜀國朝廷中，有人爲了討好諸葛亮，揭露某位大臣的隱私，企圖以此表現自己的聰明。但諸葛亮非但沒有讚賞此人，反而嚴厲批評他道：「揭人短處，非仁者所爲。」並罷免了該人，保護了大臣的名譽。諸葛亮的行爲體現了「惡訐以爲直者」的批判，他用智慧與仁愛維護了朝廷的正氣與秩序。

北宋名臣包拯以公正廉潔聞名。有一次，有人匿名舉報一名官員貪污，並要求包拯立即定罪。然而包拯並未盲目採信，而是調查證據，最終發現舉報者是出於私怨誣陷他人。包拯懲治了舉報者，並強調：「不實之言，亂我公正，實不可取！」包拯厭惡「惡稱人之惡者」，他的行爲展現了君子對謠言與誣陷的堅決反對。

美國總統林肯（Abraham Lincoln）在競選時，面對激烈的攻擊與誹謗。在一次選舉中，林肯的競爭對手攻擊他，但他的幕僚建議揭露對手的私人醜聞，以回擊攻擊。林肯拒絕了，並說：「我們的勝利應該基於高尚的行爲，而非揭他人短處的手段。」林肯的行爲充分體現了「惡訐以爲直者」的批判，他堅持用高尚的手段維護自己的道德底線。

美國民權運動中，馬丁·路德·金（Martin Luther King Jr.）倡導非暴力抗爭，推動種族平等。在運動中，有部分激進人士主張以暴力對抗種族歧視，但馬丁・路德・金拒絕這種方式，並多次公開表示：「暴力與不禮貌的行爲，只會讓我們和對手一樣低劣。」他堅持以和平的方式解決衝突，最終促成了民權法案的通過。馬丁・路德・金的行爲體現了「惡勇而無禮者」的批判，他用禮貌與理性贏得了世人的尊敬。

第六單元

過失與反省

前言

俗話說：「仙人打鼓有時錯。」人類難免會犯錯，原因多種多樣，但我們不能將所有過失都歸咎於外在環境因素。從古聖先賢到平民百姓，誰又沒有犯過錯？然而人類始終期望自己從不完美走向完美，而家庭、社會與國家的和諧秩序，也正因這樣的願望而得以維持。因此，「知過能改」成為了生命成長的關鍵課題。

所謂「知過」，不僅僅是觀察他人的過失，更重要的是能夠檢視自身的錯誤。因此，我們需要透過內心深刻的「反省」，並持之以恆地提醒自己，才能真正做到改過。如果沒有經過內心的反省，僅僅在表面上敷衍了事，那麼錯誤就可能不斷重演，甚至由小錯發展為大錯，最終導致個人、家庭、社會，甚至國家蒙受損失。

本單元將從三個層次進行探討。首先，我們需要理解對待「過錯」的正確態度，即「知過不改，才是真正的過錯」，並進一步區分「君子之過」與「小人之過」。其次，我們將深入探討改過的方法，即如何通過反省來照察自身過失，明辨善惡，進一步領悟仁德。最後，我們將借助孔子及其弟子的實踐，學習如何時時自我警惕，通過修身養性，避免重蹈覆轍。

希望通過這三個層次的學習，我們能更深刻地理解「知過能改」的重要性，並將其融入到自己的生活實踐中，成為成長與修養的助力。

第一節　知過不改是真過

一、知過能改，方為無過

子曰：「過而不改，是謂過矣。」（〈衛靈公〉）

「人非聖賢，孰能無過」。那麼，犯了錯以後，我們應該如何面對與處理呢？孔子說：「有過錯卻不願意去改過，這種態度即是眞過。」

孔子的這句話直截了當地點出了對待過錯的態度：犯錯並不可怕，眞正的過錯是明知有錯卻不願改正。這是一種對道德與行爲的深刻反思，也是人生成長的重要指導。

過錯是人之常情，沒有人可以完全避免。然而過錯本身並不是問題，因爲它可以成爲成長的契機，關鍵在於能否認識錯誤並付諸改正。「知錯能改」是一種高尚的品格，也是人際交往中的加分項。坦然承認錯誤，並用行動修正，不僅能贏得他人的尊重，也能提升自身的品德與能力。如果對過錯視而不見，不僅會使問題持續存在，還可能引發更大的失誤，甚至損害自己與他人的利益。因此，孔子將「過而不改」定義爲眞正的過錯。

三國時期，蔣幹是曹操的謀士，曾受命去東吳執行間諜任務，結果被周瑜設計，盜走僞造的書信，導致曹操錯殺自己的水軍將領蔡瑁和張允。事後，蔣幹並未反思自己的失誤，反而將責任推卸給周遭的環境與他人，最終喪失了曹操的信任。蔣幹的失敗正是「過而不改」的典型例子，拒絕自省和改正錯誤的態度，最終損害了自己和他人。

唐朝開國皇帝唐太宗以善於納諫和改正錯誤著稱。唐太宗曾因輕信宦官讒言，錯誤地懲罰了一位忠臣。魏徵得知後進言，指出太宗的失誤。太宗不僅虛心接受，還公開道歉，並恢復了該忠臣的名譽。他說：「知過而不改，才是最大的錯誤。」唐太宗的「知過能改」讓他成爲千古明君，這種態度爲治理國家和維護民心奠定了基礎。

福特汽車創始人亨利．福特（Henry Ford）在早期的生產中，因質量問題屢遭客戶投訴。福特並未掩蓋問題，而是迅速組建質量改進小組，對生產流程進行徹底檢查和升級。他不僅改正了過錯，還將質量控制提升爲公司文化，最終成爲汽車行業的領袖。福特用行動詮釋了「知過能改」的力量，將錯誤轉化爲成長的機遇。

孔子的「過而不改，是謂過矣」提醒我們，改正錯誤才是通向成熟與成功的關鍵。從蔣幹「過而不改」最終自損損人，到唐太宗的治國智慧及福特的產品改進，體現了「知錯能改」的重要性。在日常生活中，我們應該以開放的態度面對錯誤，用行動修正，讓錯誤成爲成長的動力，成就更加完善的自己。

二、小人犯錯後會設法掩飾

子夏曰：「小人之過也必文。」（〈子張〉）

君子「知錯能改」，那麼小人犯錯以後的態度與處理方式又是什麼呢？

子夏說：「小人犯過之後一定會想方設法掩飾。」

子夏的這句話揭示了小人面對過錯的典型表現：不願承擔責任，反而竭力掩飾，甚至爲自己的行爲尋找藉口，推卸責任，或僞裝成無辜。這種行爲不僅無助於問題的解決，還可能引發更大的信任危機。

子夏的話對現代社會具有深刻的警示作用，尤其是在職場、教育和人際關係中：在職場中，小人之過的行爲可能表現爲錯誤後推卸責任或陷害他人，這會導致團隊合作失敗或損害企業文化。勇於承認錯誤的人，反而更能贏得信任與尊重。在家庭與學校教育中，應該培養孩子正視過錯的勇氣，避免形成逃避責任的習慣。教育的目標是培養正直、誠實的品格，而非鼓勵虛僞與掩飾。在人際交往中，誠實是建立信任的基礎。小人掩飾過錯的行爲會損害長久的友誼或合作關係，而眞誠的人則能收穫他人的理解與支持。

秦朝宦官趙高爲鞏固自己的地位，多次掩蓋自己的過錯。趙高爲了逃避失誤，篡改命令並嫁禍他人，最終通過「指鹿爲馬」測試群臣是否對他忠心。然而他的行爲導致朝堂混亂，最終招致秦朝滅亡。趙高的行爲正是「小人之過也必文」的極端表現，他的掩飾行爲雖一時得逞，但最終害人害己。

美國總統尼克森（Richard Nixon）在水門事件中被指控參與掩蓋非法行爲。水門事件曝光後，尼克森試圖掩飾真相，並拒絕承擔責任。然而最終真相大白，尼克森被迫辭職，成爲美國歷史上唯一一位因醜聞下臺的總統。尼克森的行爲體現了「小人之過也必文」的教訓，掩飾過錯的行爲只會帶來更嚴重的後果。

子夏的話提醒我們，小人之所以掩飾過錯，是因爲懼怕承擔責任或害怕失去利益。然而這種行爲只會引發更大的問題。真正的君子應該坦然面對過錯，將錯誤視爲改進的機會。無論是歷史還是現實，我們都應以誠實和改過自新的態度對待過錯，從而在道德修養和人際關係上獲得更大的成就。

三、君子會坦誠改過，如日月會復明

子貢曰：「君子之過也，如日月之食焉。過也，人皆見之；更也，人皆仰之。」

（〈子張〉）

每個人都會犯錯，但是什麼樣的人會在犯錯以後真誠地勇於改過，讓其他人對其再燃尊敬之心？

子貢說：「君子犯過就像日蝕和月蝕一般明顯。當他犯錯時會坦承其過，使每個人都知道；當他改過自新時，每個人也都會重新仰望他的光明。」

君子與小人都會犯過，但君子犯過，如同日蝕、月蝕般明顯，他勇於承認，進而真誠改過。小人則不敢承認錯誤，一再掩飾過失，如此一來，將淪於一錯再錯的地步。這就是「君子之過」與「小人之過」的差別。

子貢的這句話以生動的比喻，說明了君子面對過錯的態度及其對他人的影響。君子的過錯如同日蝕、月蝕一般明顯可見，但也因坦誠和改過，重新贏得世人的尊重。這段話告訴我們，犯錯不可怕，可怕的是逃避或掩蓋錯誤。君子坦誠改過，不僅能化解過錯帶來的負面影響，還能展現其品德的光輝。

這段話在現代社會中同樣具有重要的啓示意義，尤其在領導力、個人成長和教育中：一位眞正的領導者應該如君子一般，坦然面對自己的失誤。當領導者承認並改正錯誤時，往往會增強團隊的信任與凝聚力，而不是因掩蓋錯誤損害威信。每個人都會犯錯，但改過自新才是成長的關鍵。一個能坦然承認錯誤並努力改正的人，不僅能贏得他人的尊重，還能更快地提升自己。在家庭與學校中，父母與老師應該以身作則，坦然面對自己的錯誤，爲孩子樹立改過的榜樣，讓孩子理解勇於改過的重要性。

林則徐在禁菸期間，因方法過於激進，引發中英矛盾，最終導致第一次鴉片戰爭。林則徐在戰爭爆發後，主動向朝廷請罪，並反思自己的行動。他在總結教訓時指出，禁菸的方式需要配合外交手段與軍事準備，並提出後續的改革建議。雖然他一度遭到革職，但他的誠信和努力贏得了後人對他的尊敬，也不妨害他被稱為民族英雄。他的行為正是「君子之過也，如日月之食焉」的最佳詮釋。

愛因斯坦在提出廣義相對論的早期，曾認為宇宙是靜態的，為此加入了一個「宇宙常數」。當天文學家哈勃（Edwin Hubble）發現宇宙在膨脹後，愛因斯坦坦然承認「宇宙常數」是自己最大的錯誤，並在公開場合多次提到這一失誤。愛因斯坦的坦承反思展示了「更也，人皆仰之」的力量，這種坦誠態度並未損害他的科學聲譽，反而讓世人更加敬佩他的學術誠信。

四、君子四憂：不修德、不學習、不行義、不改過

子曰：「德之不脩，學之不講，聞義不能徙，不善不能改，是吾憂也。」（〈述而〉）

每個人憂慮擔心的事都是不一樣的，一般人擔心錢財不夠，身體不健康，父母擔心小

孩，夫妻互相擔心，這些都是人之常情，但是君子卻還擔心憂慮些其他內心的品質。

孔子說：「不能修養自己，不能講習學問，聽到義行不能從義遷善，有了過失又不能改過，這些都是我擔心的事。」

孔子的這句話精煉地總結了他對人生修養的四大關注點——修德、學習、行義與改過，展現了他對自我完善與道德進步的高度重視。孔子擔心的「四個憂」：第一、「不修德」。孔子認爲道德修養是做人立身的根本。若不重視修德，便無法在行爲上與君子之道契合，也無法贏得他人的尊敬。第二、「不學習」。不學習、不傳習學問，不僅使知識停滯，也讓思想無法升華。學習是進步的源泉，也是傳承智慧的手段。第三、「不行義」。聽到正義的行爲或原則，卻不能立刻遵循，反映了一種缺乏行動力和對道義的敬畏，這是孔子所深憂的。第四、「不改過」。面對過錯卻不願意改正，是個人成長最大的障礙，這一點在孔子的思想中尤爲重要。

孔子的這四個「憂」對現代人而言，仍是提醒與期許。無論時代怎麼變，「修德」都是做人處世的根本；面對知識經濟的時代，都要終身「學習」；面對不公平或不道德行爲時，堅持「行義」，勇敢發聲；面對錯誤，勇於承認與「改過」，才能成長，也才能得到他人的尊敬。

孔子強調這四點，是希望每個人能在日常生活中注重自省、自修，從而實現內心的成長與社會的和諧。自古以來，這四點不只是君子的自我期許，也是中外政治家與企業家行事的指引。以下是兩位中外人物的故事：

明朝首輔張居正以推動萬曆改革著稱，但改革初期遭遇阻力。張居正在推行一條鞭法的過程中，因地方推行過急，引發民怨。他認識到自己的錯誤後，立即調整政策，並加強對地方官員的培訓和監督，使改革得以順利推行，最終穩定了國庫和民生。張居正的自省與改進，展現了「不善能改」、「聞義能徙」的精神，這是改革成功的重要原因。

福特汽車創始人亨利．福特（Henry Ford）以創新和堅持學習聞名。福特即使在事業巔峰，仍然堅持學習新技術。他鼓勵員工學習與分享知識，並創建了福特技術學校。他曾說：「學習是成功的基石，停止學習就意味著停止進步。」福特的行爲正是「學之講」的典範，終身學習使他始終保持創新的能力。

五、聽勸是智慧的開始，改過是智慧的成就

子曰：「法語之言，能無從乎？改之為貴。巽與之言，能無說乎？繹之為貴。說而不繹，從而不改，吾末如之何也已矣。」（〈子罕〉）

「良藥苦口，忠言逆耳」是一句中國古代諺語，反映出給他人忠告是件不容易的事，同樣地，接受批評更需要謙遜的心態和開放的胸襟。這是一種智慧的表現。孔子怎麼看這

件事？如何告誡人們呢？

孔子說：「別人嚴正告誡我們的話，我們自然應反省而聽從，因此能改正自己的過失，這是最可貴的。別人以委婉方式勸戒我們的話，我們也應該感到愉悅，並仔細想想是不是自己的過失，這也是最可貴的事。如果只是感到愉悅，卻不思反省，或者只是聽了別人的告誡，卻還是不改正，那我對此人也是無可奈何了。」

孔子的這段話闡明了對待他人勸誡與批評的正確態度，並進一步強調了改過與反思的價值。他提出了兩種對待勸誡的情境，以及可能的後續行爲：第一種，當別人「嚴正告誡」時，要以「反省與改正爲貴」，也就是我們是否能眞正反省，並改正自己的過失。第二種，當別人「委婉勸戒」時，要以「愉悅與深思爲貴」。也就是我們應該感到愉悅，因爲這是一種善意的行爲。最後，孔子再總結地說，如果人們對嚴正的告誡或委婉的勸戒都僅有表面的反應，卻不反省、不改正，孔子對這種人充耳不聞的人也不想再多說什麼，因爲他們既不接受批評，也不願意改變自己。

這段話體現了孔子對道德修養的重視，尤其是在與人交往中的態度與行爲反應。聽勸是智慧的開始，而改過是智慧的成就。

孔子的教誨在現代生活中具有極大的啓發性，特別是在職場、家庭和社會中處理批評與勸誡時：第一、虛心接受批評。面對直言批評，不要抗拒，而是應該冷靜反思，找到自身的不足並加以改正。這樣才能贏得他人的尊重，並提升自己。第二、珍惜委婉提醒。

他人以溫和的方式勸誡我們，是出於對我們的關心。除了感謝對方的善意，更應該深入思考，找出自己的問題所在，這是對勸誡者最大的尊重。第三、避免只聽不改。只聽而不改，或者僅僅表面接受，會讓批評者失望，也無法促進自身的進步。唯有將批評內化為行動，才能真正實現成長。第四、批評要有藝術。孔子的話也提醒我們，在批評他人時，應該根據對方的性格與情況選擇適當的方式，或嚴正指出，或委婉提醒，以便對方能更好地接受。

唐太宗李世民與宰相魏徵的君臣關係，是歷史上直言納諫的典範。魏徵多次在朝堂上嚴正批評唐太宗的決策失誤，甚至當眾指責太宗的過失。唐太宗雖然有時心生不快，但每次都能冷靜反思，並改正政策。他曾說：「以銅為鏡，可以正衣冠；以史為鏡，可以知興替；以人為鏡，可以明得失。」正因為如此，唐太宗成為一代明君。唐太宗能「法語能從，改之為貴」，是成就貞觀之治的重要原因，展現了君主虛懷若谷的胸懷。

蘋果公司創始人史蒂夫·賈伯斯（Steve Jobs）以創新著稱，但也曾因固執而推出失敗產品。在推出Apple III失敗後，賈伯斯面臨多方批評。他最初對問題不以為然，但隨後接受了團隊和市場的建議，反思設計缺陷。賈伯斯調整了產品設計與市場策略，推出了更加成功的Macintosh系列，並將蘋果帶入新的高度。賈伯斯的改過與反思展現了「從而不改，吾末如之何也」的反面，他的行動證明改正錯誤是重新贏得信任與成功的關鍵。

他們兩位都有聽勸的智慧與改過的勇氣，從而為自己，也會國家與企業帶來更大的福祉。

六、小人色厲內荏與小偷無異

子曰：「色厲而內荏，譬諸小人，其猶穿窬之盜也與？」（〈陽貨〉）

大概沒有人希望自己的身邊有小人。那麼小人的行爲表現有什麼特質呢？

孔子說：「外表故作強悍而內心其實很虛弱，若以小人來比擬，就正如穿牆偷竊的小偷一樣。」

孔子的這句話透過形象的比喻，揭露了「色厲內荏」這類小人的本質：表面上裝作強悍、咄咄逼人，實則內心虛弱，缺乏眞正的勇氣與實力。孔子將這種人比作「穿牆偷竊的小偷」，既隱喻其行爲卑劣，也表達對此類人品性的批判。在孔子看來，眞正的君子是內心強大、行事正直，無需用外表來掩飾。而「色厲內荏」的小人，則因內心虛弱而需要裝得很強悍的樣子。孔子提醒我們，眞正的力量來自於內外一致，來自於內心的堅定與智慧，而不是單靠外在的強裝姿態。只有勇敢面對現實、內外兼修，才能成爲眞正的君子。

「色厲內荏」這句話對於現代人在人際交往已很有啓示。在人際交往中，應該警惕那些表面咄咄逼人但實則虛僞無誠意的人。他們可能在關鍵時刻讓人失望，甚至損害他人利益。這些小人的行爲就像小偷一樣，往往會傷害了團隊的和諧與利益。

我來舉兩個歷史人物來參考：

明末清初，吳三桂曾被視爲明朝的重臣，但後來的行爲卻暴露了其「色厲內荏」的本質。吳三桂表面忠於明朝，實則內心懼怕清軍入侵，最終爲了保全自身利益而引清軍入關，導致明朝滅亡。後來，他在清朝內部以自保爲重，多次在態度上搖擺不定，最終功虧一簣。吳三桂表面剛強，但內心充滿私慾與懦弱，導致國破家亡。他的行爲充分體現了「色厲內荏」的危害。

法國國王路易十六在法國大革命爆發期間，表現出色厲內荏的特點。路易十六表面上試圖穩定局勢，以君主的權威展示力量，但實際上他內心充滿猶豫與恐懼，既無法有效改革，也無法鎮壓革命。這種外強中乾的態度使得他無法獲得任何一方的支持，最終被送上斷頭臺。路易十六的失敗警示我們，領導人的內心虛弱與表面虛張聲勢，只會加速危機的爆發。

他們的行爲正是「色厲而內荏」的展現，最終給自己與國家帶來了傷害。

七、君子泰而不驕，小人驕而不泰

子曰：「君子泰而不驕，小人驕而不泰。」（〈子路〉）

我們都喜歡溫暖的和風，而不喜歡冷冽的風雨。同樣地，在與人相處時，如何讓自己成爲溫暖的和風，而不是冷冽的風雨，是多麼的重要。君子與小人給人的感覺如同天氣給人的感覺，是完全不同的，君子讓人舒服，小人讓人不自在。

孔子說：「一位有德的君子，平日待人處事、舉止是安詳舒泰而不會讓人感到驕傲輕慢的；一位無德的小人，平日的舉止則總是驕傲輕慢，一點也不安詳自在。」

孔子的這句話以「泰」與「驕」作對比，揭示了君子和小人待人處事的不同態度，反映了人格修養的深刻區別：君子的「泰」，是內心的安詳與外在的平和，而小人的「驕」，則是外表的輕慢與內心的虛浮。君子因內心充實而自信，舉止自然舒泰。他們不急功近利，也不輕視他人，展現了由內而外的平和，令人心生敬意。小人因內心的空虛而需要通過外在的驕傲來掩飾。他們態度傲慢，舉止輕浮，既無實力又無德行，終難以贏得他人尊重。君子的「泰而不驕」是德行的表現，小人的「驕而不泰」也是缺少德行的表現。

我們在日常生活中，與人相處時展現平和與包容，會更容易贏得他人的信任與好感。而驕傲自大、輕慢他人的態度，只會讓人疏遠。一位優秀的領導者應該如君子般「泰而不驕」，內心自信且舉止得體，讓下屬感到親近。而表現驕傲的領導者往往無法凝聚團隊，也難以贏得尊重。每個人在追求成功的過程中，應該注重內心的修養和安定。唯有以平和的態度面對挑戰，才能眞正實現自我提升。

我們來舉兩個歷史事件來看，不同的做人處事態度，也帶來了不同的結果。

劉備是蜀漢的創立者，以仁德和謙遜聞名。劉備在遭遇失敗時，始終保持謙和的態度，甚至以三顧茅廬的行動誠邀諸葛亮。對手下將領關羽和張飛，他以兄弟情誠摯相待，從不以主君的身分自居，贏得了將士和百姓的支持，最終建立了蜀漢政權。劉備的平和與包容展現了「泰而不驕」的品格，使他在群雄逐鹿中脫穎而出。楊修是三國時期曹操的幕僚，因聰慧而深受重用，但因自負常常流露驕矜之態，多次冒犯曹操。他甚至公開炫耀自己的機智，諷刺曹操的決策。曹操對他的驕矜態度心生不滿，終於以「恃才放曠」爲由將其處死。楊修的「驕而不泰」使他喪失了愼重與謙遜，最終因言行不當而招致殺身之禍。

奧斯曼帝國蘇萊曼大帝（Suleiman the Magnificent）以治理才能和謙和態度著稱。蘇萊曼在位期間，面對臣下的諫言從不輕視，反而虛心聆聽。他在治理國家時不因自己的權力而驕矜，始終以平和的態度推動法律改革，並注重公平與正義，使奧斯曼帝國達到鼎盛。蘇萊曼的「泰而不驕」讓他贏得了「大帝」的美譽，他的謙和態度使國家穩定繁榮。反之，索庫魯・穆罕默德帕夏（Sokollu Mehmed Pasha）是蘇萊曼大帝和塞利姆二世（Selim II）時期的著名大維齊爾（Grand Vizier，即首相），他才華橫溢，主導了包括蘇伊士運河計畫在內的多項重大工程，且在對外戰爭中立下赫赫戰功。然而在蘇萊曼大帝去世後，對繼任的君主態度輕慢，認爲這些君主能力平庸。由於他長期得罪許多宮廷權貴，加上皇帝對他的信任逐漸減少，索庫魯最終在一次朝會中被刺殺身亡。索庫魯的「驕而不泰」最終讓他失去政治地位並遭殺身之禍。

從以上的歷史事件來看，「泰而不驕」才能政通人和、成就大事，而「驕而不泰」結果可能就是一敗塗地，滿盤盡輸。

第二節　反求諸己以改過

一、君子見賢思齊，見不賢內省

子曰：「見賢思齊焉，見不賢而內自省也。」（〈里仁〉）

「反省」與「改過」雖是我們的慣用語，但在大部分的情況下，這兩個詞語常用在要求別人反省或要求別人改過上，比較少用在反求諸己，處理自己的過失上。在孔子的教導裏，面對過失時，最重要的是「反求諸己」，真誠反省，才能有「改過」的動力。

孔子曾說，「三人行，必有我師」，面對有優點的人或有缺點的人，我們又應該如何從他們身上學習呢？

孔子說：「看到賢者要想和他看齊，看到不賢者要自我反省有無他的缺失。」

孔子的這段談話簡明扼要地揭示了君子修身養德的重要方法——以他人為鏡，時刻反省自己，不斷提升人格修養。「見賢思齊」就是學習他人優點。當我們遇到有德行或才能的人，要以謙遜的態度主動學習，將其優點內化於自身，從而激發自己變得更好的動力。「見不賢內省」，就是面對不賢之人，不是單純地指責和嘲笑，而是反思自己是否有類似的缺點，並加以改正，這是提升自身修養的契機。「見賢思齊」鼓勵我們積極向上，「見不賢內省」提醒我們謙遜自律，這兩者是自我提升的重要途徑，能幫助我們成為更好的人。兩者結合，使君子能夠不斷完善自身，遠離自滿與驕矜。

我們來說兩個「見賢思齊，見不賢內省」的故事。

柳宗元是唐代著名文學家，因政治失意被貶永州。柳宗元被貶後，並未一味指責朝廷或他人，反而通過反思檢討自己在政治中是否有不足之處。同時，他觀察民間疾苦，從百姓的淳樸中學習簡樸的生活態度，並將這種省思化為創作，寫下了大量影響深遠的散文與詩歌。柳宗元以「見不賢內省」的態度反思自己的失敗，最終通過文學和思想成為不朽的大家。

俄國文豪托爾斯泰在晚年以道德反思與人文精神聞名。托爾斯泰曾是一位貴族，但他看到農民的質樸與純真，開始反思自己身為貴族的生活方式。他逐漸放棄奢侈，過著簡樸的生活，並在文學創作中融入對人性的深刻反思，創作了《戰爭與和平》（*War and*

Peace）、《安娜．卡列尼娜》（*Anna Karenina*）等經典之作。托爾斯泰的「見賢思齊」讓他學習普通人純樸的美德，而「見不賢內省」使他反思自己的身分與行為，最終成就了他的思想與文學。

「見賢思齊，見不賢內省」的智慧在古今中外的故事中得到了廣泛應用。這些故事告訴我們，每個人都應以他人為鏡，不斷校正自己的行為與態度，向賢者學習，向自己的內心尋求答案，成為更好的自己。

二、君子見過，勇於自責

子曰：「已矣乎！吾未見能見其過而內自訟者也。」（〈公治長〉）

孔子說過，「小人之過必也文」，小人犯錯以後，一定會想辦法掩飾」。那麼君子知道自己犯錯以後，又會有什麼樣的反應呢？孔子在回答弟子這個問題時，反應是非常感慨的。

孔子說：「算了罷！我從來沒有看過發現自己的過失，而能內心感到慚愧自責的人。」

孔子的「見其過而內自訟」這句話揭示了一種高層次的自我修養方式：在發現自己過

失的同時，能眞誠地內省並感到慚愧和自責。然而孔子感嘆，很少有人能達到這樣的境界。這句話提醒我們，反思並承認自己的過失的確是很困難的，但卻也是提升人格與修養的關鍵。

孔子透過「見其過而內自訟」這句話表達了三層涵義。第一、認錯是進步的起點。承認過失需要勇氣，因為這意味著放下自尊和驕傲，直面自己的缺點。只有勇於自責，才能激發內心的改過動力，眞正實現自我提升。第二、反思的深度與眞誠。孔子所指的「內自訟」不僅是表面的認錯，更是一種發自內心的深刻反思。這種反思不僅能讓人清楚地看見自己的不足，更能激發改過自新的力量。第三、少有人能做到的境界。孔子感慨，世上少有能眞正「內自訟」的人，因為大多數人面對過錯時，不是推卸責任，就是輕描淡寫，只有極少數君子能勇於承擔並深刻反思。

在現代社會中，「見其過而內自訟」的精神依然彌足珍貴。在家庭和人際關係中，當我們發現自己的錯誤，及時內省並眞誠道歉，能化解許多矛盾。這種態度是建立長久和諧關係的基石。

唐太宗在《貞觀政要》中多次表現出「見其過而內自訟」的君主典範。他說：「人君當愼於始，納諫爲美。朕每見人之失，輒反觀己過。」當魏徵進諫時，李世民非但不怒，反而說：「以銅爲鏡，可以正衣冠；以史爲鏡，可以知興替；以人爲鏡，可以明得失。」他看到別人的過錯，常拿來警惕自己、調整施政，是一位眞正實踐「君子自省」精神的帝王。

亞歷山大大帝（Alexander the Great）是馬其頓帝國的偉大征服者，但他的衝動曾引發悲劇。有一次，亞歷山大在醉酒狀態下，因一時衝動殺死了自己的摯友克利圖斯（Cleitus）。事後，他深感懊悔，甚至數日不進飲食。他公開承認自己的過失，並在將士面前痛哭，這種深刻的內省讓他的士兵更加忠於他。亞歷山大的「內自訟」雖然無法挽回過錯，但展現了他作爲領袖的眞誠與人性，讓他的士兵對他更加敬仰。

透過這些故事，我們理解到，「見其過而內自訟」是一種難能可貴的勇氣與智慧。一個人眞正的強大來自於內心的坦誠與反思。我們應在生活中不斷實踐這一原則，讓內省與自責成爲我們成長的助力，讓自己成爲更好的人。

三、君子反求諸己，小人歸責於人

子曰：「君子求諸己，小人求諸人。」（〈衛靈公〉）

每個人都會犯錯，但是在犯錯後所採取的態度與行動，君子與小人是完全不同的。

孔子說：「有才德的君子會反求諸己，而德行差的小人只會把錯誤歸咎給別人。」

孔子的這句話精闢地揭示了君子與小人在面對問題時的態度差異：君子求諸己，把責任內化，追求改進。君子懂得反求諸己，遇到困難或失敗時，首先檢討自己的行爲是否得當，是否有改進的空間。他們相信解決問題的關鍵在於自身的努力與修養，展現了內心的強大與責任感。反觀，小人求諸人，把責任外推，逃避改變。小人習慣於將問題歸咎於他人或環境，逃避自我反省。這種態度使他們失去了解決問題的機會，並讓人際關係充滿矛盾與怨懟。「求諸己」是一種主動承擔責任的態度，而「求諸人」則反映了一種消極逃避的心理。兩者的差異決定了成就和德行的高低。

現代的社會，個人主義泛濫，很多人往往把過錯都推給別人或外在環境，而不是先反求諸己，反而也錯失了自己改進與提升的機會。「君子責己，小人責人」這個態度，其實不論是放在任何時代，都有它的正面意義。在家庭、朋友、同事的相處中，懂得自我反思的人更容易維持和諧的關係；而習慣指責他人的人，往往會讓人疏遠，最終破壞關係。就個人成長來說，我們每個人都會遇到挫折與挑戰，選擇「求諸己」能幫助我們找到突破口，而一味的「求諸人」則會讓我們不思檢討，而停滯不前。

張居正是明朝萬曆年間的改革家，他推行的「一條鞭法」對國家財政有重要影響。張居正在推行改革時，遭遇了士紳階層的強烈反對。他沒有將責任推給反對者，而是檢討自己的改革方案是否過於激進，是否考慮到了士紳的實際利益。他隨後在政策上做出部分調整，使改革更具可行性，最終推動了政策的成功。張居正的反求諸己態度讓他的改革取得長期效果，也展現了作爲一位政治家的務實精神。

英國首相丘吉爾（Winston Churchill）在二戰中以領導能力著稱，但他也曾犯下決策失誤。在挪威戰役中，英軍遭遇了嚴重的失敗，丘吉爾作爲第一海務大臣承擔了決策失誤的責任。他在國會坦率承認自己的判斷失誤，並提出了改進措施。他的誠懇與反思贏得了議員和民衆的支持，最終被任命爲首相。丘吉爾的責己態度讓他成爲危機中的中流砥柱，展現了君子的自省精神。

「君子求諸己，小人求諸人」是一種自我修養的核心智慧。這些故事都告訴我們，只有勇於反求諸己，才能不斷成長並贏得他人的尊重。我們應在生活中實踐這一原則，學會面對問題時先看自身，通過改進自己來影響環境，成爲眞正的君子。

四、君子一日三省：是否「忠、信、習」？

曾子曰：「吾日三省吾身：為人謀而不忠乎？與朋友交而不信乎？傳不習乎？」（〈學而〉）

君子如何「進德修業」？如何每日自我提升？曾子提出他的修身經驗。

曾子說：「我每天都要不斷自我反省：替人謀劃的事情是否不夠盡心呢？和朋友交往是否不夠守信用呢？師長傳授的學問是否沒有複習呢？」

曾子的這句話是一種修身養性的至高境界，通過每日三省，不斷檢視自己的行為，完善自己的德行與學問，從而成為真正的君子。曾子以「忠於他人、信守承諾、勤於學習」這三件日常生活中的具體事為自我檢查的核心，這三件事是處理人際關係和提升自我品德的關鍵。通過這種反省，能不斷修正自己的缺點，趨向於完善。曾子的三省也是一種「德行與實踐的結合」的自省，不僅關注道德（忠與信），也關注學問（學習與實踐）。這說明真正的君子應該是德才兼備、知行合一的人。最後，「養成每日自省的習慣」是落實的關鍵。自省並非偶爾為之，而是一種日常的修行。通過日復一日的檢視，可以讓自己逐漸養成高尚的品德和良好的行為習慣。

曾子的三省對於我們在職場中工作，與人際交往特別有啓發意義。我們應該經常反思：自己是否忠於他人、是否信守承諾、是否對團隊負責、是否履行了自己的職責、是否學習了新的知識和技能。這種自省的態度能促進工作團隊的效率和凝聚力，也能讓我們建立起更牢固的人際關係。

曾子是一位以德行高尚著稱的儒家人物，一生都嚴於律己。曾子以孝行著稱，他的孝道體現在對母親的尊重和無微不至的照顧。他常說：「孝是做人的根本。」他不僅侍奉母親盡心盡力，還時常反思自己的行為，檢討是否有不敬之處。在《孝經》中，曾子記錄了孔子對孝道的教導，成為後世理解儒家孝道的重要文獻。曾子的反省精神讓他不僅成為孔門的重要弟子，最終成為一位受人尊敬的賢者。他所說的「吾日三省吾身」為後人樹立了品德修養的典範。

美國政治家和科學家班傑明．富蘭克林（Benjamin Franklin）以勤奮和自律著稱。富蘭克林每天都會記錄自己是否達到了道德標準，包括「節制」「勤勉」「謙遜」等十三個美德。他會反思自己在哪些方面做得不夠，並逐步改進，最終成爲一位在科學、政治和道德上都有傑出貢獻的人。富蘭克林的每日自省體現了「吾日三省吾身」的精神，讓他在多個領域中取得了成功。

曾子的「吾日三省吾身」告訴我們，自省是提升自我和完善人格的最佳途徑。自省是有力量的，我們應在日常生活中不斷檢視自己的行爲，修正不足，這樣才能實現更高層次的自我成長。

五、觀過而知仁，從過失中洞察人心

子曰：「人之過也，各於其黨。觀過，斯知仁矣。」（〈里仁〉）

「觀樹之陰影而知其高大」，同樣地，「觀人之過錯可知其品德」。從一個人的行爲可以看出其習性，而從一個人在過錯後的反應，更可以瞭解其人格特質。

孔子說：「一個人所犯的過失，各有不同的類型。觀察一個人所犯的過失，就知道他是不是個有仁心的人了。」

孔子在這個談話中揭示了一個深刻的道理：「人非聖賢，孰能無過」，但一個人所犯的過失類型，能反映出他的內在品德。孔子闡釋了「觀過知仁」之意。所謂「觀過」，既指觀察他人的過失，也包含內省自己的過失。

首先，要瞭解「過失類型與品德的關聯」。孔子認爲，觀察一個人所犯過失的動機和形式，可以洞悉他內心的仁與不仁。通常我們因爲氣質個性的不同，連所犯的過失，也有各種類型。例如，君子之過可能來自於過於寬厚，小人之過也可能來自於過於刻薄。這種區別能幫助我們更全面地瞭解一個人。其次是對「過失與改過的態度」。仁者在犯錯後會主動承認並改正過失，而不仁者可能選擇掩飾、推諉或故意忽視自己的錯誤。因此，觀察一個人如何面對自己的過失，也能反映其仁心的深淺。孔子的「觀過知仁」這句話，不僅是一種識人之法，也是一種修身之道。它提醒我們，面對過失時要有仁愛之心，勇於承認錯誤並改過自新。

在現代社會，孔子所說的「觀過知仁」，也是一種「識人用人的智慧」。在職場和人際交往中，觀察一個人如何面對自己的過失，能更準確地判斷他的品格與誠信。例如，一位誠實坦然承認錯誤的員工，更値得信任與培養。

袁世凱在辛亥革命後成爲民國大總統。袁世凱在執政期間，面對國內的反對聲浪，未檢討自己復辟帝制的過錯，反而指責反對者是「國家亂源」。這種推諉與強硬態度，最終導致他失去民心，黯然退位。袁世凱的行爲印證了「觀過知仁」，從他的行爲看出他並非是個能夠坦然面對自己的錯誤，而是選擇推卸與掩飾，最終加劇問題，導致更大的失敗。

愛迪生是世界著名的發明家。愛迪生在開發電燈時，因選擇了不適合的材料導致多次失敗。他從不逃避這些失敗，反而坦承自己的錯誤，並表示這些過程是「發現了成千上萬種不適合的材料」。他的反思與不懈努力最終成就了偉大的發明。愛迪生的坦然承認與持續改進體現了仁者的精神，讓失敗成爲成功的基石。

這些故事清楚地表明，「仁者」面對錯誤時選擇承擔責任，並用實際行動改正過失，不僅贏得尊重，也最終化解了危機；而「不仁者」掩飾、推諉或忽視自己的錯誤，則會讓情況進一步惡化。這提醒我們，面對錯誤時，坦誠與改正比掩蓋與推卸更有價值，這是品德修養與成功的重要基石。

六、崇德、修慝、辨惑的方法

樊遲從遊於舞雩之下，曰：「敢問崇德、脩慝、辨惑。」子曰：「善哉問！先事後得，非崇德與？攻其惡，無攻人之惡，非脩慝與？一朝之忿，忘其身，以及其親，非惑與？」（〈顏淵〉）

樊遲跟孔子一起去曲阜城郊的舞雩臺出遊，路上問孔子說：請問如何做到「崇德、脩慝、辨惑」，也就是「如何可以增長自己的品德？如何可以讓自己排除惡念？如何在自己猶疑困惑時保持清醒？」孔子說：「你問了幾個好問題啊！凡事都先考慮這事是不是該做的，然後再去考慮有何收穫，這不就能增長品德了嗎？只努力檢討自己的不好，而不去挑剔別人的毛病，這不就能排除惡念了嗎？如果有人困著一時的憤怒，而不顧一切，忘了自己，也忘了可能給親人帶來的傷害，這不是最大的迷惑嗎？（所以，能忍住一時的憤怒就是保持清醒之道）」

孔子在這個談話中，用了三個詞來說明修身的核心，如何在日常行爲中實踐崇德、修慝、辨惑的智慧：首先，「崇德」，方法就是「先義後利」。孔子教導我們，增長品德的關鍵在於先考慮事情是否値得做，而非一味追求利益回報。這種「先義後利」的價値觀，能使人脫離庸俗功利，培養高尚情操。其次，「修慝」，方法就是「攻己惡，勿攻人過」。孔子指出，修身的第一步是關注自身的缺點，避免過多苛責他人。這不僅能使自己進步，還能維繫和諧的人際關係。最後，「辨惑」，方法就是「控制情緒，理智處事」。孔子提醒我們，情緒是一把雙刃劍，一時的憤怒可能讓人做出失去理智的行爲，傷害自己與親人。辨清迷惑需要冷靜理智，避免被情緒掌控。

這段對話雖然古老，孔子的修身三問爲我們提供了簡明而深刻的行爲準則：首先，在「崇德」方面，在當今競爭激烈的社會中，很多人急功近利，而忽略了行爲本身的道德價值。孔子的教誨提醒我們，不論是職場還是生活，都應先考慮行爲是否符合道義，再去追求利益，這樣才能建立長遠的信任與成就。其次，在「修慝」方面，在互聯網時代，人們常沉迷於對他人的指責與批評，而忽略了自省的重要性。孔子的話警示我們，只有將注意力放在改正自身不足上，才能實現眞正的進步。第三、在「辨惑」方面，情緒失控導致的問題在現代尤爲常見，從家庭矛盾到職場衝突，無不與不加控制的憤怒相關。孔子的教導告訴我們，學會管理情緒是避免後悔與傷害的關鍵。

司馬懿是三國時期的傑出軍事家與政治家。司馬懿在與諸葛亮的對峙中，面對對方的激將法保持冷靜。他的將領多次建議出戰，但司馬懿認爲情勢不利，選擇按兵不動，堅持等待對方後勤不足的時刻，最終反敗爲勝。司馬懿的隱忍與冷靜避免了衝動帶來的損失，充分展現了「控制情緒，理智處事」的「辨惑」的智慧。

提圖斯（Titus）是羅馬帝國的皇帝，以仁愛和高尚的品德著稱，他以完成羅馬鬥獸場的建造和對維蘇威火山爆發的善後處理而聞名，被人民稱爲「人民的摯愛」。提圖斯曾說：「一天之中，我若未曾幫助過別人，就覺得虛度了。」他在位期間注重百姓福利，優先考慮帝國的和平與繁榮，而非個人的奢華享樂。他甚至賣掉自己的財產救濟災民，深受人民愛戴。提圖斯的行爲反映了「先事後得」，也就是「先義後利」的「崇德」品德，他以仁德治國，爲後世樹立了榜樣。

第三節　自我修養以免過

一、克己守約，可減少過失

子曰：「以約失之者，鮮矣！」（〈里仁〉）

我們經常犯的過失不外這三類：「言語」、「行爲」以及「意念」。我們除了知過認錯，也應自我反省過失之所在，我們是否也能夠防微杜漸於過失之前呢？我們應該有何種修養，得以免於過失呢？

孔子說：「一個人能夠自我克制，還會犯過錯的機會就很少了。」

要減少犯錯，當然必須從自我約束做起。孔子的話「以約失之者，鮮矣」強調了「自我約束」在修身與處世中的重要性。約束是一種內在的自律，它不僅可以讓我們避免一時的衝動與過錯，更能使我們的人生更加清醒有序。對於一個人而言，「克己守約」不僅是品德的體現，還是防範錯誤的有效途徑。

孔子提出的這一觀念，在任何時代都有重要的現實意義。無論是古代君子，還是現代個人與領導者，能夠自律、克制慾望的人，往往更能贏得他人信任，成就更長遠的事業。在家庭關係中，克己守約可以避免因情緒失控導致的矛盾。例如，父母對子女的過度期望，夫妻間的爭吵，若能克制情緒、冷靜思考，就能營造更和諧的家庭氛圍。對公共事務來說，自我約束不僅是個人美德，也是社會穩定的基礎。例如，遵守交通規則、文明出行，這些微小的自律行為，可以極大地減少事故與混亂，讓社會運轉更加有序。

鄭板橋是清代著名的書畫家和官員，以清正廉潔著稱。鄭板橋在擔任縣令時，面對家鄉親友送來的貴重禮物，他堅決拒絕，並規勸親友不要利用關係。他克制私情，堅持以清廉的方式執政，最終贏得了百姓的信任與愛戴。鄭板橋的「克己自律」，避免了因私心而犯錯，成為官場廉潔的典範。

喬治．華盛頓是美國的開國元勳，並被推選為首任總統。在成功領導美國獨立後，很多人希望華盛頓成為國王，但他堅決拒絕。他克制了權力的誘惑，選擇推行民主制度，並在兩屆任期結束後主動辭職，為美國的民主奠定了堅實基礎。華盛頓的「克己守約」，避免了美國陷入獨裁，成為世界民主制度的榜樣。

以上的兩個「克己守約，減少過失」的小故事，顯示自律是有力量的。自律不是束縛，而是一種內心的自由與力量。透過克己，我們可以在日常生活中更好地控制行為，提升自我，減少過失，成就更高尚的品德與人生。

二、巧言亂德，小不忍則亂大謀

子曰：「巧言亂德，小不忍則亂大謀。」（〈衛靈公〉）

前一則選文提到，「克己守約」是透過自我約束做起，從而減少犯錯的可能。孔子還提出了另一個可能會促使我們犯錯的陷阱。

孔子說：「花言巧語會擾亂一個人在德性上的成就。在枝節問題上不能忍住一時的衝動，就很可能會擾亂了整體的計畫。」

孔子的這句話警醒我們，言語的浮華與行動的衝動是破壞德行與大局的兩大陷阱。從個人品德到團隊合作，乃至國家治理，花言巧語可能蒙蔽眞相，而一時衝動則可能導致無法挽回的錯誤。孔子強調了語言的誠實與行動的克制在修身與成事中的重要性，這對於當代人同樣具有深刻的啓發。

在現代職場與人際交往中，過於奉承或不誠實的話語容易導致誤判，擾亂判斷與決策。唯有建立眞誠的溝通基礎，才能促進合作與信任。在快節奏的生活中，人們容易被情緒驅使做出不理性的決策。學會忍耐與冷靜，能幫助我們看清長遠利益，避免一時衝動而釀成大錯。花言巧語常常帶有誤導性，而缺乏忍耐力則會放大問題。堅持德行與原則，能讓我們在複雜環境中保持穩定，做出正確的選擇。

韓信是西漢開國功臣，以軍事才能聞名。年輕時的韓信遭受街頭無賴的羞辱，被逼「從胯下爬過」。面對挑釁，他選擇忍耐，而未與無賴發生衝突。最終，韓信憑藉軍事才華得以輔佐劉邦建立漢朝，成就一番偉業。韓信在小事上克制了情緒，爲自己的大計保留了實力，正是「小不忍則亂大謀」的經典例證。

一九一四年，奥匈帝國的皇儲斐迪南大公（Archduke Franz Ferdinand）在薩拉熱窩被暗殺。奥匈帝國未能冷靜處理這一事件，而是急於報復，向塞爾維亞發出強硬的最後通牒。這一衝動行爲激化了歐洲的國際矛盾，最終引發了第一次世界大戰，導致數千萬人的死亡與世界秩序的劇變。奥匈帝國缺乏克制，選擇一時報復，「小不忍則亂大謀」，導致全球陷入戰爭，付出了沉重代價。

「誠實勝於浮華、克制勝於衝動」。這是孔子送給我們的智慧，無論是在個人生活還是職場決策中，學會克制與誠實都是成就穩定與成功的關鍵。花言巧語與衝動行事看似快捷，但往往會破壞德行與大局，只有堅持冷靜與理性，才能眞正成就一番大事業。

三、君子應終身奉行的一句話：己所不欲，勿施於人

子貢問曰：「有一言而可以終身行之者乎？」子曰：「其恕乎！己所不欲，勿施於人。」（〈衛靈公〉）

中國人的家庭大都有家訓，學校有校訓，不同的名人有他自己的格言。那麼有哪一句話是孔子認爲必須終身奉行的呢？

子貢問孔子說：「可不可以告訴我一句，值得我終身可以奉行的告誡呢？」孔子說：「大概就是『恕道』吧！也就是如果是你自己都不想要的，就千萬不要施加到別人身上去。」

幾乎所有中國人大概都對「己所不欲，勿施於人」這句話耳熟能詳。這一句話精煉地道出了儒家倫理的核心——恕道。這一原則強調換位思考與己欲立而立人，己欲達而達人的精神，不僅是待人接物的基本準則，更是維繫社會和諧的重要理念。

我們可以說，哪一個字是君子必須終身奉行的，孔子的答案是「恕」。哪一句話是君子必須終身奉行的，孔子的答案是「己所不欲，勿施於人」。

現代社會中的矛盾，往往源於缺乏對他人感受的理解與尊重。恕道教導我們，在表達

意見、作出行動時，要考慮對他人的影響，從而減少衝突，營造更和諧的人際環境。社會文明程度的提升，離不開相互尊重與包容。恕道的核心思想是避免強加於人，這爲我們如何處理公共事務、包容不同觀點提供了有效指引。在商業與國際關係中，若能遵循「己所不欲，勿施於人」的原則，便能建立基於互利與尊重的合作，避免因單方面利益導向而引發的對立。

晏嬰是春秋時期齊國的宰相，以機智與仁義著稱。晏嬰在一次朝廷會議上，齊景公提出徵收百姓更多稅賦的建議，遭到晏嬰的反對。晏嬰對景公說：「如果您身爲百姓，會希望自己辛苦的收成被剝奪嗎？」景公聽後沉思，最終取消了加稅的計畫。晏嬰通過換位思考，踐行了「己所不欲，勿施於人」，成功保護了百姓的利益，展現了仁政的智慧。

拜占庭皇帝查士丁尼大帝（Justinian the Great）以制定《查士丁尼法典》（*Corpus Juris Civilis*）聞名，該法典成爲歐洲法律的基石。在進行法律改革時，查士丁尼考慮到貧苦百姓的處境，認爲法律不應只是貴族的工具。他推動改革，廢除了一些貴族特權，並頒布法令保護平民的基本權利。他的原則是：「若我爲平民，也不希望法律如此不公。」查士丁尼以換位思考的方式推動司法改革，體現了「己所不欲，勿施於人」的精神，奠定了公平法律的基礎。

西方常常在講普世價值，孔子的「己所不欲，勿施於人」，才應該算是眞正的普世價值，對我們個人的修養和社會的穩定都有很大的意義。它提醒我們在處理人際關係時，應時刻以對方的立場來審視自己的行爲，避免因一己私利傷害他人。這種「設身處地」的態度，是古往今來做人處事的黃金法則。

四、君子不遷怒，不貳過

哀公問：「弟子孰為好學？」孔子對曰：「有顏回者好學，不遷怒，不貳過。不幸短命死矣！今也則亡，未聞好學者也。」（〈雍也〉）

孔子如何評價他心目中的好弟子？「好學」當然是必要條件，但是還有哪些品質是孔子所讚許的呢？

魯哀公問孔子說：「請問您的學生中，有哪位是好學的嗎？」孔子回答說：「有位名叫顏回的，他非常好學，當他生氣時，絕對不會想把氣發到不相干的對象上去，也不會一而再犯同樣地錯誤。可惜他不幸短命而死，如今再也沒有這樣的學生，也沒聽說誰眞正好學了。」

從日常生活經驗來說，我們常因對某人的嫉惡或自己生悶氣，就將怒氣轉嫁給他人，這當然是我們自己的修養。我們也經常一錯再錯，而且是犯同樣地錯誤，這也是因爲我們對原先的錯誤並沒有眞正地反省與檢討。

針對這些事情，孔子是給顏回很高評價的，認爲他有三項美德：「好學、不遷怒、不貳過」。這三點不僅展現了顏回作爲君子修養的核心，更成爲後人修身立德的典範。孔子稱顏回「好學」，並不只是指顏回喜歡學，而是可以將學習內化爲品德修養的基礎，特別在面對「怒」與「過」時表現的情緒與行爲，眞正實現了「學以致用」。「不遷怒」，表示顏回不會因一時的情緒波動牽連他人，這種克制與理性讓他在處事中能保持和諧。「不貳過」，表示顏回能夠在犯錯後即時反省並改正，展現了眞正的自省與進步精神。孔子對顏回的高度讚賞，也顯示了這些品德在儒家價值觀中的重要地位。儘管顏回英年早逝，他的言行卻成爲了千古傳誦的榜樣。

顏回的「不遷怒」教導我們，情緒管理在現代職場與生活中至關重要。一個能克制情緒、不把憤怒轉嫁到他人身上的人，更容易贏得他人的尊重與信任。「不貳過」提醒我們，錯誤並不可怕，可怕的是重蹈覆轍。能夠從失敗中反思，並將教訓化爲經驗，是個人進步的關鍵。

蘇東坡是北宋時期的文學家和官員，性格豁達。蘇東坡因多次被政敵陷害而屢遭貶謫，但他從不怨恨政敵，也不將怒氣發洩到身邊的人身上。即使在海南最困難的時期，他仍以幽默和樂觀面對困境，還用詩文安慰身邊的人。蘇東坡用「不遷怒」的智慧維持了內心的平靜，展現了君子的寬廣胸懷。

約翰．牛頓（John Newton）是十八世紀英國的奴隸販子，曾在奴隸船上工作多年，親手參與過殘酷的奴隸貿易。一次航海中，牛頓經歷了一場險些喪命的風暴，讓他開始反思自己的人生。他逐漸放棄奴隸貿易，轉而成爲一名基督教牧師，並以詩歌傳播信仰。他最著名的作品〈奇異恩典〉（Amazing Grace）至今感動無數人。約翰．牛頓的轉變表明，即使是犯下嚴重錯誤的人，也能通過悔改和行動改變自己，爲世界帶來善意與希望。這種「不貳過」的精神是值得我們敬佩的。

五、君子要去除「意、必、固、我」的我執

子絕四：毋意，毋必，毋固，毋我。（〈子罕〉）

孔子一生避免犯四種過錯：「毋意，毋必，毋固，毋我」，對人對事絕對不會妄加揣測；也絕對不會非如此不可；也不會固執己見、不知變通；更沒有自我傲慢之心。

孔子的「毋意，毋必，毋固，毋我」四不原則，展現了他在做人處事中謹愼、包容、靈活與謙虛的品德。「毋意」就是不妄加揣測。做人不應憑空猜測他人的動機或事情的眞相，而應該根據事實與理性作判斷。「毋必」就是不絕對化。反對「非如此不可」的思維方式，提倡靈活應對不同情境，不應過於執著一種做法或觀點。「毋固」就是不固執己見。固執己見會阻礙學習與進步，應保持開放的心態，願意聽取不同的意見。「毋我」就

是不自我中心。孔子提倡去除自我中心的偏見與傲慢，應該以謙虛的態度待人接物。

孔子透過戒絕「意，必，固，我」四種毛病的修養，使自己免於過失。簡單一句話，就是希望戒絕「我執」，對於當代個人與社會仍有深刻啓示：第一、「毋意」就是要用「科學精神與理性思考」。在當今充滿信息的時代，我們容易受到主觀情緒和假消息的影響，做出過早或錯誤的判斷。「毋意」提醒我們，要用實證與理性去判斷事物，避免輕率揣測。「毋必」就是要「靈活適應快速變化的環境」。現代社會快速變化，在職場中，面對挑戰時應能靈活調整計畫，而非死守原則。例如，疫情期間許多公司轉向遠程辦公，正是靈活適應的體現。「毋固」就是要「開放心態與包容不同意見」。在做決策時，不應一意孤行，而應吸納團隊的多方建議，避免因個人偏見而損害集體利益。

項羽是楚漢相爭時期的著名將領，以勇猛和自信著稱。項羽在多次關鍵決策中過於自信，拒絕聽取他人建議。例如，劉邦提出劃分天下時，項羽自認實力更強，驕傲地拒絕了合作提議，最終讓劉邦積蓄實力反敗爲勝。他執著於自己的「貴族榮耀」，放棄攻占對手根據地，卻毫無遠見地以殘暴對待俘虜，導致人心盡失。項羽的剛愎自用和我執讓他錯失戰略機會，最終在垓下被圍，走投無路自刎身亡。

拿破崙．波拿巴（Napoleon Bonaparte）是法國的軍事天才，曾統治歐洲大部分地區。拿破崙過於相信自己的戰略才能，執著於擴張法國的疆域，無視身邊顧問的警告，發動了冒險的俄羅斯遠征。在俄羅斯戰役中，他低估嚴酷的冬季和補給困難，執意進攻莫斯科，最終導致法軍慘敗。遠征俄羅斯的失敗成爲拿破崙帝國衰亡的轉折點，他最終被放逐孤島，失去了權力與榮耀。

這兩個故事都告訴我們，過於以自我爲中心，無法謙虛聽取意見，即使有才能也難以成功。放下我執，學會謙虛、聆聽與調整，才是通往成功與幸福的關鍵。

第七單元

挫折與超越

前言

人的一生是一段由「追求」串聯而成的旅程。從我們誕生於世，便無時無刻不在為實現「理想」而奮鬥。少年時，我們追求卓越的學業成績，希望能順利考取理想的學校，展望美好的未來；青年時，我們渴望一段浪漫的愛情，期待找到生命中的知音，共度美好時光；中年時，我們在事業上努力拼搏，希望遇見賞識自己的伯樂，迎來事業的高峰；到了暮年，我們眞心期盼能在兒孫繞膝的歡樂中，擁有健康的身體，安然老去。

然而人生的際遇往往不會完全依照我們的意願發展。在理想與現實之間的落差，構成了我們生命的樂章，而困頓與挫折則成為這一章中不可避免的旋律。面對這些挫折，我們應如何抉擇？是選擇消極逃避？積極應對？還是試圖在兩者之間尋找一條安身立命的最佳道路？

困頓與挫折自古以來便是人類的共同經驗，我們可以從古今人物如何面對生命的難關中，汲取智慧，找到超越困境的方法。本單元將分為三節進行探討：第一節以孔子的具體經歷為例，說明即便是有德之君子，也難免遭遇困頓的局面；第二節闡述在遭受誤解和挫折時，對知音的理解與支持的渴望；第三節則深入探討儒者面對挫折時的自我調適之道，提供我們安然度過生命挑戰的啓示。

第一節　君子的困頓

一、君子窮但堅持氣節，小人窮則無所不為

在陳絕糧，從者病，莫能興。子路慍見曰：「君子亦有窮乎？」子曰：「君子固窮，小人窮斯濫矣。」（〈衛靈公〉）

人生不可能沒有困境，人想解決困境，困境也在考驗人格。孔子認為，君子與小人在面對困境時，展現出截然不同的兩種反應。

孔子師生一群人欲南下楚國，在陳、蔡之間為亂兵所困，糧食也用盡了，隨行的弟子都生病了，沒人能夠起身。子路心中不悅地面見孔子說：「為何有才德的君子也會遇到困窮的絕境呢？」孔子趁機告訴弟子說：「君子固窮，小人窮斯濫矣。」意思是說「君子在身處貧窮困窘時仍能堅守氣節，而無才德的人在窮困時就無所不為了。」

「君子固窮，小人窮斯濫」是孔子對「君子與小人」的行為對比。孔子認為，君子即使身處極度貧窮與困窘的境地，仍能堅守道德與操守，不會因外在環境的惡劣而改變內在

的價值觀。他強調君子要有堅韌的品德和寬廣的胸懷，面對困境時能從容應對，展現出內心的強大與氣節。

相對於君子，小人在面對困窘時，因爲缺乏內在的道德約束，可能會選擇採取不道德甚至違法的手段來解決問題，從而失去立身處世的根本。孔子強調道德操守的重要性，告誡人們不要因困境而違背做人原則。「君子固窮，小人窮斯濫」這句話展現了儒家重視德行的價值，認爲眞正的考驗往往在於逆境中是否能保持自我，不被困境左右。

在現代社會中，每個人都可能面臨挫折與困境，這段話提醒我們，即便在最困難的時候，也要堅守核心價值和道德底線，不因短期利益或壓力而放棄原則。例如，商業競爭中的不正當手段、生活困難時的投機取巧，都可能使人變成「小人」。孔子的話告訴我們，提升內在修養與德行，才能在艱難時刻保持穩定與正直，贏得他人的尊重。

我們來舉兩個例子：

蘇武是漢朝時期著名的外交官，出使匈奴，因拒絕投降而被匈奴扣押。蘇武在匈奴被迫勸降時，堅定地表示：「臣心一也，死無二志。」意思是「我的心志始終如一，即便死，也絕不改變忠於漢朝的決心。」他被流放至北方，過著艱苦的放羊生活，長達十九年。面對極度的困境，蘇武始終不動搖自己的忠誠，堅守大漢臣子的節操。甚至在最艱難的時刻，仍保持理智與堅忍，沒有做出有辱國家的行爲。班固在《漢書．蘇武傳》中讚譽蘇武：「蘇武以一節之貞，抗萬乘之重。」意思是蘇武憑著自己對節操的堅守，維護了大漢天子的尊嚴和國家利益。蘇武的故事展現了「君子固窮」的精神，面對困境時保持忠誠與操守，是他最可貴的品格。

恩倫（Enron）公司曾經是美國能源行業的巨頭，成立於一九八五年，但因經營困境而選擇非法手段掩蓋財務問題。在公司財務困難時，高層選擇僞造財務報表，以吸引更多投資和保持股價。他們利用欺詐手段隱瞞債務，將問題轉嫁給投資者和員工。這種短視行爲導致公司在二〇〇一年全面崩潰，數千人失業，投資者蒙受巨額損失。結果恩倫公司的欺詐行爲被揭發，主要高層被判刑，公司破產，成爲美國商業史上最大的醜聞之一。這是典型「小人窮斯濫」的惡例。

以上兩個例子，可以看到「君子固窮」，當時雖然處於困境，但其流芳百世；「小人窮斯濫」的結果，初時看似風光，最後卻是自毀害人，遭人唾棄。

二、君子應無懼地承擔文化傳承

子畏於匡。曰：「文王既沒，文不在茲乎？天之將喪斯文也，後死者不得與於斯文也；天之未喪斯文也，匡人其如予何？」（〈子罕〉）

「人生不如意十之八九」，在不如意的時候，特別在困頓的時候，君子應該如何呢？

孔子周遊列國時，碰到不少困頓的處境，弟子們有些疑惑，但是孔子仍然藉機會告訴弟子，君子還是要勇於承擔文化傳承的使命。

孔子因爲貌似陽虎，有一天，在經過鄭國的匡邑時，被匡人以兵圍困。孔子因而心生畏戒，有感而發地說：「在文王逝世之後，文化的傳承難道不是在我這裏嗎？如果上天要斷送我們的禮樂教化，那麼我這個後死的人就不能參與這一種文明教化了；如果上天不斷送我們的禮樂教化，那這些匡人難道能拿我怎麼樣呢？」

這一則選文是孔子遭厄之記錄，內容敘述孔子雖然會遇到不如意的命運，但是對於「周文王禮樂文化」理想的實踐，依然有著高度的信心。所以，當孔子被圍於陳蔡之間，弟子們對於困境的不快，孔子要點出「時窮節乃見」的方向。由此看來，一個德行良好的君子，並不能保證就能遇到好的結果。不過能夠成就一個眞正的君子，也常是在如此不如意的遭遇之中，方才看出其品格之高潔，與道德之堅持。

從這則選文中，我們也可以看出，孔子以周文王的禮樂文明繼承者自居，承擔著傳承文化的使命與責任感。而孔子也有堅定的信心，在遇到險境時，孔子並未陷入恐懼，他相信，只要上天不放棄文化的傳承，任何人都無法對他造成實質傷害。

孔子認爲，周文王的禮樂文明雖然面臨挑戰，但並未消亡，而是需要有人繼承與弘揚。他將自己視爲文化傳承的重要載體，這種自我認知和使命感顯示了他對文明延續的責任心。這種對文化與使命的自信，讓他能在困境中保持冷靜與堅定，並以更大的格局看待人生。

孔子將自己視爲禮樂文化的承載者，展現了一種超越個人得失的視野。現代人若能將個人目標與社會責任結合起來，不僅能實現更大的成就，也能讓生活更有意義。現代社會中，個人和群體都可能面臨挫折與挑戰。孔子這段話啓示我們，在困境中應保持對核心價值的堅定信念，這種信念能幫助我們克服恐懼與壓力。

司馬遷是西漢時期著名的史學家與文學家。因替李陵辯護而遭受宮刑，受盡恥辱。然而他並未因此消沉，而是將精力投入於《史記》的編撰工作。他忍辱負重，以史學的方式承載中華文化，記錄了從上古時期至漢代的歷史，涵蓋政治、經濟、文化等多方面內容。司馬遷認爲，個人的榮辱無足輕重，文化的傳承才是關鍵。他的《史記》被後世稱爲「史家之絕唱，無韻之離騷」。司馬遷以超越個人得失的視野，承載歷史與文化，爲中華文明留下了一部彪炳史冊的不朽之作。

但丁（Dante Alighieri）是文藝復興早期的義大利詩人，他因捲入佛羅倫薩的政治鬥爭而被流放，結束了安穩的生活。在流放期間，但丁完成了《神曲》（*The Divine Comedy*），以詩歌形式探討信仰、道德、政治與哲學，成爲歐洲文化的重要標誌。他通過作品捍衛義大利的文化傳統，並啓迪後人思考人性與社會的價值。但丁在個人命運受挫時，將文化使命擺在首位，超越個人得失，成爲文藝復興的重要推動者。

這些人物的共同特點在於，他們在困境中以文化承載者自許，無論是記錄歷史、創作文學，還是推動思想發展，他們都將文化的傳承放在個人得失之上。他們的行動展現了一種超越自我的視野，對後世的文化傳承產生了深遠的影響。

三、君子坦然面對天命，但仍堅守行道

公伯寮愬子路於季孫。子服景伯以告，曰：「夫子固有惑志於公伯寮，吾力猶能肆諸市朝。」子曰：「道之將行也與？命也。道之將廢也與？命也。公伯寮其如命何！」（〈憲問〉）

「天命不可違」表達出一種對天命無法抗拒的敬畏之情。孔子也說過，「七十而知天命」，那麼如果「天命」已定，君子是否就可以放棄「行道」，而選擇隨波逐流或人云亦云呢？

有一次，公伯寮向魯國大夫季孫氏詆毀子路。大夫子服景伯把這件事告訴孔子，並且說：「季孫氏聽信公伯寮所說的，已經開始懷疑子路了，但我的權力還能夠揭發公伯寮，使他被處死而陳屍於市集。」孔子回答說：「天道要是眞的能施行，那是天命所定的；天道要是將要衰敗，那也是天命所注定的。公伯寮能夠拿天命怎麼辦呢！」

孔子這段話展現了他對天道與命運的深刻理解，以及他對道德與正義力量的堅定信

心。首先，孔子認爲，社會秩序的推進或衰敗，並非完全取決於個人，而是也與「天命」相關。他表達了一種坦然接受命運的態度，對事情的發展抱有理性和平靜的認知，並未因當下的挑戰而動搖對正道的信心。其次，孔子拒絕採取極端手段殺害公伯寮，顯示了他對正義力量的堅定信任。他相信若天命要讓正道推行，公伯寮這樣的人終將無力阻擋，這是一種高度的道德自信與從容。

孔子不贊成對公伯寮動用極端手段，這啓示我們，在面對挑釁或不公平時，應避免用報復手段解決，而應採取和平與理性的方式，讓問題自然得以解決。孔子認爲，正義與道德的力量並非由個人決定，而是根植於更大的社會和道德系統中。我們在當代應對挫折時，也需要相信正義終將得以伸張，維持內心的平靜與信心。

唐代著名醫學家孫思邈，一生行醫濟世，撰寫《千金方》，被譽爲「藥王」。他的事跡中，經常提到他深入偏遠地區和貧困的鄉村，救助病患，無論是瘟疫蔓延還是普通病症，他總是以身作則，親自施治。相傳一次瘟疫流行時，孫思邈親自深入疫區，救治患者。他雖接觸衆多病人，卻始終未染病。當地人認爲，他的大愛之心得到了上天的庇護。孫思邈特別強調醫者應有的仁心與醫德。他在《千金方》序言中提到：「凡大醫治病，必當安神定志，無欲無求，先發大慈惻隱之心。」這句話體現了他將醫術與倫理結合的觀念。他的醫學思想不僅對當時的社會產生了深遠影響，還在後世醫學中得到了廣泛傳播。

約翰・佩頓（John Gibson Paton）是一位十九世紀的蘇格蘭傳教士，他致力於在南太平洋的新赫布里底群島（New Hebride）〔現爲瓦努阿圖（Vanuatu）〕傳播福音和幫助當地土著人。他不僅傳教，還爲當地居民引入農業知識、醫療技術，並在文化上尊重土著傳統，與當地人建立了深厚的友誼。有一次，島上突發一場毀滅性的颶風，狂風暴雨摧毀了大量村莊和田地。然而約翰・佩頓所在的小屋和周邊地區卻奇蹟般地倖免於難。當地人認爲，這是因爲佩頓長期以來對他們的善舉感動了上天，因此颶風刻意避開了他的居所。他的善行不僅改變了當地人的生活，也使他赢得了極大的尊敬與愛戴。佩頓的故事是行善改變命運的典範，他以無私的愛心影響了他人，同時也得到了命運的奇蹟性回饋。

這些中外故事表明，爲社會行善的人，不僅得人心，往往還會遇到天道命運的眷顧。無論是來自自然的奇蹟，還是人爲的支持，善行總能在看似不可思議的情境中，化解危機、創造福報。

四、君子堅守禮法與誠實，坦然面對生命的終點

子疾病，子路使門人為臣。病閒，曰：「久矣哉！由之行詐也，無臣而為有臣。吾誰欺？欺天乎？且予與其死於臣之手也，無寧死於二三子之手乎？且予縱不得大葬，予死於道路乎？」（〈子罕〉）

有一次，孔子生了重病，子路以爲孔子將病故，子路就號召眾人假扮家臣治喪，讓弟子行家臣之禮。孔子病情稍微好些後，知道了這件事以後，就斥責子路說：「怎麼子路總是進行這些欺騙的行爲呢？我不具官職的身分，依禮不該有家臣的，卻讓弟子充當我的家臣。我要騙誰啊？騙老天爺嗎？何況我與其死在這種僭越禮法的行爲下，還不如死在各位弟子手中吧？再說，就算我死後不得隆重的葬禮，難道我會死在路旁沒人管嗎？」

孔子在這段話中展現了他對禮法的尊重與堅守，以及對個人榮譽與天地良心的坦蕩態度。首先，孔子尊重禮法，堅守原則，即使在病重的情況下，依然保持對禮法的堅守。他斥責子路說：「我無官職，無家臣之禮，何必要僭越禮法？」他認爲，禮法是天地人倫的重要基石，寧願簡樸去世，也不願背離禮制。即使是出於弟子的孝心，他也毫不妥協，堅決反對虛假的行爲。其次，孔子對天地的坦蕩與誠實，他質問子路「吾誰欺？欺天乎？」我要騙誰？騙老天爺嗎？表達了他對天地和良心的絕對誠實。他認爲，與其進行虛假的形式，不如眞誠面對自己的生命與死亡，這種坦然和無畏的態度令人敬佩。

在現代社會中，在婚喪喜慶時，我們常見虛榮或形式化的現象。孔子的話提醒我們，誠實面對自己，依禮法有分寸地進行，比追求外在的排場更爲重要。孔子不在意葬禮是否隆重，卻注重生前的德行和影響力。這啓示我們，生命的眞正價值在於我們如何影響他人、貢獻社會，而非外在的物質形式。

戰國時期，屈原因遭讒言而被楚懷王流放，但屈原始終以禮法自律。他認爲，作爲一個正直的君子，即使面臨最大的困難，也應堅守誠實與道義。他在《離騷》中曾寫道：「長太息以掩涕兮，哀民生之多艱。」屈原的悲哀不是為自己的遭遇，而是為國家與百姓。他始終以天下為己任，堅持自己的信念，拒絕向腐敗的權貴妥協。當屈原目睹秦軍攻入楚國都城，內心充滿了悲痛與自責。他認為自己無法再為國家效力，便決定以死明志，投身於汨羅江，以生命來證明自己的高潔品德。在投江之前，屈原仔細梳洗，身著整潔的禮服，將自己視為赴一場與天地對話的莊嚴儀式。他並未怨天尤人，也未對命運心生不滿，而是以誠實的心面對自己的選擇。屈原以身殉國的舉動，象徵了對忠義和禮法的終極堅守，使其為後人景仰。

古希臘哲學家蘇格拉底因被控「敗壞雅典青年」和「不敬神」而被判處死刑。他拒絕逃亡，選擇接受判決。面對弟子的提議，蘇格拉底說：「逃亡違背城邦的法律，我不能為逃避死亡而破壞法律的尊嚴。」他在服毒前，與弟子談論靈魂不滅和死亡的哲理，從容赴死。蘇格拉底的行動展現了對法律和道德的絕對尊重，即使死亡也無法使他背離原則。

這些人物的故事展現了在面對死亡時，依然堅持禮法的重要意義。他們的行為不僅維護了自身的尊嚴，也體現了對傳統文化、信仰與道德的最高敬意。在現代社會，這種精神仍然值得學習，提醒我們即使在生命的終點，也要不忘初心，堅守原則與價值。

五、君子知其不可為而為之

子路宿於石門。晨門曰：「奚自？」子路曰：「自孔氏。」曰：「是知其不可而為之者與？」（〈憲問〉）

孔子是當時魯國的知名人士，一般人是怎麼評價孔子呢？市井小民的看法應該更直接，那他們認爲孔子是個什麼樣的人呢？

有一天，子路夜宿於魯城外門石門之外。第二天一早進城時，守城的晨門說：「請問你從何處來？」子路說：「從孔先生那裏來。」晨門說：「就是那位『明知其不可爲而爲之』的人嗎？」

我們經常有自己被人「誤解」或「不爲人知」的經驗。在這個故事中，隱者守晨門之人，只知孔子的作爲是知其不可仍爲之的人，但是不知道孔子爲什麼會堅持努力而不放棄。孔子之所以會堅持，是因爲孔子對道義的堅持，才會不懼困難地追求理想。

孔子一生推行仁義禮教，雖然在當時的動亂時代，他的理想很難實現，但他並未因此放棄，堅持傳道授業，尋求實現理想的途徑。這種精神是一種不畏艱難、追求正義的表現。因爲孔子追求的不是個人的功名利祿，而是社會的正面價值，孔子才會是衆人心目中「知其不可爲而爲之」的偉大人物。

現代社會中，個人或群體常面對道德與現實的矛盾。孔子的「知其不可爲而爲之」的精神提醒我們，只有心中有正確的價值與信念，自己才會有堅定的動力鍥而不捨。在當今的社會，環境保護、社會改革、非戰和平等對地球與公衆有利的事，都是值得我們不計結果而去努力的。

文天祥是南宋的忠臣，在元軍進攻南宋的末期，他力主抗敵，最終兵敗被俘。面對元朝的威逼利誘，他誓死不屈，寫下千古名篇〈正氣歌〉。最終，文天祥以死表達對南宋的忠誠。文天祥的名言「人生自古誰無死，留取丹心照汗青」成爲後世忠誠與氣節的象徵，他明知無法挽回南宋的滅亡，卻仍然堅守信念。

明末，後金大軍進攻，袁崇煥明知明朝國力衰弱、難以抵擋，但仍堅守山海關，保護京師。袁崇煥以弱勢兵力多次擊退敵軍，阻止了後金對北京的直接威脅。即使面對朝廷猜忌和最終的不公正處決，他仍然無怨無悔堅守國家利益。即使處於絕境，忠誠與責任感仍能激發英雄的無畏精神。

約翰．布朗（John Brown）是十九世紀美國廢奴運動的領袖之一。他策劃並實施了著名的哈珀斯（Harpers）渡口起義，試圖通過武裝暴動解放奴隸。在當時的社會背景下，廢奴主張受到南方奴隸制支持者的強烈反對，暴動的成功幾乎不可能。布朗帶領少數追隨者攻占聯邦武器庫，希望引發奴隸大規模起義，但未獲響應，最終在一八五九年被逮捕並處決。布朗雖然失敗，但他的行動點燃了美國內戰前的廢奴情緒，為歷史留下了深遠影響，儘管未能在當時實現理想。

這些例子展示了「知其不可為而為之」的堅韌與勇氣，儘管未能成功，他們的行動激勵後人，為歷史和未來奠定了價值。他們的故事提醒我們，真正的英雄不是永遠成功，而是在面對困難時不放棄理想，努力挑戰極限。

六、仁者因心安而行仁，智者因有益而利仁

子曰：「不仁者，不可以久處約，不可以長處樂。仁者安仁，知者利仁。」（〈里仁〉）

旅遊是件讓人愉悅的好事，但是有的人是希望增長見聞而旅遊，有的人是因為想輕鬆散心而旅遊。同樣地，同樣是「行仁」，每個人的出發點不同，在孔子看來，「仁者」與「智者」就有感受上的不同。

孔子說：「沒有仁心的人，不能使他長久處於困頓之中，也不能使他長久處於安樂之中（因為他們會無所不為）。而有仁心的人會因為心安而行仁，有智慧的人則會因為行仁

有利而行仁。」

孔子在這句話中強調了「仁」的重要性，他將人區分爲「仁者」與「不仁者」，仁者具有穩定性，而不仁者卻是經常心神不寧，行爲也是反覆無常。這是因爲仁者內心具有道德自律，無論處於困厄或安樂，皆能保持安定，因爲他們內心有仁德支撐。而不仁者因缺乏道德根基，易在困厄中墮落，或在安樂中放縱，反覆無常。另外孔子認爲，「仁者安仁」，表明仁德是一種內心的支撐力量，讓人無懼困厄，也不迷失於安逸；而有智慧的人則明白仁德的價值，因而選擇仁。孔子的「知者利仁」告訴我們，仁並非只是道德高尚的選擇，也是一種智慧的行爲，因爲行仁能帶來長遠的利益與穩定的關係。

在當今快節奏的社會，人們常因壓力而迷失自己。孔子的思想提醒我們，困境中更應堅守道德底線，不因環境改變而失去自我。

張讓是東漢末年的權臣，他利用皇帝的信任控制朝政，肆意剝削百姓。張讓因專權而惶恐不安，時刻擔心被其他大臣揭發和清算。他既殘忍剷除異己，又在危機中試圖討好權貴，最終被逼跳水自盡。權力的不仁之行讓張讓徹底失去內心的安寧，行爲愈發反覆無常，最終自毀前程。

莎士比亞悲劇《馬克白》中，主人公馬克白因野心篡奪王位，謀殺了國王。麥克白雖然實現了權力的目標，但內心因罪行而無法安寧。他開始出現幻覺，終日活在焦慮和自我懷疑中，最終走向悲劇性死亡。

如同孔子所說，仁心對於一個人的品德與行為具有穩定作用。不仁者即使外表風光，內心卻被罪惡和恐懼吞噬，容易導致極端行為，難以獲得眞正的平靜。

第二節　誤解與知音

一、君子堅持捍衛自己的清白

子見南子，子路不說。夫子矢之曰：「予所否者，天厭之！天厭之！」（〈雍也〉）

「君子坦蕩蕩」，那麼當君子被別人誣蔑時，會選擇「清者自清、濁者自濁」的消極態度，還是會積極地勇於自清，捍衛自己的名聲。孔子在這個問題上給了答案。

衛靈公的夫人南子是一位頗具爭議的歷史人物，她的形象在史書中並不正面，尤其在《春秋左傳》和《史記》等記載中，多次被描繪爲一個行事放蕩、政治干預過多的女性角色。有一次，孔子見了衛靈公的夫人南子，子路知道後非常不高興。孔子對著他發誓說：

「我如果做了任何逾越禮教的事，上天都會棄絕我啊！上天都會棄絕我啊！」

這段孔子與子路的對話，主要重點在面對「誤解」時的態度。我們一生行事，經常會面臨許多的抉擇，雖然每一次的決定，我們應當會有自己的判斷依據，可是在他人眼中，或許會有不同的評價。於是在不瞭解的情形下，「誤解」便容易產生。這一則對話，由於南子的社會風評不佳，但迫於局勢，孔子不得不見。但子路卻因不知孔子的想法而誤解。

孔子在面對子路的不滿時，展示了他對禮教與自我操守的堅持。雖然外界對他見南子的行爲產生疑慮，但孔子坦然面對，直接以「上天爲證」的方式表明自己的清白，展現了他對內心道德的高度自信與責任感。他不僅對他人負責，更以天道爲約束，將自己的行爲置於更高的道德標準之下，這種直率和自省的態度反映了孔子一貫的正直與道義。

這段故事提醒我們，面對誤解時，我們不應逃避或妥協，而是勇於坦誠表明自己的立場，而不是閃躲迴避。孔子的這種態度也啓發現代人，在是非紛擾中，始終堅守核心價值，以誠信與正直贏得他人的信任與尊重。

柳如是是明末清初的才女，她出身青樓，與名士錢謙益成婚後，依然遭到世人指責爲「風塵女子」。但是柳如是以自己的文學才華和對家國的赤誠，譜寫詩文回應外界偏見。柳如是是明朝滅亡後反清復明的堅定支持者。她不僅在詩歌中表達對故國的深切悲痛，還多次鼓勵錢謙益參與反清復明的活動。她曾寫詩表達愛國之情，名句如：「賴是湖山堪寄老，不須門戶怨逋逃」，顯示出她的隱士精神與不與清朝妥協的決心。在南明滅亡後，她的丈夫錢謙益選擇向清朝投降，這讓柳如是感到失望，但她仍堅守氣節，後來被譽為「詩壇奇女子」。史書對柳如是的評價中提到，她「不屈於命，傲骨而死」，成為明末清初堅守氣節的典範。

聖女貞德（Joan of Arc）在帶領法軍抗擊英軍時，因年輕女性的身分與宗教神秘主張，被一些人指責為「女巫」或「行為不檢點」。她堅信自己的使命，毫不畏懼地站上審判席。在審判過程中，當審判官質問她是否確信自己受到了神的啓示時，她回應道：「如果不是神指引我，如何解放奧爾良？如果我錯了，神會審判我，而不是你們。」一四三一年，年僅十九歲的貞德被以「異端」罪名在魯昂被燒死。然而她在火刑臺上仍然呼喊著「耶穌」，展現她對信仰的堅定與對國家的忠誠。她的犧牲不僅沒有讓她的聲名消失，反而讓她成為法國人民心中的英雄和聖人。一九二〇年，天主教會將貞德封為聖人，象徵著正義、勇氣與信仰的永恆光輝。她的一生雖短暫，卻以極大的勇氣和智慧改變了法國的命運，最終成為法國民族英雄。

這些人物，選擇直面流言，展現坦蕩的人格或以成就回應偏見。他們的勇氣和眞誠，使後人重新審視那些偏見，為世人留下了堅韌與智慧的榜樣。

二、君子專注於自己有無才能

子曰：「君子病無能焉，不病人之不己知也。」（〈衛靈公〉）

經常感嘆自己「懷才不遇」或「別人不瞭解我」的人算不算君子？孔子給出了答案。

孔子說：「君子只擔心自己沒有用世的才能，而不擔心別人不瞭解自己。」

孔子這段談話著眼於君子修身立世，不必強求他人的瞭解。因爲對於君子而言，能不能爲他人所知，並非最重要的事。反而自我要求才德的培養，才是君子最看重的事。

在孔子看來，一個有才德的人應該相信自己的價值，而不是過度在意是否被他人認可。這種態度反映了君子的內在穩定性，能夠避免被外界的讚譽或批評所左右，保持內心的平靜和堅定。

在當代社會，很多人容易陷入對外界評價的過度關注，特別是隨著社交媒體的興起，「被看見」成爲一種社會焦慮。然而孔子的這句話提醒我們，與其浪費精力討好他人，不如專注於提升自己的能力與價值。對於現代領導者而言，這句話也有重要意義。一位眞正的領袖，應該反思自己的領導能力是否足夠，而不是追求手下對自己的阿諛奉承。只有不斷提升自己，才能帶領團隊取得長久的成功。

我們來舉兩個相關的例子：

李時珍是中國明代著名的醫學家、藥學家，被譽爲「藥聖」，出身於一個醫學世家。在科舉失利後，他開始全心投入醫學，並決心改進當時醫學知識的缺漏。當他成名後，多次被朝廷召用爲官，但他以「醫治百姓才是眞正的志向」爲由婉拒。李時珍花費二十七年編寫《本草綱目》，期間不斷實地考察和修訂藥物記錄。他並不關心自己是否會因此成名，而是專注於是否能完善中醫藥學，讓更多人受益。他的成就最終被世人公認，但在當時，他的專注精神無異於一位「隱名功臣」。

尼古拉・特斯拉（Nikola Tesla）的一生專注於技術而非名利。特斯拉對自己的研究充滿激情，但對個人名聲和財富毫不在意。當時的愛迪生發起了「直流電對交流電」的競爭戰爭（即電流之戰），特斯拉的交流電技術明顯更具效率和可行性。然而他不願捲入商業紛爭，專注於技術的完善，並最終通過事實證明了自己的選擇。特斯拉在電力和無線電領域做出了革命性的貢獻，許多設計甚至未公開申請專利。他的焦點始終是自己的研究是否足以改善人類生活，而不是是否能超越他的競爭對手愛迪生。他在世時並未獲得與他成就相匹配的聲望，但他的科學成果後來被廣泛認可。

他們兩人的共同特點是：他們對自己的使命有深刻認識，專注於提升自己的能力或品格，而非爲外界的名聲和榮譽所困。他們的故事啓發我們，成功不在於外界的認可，而在於內心對責任和價値的堅守。

三、君子堅守本心，不怨天，不尤人

子曰：「莫我知也夫！」子貢曰：「何為其莫知子也？」子曰：「不怨天，不尤人，下學而上達。知我者，其天乎！」（〈憲問〉）

孔子回答弟子說：「沒有人瞭解我啊！」子貢再問：「老師爲何說沒有人瞭解您呢？」孔子說：「我即使遇到挫折，也能不怨恨上天，不責怪他人，並且能下學人事，上達天理。瞭解我的人，恐怕只有上天吧！」

「不怨天，不尤人」，孔子面對挫折或誤解，並不將責任歸咎於外在因素。他認爲，怨天尤人並不能解決問題，反而應該專注於自身的修養與努力。這是一種高度的心理成熟和情感控制。「下學而上達」，孔子認爲，學習應該從日常的人事（下學）出發，最終領悟到天理（上達）。君子所關心的事，不在於一般人的瞭解與否，而在於我們能否從人倫知識的學習，上體天理。「知我者，其天乎」，孔子感嘆世人對他的誤解，但他並不爲此沮喪，因爲他相信自己的志向和行爲符合天命，最終會被天地所理解。這反映了他對自身使命的堅定信念。

孔子表現出對挫折的超然態度，他既不責怪環境，也不埋怨他人，而是選擇反思自我、提升自己，這種品質展現了君子的風範。即使被誤解，孔子仍然相信自己肩負的使命，並認爲天命必然理解自己。這種信念是一種堅定的使命感，激勵人們堅持正道，即使短期內得不到理解。

孔尚任（1648–1718）是清代著名的戲劇家和詩人。他的代表作《桃花扇》講述了明末愛國士人侯方域和秦淮名妓李香君的愛情故事，並以兩人情感的破裂隱喻明朝滅亡的悲劇。孔尚任藉此作品揭示了亡國的教訓，批評了權臣的腐敗和統治階層的失德。在創作《桃花扇》時，因其內容而遭受非議，甚至被認爲有反清思想。孔尚任沒有因此退縮，仍以深厚的歷史責任感完成了這部經典，展現了忠君愛國的情懷，並最終成爲中國戲曲史上的名篇。

文森特・梵高（1853–1890）是一位荷蘭後印象派畫家，以其獨特的畫風和充滿情感的作品聞名於世。他的作品，如《星夜》、《向日葵》、《麥田與柏樹》，深深影響了現代藝術，但他在世時卻幾乎未被人理解，甚至有人認爲他的作品是「怪誕」且毫無價值的。梵高不在意他人的評價，始終專注於創作，用畫筆表達自己對生命和世界的理解，最終成爲後世藝術界的傳奇人物。

他們都是以「不怨天，不尤人」的態度，在逆境中創作出傳世之作。他們堅守理念與創作初心，無論面臨多大的阻力，最終被歷史和後人所認可。他們的精神是對文人風骨與文化藝術的最佳詮釋。

四、君子求仁無怨，不助無德之人

冉有曰：「夫子為衛君乎？」子貢曰：「諾！吾將問之。」入曰：「伯夷、叔齊，何人也？」曰：「古之賢人也。」曰：「怨乎？」曰：「求仁而得仁，又何怨？」出，曰：「夫子不為也。」（〈述而〉）

君子終生奉行「行仁」，但是如果沒有達到自己想要的結果，會怨恨嗎？君子對於沒有仁德的領導人，會協助他嗎？

冉有問：「老師是否會幫助衛君（衛靈公）施政呢？」子貢說：「好！我來問一下老師。」子貢進入孔子的廳堂之後，說：「請問老師，伯夷、叔齊是怎麼樣的人呢？」孔子說：「他們都是古代的賢人。」子貢問：「那他們（行義而無報）難道沒有怨恨嗎？」孔子說：「求仁而得仁，又何怨？」意思是說：「他們都是追求仁道而得到仁德的君子，又有什麼值得怨恨的？」子貢告退而出，對冉有說：「老師不會幫助衛君。」

這段對話中，孔子藉伯夷和叔齊的故事，向弟子闡明了「求仁而得仁」的理念，體現了孔子對仁道和個人追求的堅持，以及他對如何選擇施政對象的慎重態度。

這段談話可以分成三個部分來瞭解。第一部分呈現出孔子的「求仁而得仁」核心思想。伯夷、叔齊是傳說中的商末周初的賢人，他們不願意接受周武王的供奉，退隱到首陽山，以採野菜維生，最終餓死。他們的行爲代表了一種對仁義的極致追求。孔子的回答「求仁而得仁，又何怨？」表明，只要一個人追求仁道，並實現了自己的道德理想，那麼即使結局不如人意，也無需怨天尤人，因爲他們已經獲得了精神上的滿足與成就。第二部分呈現孔子對衛靈公的態度。衛靈公是以奢靡、缺乏道德而聞名的君主，孔子對這樣的施政對象心存疑慮。他藉伯夷、叔齊的例子表達了自己不願爲這樣的君主效力，因爲孔子認爲，服務於無法理解仁義的統治者，無法實現自己的理想。第三部分呈現「子貢的智慧與機智」。子貢透過間接的提問，巧妙地從孔子的話中推斷出了他對衛靈公的不認同，這體現了子貢作爲孔子高徒的敏銳和洞察力。

孔子在這段對話中，通過讚揚伯夷、叔齊的品格，突出了「爲仁而仁」的精神價值。他認爲仁道的實現不在於外在的回報，而在於內心的圓滿，這種價值觀展現了高尚的道德追求。孔子拒絕爲衛靈公施政，並非逃避，而是出於對自己理想和原則的堅持。他認爲，眞正的仁政需要以品德高尚爲基礎，爲不值得的人效力只會違背自己的仁道。

在現代社會中，個人可能會面臨取捨與妥協的困境。孔子的「求仁而得仁」啓示我們，追求內心的價值和理想比外在的物質回報更爲重要。只要做到對得起自己的內心，就無需介意外界的得失。孔子對施政對象的選擇表明，我們在現代職場或合作中，也應當謹愼挑選合作夥伴或團隊，確保彼此有共同的價值觀和目標，否則難以實現理想。

我們舉兩個例子：

黃宗羲是明末清初著名的思想家，被譽爲「中國啓蒙思想的先驅」。清朝建立後，許多明末遺民選擇爲清廷效力，但黃宗羲拒絕清廷的征召，選擇以學術與教育的方式延續自己的理念。他的代表作《明夷待訪錄》是一部政治哲學巨著，主張「天下爲主，君爲客」，對君主專制制度進行了深入的批判，被視爲中國政治思想史上的革命性作品。他的理念影響了後來的康有爲、梁啓超等改革派思想家，也成爲清末改良運動的重要理論基石。

亨利・大衛・梭羅（Henry David Thoreau）是美國作家、哲學家、超驗主義代表人物。梭羅因反對美墨戰爭和奴隸制度，拒絕繳納稅款。他認爲這些稅款支持了他不認同的政府政策，最終被捕入獄。梭羅在〈論公民的不服從〉中明確表達了拒絕與不公正的權力合作的立場，強調個人有責任反抗不道德的法律。他對個人良知與正義的堅守啓發了後來的非暴力抗爭運動，包括甘地和馬丁・路德・金。

這些人物在面對理念分歧時，選擇不支持與自己價值觀相悖的人或團體。他們的選擇展現了對眞理與原則的忠誠，即使在困難與孤立中，仍然堅守內心的信仰。他們的事跡啓發我們，眞正的成功來自於對理念的堅持，而非妥協或迎合外界的壓力。

第三節　自處的智慧

一、君子守仁，不以失仁得富貴，不以棄仁去貧賤

子曰：「富與貴是人之所欲也，不以其道得之，不處也；貧與賤是人之所惡也，不以其道得之，不去也。君子去仁，惡乎成名？君子無終食之間違仁，造次必於是，顛沛必於是。」（〈里仁〉）

「追求富貴、逃離貧賤」是人的天性，也是再正常不過的事，但是如果必須以犧牲仁義爲代價，君子會如何處理？

孔子說：「富貴的生活是每個人都想要的，可是一個仁德君子如果不循正當的途徑，即使得到富貴，他也不會接受的。貧賤的生活是每個人都厭惡的，可是對一個仁德君子來說，如果要他不循正道來脫離貧賤，他也是不願意的，一位君子如果離開了仁道，他還怎麼稱爲一位君子呢？一位仁德君子他是不會有片刻時間離開仁道的，即使是在急遽倉促之時，他也是如此，甚至在流離困頓之時，他也是如此。」

人在遇到名利誘惑或挫折橫逆時，應當如何自處？由於人會執著，因此當我們面對生命之不如意時，常因執著而產生許多痛苦。睿智如孔子，又如何建構其自處之道呢？第一、堅守正道的原則。孔子的這段話反映了君子的原則性，強調無論是富貴還是貧賤，都應該以仁道爲準繩。這種堅守展現了道德的力量，也體現了對自我內心價值的忠誠。第二、不因外界環境改變價值觀。面對富貴，君子不失仁；面對貧賤，君子不棄仁。這種態度展現了超越物質與環境的精神境界，鼓勵人們不爲利益誘惑或困境所動搖。孔子這段談話點出君子當以「仁」爲立身的依據，不管人生際遇是順利，或是坎坷，君子但求以仁行道，不因富貴貧賤而改變。

在現代社會，個人可能面臨利益與原則的衝突，例如職場中的不正當競爭或快速致富的誘惑。孔子的這段話提醒我們，誠信與正直比短期的利益更重要，堅持正當途徑才能贏得眞正的尊重。當個人陷入困境時，可能會選擇妥協以求解脫，但孔子的觀點告訴我們，貧賤並不可恥，放棄道義才是眞正的失敗。在逆境中堅守價值觀，才能展現眞正的勇氣與品格。

伯夷與叔齊是中國古代商末周初的人物，以忠義、仁德和節操聞名於世。商朝末年，伯夷和叔齊因不願接受周武王的封賞，選擇退隱首陽山，堅持節操，以採野菜維生，最終餓死。他們寧願餓死也不願背離自己的價值觀，堅守仁德和忠義，被後世視爲節操的典範。孔子在《論語》中提到伯夷與叔齊：「求仁而得仁，又何怨？」就是在讚賞二人追求仁德並付諸實踐的精神。

聖方濟各（Saint Francis of Assisi）是義大利天主教會聖人，方濟各會的創立者，是基督教歷史上最著名的仁愛與清貧的象徵。他出身於義大利的富商家庭，但他放棄繼承財產，選擇過清貧的生活，投身於慈善事業，救濟窮人。他因推崇簡樸生活、尊重自然、關愛貧困者而被譽為「全世界的窮人的朋友」。聖方濟各的思想與行動深刻影響了中世紀的宗教信仰、慈善事業以及現代環保理念。

二、君子謀道不謀食，憂道不憂貧

子曰：「君子謀道不謀食。耕也，餒在其中矣；學也，祿在其中矣。君子憂道不憂貧。」（〈衛靈公〉）

孔子說：「君子重在追求仁道而不重謀取生計。即使務農耕種，都有饑餓而無以維生的可能；而若能致力於學習，祿位自在其中。君子只擔心不能行道，卻不擔心淪於貧困的境遇。」

孔子的這段話體現了三個內涵。第一、「君子謀道不謀食」。孔子認為，君子的核心追求應是仁道與正義，而非僅僅為生計或物質所困。對君子來說，是否能行道、堅持仁德，比物質上的豐裕更爲重要。第二、「耕也，餒在其中矣；學也，祿在其中矣」。務農可能面臨自然災害或收入不足，導致生活困難；但若專注於學習仁義之道，提升自我修養，則可能獲得祿位或成就人生價值。這句話反映了孔子對「學習仁道」的高度重視。第三、「君子憂道不憂貧」。君子的憂慮在於是否能堅守道義，而不是對物質生活的擔憂。這展現了君子的精神高度：即使生活貧困，也要保持對正道的堅持。

現代社會常常將物質成功視爲人生目標，「君子謀道不謀食」這段話提醒我們，眞正的價值不僅在於財富和地位，更在於是否能夠堅守道德，追求內心的平靜與成長。在經濟壓力與社會競爭加劇的現代，人們容易因貧困或失敗感到焦慮。孔子的「憂道不憂貧」告訴我們，無論身處何種困境，只要堅守正道，就能找到人生的意義。

我們來舉兩個歷史人物的例子：

楊震是東漢名臣，以廉潔著稱，拒絕收受不義之財，留下「天知，地知，我知，子知」的千古名句。王密曾受楊震推薦擔任縣令。爲感謝知遇之恩，夜攜黃金十斤前來拜訪答謝。面對王密的黃金，楊震正色說道：「我推薦你是因爲相信你的品行，你卻用黃金來玷污我的清白嗎？」王密堅持說：「此夜深無人知之。」楊震嚴詞回應：「天知，地知，我知，子知。何謂無人知？」楊震不爲個人利益所惑，堅守清廉與正直，成爲廉政的典範。楊震以「清白傳家」爲家訓，要求子孫清廉正直。他說：「子孫若如我，留錢作甚？賢而多財，則損其志；不肖而多財，則增其過。」（後代若像我，不需要錢財；若不肖，有財反而害人。）

戴克里斯（Diogenes of Sinope）是一位古希臘哲學家，犬儒主義（cynicism）的主要代表之一。他的哲學核心是倡導簡樸生活，拒絕物質財富和被視爲犬儒主義的創始者之一。戴克里斯倡導簡樸生活，反對物質追求。戴克里斯以徹底實踐其哲學著稱。他放棄一切財產，住在一個破爛的陶罐裏（或說是酒桶），以乞討維生。他經常用犀利的言辭批評當時社會的虛僞與貪婪。有一天，亞歷山大大帝慕名而來，想見識這位奇特的哲學家時，戴克里斯正在曬太陽。亞歷山大站在他面前，問道：「我是亞歷山大，有什麼我可以爲你做的？」戴克里斯冷淡地回答：「請不要擋住我的陽光。」亞歷山大聽後，並未感到羞辱，反而讚歎地說：「如果我不是亞歷山大，我願做戴克里斯。」這段對話不僅體現了戴克里斯對權力與榮耀的鄙視，也反映出他內心的豐盈與不依賴外物的自由。而亞歷山大的反應則表現出對這種哲學的敬佩。

這些人物在不同時代、不同文化背景下，展現了「君子謀道不謀食、憂道不憂貧」的精神。他們的故事啓示我們，眞正的價值在於堅守信念與道義，即使在貧困、壓力或危險中，也不改初心。

三、君子安貧樂道，富而好禮

子貢曰：「貧而無諂，富而無驕，何如？」子曰：「可也。未若貧而樂，富而好禮者也。」（〈學而〉）

孔子不是個不食人間煙火的人，他瞭解溫飽與富貴都是人們追求的目標，但是孔子認爲，還有比溫飽與富貴更重要的價值。

子貢問孔子說：「如果有人貧窮而不諂媚富人，富裕而不驕傲，那怎麼樣呢？」孔子說：「還不錯。但是還比不上貧窮卻安貧樂道，富裕卻愛好禮義的人啊！」

孔子的這段話表達了他對於貧富與品德的看法，強調了內在修養和道德操守的重要性，超越了物質境遇的限制。

「貧而不諂，富而不驕」，這是子貢提出的標準，指一個人在貧窮時能保持自尊，不巴結富人；在富裕時能保持謙虛，不驕橫。這種品德已經是一種值得稱道的境界，表現出對自我價值的堅守和對他人的尊重。孔子認爲，僅僅做到「不諂不驕」還不夠，更高的境界是「安貧樂道」與「富而好禮」。「貧而樂」：即使身處貧困，也能自得其樂，樂於追求仁道與內心的充實。「富而好禮」：即使擁有財富，也能以禮義待人，不因富貴而失去謙遜與規範。孔子強調，「超越物質，重在品德」，不管是貧窮還是富裕，最重要的是保持內在的品德，這才是君子應追求的境界。

孔子透過這般與子貢的對話展現出三種不同內涵。第一、「內在品德勝於外在境遇」。孔子的回答凸顯了道德修養的重要性，認為一個人的價值不在於他擁有多少財富，而在於他是否能在任何境遇中都保持仁德與自律。第二、「平衡物質與精神的追求」。「貧而樂」與「富而好禮」展現了一種精神上的自我超越。即使物質生活匱乏，也能從道德與學問中獲得快樂；即使生活優渥，也能用禮義來規範自己，保持謙遜。第三、「人生境界的層次」。孔子將「貧而不諂，富而不驕」視為可貴，但認為「安貧樂道，富而好禮」是更高的層次，進一步揭示了他對人生理想的深刻理解。

在當代社會，很多人將貧富作為成功與否的標準，但孔子的思想提醒我們，眞正的價值在於內心的安定與品德的高尚，與物質多少無關。「貧而樂」告訴我們，即使身處逆境，也應保持樂觀，尋找生活的積極意義；「富而好禮」則提醒我們，即使在順境中，也應謹愼自守，不忘禮義。

周敦頤，宋朝著名的儒家思想家，是中國理學的奠基人。他以提倡「以理為本」的哲學思想著稱，影響了後來的二程（程顥、程頤）以及朱熹等儒家大師，被尊為「理學之祖」。此外，他的〈愛蓮說〉更是流傳千古，他以「蓮花」引喻君子，展現了他高尚的品格與對君子之道的理解。周敦頤生活清貧，卻以道德修養為樂，將仁道融入日常生活與學術。

阿米什人（Amish Community）是一個基督教宗教團體，源自十七世紀的歐洲，現主要分布於美國和加拿大。他們以極爲簡樸的生活方式、不使用現代科技、強調家庭與社區價值而聞名，是現代社會中極具特色的一個群體。他們的信仰與生活方式體現了對物質主義的抗拒，並強調靈性、社群和信仰的核心地位。他們的簡樸生活和精神追求，啓發我們重新思考現代化與傳統、物質與精神的平衡。他們堅守的價值觀，不僅是對信仰的忠誠，也是對人性本質的追尋。

四、君子任何時地，均不改其樂

子曰：「賢哉，回也！一簞食，一瓢飲，在陋巷。人不堪其憂，回也不改其樂。賢哉，回也！」（〈雍也〉）

「日日是好日，時時是好時」是出自禪宗的話語。看似簡單的一句話，實則蘊含著深刻的哲學智慧和生活態度。這句話表達了一種積極面對生活、超越分別心的精神，提醒我們珍惜當下，活在每一個當下。對於儒家來說，只要心中有仁德，無論何時何地，經濟條件如何，也是充滿歡喜的。孔子特別舉顏回爲例。

孔子說：「賢德啊，顏回這個人！吃著一小簍飯，喝著一瓢清湯，居住在簡陋的巷子裏。別人都不能忍受這種清寒的生活，而顏回卻不改他（追求理想）的快樂。賢德啊，顏回這個人！」

「一簞食，一瓢飲，在陋巷」描寫了顏回極爲清貧的生活狀況。普通人面對這樣的清寒生活，難以忍受，感到痛苦與絕望。然而顏回卻以修身、追求仁德爲樂，從不因貧困而改變內心的喜悅與堅持。孔子因此稱讚顏回是位賢德的君子。孔子這段話鼓勵我們樂觀面對人生，只要心中有道，那麼日日是好日，歲歲是好年。在面對挫折之時，當保持向道的信念，以超越人生的困頓處境。

顏回能在簡陋的生活條件中保持快樂，說明幸福並非來自外在的物質富足，而是源於內心的滿足和對人生方向的堅持。當代人面對快節奏和物欲橫流的社會，這種心態彷彿是一帖解藥，提醒我們適時停下腳步，珍惜眼前的簡單美好。

現代社會中，許多人追求物質享受而忽略了內心的需求。顏回的故事啓示我們，眞正的幸福並非只是來自財富，而是內心的豐盈與精神的滿足，因此我們要學會尋找內心的快樂。面對困難與清貧，我們應像顏回一樣，在逆境中保持信念，找到支持自己前進的價值與信念，堅守內心的平靜與希望。

我們來介紹兩位安貧樂道的賢者：

顏回，春秋時期魯國人，是孔子的得意門生之一。顏回以其品德高尙、學問淵博和安貧樂道的精神著稱，孔子對他推崇備至，稱其爲「賢人」，並認爲顏回是仁德的典範。顏回的一生短暫而清苦，卻以堅韌的意志和高尚的德行成爲後世尊崇的楷模。歷代文人多以詩文讚美顏回，例如唐代詩人杜甫的詩句「顏回終身貧，道存心不貧」。顏回的事蹟被寫入《論語》等經典，並被雕塑、繪畫等藝術形式記錄下來，成爲文化遺產的一部分。

阿爾伯特・史懷哲（Albert Schweitzer）是德國著名的醫生、哲學家、音樂家、神學家和作家，同時也是諾貝爾和平獎得主。他的一生充滿了對人類和自然的熱愛，並以無私的奉獻和廣博的學識贏得了世人的尊敬。他最爲人熟知的是他在非洲建立了醫院，爲弱勢群體提供醫療服務，展現了他對生命的無限關懷。他的名言：「唯有服務於他人，人生才會有意義。」「我唯一的目標就是幫助所有需要幫助的人。」「敬畏生命就是所有倫理的最高原則。」他的行動被稱爲「對人類良知的喚醒」，激勵了全球的人道主義運動。

五、貧而無怨難，富而無驕易

子曰：「貧而無怨難，富而無驕易。」（〈憲問〉）

有沒有想過一個問題，「不抱怨」與「不驕傲」比較，哪個比較難做到？孔子提出他的看法。

孔子說：「貧困而不怨恨別人很難做到，富有而不驕傲比較容易做到。」

孔子的這句話揭示了在人生不同境遇中保持品德的難易程度，特別強調了貧困與富裕對人心的挑戰。貧困會帶來生存壓力，許多人在物質匱乏之時容易對外界產生不滿，將自身的不幸歸咎於他人或社會環境。能夠在貧困中依然保持內心的平靜，不怨天尤人，是非常不容易的，是需要極高的道德修養和堅韌的意志。富裕的生活提供了物質保障，人們在富有時往往心態更加寬裕。與面對貧困相比，避免驕傲顯得相對容易。不過這並不是說富而無驕一定輕鬆，仍然需要內在的自律與謙遜。

在當前充滿挑戰的社會環境中，許多人因經濟壓力感到沮喪，孔子的話提醒我們，重要的是克服內心的怨恨，尋求積極的出路。在富足的生活中，容易滋生驕傲和自滿心理。孔子的話告訴我們，應該保持謙遜和感恩之心，用財富和地位爲社會帶來更多正面影響。

孔子的「貧而無怨難，富而無驕易」既是一種人生哲理的總結，也是對我們內心修養的深刻啓發。它提醒我們，在任何境遇中，都要以道德和理性爲指引，克服情緒和環境的影響，成爲一個眞正的君子。這句話的智慧，不僅適用於古代，也爲現代人提供了面對生活挑戰的寶貴指導。

吳敬梓是清代文學家，以《儒林外史》聞名於世。《儒林外史》是中國文學史上第一部諷刺小說，以幽默的筆觸深刻揭露了封建科舉制度的弊端和讀書人的虛僞，具有重要的文學與社會意義。吳敬梓原本出身於富裕的士紳家庭，在家道衰落後，過著清貧的生活。

他性格率直，不與當時的官場文人同流合污，寧可忍受貧困，也不向權貴屈服。生活中依靠友人接濟，甚至賣書賣字維生，但始終保持對文學創作的熱情。在貧困中保持自尊與創作熱情，成就了不朽的作品。吳敬梓的一生，充分地詮釋了君子的「貧而無怨」。

股神巴菲特（Warren Buffett）以謹慎的投資策略累積了數千億美元，但他一直過著簡樸的生活，他至今仍居住在一九五八年以三萬一千五百美元購買的房子裏，並且極少炫耀財富。他每天的早餐經常來自麥當勞，費用不超過3.17美元。巴菲特承諾將百之分九十九的財富捐贈給慈善事業。他與比爾・蓋茨共同發起了「捐贈誓言」（The Giving Pledge），鼓勵全球富豪承諾將大部分財富回饋社會，用於改善教育、全球健康和貧困問題。巴菲特不因財富自傲，反而以務實低調的生活方式成爲後輩學習的榜樣，充分詮釋了「富而無驕」。

第八單元

生活的藝術

前言

「生活藝術」與今日我們所熟知的「藝術」呈現方式有很大的不同。當代藝術往往局限於特定的領域，如繪畫或雕塑，或集中於特定的場所，如音樂廳或展覽館。然而孔子擅長各種藝術活動，更難能可貴的是，他將藝術融入了日常生活之中。

比如，在《論語》中提到的第二單元第三節——弟子言志的場景中，曾點在發言之前「鼓瑟希，鏗爾」，這句話不正說明了他在發言前一直未停止彈奏樂器嗎？孔門弟子在音樂伴奏下相互討論，這樣的場景，既帶有趣味，又體現了藝術的融入。這僅僅是生活中加入藝術的一個例子，而本單元要探討的是更深層次的主題：孔子的「生活」本身即是一種藝術。

俗話說：「民以食爲天」，意思是對普通人來說，沒有什麼比吃飯更重要的了。然而《論語．里仁》中提到：「士志於道，而恥惡衣惡食者，未足與議也。」這句話表明，對於精神有所追求的人而言，飲食或許是最不值得重視的事了。然而即便如此，飲食也不能被忽視。在陳絕糧的情境中，不僅反映了孔子及弟子在從政生涯中所遭遇的困厄，還展現了物資匱乏對生活的實際影響。由此可見，生活中的基本需求雖然不被過分強調，卻與生活品質息息相關。

因此，本單元將從「飲食」這一日常話題談起，並規劃爲三個部分。第一節，以《論語．鄉黨》爲例，展現孔子嚴謹而優雅的生活品格，並揭示日常生活的藝術境界；第二節，以山水之趣爲主題，探索仁者和智者與自然親近的關係；第三節，討論音樂表現的和諧，以及音樂與人類情感和精神境界之間的深刻聯繫。

第一節　生活的滋味

一、享受而不放縱、專注而不分心

食不厭精，膾不厭細。……肉雖多，不使勝食氣。惟酒無量，不及亂。……食不語，寢不言。（〈鄉黨〉）

禪宗講求「一心不亂」，強調在每一件事情中投入全部的注意力。無論是吃飯還是睡覺，都應該專心致志，做到「吃飯就是吃飯，睡覺就是睡覺」。這是一種對當下的尊重，亦是對生活的徹底投入。「不要挑三揀四」反映了一種簡單的生活態度，是禪宗倡導的

「知足常樂」的體現。過分挑剔飲食是一種執著，而禪宗要求我們放下這種對「好與壞」的分別心，以平常心對待生活的每一部分。與禪宗的精神相同，孔子對於吃飯、睡覺、飲酒，也是主張專注與平常心。

孔子吃飯的時候，「不會因為飯食的精細好吃就吃得太飽。……即使用餐時的肉類很多，也不會暴飲暴食到氣漲的程度。即使酒是隨意喝取，卻不至於喝到敗亂德性的程度。……孔子吃飯時不與人談話，就寢時也不自言自語。」

孔子的飲食習慣和生活哲學展現了一種既追求品質又講究節制的生活態度，這對現代人理解健康生活和自律管理具有深遠的啟發意義。

孔子對於飲食的生活藝術展現在以下四個方面。第一、生活的精緻與自律平衡。「食不厭精，膾不厭細」表明他對飲食質量的重視，追求精緻但不奢靡。這在當代啟發我們，要懂得品味生活的細節，注重生活品質，但同時保持節制，不過分沉迷於享受。「惟酒無量，不及亂」則更進一步強調了這種自律的精神，即便適度放縱，也需保持道德和行為的底線。第二、飲食要健康。孔子強調飲食應當適量，不因物質豐富而暴飲暴食（「肉雖多，不使勝食氣」）。這正符合現代營養學的理念，過猶不及。現代人在食品選擇豐富的情況下，這種對身體和胃口的尊重顯得尤為重要，提醒我們珍惜食物，避免浪費。第三、專注與專心的智慧。孔子提到「食不語，寢不言」，表明他重視在不同場景中的專注。進餐時，他專注於食物的滋味與品質，休息時則專注於內心的平靜。這種專注與專心的態度，對於當代充滿干擾的生活方式具有啓發作用：我們在吃飯時放下手機，在睡前放空雜念，才能更好地品味生活。第四、節制中的豐盛。孔子的生活哲學是一種「以節制爲豐盛」的智慧，他並非拒絕美好事物，而是以自律和克制爲基礎，去享受生活的眞實滋味。這種態度與當代極簡主義不謀而合——少即是多，適度享受才能擁有長久的幸福感。

孔子的飲食哲學對現代人具有兩層啓示：第一、在物質充裕的今天，追求精緻的生活品味，但不被物質支配，學會享受而不放縱。第二、在生活的每一刻都保持專注，無論是吃飯、休息還是工作，專注才能體驗生活的本眞。

孔子的飲食哲學與中醫的養生觀念相輔相成，對於當代健康生活具有重要指導意義：第一、適當選擇精緻且健康的食材，注重飲食的質量。這是符合孔子所強調的「食不厭精，膾不厭細」。第二、在養生觀裏，中醫認爲「脾胃爲後天之本」。進餐時避免暴飲暴食，控制分量，保護脾胃功能。這是符合孔子提到的「內雖多，不使勝食氣」。第三、適量飲酒可助情志舒暢，但放縱飲酒則會耗傷正氣，導致心肝火旺，損害身心健康。第四、用餐時專注當下，培養一種「食養心，食養身」的態度。這正是孔子主張的「食不語，寢不言」。

總之，孔子的飲食哲學不僅是生活態度的展現，更是符合中醫養生理論的一種智慧，提醒現代人在注重飲食享受的同時，也要守住節制與健康的平衡。

二、重視行立坐臥的威儀

升車，必正立執綏。車中，不內顧，不疾言，不親指。（〈鄉黨〉）

行、住、坐、臥是日常生活的基本動作，這些動作的儀態不僅是禮儀的體現，更能反映一個人的氣質、修養和內心狀態。無論是古代的修身之道，還是現代對個人形象的重視，行住坐臥的儀態都被認爲是內在修養的外在表現。孔子是怎麼表現出他的儀態呢？

孔子登上馬車，「一定會端正站好並且握緊馬車上的繩子」。孔子站在馬車裏，也會做到「眼睛不東張西望，不大聲喧嘩，手也不指來指去地亂動」。

這段話描繪孔子乘車時的謹慎，在用車頻繁的今日，肯定還有值得我們學習踐履之處。在佛教中也有這樣的言教：「行如風，立如松，坐如鐘，臥如弓。」在孔子亦然，行住坐臥都愼重以對，無一言語苟且，又不過於嚴肅；無一行動拘謹，又不過於粗率；既有節度，又不爲節度所拘束等等，如此才能展現中君子應有的威儀。

孔子登車的行爲與姿態體現了他對禮儀與內心修養的高度重視。孔子「正立執綏」，表現了對外在儀態的重視。這種行爲並非僅僅是形式，而是內在修養的外在呈現。在現代生活中，我們的行爲舉止反映了對生活的尊重與對他人的禮貌。孔子在馬車上的行爲，

「不內顧，不疾言，不親指」，強調了內心的專注與行爲的自制。「不內顧」意味著專注於當前的位置與角色，不因外在事物而分心。「不疾言」和「不親指」提醒我們，在公共場合中應克制情緒，保持言行得體，這正是現代文明社會所推崇的素養。

孔子的這些行爲雖然看似細微，卻充分體現了他對「小事不苟」的態度。這告訴我們，生活中的細節反映了內心的態度，從細節入手修養自己，是提升生活質量的重要方法。孔子登車的這些行爲，體現了一種「以小見大」的生活哲學：通過規範小細節，實現對自我修養與生活品質的提升。這種細緻入微的態度啓發我們，不僅要注重大事的成功，也要在生活的每個瞬間，找到禮儀與修養的平衡，活出「生活的滋味」。

我們來舉兩個例子：

作爲京劇表演藝術的泰斗，梅蘭芳在臺上每一個動作都精益求精，衣著、步伐、手勢無不講究。他認爲臺上的每個細節，都應該體現中國傳統文化的美感與威儀。梅蘭芳的儀態與表演融合，讓觀衆看到的不僅是藝術，還有文化中的修養與美學。

英國女王伊麗莎白二世在每次公開露面中，無論是服裝、表情還是行爲，都保持高度一致的威儀，體現了君主制的尊嚴與穩定。她的帽子與服飾搭配精心設計，與民衆見面時言語得體，注重微笑與肢體語言的禮儀。女王的威儀塑造了英國皇室作爲國家象徵的核心價值，贏得全球尊敬。

中外許多歷史人物通過對自身威儀的重視，體現了個人修養、身分與責任的高度統一。他們以舉止得體和言行有度，塑造了個人和集體的形象，也贏得了周圍人的尊重，啓發我們在現代生活中更加注重自身的威儀，從小事中展現高尙的品格與責任感。

三、既守禮又誠實的情商

問人於他邦，再拜而送之。康子饋藥，拜而受之。曰：「丘未達，不敢嘗。」（〈鄉黨〉）

待人接物是一門學問，更是一種情商，這不僅關乎我們如何與人交往，更關乎如何處理人際關係中的情感與智慧。因此，學習如何得體地待人接物，是每個人提升自我修養與情商的重要課題。孔子以自身爲例，展現他在待人接物上的作法。

孔子在請託使者向外國友人問好時，臨行之前會向使者拜兩次而送行。當季康子饋贈藥物給孔子，孔子先拜謝而接受，再說：「我孔丘尚未通達藥理，不敢親嘗這個藥物。」

孔子的行爲體現了他在細節上的禮儀和謙遜，也反映了對他人和自身責任的高度重視。孔子在使者出行前「再拜而送之」，展現了對使者任務的重視與對友人的尊重。這種禮節不僅是形式，更是情感的傳遞，表達了他對他人辛勞和任務的高度關切。即便在現代社會，對他人表達感謝和關心的小動作（如送行時握手、道謝時起身），依然是增進人際關係的重要方式。它提醒我們，禮儀不僅是形式，更是對人際關係的用心。

孔子接受禮物時，先行拜謝，然後謙虛表態，這體現了他的高情商。他既沒有直接拒絕禮物而讓對方尷尬，也表明了自己的態度，展現了「不失禮」的智慧。在現代社交中，如何接受或拒絕他人的善意是一門藝術。比如收到禮物或請求幫助時，先表示感謝，再根據實際情況表達態度，能有效避免尷尬，增進雙方的情感聯繫。

孔子接受季康子的藥物時，謙虛地表示「丘未達，不敢嘗」，體現了他對自身知識局限的認知，以及對健康與藥物的謹慎態度。這種不輕易嘗試、不輕言妄動的謙遜態度，避免了不必要的風險。在現代生活中，這種對未知事物的謹慎態度，特別是在健康與醫學領域，依然適用。它提醒我們，在做出重大決策（例如服用藥物、嘗試新方法）之前，要充分瞭解其背後的科學依據。

孔子在這些看似瑣碎的細節中，展現了他對生活和人際關係的深刻理解。這種細緻入微的態度，提醒我們生活中的每個小細節都有它的重要性：尊重他人，珍視機會，謙遜處事，才是通往和諧與成功的道路。

李時珍是明代著名的醫學家，在編纂《本草綱目》時，對於每種藥材的效用與毒性進行了詳細的調查研究。他不盲目相信舊有記載，而是親自考察藥物來源，甚至對一些藥材進行小劑量的試驗，謹慎地記錄藥性，確保其準確性。李時珍對中藥的態度與孔子相似，他承認自身知識的局限，通過深入研究避免誤導後人，體現了科學的嚴謹和對健康的負責。

愛因斯坦在科學研究中，不輕易在自己未完全理解或確認的理論上署名。有一次，他的學生提出了一個新想法，要求愛因斯坦與其聯名發表，愛因斯坦拒絕了，因爲他認爲自己尚未完全瞭解這一新理論的正確性。愛因斯坦的謹慎體現了對知識的負責態度，與孔子拒絕嘗試不熟悉的藥物相似，都是對未確定事物的謙虛與敬畏。

這些中外例子共同體現了一種謙虛與謹慎的態度：對未知的事物不輕言妄動，對已有的知識保持敬畏，對風險進行充分的考量。這種態度在現代生活中依然十分重要，尤其在面對快速變化與未知挑戰時，更需要孔子這種「未達，不敢嘗」的智慧與態度。

四、侍人接物的周到

師冕見，及階，子曰：「階也。」及席，子曰：「席也。」皆坐，子告之曰：「某在斯，某在斯。」師冕出，子張問曰：「與師言之道與？」子曰：「然，固相師之道也。」（〈衛靈公〉）

在生活中，侍人接物周到，不僅體現了對他人的尊重，也展現了自身的修養與細膩。通過傾聽、關注細節、主動幫助等方式，我們能夠讓他人感受到溫暖與誠意，從而贏得信任，促進和諧的人際關係。周到並非刻意，而是一種自然而然的細心與關懷。當我們以周到的態度對待他人，也會收穫更多的友誼與美好。我們來看看孔子如何接待視障者。

魯國的樂師冕來見孔子，走到了臺階前，孔子說：「這有臺階。」師冕走到座位前，孔子說：「這是座位。」所有人都坐定後。孔子告訴師冕說：「某某人在這裏，某某人在這裏。」師冕離開後，子張問說：「這就是接待樂師的方式？」孔子：「是的！這就是扶助（盲人）樂師的方法啊！」

這段記載展現了孔子對細節的敏銳關注和對他人的貼心照顧，尤其體現在他對盲人樂師師冕的接待方式上。從中我們可以看出以下幾點深刻的意義，首先，孔子爲盲人樂師師冕詳細指引路徑與座位，體現了對他人需求的細緻關懷，尤其是對弱勢群體的平等與尊重。他不因師冕的視力障礙而怠慢，反而更加用心。其次，孔子對盲人樂師的貼心指引，顯示出他不僅僅是禮貌待人，更在於設身處地考慮對方的特殊需求。孔子的行爲提醒我們，對弱勢群體的尊重和關愛不應僅僅是形式，而應落實到每一個細節中。他用簡單而明確的指引，避免師冕感到不適或困惑，這是一種對生活與生命態度的智慧。

孔子接待盲人樂師師冕的方式，不僅是一種禮儀的展示，更是一種對生命價值的尊重，是一種以細節爲基礎的關懷哲學。從這個故事中，我們學到了關懷與尊重的重要性，以及如何在細節中體現高尚的德行與智慧。這種精神在中外文化中一脈相承，並在現代社會中繼續發揮深遠影響。

清末實業家張謇，在創建工廠時專門設立「盲工坊」，爲視障人士提供工作機會，幫助他們謀生，體現了對弱勢群體的關懷。張謇的行爲與孔子的態度一致，尊重每個人的價値並爲其提供支持。盲聾作家海倫・凱勒（Helen Keller）的老師莎莉文（Anne Sullivan），耐心指導她用手觸摸學習世界，幫助她克服障礙，最終成爲一位傑出的作家和教育家。莎莉文的用心與孔子對師冕的細心引導如出一轍，表達了對弱勢群體的深切關愛。

如今許多公共場所設置了無障礙空間、語音引導系統，這些設計與孔子的精神一脈相承，體現了對視障者和其他弱勢群體的尊重。現代社會中的無障礙設計，延續了孔子對特殊需求群體的細緻關懷。很多企業爲身心障礙員工提供特殊支持（如彈性工作時間或專門設備），這正是對孔子精神的當代實踐。

五、謹慎對待祭祀、戰爭與疾苦

子之所慎：齊，戰，疾。（〈述而〉）

《左傳》中有句名言：「國之大事，在祀與戎。」它揭示了古代社會中，祭祀與戰爭對國家的重大意義。這兩者分別關乎精神信仰與實際生存，是維繫國家穩定與發展的兩大支柱。在此之外，孔子認爲，戰爭所帶來的民生疾苦，也要謹愼關注因應。

「子之所愼：齊，戰，疾」意思是說：「孔子最謹愼小心的國家政事是祭祀的齋戒、戰爭，與因戰爭導致的民生疾苦。」表明他對祭祀的齋戒、戰爭和疾病等重大事務的高度謹愼態度，體現了他對宗教、政治和民生的深刻關懷。這三項事務關係到天地人和，孔子以謹愼的態度處理，揭示了他的人文理念與社會關懷。

首先是對天地的敬畏：祭祀是古代社會的重要儀式，象徵著對天命與祖先的敬重。孔子對祭祀的態度非常嚴肅，主張在祭祀前應齋戒，保持身心的純淨，充分體現了他對宗教禮儀的尊重。其次是對戰爭的謹愼：孔子認爲戰爭是國家大事，應該謹愼對待，不能輕啓戰端。他對戰爭的反思更多集中於對人民的影響，尤其是戰爭帶來的傷亡和疾苦。最後是對民生的關懷：孔子將「疾」視爲需要謹愼對待的事務，這不僅指個人的健康，更是對社會疾苦的關注，特別是在戰爭引發的災難中。

周公旦在制定「周禮」時，對祭祀禮儀的細節非常重視，強調齋戒與誠敬，確保儀式莊重而不流於形式。周公與孔子一致，認爲祭祀既是對天地的感恩，也是一種文化傳承。

醫學家張仲景，生活於東漢末年，社會動盪、連年戰亂，飢荒和瘟疫肆虐，讓他深刻認識到疾病對人民生活的巨大影響。他在飢荒中撰寫《傷寒雜病論》，用以應對瘟疫，拯救百姓生命。他對疾病的關注不僅是醫學問題，更是對民生的深刻關懷。張仲景的行爲與孔子的理念一致，將疾病視爲國家與人民的大事。

蘇格拉底在臨死前仍堅持向雅典城邦的神明獻祭，表現了他對宗教的深刻敬意。他認爲祭祀不僅是一種形式，更是一種心靈的洗滌。他認爲，雖然自己即將死去，但神明賦予他靈魂不朽的信念，這值得感恩。蘇格拉底的虔誠態度與孔子的齋戒理念相呼應，強調儀式中的誠敬之心。

國際紅十字會（International Red Cross）以救死扶傷爲宗旨，無論是在戰爭、自然災害或流行病中，都致力於保護病患的生命與健康。在第一次世界大戰期間，紅十字會在戰地設立臨時醫院和護理站，爲傷病士兵提供緊急醫療服務，減少了大量士兵因得不到救治而死亡的情況。第二次世界大戰期間，紅十字會爲數百萬戰俘提供食品、醫療用品和精神支持，幫助他們渡過困難。紅十字會的行動是孔子思想在現代的具體實踐，從「愼戰，愼疾」的理念到全球人道主義行動，展現了對生命、和平與健康的高度關注和責任感。

第二節　山水的靈性

一、智者樂水，靈動喜樂；仁者樂山，寧靜年壽

子曰：「知者樂水，仁者樂山；知者動，仁者靜；知者樂，仁者壽。」（〈雍也〉）

想想看，你比較喜歡成為仁者，還是智者？你比較喜歡登山，還是戲水？當然，最好能成為一位既是仁者，又是智者，既愛登山，又愛戲水的人生是多麼地美好。

孔子說：「智者喜愛水，而仁者喜愛山；智者的心思靈動，而仁者敦厚寧靜；智者處世得宜常處悅樂，而仁者心安理得延年益壽。」

孔子這段話將「智」與「仁」形象化，分別以水與山作為比喻，展現了兩種理想人格的特質與價值。孔子以水比喻智者，強調智慧的靈動與適應力。水能隨形而變，遇高而升，遇低則流，象徵智者因應變化的能力。智者的思維敏捷、富有創造性，能洞察世事，抓住機遇，因此常處於快樂之中。孔子將仁者比作山，象徵穩定與沉靜。山巍峨高大，不

爲外界所動，體現仁者的敦厚與堅守。仁者安於本心，追求道德與關懷，秉持善良與寧靜，因此心安理得，延年益壽。「智」與「仁」並非對立，而是兩種相輔相成的處世之道。智者的靈動使人能探索未知，仁者的寧靜讓人安享生活。二者結合，既能推動事物進步，又能維持內心的平和，是人生圓滿的境界。

在現代社會，孔子的這段話依然具有深遠的啓示，尤其是在快節奏的生活中，我們如何平衡追求成功與內心的安寧。現代生活充滿挑戰與變化，我們需要像智者那樣靈活應對。但同時，也要學會像仁者一樣堅守道德與價值觀，不隨波逐流，保有內心的寧靜。「智者樂，仁者壽」啓示我們，快樂與健康密不可分。現代醫學也證明，心態積極、樂觀的人，更容易延年益壽。因此，學會從生活中尋找快樂，並保持善良與平和，是我們應該努力實踐的智慧。

孔子的這段話用簡練的比喻揭示了人類性格與生活態度的兩大方向，爲我們提供了深刻的人生哲學——既要靈動適應，又要寧靜堅守，才能在變化與穩定之間找到幸福與長久的平衡。

孔子本人就是一位仁者的典範。他喜愛山，認爲山象徵著穩定與堅韌。傳說孔子曾登上泰山，俯瞰大地，感歎：「登泰山而小天下。」在孔子的眼中，山是一種道德和精神的寄託，代表仁者內心的堅守與從容。他的穩定與沉靜，使他成爲萬世師表，將仁愛與道德傳授給後人。

印度的聖雄甘地可以算是一位現代仁者。他以穩定和沉靜的方式，倡導「非暴力、不合作」，以柔克剛，堅持信念，推動印度獨立運動。他外表溫和但內心堅定如鐵，代表「仁而不弱」的力量，感化了千萬人，成爲和平的象徵。

諸葛亮是智慧的化身，與水的靈動特性相契合。他智慧超群，知天文地理、善謀略、能屈能伸、出師北伐、草船借箭、七擒孟獲，皆顯智慧與靈活調度。他如水般應變自如，是「智者樂水」的象徵。

希臘神話中的奧德修斯（Odysseus）是智慧與靈活的代表。他在海上的冒險中，多次運用計謀與靈動的智慧化險爲夷。例如，他在面對巨人獨眼波利菲摩斯（Polyphemus）時，用計策讓巨人喝醉，並機智地用假名「無人」欺騙敵人，最終帶領船員成功逃脫。他的機智如水，能在困境中找到生路。

這些故事中「山」和「水」的特性，正是人生兩種處世之道的象徵。在現代社會，我們可以從仁者的穩定中學會內心的寧靜與堅守；從智者的靈動中學習靈活應對變化的能力。如同山與水交融的自然景色，人生需要穩定與靈動的平衡，才能走向眞正的豐富與幸福。

二、逝者如斯，歲月如河水晝夜不停

子在川上曰：「逝者如斯夫！不舍晝夜。」（〈子罕〉）

自古以來，無人不感嘆時光的飛逝，在感嘆之際，也油然產生珍惜當下之感。曹操在〈短歌行〉中發出「對酒當歌，人生幾何！譬如朝露，去日苦多」的感慨。陶淵明在〈雜詩〉中也有「盛年不重來，一日難再晨。及時當勉勵，歲月不待人」的體悟。李白〈將進酒〉以「君不見高堂明鏡悲白髮，朝如青絲暮成雪」來描繪光陰似箭。蘇軾在〈赤壁賦〉中也以「逝者如斯，而未嘗往也；盈虛者如彼，而卒莫消長也」來提醒人們珍惜當下的生活。我們小時候，也經常唱一首兒歌：「太陽下山明早依舊爬上來，花兒謝了明年還是一樣地開……我的青春小鳥一樣不回來」，提醒自己要珍惜自己的青春年少。

孔子站在河畔，說「流逝的時光就像這條河水啊！晝夜不停。」這段話充滿了對時間流逝的深刻思考，也揭示了孔子對生命與時間的哲學態度。

孔子以河水的永不停止比喻時間的流逝。水日夜奔流，象徵時間從不因人而停留，提醒我們生命中的每一刻都珍貴，應該善加珍惜，充分利用。流水不停，不僅象徵時間的不可挽回，也暗示了自然的力量與生生不息的精神。孔子以水不舍晝夜的特性來自我譬喻，藉此啓發我們，人生雖然短暫，但應該像流水一樣，始終不懈努力，不因困難而停滯。這正是《易經》中「天行健，君子以自強不息」的具象表現。孔子以流水爲喻，反映出他對自然的敬畏與學習。他認爲，人應以大自然爲師，從天地運行的規律中汲取智慧，學會珍惜當下，追求進步。

這段話儘管出自兩千多年前，但在現代社會中，依然具有深遠的啓示，尤其是在當下節奏飛快、生活壓力巨大的情況下，要珍惜時間，莫負韶華。現代人經常忙碌於瑣事而忽略了時間的流逝，孔子的話提醒我們，生命如河水般短暫又不可逆轉。無論是學習、工作還是家庭，都應以珍惜時間爲前提，不要讓寶貴的時光虛度。

我們可以想像，孔子站在河邊，凝視著奔流不息的河水，學生們圍坐在旁，靜靜聆聽他的教誨。那一刻，孔子不僅是在講述時間的哲理，也是爲弟子們點燃了一盞生命之燈。他希望學生們能明白：時光不可逆轉，但努力與堅持，可以爲生命賦予無限的價值。

許愼是東漢時期的語言文字學家，編撰了中國第一部字典《說文解字》。許愼一生專注於漢字研究，在資料有限、條件艱苦的情況下，憑藉堅韌毅力完成《說文解字》。這部書奠定了中國文字學的基礎，對後世影響深遠。許愼以學問報國的精神和持之以恆的努力，體現了「自強不息」的文化內涵。

尼克・胡哲（Nick Vujicic）出生於澳大利亞，天生沒有四肢。然而他並沒有因此自暴自棄，而是積極面對人生，用他的勇氣和行動影響著世界。他學會游泳、踢足球，甚至成為了一名國際演說家，激勵了無數人。尼克的故事告訴我們，生命的價值不在於身體的完美，而在於內心的堅韌和自強。他珍惜生命的每一刻，用努力書寫了一段感動人心的傳奇。

他們兩位是眾多照耀歷史長河中的人物之一，體現出對生命的每一個時刻生命的珍惜，為人類留下了偉大的著作與感人的故事，也提醒我們「珍惜時間，莫負韶華」。

三、融入大自然的純真美好

「點，爾何如？」鼓瑟希，鏗爾，舍瑟而作。……曰：「莫春者，春服既成，冠者五六人，童子六七人，浴乎沂，風乎舞雩，詠而歸。」夫子喟然歎曰：「吾與點也！」（〈先進〉）

你喜歡大自然嗎？人類離不開自然，因為自然是生命的根基與精神的港灣。它不僅提供物質上的支持，還通過景觀之美、環境之清、聲音之和，給予我們無窮的身心愉悅。珍惜並融入自然，能讓我們找到內心的平靜與幸福。在大自然面前，人們更可以感覺自己的渺小，以不設防的純真心情與自然交流。孔子也讚許人們與大自然的融合，享受大自然帶來的愉悅。孔子非常讚許人與自然的融合。

孔子說：「曾點啊，你的志向如何？」曾點彈奏瑟的聲音漸歇，放下瑟發出鏗鏘之音，起立回答：「我希望能在暮春三月，穿著已經製成的春衫，和五六個大人，六七個孩子，在沂水邊洗浴，再到祭祀祈雨的舞雩臺上吹風，最後歌詠而歸。」孔子嘆了一口氣說：「我認同曾點的志向。」

這一段談話表現出孔子對曾點志趣的讚賞。曾點在這段話中表達了一種樸素而美好的生活志向：他嚮往與自然和諧相處，享受人際的簡單純真，以及天地之間的清風明月。這種志向並不以世俗功名或物質追求爲核心，而是關注心靈的愉悅和精神的自由。

孔子對此的認同，展現了儒家思想中對「眞性情」的尊重，表明儒學不僅關注社會規範和道德實踐，還有對個體生活情趣和精神境界的深切關懷。曾點的志向強調了一種追求內心安定、自然舒適的生活態度，這與儒家的「和而不同」「天人合一」的核心理念一脈相承。

此外，這段對話讓我們看到孔子的教化智慧：他並未強求弟子效法他自己關注禮樂教化和國家治理的志向，而是尊重弟子的個性化追求，這體現了其教育思想的包容性。

在現代社會，人們面臨著快節奏生活和無止境的競爭壓力，曾點的志向提醒我們，簡單、平凡卻充滿詩意的生活，也是一種生活方式，它啓發我們放慢腳步，關注內心的滿足，而非一味追求物質或名利的堆砌，也是一種值得肯定與追求的人生態度。這種心態在現代可以轉化爲「心靈的療癒」或「慢生活」的理念，幫助我們在複雜的社會中找到內心的平靜和生活的意義。

東晉時期的文學家陶淵明的歸隱田園，無疑正是最好的例子。陶淵明厭倦了官場的腐敗和世俗的束縛，選擇歸隱田園，追求自然和心靈的自由。他回到家鄉，過著「晨興理荒穢，帶月荷鋤歸」的田園生活。他親自耕種，以田野為伴，並寫下如〈桃花源記〉、〈飲酒詩〉等名篇。他崇尚「採菊東籬下，悠然見南山」的寧靜生活，從中獲得身心的愉悅。陶淵明的生活態度啓發我們：即使生活簡樸，也可以在自然與文化中找到豐富的精神世界。他的故事告訴我們，人可以從繁忙的塵世中退一步，尋求內心的寧靜。

英國浪漫主義詩人威廉・華茲華斯（William Wordsworth）以對自然的熱愛和描寫著稱，他的生活與詩歌都深深植根於英國湖區。華茲華斯生活在湖區，經常漫步於山水之間。他的詩如〈錫線山行〉（Tintern Abbey）讚美自然風光，並表達自然對人類心靈的撫慰作用。他認為自然是最純粹的精神導師，可以啓發人們的情感與智慧。華茲華斯教導我們，回歸自然能讓我們重拾內心的平和，並找到生活的眞正意義。他的作品啓迪人們重新認識自然的價值。

這些故事從不同時代與文化出發，展現了自然與人文的交融之美，啓發我們尋求心靈的寧靜與生活的本質。無論是歸隱山水、親近自然，還是從簡樸中感受樂趣，它們都告訴我們：幸福不在於外界的繁華，而在於內心的和諧與安定。

第三節 音樂的造詣

一、音樂讓人喜悅到廢寢忘食

子在齊聞韶，三月不知肉味。曰：「不圖為樂之至於斯也！」（〈述而〉）

有人讀書會廢寢忘食，但音樂可能比讀書更容易達到廢寢忘食的境界，因爲它直接觸及人類的情感、記憶與精神世界。音樂以節奏、旋律、和聲爲媒介，超越語言和邏輯的限制，喚起內心深處的共鳴，使人沉醉於純粹的感受之中。音樂都有超越物質需求的力量，讓人沉醉其中，感受到人類精神世界的無限深邃與美好，讓人容易「廢寢忘食」也就不意外了。孔子也是個聽到好音樂，也會沉醉到「廢寢忘食」的例子。

孔子在齊國聽到了舜所制作的「韶樂」，快樂得三個月都不知肉味爲何。他說：「沒有料想到音樂的妙用會到達這種境界啊！」

先介紹一下「韶樂」，相傳舜帝時代創作的一部禮樂作品，代表了古代最高水平的音樂形式。它被視爲中國上古禮樂文明的象徵，結合音樂與道德教化，具有教化人心的作用。孔子在齊國聽到「韶樂」後，感到極大的精神愉悅，以「三個月不知肉味」，深刻體現了音樂的心靈震撼力。他感受到音樂在精神層面的極致效果，以至於連肉味這樣的物質感受都被忽略，展現出音樂對心靈深層的觸動。他的感歎「不圖爲樂之至於斯也！」道出他對音樂力量的驚歎，這種力量超越了單純的技巧或表層感官，而直指心靈的昇華。

在孔子的心目中，音樂不僅是娛樂的工具，更是一種教化與淨化心靈的媒介。孔子提倡音樂作爲治國的重要手段，認爲好的音樂可以促進社會和諧。他視「韶樂」爲理想國度的象徵，代表了君子之道與德治的最高境界。

孔子的感悟提醒我們，藝術不僅是娛樂工具，更是滋養心靈、提升精神境界的重要途徑。當代音樂創作應追求內涵與價值，避免淪爲純粹的商業化產品。孔子的經歷強調音樂教育的重要性。藝術教育能培養人的審美能力，促進人格的完善與情感的豐富。在現代快節奏生活中，音樂可以作爲心靈的慰藉，幫助人們平復情緒，恢復內心的和諧與寧靜。

不只是孔子讚歎音樂的境界與妙用，中外更有不少哲人將自己的生命與音樂完全結合在一起：

魏晉時期的嵇康在其代表作之一的〈琴賦〉中表達了對音樂的深刻理解，認爲音樂是一種與自然契合、與心靈共鳴的藝術形式。他的音樂精神不僅體現了魏晉名士對自由的渴望，也爲後世提供了對藝術和生命本質的深刻啓迪。在嵇康的音樂世界裏，琴音已超越了技藝的層面，成爲一種哲學，一種讓人忘卻外物、心靈超然的境界。另傳說〈廣陵散〉是一首雄渾壯麗的琴曲，表現了俠士聶政刺韓相俠累的傳奇故事，充滿了大氣磅礡的英雄氣概。嵇康臨刑前的最後一曲就是〈廣陵散〉，彈奏完後他說：「廣陵散於今絕矣。」這一曲成為嵇康不屈精神的象徵。〈廣陵散〉的壯烈正是嵇康人格的眞實寫照。他對自由的追求、對權勢的不妥協，通過這首琴曲表現得淋漓盡致。

柏拉圖（Plato）在《理想國》（*The Republic*）中認為，音樂的和諧能淨化靈魂，讓人達到精神上的愉悅與提升。他認為音樂是一種通向「至善」的媒介，人可以因此忘卻肉體的需求。貝多芬在創作〈第九交響曲〉時，儘管完全失去聽力，依然全身心投入到音樂中。他曾說：「音樂是比一切哲學更高的啟示。」這種對音樂的全然沉醉讓他忘卻痛苦，與孔子的感受異曲同工。〈第九交響曲〉因其宏大的音樂結構與〈歡樂頌〉的精神內核，被認為是人類音樂的巔峰之作。音樂表現了對人類和平與和諧的熱愛。〈第九交響曲〉像「韶樂」一樣，以藝術的形式喚醒人們對美好與善良的渴望。

無論是嵇康的〈琴賦〉、〈廣陵散〉，還是貝多芬的〈第九交響曲〉，他們都透過音樂傳遞了深刻的人生智慧與生活態度。他們的作品提醒我們，音樂不僅能陶冶情操，更能啟迪人心，引領我們思考生命的價值與意義。

二、音樂演奏，經「翕純皦繹」而至圓滿

子語魯太師樂，曰：「樂其可知也。始作，翕如也；從之，純如也，皦如也，繹如也，以成。」（〈八佾〉）

季節有春夏秋冬，生命有生老病死，萬物有成住壞空，文章有起承轉合，那麼音樂的歷程是什麼呢？孔子認爲一個美好的音樂，也應該有四個階段，而至圓滿。

孔子和魯國樂師談論音樂，說：「音樂大概是可以瞭解的。一開始演奏，有著眾音並作的變動繁盛；繼續進行時又呈現音韻調和之美，音節分明，相生不絕，以至於圓滿結束。」

孔子的這段話將音樂的演奏過程分爲「翕純皦繹」四個階段，呈現出對音樂本質的深刻認識：孔子認爲音樂應有內在的邏輯與層次，從「翕如」的繁盛到「純如」的和諧，再到「皦如」的清晰，最後「繹如」的連綿不絕，最終達到「以成」的圓滿。他的描述展現了音樂從多樣性到統一性的動態發展過程。孔子也強調音樂應有協調之美，音樂的變化與和諧並存，既需要有層次的起伏，又需要有統一的結構，這不僅是一種技術層面的追求，更是一種哲學性的體悟。

孔子的音樂觀提醒我們，任何藝術創作都需要內在的邏輯與層次性，從多樣化的起點逐漸統一，並最終呈現出一種圓滿的結構之美。孔子所描述的音樂發展過程，與人生的經歷頗爲相似：從初始的多樣性與混亂，到逐漸的和諧與清晰，最後達到圓滿的境界。這種過程提醒我們，生活如同音樂，需要在變化中尋找秩序，在多樣中追求和諧。

孔子的音樂觀不僅是一種藝術的理論，更是一種生活的智慧。透過對音樂結構的深入理解，他展現了藝術如何成爲統一美感與精神教化的橋梁，爲我們提供了關於藝術創作與人生哲理的啓示。

中國歷史悠久，孕育了許多偉大的音樂家，他們的作品融合了文化、哲學與民族特色，對中國音樂發展產生了深遠影響。李延年是漢代著名的音樂家，被稱爲中國古代音樂的奠基人之一。當時的漢武帝非常重視音樂和藝術，用以彰顯國家文化的繁榮和強大。他在漢武帝時期創作了大量宮廷樂曲，特別擅長融合民間與宮廷音樂。他的〈佳人曲〉被認爲是中國古代音樂與詩歌相結合的經典之作，傳達了高雅的審美情趣。唐代詩人白居易熱愛音樂，他的詩與音樂密不可分，創作了許多膾炙人口的作品。他的〈琵琶行〉配合琵琶彈奏，形成音詩結合的經典，充分展現唐代音樂藝術的魅力。他的〈長恨歌〉以唐玄宗與楊貴妃的愛情悲劇爲題材，情感濃烈，語言華麗，極具戲劇性。〈長恨歌〉被譜成樂曲，廣泛傳唱於唐代，是文學與音樂結合的典範。

沃爾夫岡・阿瑪迪斯・莫札特（Wolfgang Amadeus Mozart），這位古典音樂的巨匠，不僅以其卓越的技藝創作了數百部作品，更以他音樂中所蘊含的深刻精神意義影響了後世。莫札特的音樂既展現了純粹的美學價值，也包含了對人性、情感和宇宙秩序的深刻洞察。其中〈小夜曲〉（Eine kleine Nachtmusik）旋律流暢、結構簡潔，傳達出純粹的歡愉與自然的和諧。它象徵著對生活本質的熱愛，讓人感受到無憂無慮的生命之美。〈費加羅的婚禮〉（Le nozze di Figaro）用輕鬆幽默的方式揭示了愛情、階級與社會的不平等，表現了莫札特對人性中複雜情感的深刻理解。〈土耳其進行曲〉（Rondo alla Turca）簡單活潑的旋律充滿了歡樂與動感，體現了莫札特音樂的普世性，讓每個人都能感受到音樂的快樂。〈安魂曲〉（Requiem）則是莫札特未竟的最後作品，充滿對死亡的思考與對靈魂的安慰。音樂中的莊嚴與悲愴傳達了對生命短暫的深刻認識。

三、人格養成三部曲：詩、禮、樂

子曰：「興於詩，立於禮，成於樂。」（〈泰伯〉）

在學校裏，強調「德智體群」教育，以培養學生成爲一個全人格的人。在孔子那個年代，孔子認爲全人教育的內容應該是什麼呢？

孔子說：「人因爲讀《詩》而興發情感，因學禮而能立身處世，又因爲習樂而養成人格與氣度。」

孔子用「詩」、「禮」和「樂」三個層次，勾勒出了一個人從情感啓發到人格完成的成長過程，這反映了他對教育與人生哲學的深刻理解。第一、「興於詩，是情感的啓發」。孔子認爲，《詩經》中的內容能夠啓發人的情感，讓人感受自然、社會與人生的多樣面貌。透過詩歌的學習，人們能夠陶冶情操，感知美好，並學會表達內心的情感。第二、「立於禮，是行爲的規範」。孔子認爲，學習禮儀使人能夠立身處世，懂得如何與他人和諧共處。「禮」提供了社會規範與道德準則，幫助人們養成端正的品格和良好的行爲習慣。第三、「成於樂，是人格的完成」。孔子認爲，「樂」能陶冶人的氣質與性情，使人格達到和諧與圓滿。音樂不僅僅是一種娛樂形式，更是一種內在修養的手段，幫助人們感受到宇宙的秩序與人生的和諧。

孔子的這三重觀點對現代教育具有重要啓發意義：教育不應僅限於知識傳授，更應注重情感啓發（興於詩）、行爲規範（立於禮）以及人格培養（成於樂），從而實現學生的全面發展。在快節奏的現代社會中，人們往往忽視詩歌、音樂等藝術形式的價値。孔子的觀點提醒我們，藝術能夠啓迪智慧、陶冶性情，是人生成長不可或缺的部分。孔子提倡「立於禮」，強調社會規範與個人道德的重要性。在當代社會，這啓示我們要重視禮儀教育，推動良好的人際關係與社會秩序。孔子的「成於樂」表明音樂具有調節情緒、促進心理平衡的作用。在當代，音樂治療已被證明對心理健康有極大的幫助，體現了孔子思想的前瞻性。

我們來談兩個音樂與生命價值的故事。孔子本身就是一個例子。從孔子對於音樂的見解，可以瞭解到孔子對音樂沉浸之深、造詣之精。就來說說孔子學音樂的故事。孔子年輕時曾向古代著名樂師師襄學琴。他練習了一首曲子後，師襄稱讚他已經掌握了技藝，但孔子不滿足，說：「還沒有體會到這首曲子的精神。」他繼續練習，直到掌握了曲子的韻味、創作者的內心世界及其背後的道德內涵。後來，孔子說：「我感受到了這首曲子創作者的內心世界。他是一位高大威嚴、滿懷自信的人，這曲子表現出他的品格和志向。我知道這曲子是爲文王所作的。」師襄聽後大爲驚歎，感慨道：「果然是你啊，這就是音樂的最高境界。」孔子透過學琴不僅磨煉了技藝，更培養了他深入追求精神內涵的性情，體現了他注重人格與氣度的修養。

約翰・藍儂（John Lennon）在一九七一年創作歌曲〈Imagine〉，被譽爲二十世紀最具影響力的和平歌曲之一。歌詞中反覆呼籲「想像所有人和平地活在一起」（Imagine all the people living life in peace），強調人類的共通性。歌詞表達了一種超越現實的理想主義情懷，簡單的旋律與歌詞傳遞了對世界和平的美好願望。他的音樂超越了個人和國界，啓迪人們追求平等、友愛和世界大同。他的音樂不僅感染人心，也塑造了他作爲和平使者的人格形象。藍儂透過音樂將和平理想化爲現實行動，音樂成爲塑造他人格與氣度的重要途徑。

四、肯定他人階段性的成就

子曰：「由之瑟，奚為於丘之門？」門人不敬子路。子曰：「由也升堂矣，未入於室也。」（〈先進〉）

每個人都喜歡被鼓勵而非懲罰。老師面對學生，家長面對小孩，領導面對部屬，甚而朋友之間，如果能夠多鼓勵與肯定來面對對方的進步，一定可以增強彼此的和諧，提升他人的自信心與動力。孔子就是一位願意肯定弟子的老師。

孔子說：「子路把瑟彈成這個樣子，怎麼能算是我的門人呢？」其他弟子聽了，就不尊敬子路。孔子知道了，就馬上補充說：「子路的功力，算是已經進到我家的大廳，可是還沒進到我的房室而已，子路的學養已達到一定的程度，只是尚未臻於精微奧妙之境而已。」

孔子的話語展現出他作為老師的深刻洞察力與包容心。當他說「由也升堂矣，未入於室也」時，不僅肯定了子路的進步，也指出了其尚需努力的方向。孔子並沒有僅因子路彈瑟技藝不足就全盤否定他，而是以一種溫和且建設性的態度，鼓勵其進一步學習和提升，顯示出他教育理念的寬容與深邃。

同時，孔子即時補充的言辭糾正了其他弟子的態度，避免了門人之間的相互輕視，展現出孔子注重門人之間和諧與互相尊重的價值觀。

現代社會中，個體成長和學習的步伐不盡相同，孔子的話提醒我們要善於看到他人階段性成就，避免苛責。在職場或教育環境中，領導者與教育者應如孔子般，學會在肯定成績的同時指出不足，激勵個體向更高層次邁進。團體內部應營造一種互相理解和尊重的氛圍，避免因個別人的短板而引發不必要的歧視或衝突。

孔子「雖未入室但已登堂」這段話爲現代人提供了關於學習態度、領導藝術和人際和諧的寶貴啓示，值得反覆咀嚼。

曾國藩是清末著名的政治家和軍事家，他帶領湘軍平定了太平天國之亂。然而，左宗棠這位湘軍的重要將領，雖然才華出衆，性格卻相當剛愎自用，與曾國藩時有矛盾。即便如此，曾國藩仍然肯定左宗棠的才華，並在軍事上給予他充分的發揮空間。雖然左宗棠在學術涵養和人格修養上尚有不足，但曾國藩欣賞其卓越的軍事能力，視其爲得力助手。正是這份肯定，促使左宗棠後來在平定新疆叛亂中建立不朽功勳。曾國藩懂得包容左宗棠的性格缺點，充分肯定其專業能力，這種做法既留住了人才，也促成了更大的事業成功。

發明大王托馬斯・愛迪生（Thomas Edison）的助手法蘭克林・萊瑟（Franklin Leonard Pope）是一位學徒出身的年輕人，雖然知識儲備不如那些學院派專家，但他擁有卓越的實踐能力和創新精神。愛迪生在日常實驗中發現萊瑟的操作非常精準，創造力也頗爲出色。

愛迪生曾說：「萊瑟雖未完全理解我的思想精髓，但他已經是我最好的執行者之一。」這份肯定讓萊瑟信心倍增，後來成爲愛迪生實驗室中的中流砥柱，參與了多項重要發明。愛迪生的肯定展現了他作爲領導者的胸懷，認可人才的不同層次，並在適當的位置上發揮其長處，實現雙贏。

這些故事表明，一位成功的領導者或老師，應懂得欣賞和肯定部屬或學生的階段性成就，即使他們尚未達到最精深的境界。這種激勵式的評價能促進個人成長，同時助力團體的長遠發展。

第九單元

品德與領導

前言

教育並不僅僅是對舊知識的儲存與傳承，更是一個培養具備前瞻性的新一代的過程。人類作為高度群體化的社會性動物，依賴群體的合作來延續發展。在這樣的群體中，領導與組織是不可或缺的，而領導者究竟應具備哪些要素？這不僅是歷史長河中的重要議題，更是今日社會的核心命題。

當我們談及領導，人們常常聚焦於領導者與被領導者之間的權力關係，將領導簡化為權謀與技巧的較量。這種思維往往忽略了領導的更高層次意義：如何使人群朝向共同的理想邁進。如果領導僅僅是一門技術，群體存在的價值與理想將無從談起。然而孔子的思考卻給出了不一樣的答案。他強調，眞正的領導不在於權力的制衡或高超的管理技巧，而在於領導者自身對理想的體認與對群體的奉獻精神。

孔子認為，領導的核心在於品德修養。只有具備崇高品德與遠大理想的領導者，才能將群體引向和諧與美好的境地。他特別重視領導者的內在修為，認為這是領導成功的基石。這種觀點不僅僅是哲學的智慧，更為我們今天的領導學研究提供了寶貴的啓示。

本單元將從以下三個層面深入探討孔子的領導觀：第一節揭示領導者須服膺的理想：闡述領導者應該以何種價值與目標為核心，確保領導行為符合道德與社會的最高標準。就領導者而言，決定其領導作爲之價值位階，關鍵在於他對共同理想的認知與體悟。若缺乏對理想的修爲，則無法成爲眞正的領導者，反而使私我成爲領導作爲的核心，而領導一事也將淪爲權力追逐的技術操作。

第二節強調領導者的品德修養：探討如何通過修身養性來提升自身的道德水準，成爲值得信賴的領袖。領導眾人絕對不是一件容易的事！而考驗領導者的正是被領導者。他們既觀察領導者做事的能力（才），同時也在評估領導者是否值得信任與託付（德）。所以領導者除須有做事的才能外，還必須以其品德贏得信任。值得注意的是，領導者的人格修養常是成敗關鍵，並且在細節中顯現。

第三節探討領導者的知人善任：分析領導者如何識別人才、合理用人，以實現群體的整體發展與目標。知人、用人是一大學問，領導者如果不善於知人、用人，常與他本身的偏蔽有關，這就是「惑」。領導者不可能沒有好惡，也不可能沒有看法與判斷；但若不能常常省察，將造成好惡失度，剛愎自用，看法轉成偏見，漸而障蔽其心。史書所載導亂致禍之例，斑斑可考。因此，對領導者而言，常自省其障蔽，是不可或缺的修養工夫。

孔子的思想啓發我們，領導不僅是一種角色，更是一種使命。眞正的領導者，是用理想引領群體，用品德影響人心，用智慧團結力量，帶領人們走向共同的理想世界。

第一節　行道——領導者服膺的理想

一、君子有堅持，有權變

陽貨欲見孔子，孔子不見，歸孔子豚。孔子時其亡也，而往拜之，遇諸塗。謂孔子曰：「來，予與爾言。」曰：「懷其寶而迷其邦，可謂仁乎？」曰：「不可。」「好從事而亟失時，可謂知乎？」曰：「不可。」「日月逝矣！歲不我與！」孔子曰：「諾！吾將仕矣。」（〈陽貨〉）

我們在社會上經常碰到一些品性並不是很好的人，但是他又有些權勢，也有些社會地位，應該如何應付呢？孔子也碰到類似的問題。

魯國的陽貨，原是季孫式的家臣，但卻一度執國命，控制了魯國的三大卿大夫家族，掌握魯國的實權，還囚禁他的主公季恒子三年，後來造反失敗，逃奔晉國。陽貨在魯國時，爲官專横跋扈。有一天，陽貨想見孔子，孔子不想見他，陽貨就贈送孔子一隻蒸熟的小豬，好讓孔子（依禮回拜）去見他。孔子趁陽貨外出不在時，前往他的家去拜謝，不料卻在半路上遇見了他。陽貨對孔子說：「來，我有話要跟你說。」他接著說：「懷有珍貴的才德卻聽任國家陷於混亂狀態，這可以說是仁嗎？」一個亂臣賊子以表面上義正詞嚴的話質問孔子，陽貨只能自己回答說：「不可以吧！」陽貨接著又說：「有意出仕施展抱負，卻屢次錯失機會，這可以說是智嗎？」然後又自己回答說：「也不可以吧！」接著陽貨說：「時光流逝，時間不等待我們啊！」孔子勉強敷衍地回答說：「好吧，我將要出仕從政了。」。

從以上的談話中，我們看到孔子的堅持與權變。陽貨想通過送禮和巧言讓孔子妥協並為他所用。然而孔子作為一位以「行道」為志向的君子，表現出既保持原則，又靈活應對的態度：首先，孔子避開陽貨的邀請。孔子明白陽貨贈禮並非真心，而是意圖將他拉攏，甚至利用。為了避免與陽貨正面接觸，孔子選擇在陽貨不在時回禮，體現了他的謹慎與智慧。其次，陽貨的試探與質問。陽貨用貌似正當的言辭質問孔子，試圖以「不仁不智」的道德指控，讓孔子妥協出仕。然而，孔子明白陽貨的真意，並未在辯論中陷入被動。最後，我們看到孔子的承諾與權變。面對陽貨的強勢質問，孔子並未公開對抗，也未全然妥協。他用敷衍的語氣做出出仕的承諾，既不與陽貨正面衝突，又保持了自己的行道初衷。

孔子在這段對話中的表現，展現了他身為君子的理想與權變能力的結合：第一、「原則的堅守」。孔子並未因陽貨的強迫和試探而動搖自己「行道以正」的志向，充分體現了君子在面對外界壓力時的堅韌與堅持。第二、「權變的智慧」。孔子以迂迴的方式避開陽貨，並用模糊的承諾化解危機，既不破壞禮儀，也不輕易被操控，體現了他靈活應對的能力。第三、「行道的執著」。儘管陽貨的品行可疑，孔子仍不忘「行道」的責任。他的承諾表明，即便身處險惡的環境，也不應放棄實踐理想的機會。

在現代職場或生活中，我們常會面對類似的兩難選擇：既要堅持自己的價值觀，又需在複雜環境中尋求折衷。孔子的行為啓發我們，第一、在保持核心原則的同時，也應靈活應對現實，做到原則與妥協的平衡。第二、陽貨用善意的外表掩蓋其自私的目的，提醒我們在面對類似情境時，要保持清醒與洞察，避免被表面利益迷惑。第三、孔子的「行道盡義」理念提醒現代人，即使環境艱難，也不要放棄對理想和正義的追求。無論在公益事業、職場倫理還是個人價值觀的實踐中，都應堅守對社會責任的承諾。第四、我們要有應對複雜環境的智慧。孔子選擇以禮貌而不妥協的態度化解陽貨的難題，啓示我們在面對強勢或不當要求時，可以採取不卑不亢的方式應對，避免直接對抗，也不輕易屈服。

我們來舉兩個爲了落實自己理念，既能「堅持」，也懂「權變」的例子。

明朝大儒王陽明因得罪權臣被貶至偏僻的貴州龍場。雖身處逆境，他堅守「心學」的哲學理想，並在龍場悟出「致良知」的核心思想。同時，爲適應環境，他靈活運用當地的文化習俗進行教化，使思想得以廣泛傳播。例如，貴州龍場文化荒蕪，人們的生活習慣粗鄙。面對這種情況，他並未強硬推行儒家禮教，而是以柔性方式結合當地民俗進行教化。他利用當地的宗族關係和祭祀習俗，引導村民遵守孝道與倫理，逐漸培養出文明與秩序，將儒家思想融入地方文化。王陽明不改內聖外王的教育與治世理想，顯示出他的「堅持」，在逆境中，他因地制宜地推行自己的學說，做到了「權變」。王陽明的經歷告訴我們，困境不僅考驗信念，也需要智慧地轉化挑戰。

美國總統富蘭克林・羅斯福（Franklin D. Roosevelt）在經濟大蕭條時期堅持通過政府干預挽救經濟，但他並未拘泥於單一政策，推出一系列經濟改革措施，包括社會保障制度和公共工程建設。羅斯福曾公開表示：「我們要嘗試一些事情。如果它奏效，我們繼續推行；如果它失敗了，那麼我們要承認並嘗試其他辦法。」他的作法被外界稱之為靈活的「嘗試錯誤法」。即使部分政策失敗，他也迅速調整，最終成功讓美國經濟復甦。羅斯福堅守「以民爲本」的政治信念，顯示出他的「堅持」。他通過靈活多變的經濟政策，應對不同的經濟挑戰，做到了「權變」。羅斯福展示了在困境中堅持目標，同時善於根據現實調整策略的重要性。

二、君子要有知其不可為而為之的勇氣

子路從而後，遇丈人，以杖荷蓧。子路問曰：「子見夫子乎？」丈人曰：「四體不勤，五穀不分，孰為夫子？」植其杖而芸。子路拱而立。止子路宿，殺雞為黍而食之，見其二子焉。明日，子路行以告。子曰：「隱者也。」使子路反見之。至則行矣。子路曰：「不仕無義。長幼之節，不可廢也；君臣之義，如之何其廢之？欲潔其身，而亂大倫。君子之仕也，行其義也。道之不行，已知之矣。」（〈微子〉）

子路跟從孔子出行，略有耽擱而落後了，遇見一個老人，他用木杖擔著一個除草的竹器。子路上前問道：「你有沒有看到我的老師？」老人說：「你們這些人，手足不勞動，五穀也不能分辨，誰是你的老師？」說完，插好木杖就去除草了。子路拱著手恭敬地站在旁邊。後來老人留子路在家裏過夜，並殺雞煮飯來招待他，又叫他的兩個兒子出來和子路見面。第二天，子路辭別了老人，趕上孔子，並告訴孔子昨天的事。孔子說：「這人是個隱者啊！」叫子路再回去看他。走到老人住處時，他已經出去了。子路便對他的家人說：「不出來爲國家盡點力是不應該的。你們既然明白長幼尊卑的禮節不能廢去，君臣的大義，又如何能廢棄呢？爲了保持己身的高潔，反而淡忘了最大的人倫關係。君子出來做

事，是實踐君臣的大義。至於大道無法施行，這是早就知道的事了。」

這則故事記述了子路尋找孔子的過程中偶遇隱者荷蓧丈人，以及雙方對「出仕」的不同態度和觀點碰撞：第一、隱者的觀點。荷蓧丈人認爲子路及其老師不懂得農耕、不勞動，無法與實際生活結合，並且選擇避世隱居。他認爲保持自身的高潔更重要，對「出仕爲政」持懷疑和否定態度。第二、子路的回應。子路尊重隱者的生活方式，但對其不參與社會治理表示遺憾。他認爲，儘管大道難行，君子仍應承擔起君臣之義的責任，以實踐正道爲己任，而非一味隱居保持自身的潔淨。第三、孔子的立場。孔子對隱者的品德表示認可，但認爲「君子之仕也，行其義也。道之不行，已知之矣」，君子的使命不僅是個人的高潔，更在於實踐普世價值。即使大道無法行於天下，仍需「知其不可而爲之」，積極參與社會，盡力推行仁義。

這則故事中彰顯了以下三個意義。第一、「君子之道：實踐而非退隱」。孔子的觀點認爲，「出仕」並非追求個人名利，而是承擔社會責任，踐行君臣之義，這體現了君子「行道盡義」的精神。這種理念倡導積極入世，爲推動社會進步而努力，儘管過程充滿艱難與挑戰。第二、「對隱者的尊重與批判」。孔子雖不認同荷蓧丈人避世隱居的態度，但並未全盤否定他，反而承認其對人倫的堅守，這種平衡態度體現了儒家對多樣價值的包容性。第三、「知其不可爲而爲之的勇氣」。孔子認爲，即使正道難行，君子仍應努力踐行，哪怕影響微小，也能爲後世留下榜樣，體現出其不畏艱難的理想主義與行動力。

這則故事當代的意義爲：第一、服務公職者的公益責任。孔子強調出仕的目的在於實踐正道，而非追求權力與利益。這提醒我們，現代領導者應有清晰的價值目標，以公益爲先，履行對社會的責任，而非僅僅滿足個人野心。第二、積極入世的價值。荷蓧丈人選擇隱居，是對現實不滿的反應，但孔子的積極入世精神提醒我們，僅僅保持個人潔淨並不足夠，參與社會改變才是眞正的責任與價值。現代人無論在職場、社區還是家庭中，都應追求改變，而非一味逃避問題。第三、對多元價值的尊重。孔子對隱者的接納，表現出一種對不同生活方式的理解和尊重，這在多元化的現代社會中尤爲重要。我們應在堅守自我價值的同時，尊重他人的選擇。

中國的歷史上有太多的「知其不可爲而爲之」的偉大人物。屈原、文天祥、諸葛亮、岳飛……等等，他們都是中華文化與民族的精神寶藏。孔子本人就是一位「知其不可爲而爲之」的代表人物。孔子在晚年周遊列國，試圖推行自己的治國理念。他走遍齊、魯、衛等諸侯國，希望統治者採納他的仁政思想。然而春秋時期諸侯爭權，孔子的主張多數不被接受，但他並未因此放棄，依然堅守自己的信念，並以弟子傳承他的思想。孔子明知「大道難行」，仍周遊列國，實踐自己的仁道理想，成爲千古聖人。

外國的歷史中，也有很多「知其不可爲而爲之」的例子，我們來舉一個當代的例子。瑪拉拉．尤薩夫扎伊（Malala Yousafzai）來自巴基斯坦，在塔利班的威脅下，她仍然爲女童教育奔走。即使遭受槍擊，她依然沒有放棄，成爲全球女童教育的象徵，並因此獲得諾貝爾和平獎。瑪拉拉明知教育平權之路困難重重，但她仍以堅韌的行動爭取改變，這種「知其不可為而為之」的精神令人敬佩。

三、人格的追求：志有大小，沒有尊賤

顏淵、季路侍。子曰：「盍各言爾志？」子路曰：「願車馬衣（輕）裘，與朋友共，敝之而無憾。」顏淵曰：「願無伐善，無施勞。」子路曰：「願聞子之志。」子曰：「老者安之，朋友信之，少者懷之。」（〈公冶長〉）

小的時候，大概很多人都被問過，「你的志願是做什麼？」年長後，慢慢發現，志願能否實現，並不僅是個人的努力與否，外在的因緣也會有影響，志願的大小、方向也會逐漸地變化，但若是人格的追求，只要努力，無論結果如何，大小如何，方向如何，都是值得肯定的。這一點，從孔子與弟子的「盍各言爾志」的對話，看得格外清楚。

顏淵、子路侍立在孔子身邊。孔子說：「你們何不各自說說自己的志向？」子路首先說：「我願意把自己的車輛、馬匹、衣服、皮衣跟朋友一起享用，用壞了也沒有怨言。」顏淵接著說：「我希望不誇耀自己的長處，也不張揚自己的功勞。」子路問孔子說：「我們希望聽聽老師您的志向。」孔子回答說：「我希望老年人能得到奉養而安樂，朋友之間

都能以誠信相待，少年人都能得到關懷與愛護。」

這段對話中，孔子與他的弟子討論各自的志向，展現了儒家思想中對理想人格與社會價值的追求。子路希望與朋友分享自己的財富，即使被用壞了也毫不介意，展現了他的義氣與對友誼的珍視。他的志向體現了「義」的精神，但主要集中在個人與朋友之間的小範圍內。顏淵希望不誇耀自己的長處，也不張揚自己的功勞，展現出謙遜與自律的人格追求。他的志向更注重修身，體現了儒家對「德行」的高度重視。孔子提出的理想則超越了個人與朋友的小圈子，擴展到整個社會。他希望老年人能安享晚年，朋友間以誠相待，年輕人能得到關愛與教育。這體現了孔子「仁者愛人」的思想，志在促進整個社會的和諧。

這段對話中，我們看到了三種不同志向所展現出來的人文關懷。第一、子路的熱情與義氣。子路的志向雖然看似簡單，卻展現了他慷慨無私、重視友情的品格，這在現代社會依然是一種值得珍視的美德。第二、顏淵的謙遜與自律。顏淵的志向反映了內在修養的重要性，特別是能做到不自誇、不張揚，需要極大的克制與智慧，這是一種高尚的道德修養。第三、孔子的仁愛與宏願。孔子的志向展現了他以天下為己任的胸懷。他的願望並非為個人榮耀，而是致力於改善整個社會，讓所有人都能安居樂業、相互信任，這種宏大的社會理想成為儒家思想的核心。

這段對話不僅展現了儒家思想中對不同人格特質的重視，還強調了修身、齊家、治國、平天下的思想傳統。子路的義氣、顏淵的謙遜和孔子的仁愛，構成了理想人格的不同側面，爲我們提供了關於志向與責任的重要啓示。孔子提出的「老者安之，朋友信之，少者懷之」，展現了關愛與信任對於人際關係的重要性。在當代社會，這種理念依然適用於構建和諧的家庭、職場與社區。

在古今中外的人物中，不同的人物展現出不同的志向——有的人致力於教育和醫療，有的人專注於藝術和創新，還有的人爲社會改革、軍事保家或環保奮鬥。他們的志向無高低之分，但都通過堅持不懈的努力實現了對社會和人類的貢獻，爲後人樹立了典範。以下介紹兩位以文學藝術爲志向的中外人士：

曹雪芹是清代著名作家，因家族衰落，他過著貧困的生活，但他仍立志完成《紅樓夢》。他投入數十年，傾盡心血創作，記錄了貴族家庭的興衰與人性悲劇，成爲中國古典文學的巔峰之作。曹雪芹的故事表明，偉大的藝術來自於對生命的深刻體悟與不懈追求。

托爾斯泰是俄羅斯偉大的小說家，他立志用文學探討人類的道德和靈魂救贖。他的《戰爭與和平》、《安娜．卡列尼娜》不僅展現了宏大的歷史場景，還深入剖析了人的情感和命運。托爾斯泰的故事表明，文學是探索人生意義的深刻工具。他們都用他們的努力與堅持，完成了志向，也給人類文明帶來了色彩。

四、仁者推己及人，聖者廣施濟衆

子貢曰：「如有博施於民而能濟眾，何如？可謂仁乎？」子曰：「何事於仁，必也聖乎！堯舜其猶病諸！夫仁者，己欲立而立人，己欲達而達人。能近取譬，可謂仁之方也已。」（〈雍也〉）

如何區分「仁者」與「聖者」？孔子提出了一個標準，就是看他對社會及人民有什麼樣的關懷，能做出什麼樣的福祉貢獻。

子貢問孔子說：「如果有領導者對人民廣施恩惠，又能救濟人民，這位領導者怎麼樣呢？可以稱得上是『仁』嗎？」孔子回答說：「這豈止稱得上是『仁』，應該可以稱得上是『聖』了吧！連堯舜恐怕都做不到呢！眞正被稱爲仁者的人，自己要能在社會立身，也希望別人能立身；自己希望能在社會上通達，也希望別人能通達正道。能從自己開始做起，推己及人，這就是實踐仁道的方法了。」

我們來談談這段子貢與孔子的對話。子貢向孔子提問，假如有領導者能廣施恩惠並救濟人民，是否可以稱爲「仁」。孔子在回答中進一步闡明了仁的本質和實踐方法：孔子認爲，能廣施恩惠並救濟大衆不僅是「仁」，更屬於「聖」的範疇，是至高無上的道德境界，甚至連堯舜這樣的聖王都難以達到。這表明孔子對「聖」的要求遠超「仁」，強調聖者須具備非凡的德行與能力。孔子進一步指出，眞正的「仁」是從個人開始推己及人。具體而言，「己欲立而立人，己欲達而達人」強調了仁者在立身處世時，應設身處地考慮他人的需求與處境，以「近取譬」（以自身爲參照）來實踐仁德。

孔子不僅將仁德建立在個人的內在修養上，還強調其在日常生活中的可行性。通過「推己及人」的方式，他使仁的實踐不再是空洞的理想，而是人人皆可努力達成的具體行爲。孔子認爲，仁者的行爲應建立在理解他人需求的基礎上。他提出的「近取譬」是一種普遍的道德準則，無論時代如何變遷，都具有普世價值，適用於多樣化的人際關係。

孔子提到的「廣施於民而能濟衆」，對現代社會中的領導者而言尤具啓發性。眞正優秀的領導者不僅要爲自身的成功奮鬥，更需設身處地爲群體謀福祉，將他人的利益視爲自己的責任。「己欲立而立人，己欲達而達人」爲人際交往提供了普遍原則。它提醒我們，在追求個人成功的同時，應主動幫助他人實現目標，這樣才能構建和諧互助的社會關係。孔子將仁的核心定位爲「推己及人」，這一點對當代社會治理與人際關係都具有實用價值。無論是在家庭、職場還是社會中，學會站在他人的立場考慮問題，才是仁德的最佳體現。

我們舉幾個當代企業家的例子：

曹德旺是中國大陸福耀玻璃集團的創始人，他在帶領公司成爲全球玻璃行業領軍企業的同時，將大量資金投入慈善事業。他建立了河仁慈善基金會，專注於教育扶貧與災後重建，幫助無數人實現生活的改善與夢想。曹德旺的行動體現了企業家回饋社會的責任，成功不僅是個人的成就，也是社會價值的延伸。臺灣的王永慶是臺塑企業的創始人，被稱爲「經營之神」。在實現事業成功後，他致力於推動臺灣的教育與醫療事業。他資助貧困學子完成學業，並建立醫院，爲更多人提供實現健康與知識夢想的機會。他們兩人都是「推己及人」的表率。

外國也有很多「推己及人」的了不起故事，很多企業家在成功之時，都致力於爲社會謀利。星巴克的前執行長霍華德．舒爾茨（Howard Schultz）將星巴克打造成全球咖啡品牌的同時，注重員工的福利與發展。他爲員工提供學費資助計畫，幫助數萬名員工實現接受高等教育的目標。舒爾茨的故事啓示我們，成功者可以通過支持他人的成長，爲企業與社會創造雙贏局面。他是位「推己及人」的表率。

第二節　崇德——領導者的品德修養

一、仁德重於口才

領導眾人絕對不是一件容易的事。而考驗領導者的正是被領導者。他們既觀察領導者做事的才能，同時也在評估領導者是否值得信任與託付。所以領導者除須有做事的才能外，還必須以其品德贏得信任。值得注意的是，領導者的人格修養常是成敗關鍵，並且在細節中顯現。

有的領導人口才好，可以激勵人心，但有的領導人卻是值得尊敬與信任。做為一位領導人，應該如何培養自己的領導風範呢？孔子提出他的看法。

或曰：「雍也，仁而不佞。」子曰：「焉用佞？禦人以口給，屢憎於人。不知其仁，焉用佞？」（〈公冶長〉）

有人批評仲弓說：「雍這個人啊，有仁德卻沒有口才。」孔子就回答說：「靠口才有什麼用呢？只知道用好口才去應對他人，常讓人感到憎惡。仲弓是否可稱得上『仁』我不敢說，但是口才有什麼用呢？」

這一則孔子的談話中顯示，體現了孔子對於「仁德」和「口才」的深刻認識。孔子認爲，與其依靠花言巧語赢得一時的認同，不如憑藉內在的仁德來赢得眞正的尊重。在他看來，善於辯論或者說話有技巧，可能讓人短期受益，但如果過於依賴口才，反而容易引起他人的反感。這段話中，孔子並非全盤否定「佞」（即口才），而是強調「仁」應當成爲人格修養的核心，而非單純依賴言語技巧。這個認知評價，對於領導人格外有警醒價值。

孔子的回答既捍衛了仲弓的品格，也表達了他對「內在修養」的重視。他提倡「以德服人」，認爲眞正值得追求的，是內心的善良與正直，而不是外在的辯才。這樣的觀點展現了孔子一貫的中庸與誠實的思想。

在現代社會，良好的表達能力和溝通技巧固然重要，但孔子的這段話提醒我們，眞正打動人心的，仍然是內在的誠實與德行。在一個充滿聲音與信息的時代，過於依賴話術或者表象，很容易被視爲浮華、不眞誠，長此以往甚至可能喪失別人的信任。

這段文字特別適合應用於現代的職場和人際關係中。無論是商務談判還是日常交往，口才固然能幫助我們表達自己，但唯有眞誠的仁德才能建立長久的信任。孔子的智慧提醒我們，語言的力量雖大，但如果缺乏內在的德行和眞誠，其效果可能事與願違。

因此，我們應該重視內心的修養，讓誠信和善良成爲行事的核心。同時也應該學會平衡口才與眞誠，做到既能有效表達，又不失內在的仁德。這樣才能眞正赢得他人的尊敬與信賴。

北宋的哲學家張載不以辯才著稱，但他的仁德與思想對後世影響深遠。他提出「爲天地立心，爲生民立命，爲往聖繼絕學，爲萬世開太平」的理念，強調仁愛與責任。他的行爲樸實，堅守信念，雖然不善於用口舌爭辯，但憑藉學術和德行成爲理學的重要奠基人。張載以仁愛和使命感激勵人心，即使不以雄辯聞名，卻因思想與德行流芳千古。

約翰．班揚（John Bunyan）是英國宗教文學的代表人物，以其著作《天路歷程》（*The Pilgrim's Progress*）聞名於世。他的生命充滿了苦難與信仰的考驗，最終在逆境中創造了不朽的文學作品。班揚是一位普通的牧師，他的言辭平凡，但內心的仁德深深感動了無數人。在他遭遇監禁時，他並未通過辯論來爲自己辯護，而是通過寫作來表達信仰與愛心。他的作品成爲西方文學的經典，至今影響著世界。班揚的仁愛與堅韌讓他的作品超越了時空，口才平凡卻在內心力量上無人能及。

這些例子共同展現了「仁而不佞」的價值——即使口才不足，但只要擁有仁德與誠心，就能贏得人心與尊敬，成爲榜樣。這一智慧在古今中外都具有普世意義。

二、謙遜但勇承擔

一位好的領導人，一定有著對人謙遜，但是在關鍵時刻卻是勇於承擔的品格。孔子在一次與弟子的談話中，透過對魯國大夫孟之反的肯定，表達出這樣的看法。

子曰：「孟之反不伐，奔而殿。將入門，策其馬，曰：『非敢後也，馬不進也。』」（〈雍也〉）

孔子說：「（魯國大夫）孟之反從不誇耀自己的功勞，敗陣時騎馬在全軍的最後面（以掩護軍隊撤退）。要進城門的時候，卻鞭策著他的馬，說：『不是我要走在最後頭，是我的馬不肯往前。』」

這段故事展現了孟之反的高尚品格：他在危急時刻選擇掩護隊伍撤退，但卻並未因此誇耀自己，反而故意將理由推給自己的馬。他的行為展現了負責任的精神，而他的話語則體現了謙遜的態度。這種低調不居功的品格，正是君子之道的表現。這也顯示，孟之反確實是好的領導者，不但愛護士兵，且不自我誇耀，宜乎其得軍心。

孔子對孟之反的評價反映了儒家對「謙遜」的高度重視。他不僅誇讚了孟之反在行動中的仁德，也肯定了他言語中的謙虛。孔子的這段話教導我們，真正的英雄不需要自我標榜，反而應該讓行動為自己說話。

在現代社會，這段故事為我們提供了寶貴的處世智慧。謙遜與責任是兩個重要的美德，無論是在職場還是生活中，都能成為立身處世的重要準則。第一、我們要守住「謙遜的價值」：無論是團隊合作還是個人成就，我們都應該學會低調，不因成功而自滿。眞正有實力的人懂得把榮耀留給集體，而不一味突出自己。第二、我們要勇於「責任的承擔」：在困難面前，能夠像孟之反一樣在撤退時站在最後，保護隊伍或承擔責任，這是一種領袖氣質，更是一種人性光輝。謙遜讓領導者能夠廣納良言，避免自以爲是；勇於承擔則能在決策時排除干擾，果斷行動。兩者結合，才能使領導者在平時受人尊敬，在危機中令人信服。

在當今講求合作與共享的時代，孟之反的故事提醒我們，功勞不必聲張，但責任必須承擔。這樣的態度，不僅能贏得他人的尊重，也能讓整個團體更加和諧、穩健地前行。

曾國藩平定太平天國，被譽爲「中興第一功臣」，但他多次在書信與日記中自謂「不才」、「庸人」，主動卸任、謝絕封王，他還說：「功不可以居，責不可推。」曾國藩爲清廷立下大功卻低調自守，對部屬嚴厲也對自己更嚴，是晚清最知名的「不爭之功臣」，他的行爲，展現了一位眞正賢臣的風範。

公元前四九〇年，古希臘馬拉松戰役中，將軍米太亞德（Miltiades）率軍抗擊波斯入侵，取得關鍵勝利。馬拉松戰役後，希臘文化得以延續並進一步繁榮，爲西方文明奠定了重要基礎。然而，米太亞德並未將勝利歸功於自己，而是認爲是士兵們的勇氣拯救了雅典。這種謙遜的態度讓他成爲古希臘歷史上備受尊敬的將領。米太亞德以行動走在戰場最前方，卻將榮耀留給他人，展現了謙虛與承擔的完美結合。

這些故事展現了「謙遜承擔」的美德，他們「走在最前面，但不居功」的精神：勇於承擔責任，卻不爭奪榮耀。他們的行動和品德激勵了無數後人，是謙遜與責任的最佳詮釋。

三、領導者的五種品格：恭、寬、信、敏、惠

子張問仁於孔子。孔子曰：「能行五者於天下，為仁矣。」請問之。曰：「恭、寬、信、敏、惠。恭則不侮，寬則得眾，信則人任焉，敏則有功，惠則足以使人。」（〈陽貨〉）

有位哲學家說過，「有德有才是上品，有德無才是中品，無德無才是庸品，無德有才是毒品」。這顯示，德才兼備最理想，但是如果以德和才做比較，德比才更重要。你認同這個說法嗎？孔子認爲，仁者或領導者必須要具備五種德。

子張向孔子請教如何行仁。孔子說：「若能實行五種品德於天下，就是能行仁道了。」子張請問是哪五種品德。孔子說：「恭敬、寬厚、誠信、勤敏、仁惠。恭敬就不會受到侮辱，寬厚就會得到民心，誠信就能獲得上下的信任，勤敏就能成就事功，（平時待人）慈惠就能夠使人民接受領導。」

孔子向子張闡述了「仁」的核心實踐方法，提出了五種品德：恭、寬、信、敏、惠，這五種品質不僅是君子修身的準則，也是領導者治國安民的重要指導原則。不自莊重則使人輕慢而易受侮辱，不寬容厚道則不能得眾人親附而紛紛遠離，不信實則人將不再信任，不勤敏則怠惰做事無功，吝於施恩則不易讓人樂於接受領導。而「恭、寬、信、敏、惠」分別涉及了領導者之自處、容人、誠信、敬業與領導技巧，是領導者必須時時謹記於心的原則。「恭敬避免侮辱，寬厚贏得人心，誠信促進信任，勤敏帶來成功，仁惠促進領導力」，這五者彼此相輔相成，共同構成仁道的實踐路徑。

在現代社會和職場中，「恭、寬、信、敏、惠」依然是做人和做事的重要原則：第一、「恭敬（恭）」：尊重他人是一切合作的基礎，無論是同事、下屬還是客戶，尊重與禮貌能建立良好的溝通。第二、「寬厚（寬）」：包容他人的錯誤，尤其是在團隊合作中，寬容能減少衝突，增強凝聚力。第三、「誠信（信）」：在商業和個人關係中，信任是一切關係的基石。誠實和守信會贏得長期的合作和支持。第四、「勤敏（敏）」：在快速變化的現代社會，效率與行動力是成功的關鍵。積極和勤勉的態度能贏得機會。第五、「仁惠（惠）」：領導者應該關懷員工和社會需求，不要吝於施恩，用仁愛和恩惠贏得群眾的信賴，促進長久發展。這五種品質不僅適用於個人修養，也適合於組織管理和國家治理，幫助人們在現代生活中實現內外兼修的平衡。

孔子的「恭、寬、信、敏、惠」不僅是修身齊家的指南，也是治理國家和組織的重要原則。這五種品德的實踐，可以在現代社會中幫助我們建立更加和諧的人際關係，創造更加美好的世界。無論是個人還是領導者，這五德都能引領我們成爲更高尚的人，贏得衆人的尊重與信任。

唐太宗李世民是中國歷史上著名的明君，他以恭敬態度面對諫臣，特別是對魏徵的批評，始終虛心接納（恭）。他對臣下和百姓寬厚，採取減輕賦稅、安定民心的政策（寬）。他在政務中堅持誠信原則，不欺騙臣民（信）。他勤於國家大事，日夜操勞，成就了「貞觀之治」（敏）。他重視百姓福祉，推行多項惠民措施，讓唐朝進入盛世（惠）。李世民的「恭、寬、信、敏、惠」成爲明君治國的重要典範，影響了後世的君主。但是李世民的晚年，威望過高導致過度自滿。

曼德拉在結束南非種族隔離制度後，並未以暴力和仇恨對待對手，而是選擇恭敬地與曾經的敵人對話（恭）。他寬容地原諒那些曾迫害黑人的白人政客，並致力於種族和解（寬）。他的誠信贏得了全國人民的尊重，成爲和平與團結的象徵（信）。他在多年牢獄中依然勤勉思考國家未來，積極推動改革（敏）。曼德拉始終關懷弱勢群體，爲貧困者提供更好的教育和生活條件（惠）。曼德拉的五德實踐不僅改變了南非，也啓發了全世界關於和平與寬容的價值觀。但是曼德拉的晚年，黨內腐敗監督不力、土地改革進展有限、家庭形象引起爭議。

孔子的「恭、寬、信、敏、惠」五德，不僅適用於個人修養，也在中外歷史人物的行動中得到體現。李世民與曼德拉的故事展示了五德在領導、治理和社會進步中的重要價值，是古今中外做人做事的寶貴智慧。但是從他們兩人在晚年也有陰影的表現，也更可以看出，要堅持五德，是極不容易的事。

四、待人處事要慎重，要有同理心

仲弓問仁。子曰：「出門如見大賓，使民如承大祭。己所不欲，勿施於人。在邦無怨，在家無怨。」仲弓曰：「雍雖不敏，請事斯語矣。」（〈顏淵〉）

大概不會有人願意與一個沒有同理心，又行事魯莽的朋友、同事或長官相處。在孔子看來，無論是仁者還是領導者，都應該行事慎重，待人要有同理心。如果能夠做到「慎重」與「同理心」，那麼無論在家庭內部，或是管理政府或公司，都不會遭至怨言。

仲弓請教孔子如何行仁。孔子回答說：「出門時要像是去會見重要的賓客那樣的慎重，要使百姓服勞役要像承辦祭祀大典那樣的慎重。自己不希望別人對我做的事情，我也不要對別人做同樣地事情。如果能夠這樣有同理心，不管在諸侯之邦或是士大夫之家做事，都不會被上司和下屬埋怨。」仲弓回答說：「我冉雍雖然不夠聰敏，但是我願意努力照您的話去做。」

孔子在回答仲弓如何實踐「行仁」時，提出了「愼重與同理心」兩個重要原則：在「愼重」方面，「愼重待人（出門如見大賓）」：與人交往應如面對貴賓般謙恭有禮，表現出對他人的尊重。「愼重用人（使民如承大祭）」：對待百姓應如舉辦祭祀那樣謹愼認眞，不可隨意差使他人。在「同理心」方面，「己所不欲，勿施於人」：以同理心待人，自己不喜歡的事情也不要強加於別人，這是行仁的重要原則。「無怨於邦家」：通過謙遜與同理心的行動，確保自己在國家或家庭中都不引起怨恨。

這段話不僅強調了行仁的態度與方法，也點明了仁德的核心在於對他人的關懷與尊重。孔子的教誨反映了儒家思想中「己與人」的平等觀念，將仁道具體化爲日常行爲的準則。而仲弓的回應，「我雖不夠聰敏，但願努力實踐」的回答，展現了謙遜與勤奮的學習態度，也契合儒家「學以致仁」的精神。

孔子提出的這些原則對現代社會和人際關係具有極大的啓發性：第一、「職場中的愼重態度」。在職場中，我們應以謙恭和尊重的態度與同事、客戶相處（如見大賓），對下屬和員工則應以責任心管理，不隨意使喚（如承大祭）。這有助於建立和諧的工作環境。第二、「以同理心解決衝突」。孔子提倡「己所不欲，勿施於人」，這是現代社會解決人際衝突和促進和諧的重要方法。在家庭、職場或公共領域，都需要站在對方的立場考慮問題。第三、「治理中的仁政理念」。在管理時應以仁政理念施政，尊重員工需求，謹愼用權，以此贏得員工的支持與信任。第四、「謙遜與努力的自我修養」。仲弓的態度告訴我們，即便自己不夠聰明，只要願意努力實踐仁道，就能提升自身品德和影響力。

「同理心」能幫助我們理解他人，建立和諧的關係，從而在合作中贏得信任與支持；「愼重」則保證我們在行事時不至於魯莽或草率，避免犯下難以挽回的錯誤。兩者結合，能讓我們在處理複雜問題時既溫暖又周到，成爲值得信賴的人或領導者。

做爲「同理心」代表的文句「己所不欲，勿施於人」，這句箴言曾被納入法國的憲法文本中。一七九三年，法國在《人和公民的權利宣言》第六條中明確指出：「自由是所有的人做一切不損害他人權利之事的權利：其原則爲自然；其準則爲正義；其保障爲法律；其道德界限則存在於下述箴言之中：己所不欲，勿施於人。」這直接引用了孔子的教誨。

隨後，一七九五年的法國憲法在所附的《人和公民的權利和義務宣言》中，再次強調了這一理念。該宣言的義務部分第二條全文如下：「人和公民的一切義務均來自下述銘刻在所有人心中的兩條原則：己所不欲，勿施於人；己之所欲，恆施於人。」這些內容表明，孔子的「己所不欲，勿施於人」思想對法國啓蒙時代的思想家產生了深遠影響，

美國總統伍德羅．威爾遜（Woodrow Wilson）在一戰後推動成立國際聯盟（League of Nations），旨在以和平方式解決國際衝突。他認爲，各國都不希望戰爭帶來的災難，因此應以對話而非暴力解決分歧。雖然他的倡議未能完全實現，但其精神影響深遠。威爾遜的國際主義實踐了「己所不欲，勿施於人」，爲和平外交奠定了基礎。

五、君子九思：內修外行之道

孔子曰：「君子有九思：視思明，聽思聰，色思溫，貌思恭，言思忠，事思敬，疑思問，忿思難，見得思義。」（〈季氏〉）

人如何觀照自己？佛家提出人的「六根」，即是：眼、耳、鼻、舌、身、意，這是身體上的六種感覺器官，人就是用這六個感官來認識「六塵」的世界。眼觀色、耳聽聲、鼻嗅香、舌嘗味、身感觸、心攀緣萬法，所以「眼耳鼻舌身意」接觸到「色聲香味觸法」，就有人間種種的萬象。「眼耳鼻舌身意」六根，如果不主動地加以掌握、修持，就會亂來；「色聲香味觸法」如果不給予好好的支配，種種的誘惑氾濫，就會惹下許多的麻煩，因此，「六根」要清靜。孔子的「九思則明」與「六根清靜」，有異曲同工的意義，提醒君子或領導者要經常自我省思。

孔子說：「君子有九件該用心思考的事：看事物要力求分明；聽人說話要力求聽得清楚無誤；神色要力求溫和；待人接物力求謙恭；說話務必忠實；做事務必謹慎敬重；有了疑惑要問清楚；忿怒時要想到事後的禍害；見了財利要想自己應不應該取得。」

孔子這段話揭示了君子的內在修養與外在表現的高度統一，是中國古代倫理思想的經典表達。「九思」涵蓋了對視聽言行的全面反思，尤其是強調了謙遜、誠實與自律的重要性。「視思明、聽思聰」，要求人在信息接收時保持清晰和準確；「色思溫、貌思恭」則注重內在情感與外在禮儀的協調；「言思忠、事思敬」體現了爲人處世的誠懇和謹慎；「疑思問、忿思難」則提醒人們在困惑和情緒中要謹慎應對；「見得思義」則突出了對道德價值的追求，尤爲高尙。

此「九思」表現了古代儒家的道德高度和對理性行爲的追求，亦顯示出儒家思想中對「愼獨」的重視，即在無人監督下，仍能堅守原則行事的品格。

在當今社會中，孔子的「九思」依然具有極高的實踐價值：「視思明，聽思聰」：強調批判性思考能力，提醒我們在面對資訊過載的現代社會，應具備篩選與判斷的能力，避免盲目相信假新聞或偏見。「色思溫，貌思恭」：提倡待人接物時的和善與尊重，尤其在現代人際關係中，這種態度有助於建立信任與合作。「言思忠，事思敬」：對應現代職場中的誠信與專業精神，要求我們言行一致，對工作和他人保持敬重與負責態度。「疑思問，忿思難」：鼓勵在不確定性中保持求知欲，並控制情緒，培養理性溝通與問題解決能力。「見得思義」：特別適用於當代物質至上的價值觀挑戰，提醒人們在追求成功與利益時，不要失去道德標準。

「九思」不僅是個人修身的指南，也爲構建和諧家庭、健康組織和道德社會提供了寶貴的哲學智慧。

「九思」的例子太多，我們來舉有關「見得思義」的中外例子。范蠡是春秋時代的政治家、軍事家，同時也是商業智慧的典範。他輔佐越王勾踐復國後，功成身退，辭官經商。他以「誠信爲本，義利並重」的商業哲學，三次聚集巨額財富，卻又多次將財富分給貧困的百姓。他認爲財富不應該只爲個人所用，而應該成爲改善社會生活的工具。他的行爲正是「君子愛財，取之有道」和「見得思義」的典範：賺錢時不違反道德原則，對財富的使用又考量了義理，將個人利益與社會責任相結合，成爲後世商人仿效的榜樣。

安德魯．卡內基（Andrew Carnegie）是十九世紀美國著名的鋼鐵大王，以驚人的商業成就積累了大量財富。然而他始終認爲財富是一種社會責任，主張「富人的錢應該用於改善社會」。他在晚年捐出了百分之九十以上的財產，建立了超過兩千五百家公共圖書館，還投資於教育、科學和藝術領域。他的捐贈理念成爲「慈善資本主義」的早期實踐。卡內基的故事體現了「見得思義」的價值觀。他選擇了合法而符合倫理的方式賺取財富，並在財富使用上優先考慮義務，實現了社會影響力的最大化。

這兩個故事告訴我們，無論在古代還是現代，賺取財富的方式和對財富的態度都應基於正直與道德的原則。今天，企業家們也越來越多地以「可持續發展」和「企業社會責任」（CSR）爲核心，展現了「見得思義」的現代價值。例如，比爾．蓋茨和梅琳達基金會（Bill & Melinda Gates Foundation）專注於全球健康與教育問題，正是「愛財取道、見義思得」的當代典範。

第三節　辨惑——領導者的知人、用人

一、寬容待人：鼓勵進取而不苛責過往

互鄉難與言。童子見，門人惑。子曰：「與其進也，不與其退也。唯何甚！人潔己以進，與其潔也，不保其往也。」（〈述而〉）

「先入爲主」是人的習性之一，但是君子或領導人在見到他人請益時，會否因爲他的出身環境，而給予異樣的眼光？會否吝於「成人之美」？會否認爲，與該人見面就等於對該人的過往與未來的肯定？君子或領導人應該依循的原則是什麼呢？

「互鄉」這個地方的人很難溝通。有一天一位互鄉的童子來求見孔子（孔子也接見了），弟子就大惑不解。孔子說：「我們要鼓勵一個人進取，但這不意味也認同或讚許他離開後所做的一切事。我們做人不要那麼過分！別人都已經自己潔身自愛而求精進了，我們就要讚許他的精進；至於『互鄉』這個鄉里的人過去曾經如何，我們原本就也無法保證。」

這則選文一開始就透露「互鄉」之人多自以爲是，難以與他們溝通，講論道理。但當「互鄉」的童子前來求見孔子時，我們看到，孔子並不以一般的成見來判斷人，他只就童子當前請益的向上之心，加以讚許而予以教誨。他既不追問童子的過往，也不臆斷他的將來，這就是「君子成人之美，不成人之惡」。這樣的原則，不只在人才教育中適用，在公衆事務中也可運用。領導者若能珍視他人向上之心，覺察他人的優點，不只是給他人一個機會，也是給自己一個機會。當然，這不是做「好好先生」，也不是濫情，而必須以崇德、辨惑的修養爲根基。

孔子這段話展示了他對人性的深刻洞察和寬厚的待人之道。他強調，當一個人展現出潔身自愛、努力求進的態度時，我們應該給予讚許和鼓勵，而不是一味糾結於他過去的錯誤或環境的不良影響。這種態度反映出儒家思想中的包容性與激勵性。孔子教導弟子不要因爲「互鄉」這個地區以往的惡名而對眼前的求進者產生偏見。他提醒我們，應該看到人的進步，避免因陳舊的成見而限制了他人的成長機會。

這段話在今天的社會中仍然具有極大的啓示意義。現代社會中，過去的行爲記錄（如失誤、挫折）往往被放大，甚至成爲人們改過自新的障礙。孔子的話提醒我們，要給予人改變與成長的空間，特別是那些表現出努力進取的人。對於曾經犯過錯誤但眞心悔改的人，社會應該以接納和鼓勵的態度對待。例如，許多更生人士希望重新融入社會，但往往因背景受限，難以獲得公平機會。社會應像孔子所言，讚賞他們的努力，而非只看重過去。

北宋儒家大師張載在年輕時，曾見弟弟荒廢學業，整日無所事事，周圍親友多數對其頗有微詞。然而張載並沒有因此苛責弟弟過去的行爲，而是耐心引導，鼓勵他重拾志氣，向學問進取。他對弟弟說：「一時失志並非人生的定局，只要肯努力，將來一定能有成就。」在張載的寬容與鼓勵下，弟弟最終奮發圖強，走上了學問與事業的正途。張載的行爲體現了對人改過自新的信任，也反映出儒家提倡的以德服人的寬容精神。

日本京瓷公司的創始人稻盛和夫在管理中強調「以心換心」。曾有一名員工因工作失誤造成公司重大損失，內心充滿懊悔，甚至想辭職。然而稻盛和夫並未苛責他，而是告訴他：「錯誤的關鍵不在於結果，而是要從中學習，避免再犯。」該員工因此深受感動，工作更加努力，後來爲公司創造了更多價值。稻盛的包容態度，不僅挽救了一位人才，也讓「寬容與鼓勵」成爲公司文化的一部分，成就了京瓷的長期成功。

這些故事表明，無論在歷史、政治還是企業管理中，寬容待人和鼓勵進取都能帶來巨大的正向影響。正如孔子所言，我們應該更加關注人的進步，少去糾結過往的錯誤，這樣才能激發潛能，成就更大的事業。

二、明察與遠見：不被毀謗與訴冤所影響

子張問明。子曰：「浸潤之譖，膚受之愬，不行焉，可謂明也已矣。浸潤之譖，膚受之愬，不行焉，可謂遠也已矣。」（〈顏淵〉）

我們常常說，「不要被他人的誇獎而衝昏了頭！」其實被人經常地抱怨或毀謗，也有可能影響到自己原本的判斷。孔子就認爲，保持頭腦清明，不受他人毀謗或訴冤的影響，是保持理性和穩健心態的重要品質。

有一天，子張問孔子如何保持清明的觀照。孔子說：「有些毀謗人的話，會像水的浸潤那樣慢慢形成，不易察覺（因而使人易受蒙蔽）；有些急切訴冤的話，也很容易使人在沒有思考清楚之下驟然做下判斷，這兩樣情況都不讓它發生，就算是有識人處事之明了。毀謗人的話如水的浸潤那樣慢慢形成，急切訴冤的話，如切膚之痛般迅速影響了人，這兩樣情況都不讓它發生，就算是有遠見了。」

孔子這段話深刻地揭示了人際關係與判斷力中的兩個陷阱——毀謗的潛移默化與急切訴冤的情緒感染。他指出，只有能夠冷靜分析，既不被逐漸滲透的毀謗影響，也不因激烈的情緒化控訴而匆忙決策的人，才稱得上擁有眞正的智慧（明）與遠見（遠）。

這種教誨凸顯了儒家思想中對理性判斷的高度重視，強調了「聽言觀行」的重要性，提醒人們面對任何言語或情緒上的影響時，必須保持獨立的思考，避免偏聽或衝動行事。

現代社會中，第一、信息傳播快速，謠言和毀謗性信息經常通過網絡或媒體潛移默化地影響大衆。孔子的教誨提醒我們，要有面對流言蜚語的智慧，不要因爲反覆聽到某些負面言論，就輕易相信，必須主動求證與分析眞相，培養批判性思維。當他人急切地訴說委屈或指責他人時，要有避免衝動決策的理性態度，我們往往容易因情緒感染而草率站隊，甚至做出錯誤的判斷。孔子提醒我們，必須冷靜，既要傾聽當事人的情感，又要審視背後的事實，避免被情緒裹挾。孔子的智慧對現代領導者尤爲重要。領導者需要在團隊中平衡不同聲音，避免因爲輕信流言或情緒化的抱怨而影響判斷，從而損害組織的公平性與穩定性。

孔子的這段教誨對現代生活具有重要價値。無論是在個人生活中處理關係，還是在職場中進行管理，我們都需要警惕毀謗和情緒影響，培養獨立分析的能力，做到「不偏聽、不草率」，方能明辨是非，展現眞正的遠見與智慧。

趙國名將廉頗因藺相如升官而心生不滿，甚至散布藺相如「只會動嘴、不懂軍事」的毀謗之詞，導致兩人關係緊張。藺相如得知後，並未急於回應或與廉頗對立，而是冷靜觀察局勢，選擇以自己的行動和胸襟化解矛盾。他多次忍讓，表現出對廉頗的尊重。廉頗最終認識到自己的錯誤，親自負荊請罪，兩人重歸於好，成就了歷史上著名的「將相和」。

藺相如以冷靜的智慧應對毀謗，並用行動證明自己的能力與氣度，避免了趙國內部矛盾的升級。

在二戰期間，英國首相溫斯頓·邱吉爾（Winston Churchill）的戰地指揮官蒙哥馬利（Bernard Montgomery）因性格強硬、不易相處而屢遭批評，甚至有人建議邱吉爾撤換他。邱吉爾沒有被這些批評左右，而是通過親自考察蒙哥馬利的能力，發現他在戰術上確實具有非凡才能，適合擔任重要的指揮角色。邱吉爾堅持重用蒙哥馬利，最終他在北非戰場的勝利成為二戰的重要轉折點。邱吉爾冷靜面對外界的批評，用事實評估蒙哥馬利的能力，最終為盟軍的勝利奠定了基礎。

這些故事都能讓我們明白在面對毀謗和情緒化指控時，冷靜和智慧的重要性。他們避免偏聽偏信，從而作出符合長遠利益的決策，這正是成功領導者和處事者應具備的核心能力。

三、崇德與辨惑是一體兩面

子張問崇德、辨惑。子曰：「主忠信，徙義，崇德也。愛之欲其生，惡之欲其死；既欲其生，又欲其死，是惑也。『誠不以富，亦祇以異。』」（〈顏淵〉）

明辨是非黑白是君子必備的條件，更是一位好的領導者必須要有的品質。在孔子看來，不要讓自己的判斷被情緒所左右，能夠清楚辨識對錯是非的最好方式，就是提高自己的品德修爲。

有一天，子張問孔子如何增長自身的德行，能夠明辨疑惑。孔子說：「人要以忠信爲主，再依義理來修正行爲，就能增長德行。如果喜愛一個人就想要他活下去，恨他時卻希望他死；既然要他活著，之後又希望他死，這樣反覆的行徑不是令人疑惑嗎？『（上位者）這種行爲實在不能因此得到好處，只是令人覺得怪異而已。』」

孔子這段話深刻地闡述了修身與爲人處世的智慧。作爲領導者不能耳根軟，而明辨的智慧，必須透過崇德、辨惑來培養。崇德與辨惑是一體兩面，非崇德不足以辨惑。「崇德」是指領導者必須忠信存於心，聽聞義理而能遷善以修正自己的行爲。「辨惑」則強調領導者必須時時留意自己的好惡是否失察，否則最終會導致可悲的後果。孔子批評了喜怒無常、感情用事的行爲，認爲這種「愛之欲其生，惡之欲其死」的態度，是一種搖擺不定的疑惑行徑，既無助於道德成長，也無法獲得他人的信任與尊重。

他進一步提醒我們，這種矛盾與反覆的行爲，即使在富貴或權勢的掩蓋下，也只會讓人覺得奇怪與難以理解，而非成就德行與威望。

在現代人際關係中，「忠信」是信任的基石。無論是家庭、友誼還是職場中，只有言行一致、心懷誠信，才能贏得他人的尊重。如果表裡不一，或隨意改變對他人的態度，將無法建立長久的關係。孔子強調「義」的重要性，提醒我們在行事時，要避免被情緒左右，而是以公正和道德爲準則。無論對他人或自身，應該秉持理性與公平的態度，避免感情用事。孔子對「既欲其生，又欲其死」這種反覆無常的行爲提出批評，提醒我們在言行上應保持一致，避免過度矛盾。尤其在領導或管理位置的人，若處事態度反覆，將嚴重損害權威和信任。

春秋時期，楚平王對大臣伍奢非常信任，甚至將他視爲國家的棟樑之才。伍奢忠心爲國，贏得了楚王的喜愛。然而當奸臣費無忌挑撥離間，誣陷伍奢與太子建圖謀不軌時，楚平王立即轉而仇視伍奢，不但將他處死，還對他的兒子伍子胥展開追殺。楚平王對伍奢的態度從「愛之欲其生」到「惡之欲其死」，完全是因爲被情緒和流言影響，缺乏理性與堅定的判斷。最終，伍子胥輾轉投奔吳國，帶領吳軍攻破楚國，楚平王的這種反覆態度給楚國帶來了巨大的災難（還有劉邦與韓信的故事）。

在莎士比亞（William Shakespeare）的經典戲劇《奧賽羅》（*Othello*）中，奧賽羅對妻子苔絲狄蒙娜（Desdemona）深愛不已。然而，在奸臣伊阿古（Iago）的挑撥下，他開始懷疑妻子的忠誠，從愛變成恨，最終親手殺死了苔絲狄蒙娜。在得知眞相後，奧賽羅痛不欲生，自盡謝罪。奧賽羅的愛與恨交織，最終導致悲劇。這反映了情緒化決策的危險性，當感情失去理性時，愛也可能轉變爲毀滅的力量。這些故事都表明了感情反覆與情緒化行爲的危害。「愛之欲其生，惡之欲其死」的矛盾心理往往源於缺乏理性分析與穩定態度。它不僅會摧毀個人關係，也可能導致更大的悲劇。因此，我們應以理性與穩定的態度面對感情與衝突，避免感情用事所帶來的傷害與損失。

四、理性審愼取人：不以言舉人，不以人廢言

子曰：「君子不以言舉人，不以人廢言。」（〈衛靈公〉）

在人才甄選或要做決策時，參與者的口才往往是個很重要的關鍵。如何分辨口才與人品及能力之間的關係，對每個領導人都是很大的挑戰。

孔子說：「君子不輕易因爲某人的某些（看似很好的）言論而提拔一個人，也不會輕易因爲一個人（的無德）而廢棄他的言論。」

這則選文雖然簡短，但也適合作爲領導者知人、用人的原則。孔子認爲，「君子不以言舉人」，一位君子不會因一個人能言善道就推舉他，「不以人廢言」，君子也不會因一個人失德，就連他所說的話或見解也不理會。其理由在於，「有言者不必有德」（〈憲問〉），能言善道的人未必實有其德、實有其能，故不可輕用，輕用則害事；而即使失德之人，他的見解或議論，也許仍有中肯之處，故不可輕棄，輕棄則失察。人才各有長短，對的人擺在對的位置，知人善任，正是領導藝術的重點。

這種態度展現了儒家對「理性分析」與「去偏見」的重視，既避免以偏概全，又鼓勵我們深入觀察事物的本質，對事對人保持公正態度。

孔子的教誨在現代人才選拔與用人方面有著重要啓發。在招聘或合作時，我們不能僅僅因為對方的言語表現出色就完全信任，也不能因為他過去的某些負面記錄而完全否定他的能力。「不以言舉人」提醒我們，不能因某些名人的言論光鮮就全然接受，需深入思考是否符合事實或邏輯；「不以人廢言」則鼓勵我們，即便一個普通人提出的觀點，也可能具備價值，應以理性態度分析其內容。現代社會中，對待他人的評價往往容易「一棒子打死」。孔子的話提醒我們，不能因個人過去的行為或品行瑕疵，就完全否定其思想和觀點，而應該更注重對事實本身的理性分析。

清末名臣曾國藩選將極為謹慎。他曾說：「將才必在寡言之人，不好談兵者常能帶兵。」例如李鴻章、彭玉麟、左宗棠等，都是不善言辭但做事極穩重能幹之人。他選將重「操守、沉穩、實幹」，從不因人說話動聽而委以大任。

林肯在內戰期間換過多位將領，他並不相信那些會對他說好聽話的人，如麥克萊倫，表面忠誠，實則消極避戰。最後他選擇格蘭特（Ulysses S. Grant），一位話不多、極其低調，但戰鬥力堅強、實幹果斷的將領。林肯用人標準在於能力與忠誠，而非言詞包裝，體現出典型「不以言舉人」。

韓非子是法家代表人物，他雖出身韓國貴族，卻主張強權治國、重刑峻法，被同時代的儒者批評為「無仁無禮」。但連信奉孔子的儒家後人也不得不承認他治國之術的務實有效。漢武帝後期「罷黜百家，獨尊儒術」後，仍吸納韓非子法家思想治理國政，就是「不以人廢言」的體現。

馬丁・路德（Martin Luther）是基督新教改革者，反對天主教的贖罪券制度。但他後期發表過反猶言論，令後世爭議不斷。儘管如此，他改革教會、推動《聖經》翻譯與普及教育的貢獻不容抹煞。他的宗教改革推動了歐洲思想啓蒙，後世承認其言之價值，即使不認同其的反猶言論及作為。

這些故事都展現了「不以言舉人，不以人廢言」的智慧。它提醒我們，在評價他人時應避免偏聽偏信，重視事實與能力，這樣才能發掘真正的人才與價值，促進個人和社會的發展。

五、賢者不疑人心，但有先見之明

子曰：「不逆詐，不億不信。抑亦先覺者，是賢乎！」（〈憲問〉）

俗語說，「防人之心不可無」，提醒我們不要輕信他人，避免被欺騙或傷害。但是如果「防人之心」過度，可能導致對他人的猜忌和不信任，進而妨礙深層次的合作與交流。

這種態度可能使人顯得冷漠，甚至孤立無援。孔子在面對這個問題時，一方面不會把「防人」放在首位，但是另一方面，要有足夠的「智慧」進行分辨，能夠有先見之明。

孔子說：「一個人如果不隨意料想對方詐欺，不隨意揣度事情，不猜測對方不誠信，而又對事情有先見之明，這樣就可以稱得上是一位賢者了。」

孔子這段話提倡一種坦誠與理性的待人態度。「不逆詐，不億不信」強調了君子應該避免對他人先入為主的負面揣測，不隨意假定他人是詐欺或不誠實的，這是一種信任和寬厚之心的體現。而「抑亦先覺者，是賢乎！」則進一步強調，真正的賢者不僅心懷坦蕩，還應具備先見之明，能有智慧提前察覺潛在的風險或事物的眞相。這種態度避免了盲目猜疑可能引發的不必要衝突，也表現出對人性的基本信任，同時又不失對事物洞察力的追求，是一種平衡理性與智慧的高尙品德。

在現代社會中，「避免盲目猜疑，以發揮信任的力量」，以及「不輕信也不盲疑，做出理性的抉擇」是孔子在這段談話中所提醒的重點。猜疑往往是破壞信任的源頭。孔子提醒我們，應避免過早地懷疑他人的誠意，而是以坦誠的態度與人交往，這樣更能促進人際關係的健康發展。孔子的「不億不信」並非提倡盲目相信，而是提醒我們避免過度的猜忌。同時他強調了「先覺」的重要性，指出賢者能在保持信任的基礎上，洞察事物的本質，提前發現問題。例如在商業活動中，有些合作夥伴可能表現得非常友善，但我們不能僅憑表面關係輕信，也不能因市場波動就懷疑一切。需要通過專業知識和經驗提前發現風險，這正是「先覺」的體現。

戰國時期，秦孝公任用商鞅進行變法。變法初期遭到許多貴族的反對，甚至有人誣告商鞅意圖謀反。秦孝公並未輕信這些誣告，也沒有因為變法的爭議而懷疑商鞅的忠誠。他選擇深入瞭解商鞅的改革計畫，並給予支持。商鞅變法最終使秦國富強，爲後來的統一六國奠定了基礎。秦孝公不因流言輕信或懷疑，而是用事實檢驗改革的效果，展現了理性與決策智慧。

一九六二年的古巴導彈危機中，美國總統約翰・甘迺迪（John F. Kennedy）收到情報，蘇聯在古巴部署了核導彈。一些軍方將領建議立即對古巴進行全面軍事打擊，而另一派則擔心這樣會引發核戰爭。甘迺迪既沒有輕信鷹派的建議，也沒有完全排除談判的可能。他選擇採取「隔離政策」（quarantine policy），派出艦隊封鎖古巴，並與蘇聯展開高層外交談判。最終危機以蘇聯撤回導彈和平解決。甘迺迪在極端危急的情況下，冷靜權衡行動風險，既避免了輕率行動，也克服了懷疑與拖延，成功避免了一場核災難。

這些故事展示了中外領袖不輕信表面的建議或輿論，也不因懷疑而錯失機遇，用冷靜和深思熟慮做出最佳理性選擇。「不輕信也不盲疑」的智慧，對於應對挑戰與化解危機都具有普遍價值。

六、避免從衆，要有獨立智慧的判斷

子曰：「衆惡之，必察焉；衆好之，必察焉。」（〈衛靈公〉）

所謂「三人成虎」，如果多個人傳播同樣地話，即使是虛假的內容，也可能被認爲是眞實的。孔子也在這方面提醒入們，不要偏聽，也不要偏信，不要輕易被他人的評價影響，需要保持理性和獨立的判斷。

孔子說：「大家都厭惡的人，一定要透過自己的觀察來判斷他的優劣；大家都喜愛的人，也要經由自己的觀察來判斷他的好壞。」

孔子的這段話教導我們，在對人或事進行評判時，不應被群體意見所左右，而應保持獨立的判斷能力。即使某人被大多數人厭惡，我們仍應仔細觀察，避免錯失其眞正的價值；反之，即使某人受到普遍喜愛，也不能盲目追隨，應透過深入瞭解確認其眞正的品行。

孔子的「衆惡之，必察焉；衆好之，必察焉」是對我們思維方式的深刻提醒：在評判任何人或事時，不應輕易被群體的情緒牽引，而應基於獨立的觀察和理性分析作出結論。這種態度不僅有助於避免誤判，還能幫助我們更全面地瞭解事物的本質，是現代社會中尤爲寶貴的智慧。

在現代社會中，我們要避免從衆心理，不輕信流行評價。輿論與群體心理經常影響我們對人的判斷。孔子的智慧提醒我們，不論一個人受歡迎或被厭惡，都應從事實出發，保持獨立的觀察與分析。舉例來說，某公衆人物可能因一段爭議性影片而遭受集體批評，但後來證明影片被斷章取義，眞相與輿論完全相反。這反映了不盲從輿論的重要性。一位知名企業家可能因成功而被廣泛追捧，但我們應該透過深入瞭解他的經營方式，評估其成功是否眞正基於正當與可持續的原則。

劉邦建立漢朝時，曾任用陳平爲謀士。然而陳平出身寒門，且因年輕時家庭貧困有些負面傳聞，許多人對他不滿，甚至污蔑他貪污。劉邦並未輕信這些批評，而是通過觀察陳平的能力和對漢室的忠誠，繼續重用他。陳平後來屢建奇功，幫助劉邦擊敗項羽，穩固了漢朝的基礎。劉邦不因衆人的厭惡而棄用陳平，最終成就了一段君臣合作的佳話，正是「衆惡之，必察焉」的最佳實踐。

特斯拉（Nikola Tesla）在愛迪生（Thomas Edison）的公司任職時，提出交流電比直流電更有效的理論，但當時愛迪生和大多數人認爲交流電不安全，對特斯拉的主張嗤之以鼻。特斯拉遭受衆人排斥，但他堅持自己的研究，最終證明交流電技術更適合長距離傳輸，並成爲現代電力系統的基礎。特斯拉的經歷表明，當群體排斥某一觀點時，更需要深入觀察其價值。「衆惡之，必察焉」幫助我們避免因從衆心理錯失科學突破。

這些故事展示了「衆惡之，必察焉；衆好之，必察焉」的智慧在歷史與現代中的應用。群體的好惡並非絕對準確，唯有通過冷靜的觀察和理性分析，才能做出公正且符合長遠利益的選擇。

第十單元

人間關懷與政治理想

前言

人生在世，從事政治可以是一種職業，也可以是一項事業，但它是否能成爲我們的「志業」，則取決於我們對自身存心與理想的深刻反省。對於一般人而言，政治可能只是職場中的一部分，是實現個人價值或追求權力的平臺。然而若要將政治視爲志業，則必須從內心深處出發，帶著對人類社會的眞誠關懷和崇高信念，投入其中。

對孔子而言，政治是一種志業。他認爲，政治的根本在於「仁的存心」，也就是對人間的深切關懷與責任感。在孔子的理念中，人間關懷有多種實踐途徑，如教育的啓迪、慈善的濟世、醫療的救助，以及宗教的感化，而政治則是其中至關重要的一環。政治並非僅僅是管理與統治，它承載著實現社會公正與人民福祉的崇高使命。本單元將從人間關懷的視角，深入探討孔子的政治理想，理解他如何將仁愛精神融入治理之中。本單元分爲三節。

第一節：人間關懷的信念。在一個充滿動盪與失望的時代，孔子依然堅守對人間的關懷。他以深刻的道德信念和理想主義，試圖改變當時的政治亂象。孔子認爲，政治應是服務於人民的工具，而非權力者自私慾望的延伸。他以鄭重的態度面對現實，力求用仁德之心感化世人，改革政治，讓人間重回和諧秩序。

第二節：政治始於端正自己。孔子強調，「修身」是實現政治理想的首要條件。他深知，權力往往伴隨著腐化與私欲，而眞正的政治家必須不被權力所蒙蔽，始終堅守公正無私的原則。孔子提倡「正己以正人」，認爲領袖應以身作則，用高尙的品格與正直的行爲來影響和引領人民。只有自身正直，才能爲政治注入眞正的道德力量。

第三節：實現人間關懷的政治理想。孔子對政治的最高期待，在於其是否能眞正造福於人民。他主張，以人民的安頓與幸福作爲政治理想的檢驗標準。政治的價值不在於統治的威嚴，而在於能否體現對人民的仁愛與關懷。孔子認爲，只有當人民生活得以安定、心靈獲得安頓時，人間關懷才算眞正落實，政治理想才算眞正實現。

第一節　人間關懷的信念

一、君子不放棄對人間的關懷

長沮、桀溺耦而耕，孔子過之，使子路問津焉。長沮曰：「夫執輿者為誰？」子路曰：「為孔丘。」曰：「是魯孔丘與？」曰：「是也。」曰：「是知津矣。」問於桀溺，桀溺曰：「子為誰？」曰：「為仲由。」曰：「是魯孔丘之徒與？」對曰：「然。」曰：「滔滔者，天下皆是也，而誰以易之，且而與其從辟人之士也，豈若從辟世之士哉？」耰而不輟。子路行以告，夫子憮然曰：「鳥獸不可與同群，吾非斯人之徒與而誰與？天下有道，丘不與易也。」（〈微子〉）

人生充滿曲折，尤其是在追求理想的過程中，我們必須對這些曲折有深刻的理解。同時，清楚地把握自身的基本原則，並運用智慧來應對挑戰，才能在困境中堅定前行。唯有如此，我們的人生理想才有眞正實現的可能。

從以下一段有趣的對話中，我們可以看出孔子清晰的人生理想。他渴望拯救這個混濁的世間，然而世間卻未必接受他的拯救。然而，有一個原則是他永遠不會放棄的，那就是他對「人間的關懷」。

對話是這樣的：

有長沮、桀溺兩位隱者一同耕作，孔子從旁經過，讓子路向他們問渡口的方向。長沮問子路：「那位駕車的人是誰？」子路說：「是孔丘。」長沮說：「是魯國的那位孔丘嗎？」子路說：「是的！」長沮說：「這人是知道渡口方向的人。」子路再問桀溺渡口的方向在哪裏，桀溺卻回說：「你是誰？」子路回說：「我是仲由。」桀溺問說：「你是魯國孔丘的弟子嗎？」子路回答說：「是的。」桀溺既感慨又批評地說道：「世局紛亂的現象，全天下都是如此，而有誰能改變它？而且你與其跟著逃避亂臣賊子，像孔子這樣的人，那裏比得上跟著逃避紛亂世俗的隱士好呢？」子路離去之後，把隱者的話轉告孔子。孔子非常失意地說：「我到底不能和鳥獸同群於林啊！我如果不和世人同群，又能與誰同群？如果天下眞的井然有序，我孔丘就不會和你們這些弟子一起來改變它了。」

這個故事以子路和兩位隱士長沮、桀溺的對話展開。當時孔子正在周遊列國的旅途之中，而且顯然不太得意，子路遇到了這兩位隱士，詢問渡口在哪裏。如果在這裏，我們把渡口當成一個隱喻，一個生命的出口，這故事就更有趣了。隱士們一聽是孔子來問路，就擺出一副道不同不相爲謀的姿態，根本懶得理他，還教訓子路說，如今天下滔滔，誰有辦法拯救呢？與其像你們這樣栖栖遑遑，躲著那些亂臣賊子，卻又無處可以實踐抱負，還不如我們隱居於此，悠遊自在，不是嗎？

的確，從現實來看，處身於禮壞樂崩的亂世，隱士們的態度是可以理解的，也是一般人比較會有同感的想法。但是孔子畢竟不同，他說我們人生於世，哪裏只能做到關心自己，而不去管世上那些正在受苦的人們呢？哪裏能夠只隱居於山水之間，與鳥獸爲伍呢？因爲這正是孔子人間關懷的信念與原則啊！孔子堅守自己的理想，即使環境充滿挫折與失望，也不放棄對世界的改變。

從孔子的談話中，可以瞭解到孔子深知世局混亂，但他拒絕逃避。他不僅是一位思想家，更是一位實踐家。他認爲，若所有有能力的人都選擇避世，誰來承擔拯救天下的責任？他的選擇源自對「仁」的深刻理解，他相信作爲「人」，就應與人類群體共同面對困難，追求更美好的社會秩序，而非僅僅關注個人的平靜與超脫。

在現代社會，我們常常面臨類似的選擇：是逃避問題，還是勇敢面對？當環境中充滿挑戰和矛盾時，是否應該像隱士一樣選擇「自保」？還是像孔子一樣，承擔責任，努力改變現狀？孔子的故事啓示我們，雖然選擇面對可能更艱難，但正因如此，才能實現更大的價值。孔子在故事中遭遇的不僅是外部的挑戰，更是內心的孤獨。隱士的話反映了一部分人的疑惑與不解，但孔子選擇了堅守自己的道路。他的回應提醒我們，每個追求理想的人，都會經歷孤獨與失意，但只有堅持初心，才能實現更大的價值。

西漢時期的司馬遷因替李陵辯護而受宮刑，原本想隱退以避世，免受恥辱。然而他選擇以著述《史記》的方式記錄歷史，完成了一部橫跨三千年的史學巨作，奠定了中國歷史文學的基石。他的堅持爲後世留下了寶貴的文化遺產。司馬遷雖受挫折，但選擇復出，用《史記》改變了中國的史學傳統，對後世影響深遠。

西塞羅（Marcus Tullius Cicero）是古羅馬著名的政治家和哲學家，早年因捲入羅馬內部權力鬥爭，而一度隱退至學術與寫作。他對政治環境感到厭倦，專注於探討倫理學與國家理論。然而當共和體制受到極大威脅時，他選擇回到政治舞臺，通過演講與行動捍衛羅馬共和。他的努力雖然無法阻止帝制的到來，但他的哲學思想與政治實踐對後世產生了重要影響。西塞羅選擇從隱居學術中回歸，爲羅馬共和制盡力，體現了一位思想家的責任感。

這些人物都因挫折或厭倦選擇隱退，但當他們自己認爲社會需要他們時，他們毅然復出，爲國家、社會和文明作出貢獻。他們不僅能夠保持內心的超然，還能在關鍵時刻挺身而出，改變時代的命運。

二、君子處世：用行舍藏，謀定後動

子謂顏淵曰：「用之則行，舍之則藏。唯我與爾有是夫！」子路曰：「子行三軍，則誰與？」子曰：「暴虎馮河，死而無悔者，吾不與也。必也，臨事而懼，好謀而成者也。」（〈述而〉）

孔子對顏淵說：「如果得到重用就行道兼善天下，如果不得重用就退藏獨善其身。這種胸懷只有我和你擁有啊！」子路向孔子說：「老師如果您率三軍作戰，要和誰同行呢？」孔子說：「我絕不會和徒手搏虎，涉水渡河的人同行。一定會和遇到事情能戒愼恐懼、妥善謀劃以成事的人同行啊！」

在上一則談話中，孔子提到君子應有入世的精神，那是否表示，君子應該不計一切地尋找機會來實踐自己的理想與抱負呢？孔子在這段話中，做了回答。在這段談話中，孔子顯然對顏淵格外讚賞，認爲在面對人生的進退取捨時，要做到「用之則行，舍之則藏」，在這一方面，只有顏淵與他志趣相投、理念相合。然而，這讓子路感到不服，於是便問孔子：如果打仗的時候，您會選誰與您同行呢？子路心中想，自己最爲勇猛，哪位將軍在戰場上不喜歡勇敢無畏的人呢？然而，孔子的回答卻出人意料，甚至充滿深意。

表面上看，孔子似乎在說，打仗不能僅靠勇敢，因爲兵凶戰危，必須「臨事而懼，好謀而成」，也就是謀定而後動。但如果我們結合前文來看，就會發現孔子的話還隱藏著更深層的含義。他想表達的是，在實踐理想和抱負的過程中，我們也必須審時度勢，不能盲目地向前衝，否則只會撞得頭破血流，最終徒勞無功。只有在確定時勢允許、有機會實現抱負時，才應全力以赴；而如果時勢不利，就應該選擇隱藏道德抱負，專注於修養自己。

這種態度並不是一味地明哲保身，而是在進與退之間保持智慧和平衡。孔子提醒我們，無論是追求理想還是應對現實，都需要有清晰的判斷力與適時的取捨，這正是人生智慧的體現啊！

「用之則行，舍之則藏。」這句話反映了孔子處世的智慧：如果有機會爲社會服務，就應當竭力行道，推動善治；如果環境不允許，就應該退隱藏身，保持個人的節操與內心的平靜。這種「可兼善天下，亦可獨善其身」、進退自如的態度既是一種理想主義，也是一種務實主義。「暴虎馮河，死而無悔者，吾不與也。」這句話顯示，孔子反對不理性、不考慮後果的冒險行爲，認爲這樣的人難以達成長久的事業。他強調與那些能夠在困難面前保持冷靜、謹慎思考並善於謀劃的人合作，因爲「謀定而後動」的人才有實現目標的可能性。

孔子對顏淵的「用行舍藏」和對子路的「臨事而懼，好謀而成」，不僅是儒家智慧的經典表述，也是處世與合作的重要準則。這些思想教我們在進退之間保持平衡，既能抓住機會行道濟世，也能在不利時保護自己；同時，面對困難時要謹慎選擇行動策略，與理性而穩健的夥伴同行，以增加成功的可能性。孔子這樣的智慧在現代社會中依然具有強烈的實用性和指導價值。

以下是兩個「用之則行，舍之則藏」的中外例子。

北宋范仲淹以「先天下之憂而憂，後天下之樂而樂」爲志向，致力於推行改革，改善百姓生活。他在慶曆年間提出變法主張，試圖革新政治，減輕民生疾苦。當改革遭遇失敗、被排擠出朝廷後，他沒有怨天尤人，而是選擇隱居青山，專注於詩文創作與修養自身品德，成爲後世尊崇的道德典範。

邱吉爾（Winston Churchill）作爲二戰期間的英國首相，他以頑強的領導力帶領英國渡過戰爭危機，維護了歐洲的自由。在戰後被迫退出政壇時，他專注於寫作，完成了大量歷史著作，包括《第二次世界大戰回憶錄》，爲後人留下寶貴的智慧。

以下是兩個「謀定而後動」的反面教材，屬於「暴虎馮河」的例子。

春秋時期，楚莊王登基後，長期沉迷享樂，不理政事。伍舉勸諫時，用「暴虎馮河」來形容莽撞行事的愚蠢。他說：「空手搏虎而無計策，涉水渡河而不顧後果，終將招致不測之禍。」楚莊王深受觸動，於是改變態度，最終成爲一代賢君。這裏的「暴虎馮河」被伍舉用來警戒莽撞行事的危害。

一八一二年，法國皇帝拿破崙在統治歐洲大部分地區時，決定遠征俄國。他的軍隊深入俄國境內，但因天氣惡劣、補給線過長，以及俄軍採取「焦土政策」，最終導致軍隊幾乎全軍覆沒。這次冒險行動被視爲拿破崙生涯中的一次重大失誤，充分體現了「暴虎馮河」的莽撞行事。

這些事例都表明了「用行舍藏，謀定後動」的處世智慧。

三、堅持原則，不接受領導失德

齊人歸女樂，季桓子受之，三日不朝，孔子行。（〈微子〉）

儒家思想提倡入世，強調「修身、齊家、治國、平天下」。然而儒家也認識到，理想的實現需要特定的時代條件。如果在黑暗的時代執意追求理想，可能適得其反，甚至傷害自身。因此儒家強調士人應該根據時勢選擇行動或退隱。孔子見微知著，從領導人的言行，即瞭解是否能夠與其共事，如果發現有「失德的的事，孔子會毅然絕然地選擇離開。

有一次，齊人饋贈能歌善舞的女子給魯國，而季桓子接受了，因此三日不早朝，孔子就離開了魯國。

這一則選文展現出孔子進退的智慧。孔子人間關懷的精神當然沒有動搖，可是當他看到魯國的執政者季桓子如此高興地接受了齊國贈送的美女，而且爲了醇酒美人居然可以三天都不上朝，荒廢政事時，作爲一名注重道德修養與國家治理的思想家，孔子對季桓子失德的行爲無法接受。孔子清楚地瞭解到他沒有實踐理想的機會了。於是孔子毅然地也瀟灑地選擇了離開，從此展開了他周遊列國的旅程。

孔子選擇離開魯國季桓子的故事告訴我們，在面對不符合價值觀的行爲或環境時，要堅守自己的原則。無論是在職場還是生活中，如果環境無法支持我們的價值觀，應該果斷做出選擇，避免妥協於不義。這種堅守值得我們在現代社會中學習與借鑑。它告訴我們，眞正的責任感與道德力量不僅表現在話語中，更體現在行動上

我們來看看中外幾個因「道亡則隱」的例子：

清代書畫家鄭板橋在山東范縣擔任縣令期間，清廉自律，深受百姓愛戴。然而由於上級官員貪腐、政治環境壓抑，鄭板橋毅然選擇辭官隱退。他用這一行動抗議官場的黑暗，並將一生投入書畫創作中，留下了「難得糊塗」等廣爲流傳的名句。他在書畫中以蘭、竹、石爲題材，並以「六分半書」聞名，作品充滿獨特的藝術風格。

東晉時期，王羲之出任會稽內史，但他厭惡官場的繁文縟節，與官場理念格格不入。他最終辭官，隱居山林，專心於書法藝術創作，成爲中國書法史上的宗師，留下〈蘭亭集序〉等傳世作品。

北宋文學家曾鞏因與朝廷改革派的意見不合，選擇主動辭官。他認爲當時的政治環境無法支持他的理想，便退居鄉間，專注於學術和寫作，爲後世留下了大量名篇。

俄國文豪托爾斯泰晚年推崇非暴力、博愛與平等，並批評俄國教會與政府的腐敗和壓迫。由於理念不合，托爾斯泰最終與俄國教會決裂，被教會開除教籍。他選擇隱居鄉村，通過創作與行動繼續宣揚自己的價值觀。

愛因斯坦在納粹德國掌權後，因理念不合選擇離開。他拒絕為納粹效力，移居美國，並積極參與反對法西斯的科學與和平運動。他的離開不僅是一種個人的選擇，也對科學界和道德價值產生了重大影響。

這些因理念不合而選擇離開的故事，都體現了一種堅守價值觀的精神。他們的選擇不僅是對環境的不妥協，更是一種對理想的堅定追求，為後人樹立了追求信念的典範。

四、邦有道，正行直言無隱；邦無道，正行言謹謙遜

子曰：「邦有道，危言危行；邦無道，危行言孫。」（〈憲問〉）

君子就是君子，無論在什麼情形都應該依正道而行，但是在處於治世或亂世時，君子的言語是否仍然是直言進諫，還是應該謹慎謙遜呢？孔子提出他的看法。

孔子說：「在一個依循正道而行的邦國之中，我們也應該時時以端正的言行自處；而在一個不能依循正道而行的邦國之中，我們還是應該正道而行，可是與人說話時，最好還

是要盡可能謙遜。」

孔子在這段話中提出，在國家正道而行時，我們應該用「危言危行」的態度來處事，所謂「危」就是端正、嚴肅，意指無論言語還是行動，都要符合道德與正義的標準。在這樣的社會中，個人應勇於直言進諫、行為端正，與國家的正道形成良性互動。然而當國家不循正道時，孔子認為我們仍然應該保持正直的行為，不能隨波逐流。然而言語上則需要謹慎和謙遜，因為此時直言可能不被接受，甚至帶來危險。這裏的「言孫」並非懦弱，而是智慧的表現，是在不妥協原則的前提下，以低調的方式行事，避免無謂的對抗與犧牲。孔子的「危言危行，危行言孫」展示了一種靈活應對環境的處世智慧。它教導我們：在正道社會中直言無隱，與國家一起推進正義；而在混亂的時代則保持正直行為，但言語謹慎，保存自身力量，以圖未來的改變。這種進退之間的平衡，正是儒家智慧的體現。這種進退有據的智慧，不僅適用於古代，也為現代社會中的個人行為提供了深刻啓示。

唐玄宗時期的宰相張九齡，面對玄宗晚年的奢靡與奸臣李林甫的專權，曾多次進諫，但選擇了較為委婉的方式。他利用奏疏提醒皇帝治理國家應以民為本，表現出「言孫」的智慧。雖然最終被排擠，貶為荊州長史，最終以憂憤而終，但他的忠誠和謹慎表達避免了直接衝突。李林甫在張九齡被貶後接任宰相，任職長達十九年。他善於逢迎唐玄宗，表面迎合君主的喜好，但暗中專權，排斥異己。李林甫在位期間打壓異己，包括張九齡等忠臣，扶植自己的黨羽，為安史之亂的爆發埋下隱患。

唐代文學家韓愈因直言進諫而被貶，他在貶謫期間轉而以詩文表達自己的思想，隱晦批評當時的朝政。他通過寓言體裁，如〈馬說〉，表達自己對賢能不得重用的憤懣，既保持正直，又避免激怒當權者。

十九世紀的德國哲學家尼采，生活在政治動蕩和學術爭論的時代。他選擇遠離權力中心和主流學術圈，專注於哲學創作。他的作品如《查拉圖斯特拉如是說》隱喻深刻，未直接批評當時的權威，而是通過隱晦的語言提出對社會與道德的深刻反思，最終成爲現代哲學的重要基石。

這些中外故事中的人物，都是「危行言孫」的代表，在混亂的時代，他們選擇保持正直的行爲，但以謹慎的方式表達自己的立場，保存實力，爲未來的改變積蓄力量。他們的智慧提醒我們，在險惡環境中，堅守原則與謹慎行事並不矛盾，而是一種深刻的生存哲學。

五、君子愼重選擇合適因緣而入世

子貢曰：「有美玉於斯，韞匵而藏諸？求善賈而沽諸？」子曰：「沽之哉！沽之哉！我待賈者也。」（〈子罕〉）

「因緣具足」是一個源於佛教的重要概念，意指所有事情的成就和發展，都需要具備各種條件和緣由的配合，當這些條件成熟時，事情才能順利發生。這一思想強調了「條件成熟」的重要性，提醒人們要順勢而爲，耐心等待時機，而非急於求成。孔子也有同樣地看法，在沒有更好的因緣來臨時，不妨修身養性，等待好的時機。

子貢問孔子說：「這裏有一塊美玉，是要收藏在櫃子裏呢？還是拿出來賣個好價錢呢？」子貢這句話引喻像孔子這樣的君子，是該出來服務世人呢？還是隱居避世呢？孔子回答說：「拿出來賣了吧！我正等著一個好價錢呢！」這意味著孔子願意出來實踐理想，但正等待著一個可以給他空間的機會。

子貢以美玉作比喻，詢問孔子是否應該像美玉一樣「珍藏」於世，還是拿出來交易，展現價值。這其實是探討孔子作爲一位君子的選擇——是隱居避世，還是積極參與社會改革。孔子的回答「沽之哉！我待賈者也」，表明了他願意出來服務社會，但前提是等待一個合適的時機與理想的環境。

孔子的回答顯示了他的進退智慧。他不會隨意出山或盲目投入，而是愼重選擇，待有明君或施展理想的機會時，才將自己的能力貢獻於世。這種態度既展現了他對時勢的冷靜判斷，也表明了他對理想的堅定追求。

孔子的態度並不是對機會的「功利等待」，而是對自身價值的清醒認識。他將自己的才德比喻爲美玉，只有在適合的環境下，才會發揮眞正的作用，否則容易淪爲無謂的消耗。

孔子的「待價而沽」表現了一種堅守理想的進退智慧。在混亂或不適合的時代，他選擇謹慎行事，等待施展抱負的機會；在理想環境出現時，他則毫不猶豫地投身其中。這種態度對現代人有重要啓示：既要清楚自己的價值，也要懂得選擇合適的時機與環境，實現人生的最大價值。

姜子牙（呂尚）是一個典型的歷史例子，他同樣展現了如何在等待合適時機，時堅守自己的理想並最終實現抱負。姜子牙早年並未受到賞識，他曾在商朝末年多次尋求仕途機會，但因不被重用，只能過著隱居生活。他選擇隱居於磻溪（今陝西寶雞一帶），以釣魚維生。傳說他用的是「直鉤釣魚」，表達出他心如止水、靜待有緣君主的態度。西周的開國君主周文王，聽說姜子牙是位有才有德之人，專程來磻溪拜訪。周文王認爲姜子牙是「能輔佐周朝興盛的大才」，於是任命他爲軍師。姜子牙輔佐周武王，制定謀略，最終推翻商紂王的殘暴統治，開創了西周的盛世。

諸葛亮隱居南陽時，躬耕田野，觀察天下局勢，並未主動尋求仕途。他深知自己的才能需要在適合的時機、遇到對的人，才能發揮最大效用。當劉備三次拜訪，表現出誠意並願意採納他的戰略建議時，諸葛亮選擇出山，協助劉備成就三分天下的局面，這正是「待價而沽」的典範。

伊本・赫勒敦（Ibn Khaldun）是中世紀伊斯蘭世界的著名歷史學家和社會學家，但他早年屢次因政治動盪而被迫退隱。他在退隱期間撰寫了《穆卡迪馬：歷史緒論》（*The Muqaddimah: An Introduction to History*），耐心等待合適的統治者欣賞他的才能。最終他被埃及馬穆魯克王朝的蘇丹所賞識，並被任命爲高官。他的思想被認爲是現代社會學和歷史學的奠基石。

庫克（James Cook）早年只是英國皇家海軍的一名普通水手，他對航海和地圖製作的才能未被發現。他默默積累技能，並耐心等待展示實力的機會。他在七年戰爭期間繪製了加拿大東海岸的詳細地圖，展現出精湛技藝。最終他被任命爲太平洋探險隊的指揮官，發現並繪製了大部分太平洋地區的地圖，成爲航海史上最偉大的探險家之一。

這些故事都展示了在逆境中保持信念、靜待時機的重要性。「待價而沽」不僅需要耐心，更需要對自身能力的充分準備。這些人物的成功表明，只有在合適的時機以最好的狀態出現，才能眞正發揮自己的價值，成就非凡人生。

第二節　政治始於端正自己

一、身教勝於言教：身正令行，身不正令不從

子曰：「無為而治者，其舜也與？夫何為哉？恭己正南面而已矣。」（〈衛靈公〉）

子曰：「其身正，不令而行；其身不正，雖令不從。」（〈子路〉）

所謂「身正不怕影子斜」，一個人行爲端正，自然容易得到他人的尊重，處事也就可以得到他人的信任，從經濟學來說，可以減少做事的外部成本；從政治學來說，容易達到「無爲而治」的境界。以下是孔子的兩段談話，從中可以看出，孔子透過對「舜帝」的推崇，告訴他的弟子，端正自己是處事爲政的根本。

第一則談話，孔子說：「能夠以不事必躬親，最自在地領導好政務運作的，大概只有舜做得到吧！舜做了什麼，使他能達到這樣的境界呢？他就是端正自己的品德，忠於自己的職守（他便達到了「德治」的最高境界）。」

第二則談話，孔子說：「一位領導者如自身端正，即使他不要求別人，別人也會自動跟隨；如果他自身不端正，雖然他強制要求，別人也不會依從。」

我們要瞭解，孔子的理想世界並不只是一種想像，而是要落實到人間生活。因此，構成日常生活中的重要活動—「政治」的參與，當然是孔子對人間關懷的一個重要部分。政治活動涉及權力的相關問題，容易因考量現實因素而妥協，所以理想性的樹立，便是一件非常緊要的事。不管是古代或今日，既有群體就有政治。但孔子認為，理想的政治離不開道德，因此要從「端正自己」做起，其次才涉及政治的操作。

這一部分的兩則談話，都是在說明「端正自己」的重要。孔子稱讚舜的理由，就是「正己」，因為能夠做到「正己」，才能「無為而治」。凸顯孔子認為政治的行動必先由「正己」開始。只有以道德自持來待人接物，我們才不會淪為權力遊戲的競逐者。

在第一則選文中，孔子指出，舜的成功並非來自事必躬親的操作，而是他自身品德的端正與威儀，因為他的德行端正，他自然做到了「無為而治」。他專注於修養自身，秉持謙遜的態度，正身為表，坐於君主的位置（象徵治理天下），便達到了德治的至高境界。他的統治不依賴於繁瑣的行政，而是以德行感染群臣與百姓，實現了自然而然的治理效果。在第二則選文中，孔子指出，一位領導者如果自身品行端正，無需發號施令，其他人便會自然而然地效仿與追隨；反之，若領導者自身行為不正，即使頻繁下達命令，也無法真正贏得他人的服從。這表明孔子認為，領導者的品德和行為對團隊或國家的影響至關重要，身教重於言教。

孔子的這些話深刻揭示了領導力的核心是什麼。領導者的榜樣力量遠勝於命令與強制。在任何領域，身正才能樹立威信，品行才能感染他人。這種「身教重於言教」的智慧，不僅適用於古代政治，也爲現代社會的管理與人際關係提供了重要指導。

孔子對舜「正己」與「無爲而治」的讚美，不僅是一種古代政治理念的總結，更是一種普遍適用的領導哲學。它告訴我們，無論在什麼領域，眞正的影響力來自內在的德行與修養，而非僅靠外在的權威與干預。在當代，這種「正己」與「賦權」的智慧爲個人修養、組織管理乃至國家治理提供了重要的啓示。

無論在古代還是現代，無論在政治還是商業領域，「正己」都是國家、企業或個人成功的力量。有太多的例子可以值得參考學習。清代中興名臣曾國藩以「正己」聞名。他注重自律，無論在家教還是治軍方面，都要求自己以德行爲先。他以身作則治理湘軍，帶領部隊秉持廉潔紀律，在內憂外患的時代成爲官場清流。南宋理學家朱熹一生以「修己以安人」爲信條。他在地方官職上以身作則，廉潔奉公，並致力於教育和儒學的傳播。他主張的「修身齊家治國平天下」，影響了中國幾個世紀的治理哲學。

美國第一任總統華盛頓以道德操守和廉潔自律著稱。在美國建國初期，他拒絕終身任職的總統提議，選擇主動退位，以實際行動樹立了美國憲政的榜樣。他的正直品格贏得了國民的尊敬，也穩固了國家的民主基礎。日本企業家盛田昭夫是索尼（Sony）的創始人之一，他以誠信和創新爲核心價值，帶領索尼成爲全球消費電子行業的領軍者。他通過正己的行爲，倡導尊重員工和關注品質的文化，爲企業發展奠定了堅實基礎。

他們這些人，以身作則，用正直、廉潔和謙遜感化他人，樹立了榜樣，並在各自的領域實現了非凡的成就。這也提醒我們，無論身處何種位置，只有先正己，才能眞正服人、治國、治企。

二、為政以德：可如北辰般引領衆星

子曰：「為政以德，譬如北辰，居其所而眾星共之。」（〈為政〉）

子曰：「大哉！堯之為君也。巍巍乎，唯天為大，唯堯則之。蕩蕩乎，民無能名焉。巍巍乎，其有成功也；煥乎，其有文章。」（〈泰伯〉）

子曰：「巍巍乎！舜、禹之有天下也，而不與焉。」（〈泰伯〉）

每個人都希望能夠在一個有德行的國家生活，在一個有健康企業文化的公司生活。在孔子眼中，堯、舜、禹之所以偉大，就是因爲他們建立一個「以德治國」的國家，他們居大位不是爲己的名利，而是爲蒼生的福祉。以下三則孔子的談話，顯示出孔子對「以德治國」的讚歎：

第一則談話。孔子說：「一位政治領袖應以他的德性來領導，他的地位就像北極星一般，始終固定在一個方位之上（引領著方向），周圍的眾星則圍繞著它運轉。」

第二則談話。孔子說：「堯作爲一位國君，眞是偉大啊！他的聖德是如此巍峨，就像天一般之高大，只有堯的聖德可以比擬於天之大。他的聖德如此廣遠，以至於人們都無法用任何言語來稱道他。他的聖德如此巍峨，以至於能夠成就如此之功業，他所創造的禮樂文明也是如此煥發出文化的光采。」

第三則談話，孔子說：「舜跟禹的聖德是如此的高大啊！他們治理著天下，卻絲毫不曾爲自己著想。」

在先前的選文中，我們已經瞭解到，在孔子的眼中，只有以道德自持來待人接物，我們才不會淪爲權力遊戲的競逐者。在這一部分的三則選文談話中，可以看到孔子認爲領導人的德性與德行才是治理國家的基礎與核心。理想的聖君典範如堯、舜、禹，他們雖然擁有治理天下的權力，但卻不是握持權力作威作福。孔子的解釋是：因爲他們認爲自己出任國君這個職位，是爲推行仁政，而不是占據大位以供自己與家人享樂。

在第一則選文中，孔子以北極星爲比喻，闡明「以德治國」的原則。他認爲，政治領袖應該用自己的德行來領導國家，就像北極星固定於天空中，爲萬物指引方向。這種德性的力量會自然吸引和感化周圍的人，讓他們自願地圍繞領袖並跟隨他的引導，而不需要靠強制手段維持秩序。這是對德治理念的最高讚頌：通過德性影響他人，而非依賴權力與命令。

孔子的這段話表明，領導力的核心不在於權力的大小，而在於德行的高度。當領導者展現出高尚的品德與正直的人格時，周圍的人會自發支持，組織運作也會更加和諧。

在第二則選文中，孔子高度讚揚堯的聖德，認為他的德行如同天一般高遠且廣大。堯以自己的德行影響天下，成就了偉大的政治功業與文化禮樂。他的德行博大精深，連百姓都難以用言語形容。他所創造的文化光輝至今燦爛不息。

在第三則的選文中，孔子讚歎舜與禹的聖德，認為他們治理天下時，始終秉持無私無欲的態度。他們以天下為己任，卻從不為自己謀取任何利益。他們的胸襟與德行如高山般巍峨，令人仰止。

孔子對堯舜禹的讚美，揭示了領導力的最高境界：以無私與聖德治理天下。他們的德行如同高山與天穹，既創造了偉大的政治與文化成就，也為後世樹立了無私奉獻的典範。在當代社會，這種精神依然適用，為我們的領導與治理提供了寶貴的智慧與啓示。

除了堯、舜、禹是當然的「以德治國」外，我們也來介紹些中外「以德治國、以德治企」的例子：

唐太宗在位期間以「貞觀之治」著稱，他強調君王的道德修養和施行仁政。唐太宗以誠信待臣，廣開言路，重用魏徵等直言進諫的大臣，注重修己安人，追求國家穩定和百姓富足。他的治國理念使唐朝成為當時世界上最繁榮的帝國之一，深受後世讚揚。

阿育王是古代印度孔雀王朝的君主，他在征服羯陵伽之戰後，因大量殺戮而懺悔，轉向以德治理國家。他推行佛教教義，如非暴力和慈悲心，減少征戰，注重改善人民的生活條件，並設立「道德石柱」來宣揚倫理規範。阿育王的政策使印度社會穩定，並促進了佛教在亞洲的廣泛傳播。

當代的新加坡建國總理李光耀以廉潔的治理贏得了國內外的尊重。他以公平透明的政策和對人民的責任感，使新加坡成為東南亞最廉潔和高效的國家。他的精神吸引了外國企業願意到新加坡投資合作，推動了新加坡的快速發展。

張謇是清末民初的著名企業家，他以「實業救國」為志，創辦了大生紗廠等一系列實業。他在經營企業時強調誠信與責任，不僅注重產品品質，還將收益用於社會公益，例如創辦學校、醫院等。他曾說：「治商之道，首重人品。」張謇的企業吸引了大批人才和投資者，成為以德治企的典範。

臺灣企業家王永慶在經營臺塑企業時，以「誠實、勤奮、節儉」為核心價值，堅持以德治企。他對員工關懷備至，提供公平的工作環境；對社會積極回饋，捐助學校與醫院。他的經營理念不僅推動了企業發展，也深刻影響了臺灣的商業文化。

日本松下幸之助是松下電器的創始人，被譽為「經營之神」。他倡導「水一樣的經營哲學」，強調企業家應以誠信和謙虛的態度經營企業，並注重員工的幸福與顧客的利益。松下電器成為世界一流企業，松下的經營哲學被無數企業視為典範。

華爲創始人任正非以企業文化爲核心，強調員工價值和誠信經營。任正非提出「以奮鬥者爲本」，注重公平分配，關注員工發展和社會責任，贏得了員工的忠誠與企業的持續發展。華爲成爲全球通信科技領域的領軍企業，代表了中國企業的道德經營水準。

這些「以德治國、以德治企」的成功故事，展現了誠信、責任和以人爲本的重要性。他們不僅創造了商業奇蹟，也通過德行贏得了員工、顧客和合作夥伴的信任，成爲企業文化的重要典範。

三、為政以德：誠信處事、節用愛人、合理用民

子曰：「道千乘之國，敬事而信，節用而愛人，使民以時。」（〈學而〉）

管理一個國家，需要各式各樣的人才，但是管理的基本原則卻不需要太複雜，孔子提出了以德治國的原則，在面對人、事、時、地、物方面，應有的立場與態度。

孔子說：「領導著擁有千輛兵車的大諸侯國，應該要能謹慎專一地處理國政，以誠信處事，節約國家的用度，愛護百姓，有事要徵派百姓服役時，也不要影響他們的耕作。」

孔子的這段話可以分爲以下幾個關鍵點來解析：第一、「敬事而信」：強調治理者要以謹慎、專注的態度處理國政，並以誠信爲根本。這不僅是對自己的要求，也是獲得人民

信任的基礎。第二、「節用而愛人」：主張節制國家資源的使用，避免浪費，同時將人民的福祉放在首位。這反映了孔子「民本思想」的核心。第三、「使民以時」：告誡治理者，在需要徵用人民勞力時，應考慮百姓的農耕和日常生活時間，避免過度打擾民生，影響生計。

這段話展現了孔子對「以德治國」的高尚追求和對民生的深切關懷。他的思想注重長遠穩定和人性化治理，避免了暴力統治和資源浪費的弊端。同時他所提倡的「敬事而信」與「節用而愛人」，實際上是對領袖的能力和品德的全面要求，對於一個國家而言，這種治理方法無疑是穩定繁榮的重要基石。

孔子的這段話，對於現代社會的治理與管理仍有重要啓示：第一、「誠信爲基，專業治國」：當代領袖無論在國家層面還是企業層面，都需要謹慎而誠信地對待每一項決策，贏得公衆的信賴。第二、「資源高效利用」：現代社會面臨資源緊缺和環境壓力，節約使用公共資源是每個管理者應具備的基本素質。第三、「以民爲本，關愛百姓」：政府和企業應以民衆和員工的福祉爲中心，制定惠民政策、保障基層生活，才能促進社會的和諧與發展。第四、「合理調配勞動」：當代社會工作節奏快，對勞動者的壓力大，孔子的「使民以時」提醒我們，要注重勞動時間的合理分配，避免過度壓榨勞動力，平衡效率與人性需求。

我們來舉兩個「使民以時」的中外例子：

從北魏時期即開始實施的均田制，到了唐朝初年，唐太宗李世民繼續改良推動，將土地按照家庭人口進行分配，並規定每年徵收賦稅和徵用勞役時，要避免農忙時節，改在農閒時進行。這一政策的核心正是「使民以時」，因爲農業是當時社會的經濟基礎，百姓的生計全賴於耕種。如果在春耕或秋收時期徵用百姓服役，將會嚴重影響農業生產，進而損害國家財政和人民生活。唐太宗的政策讓百姓有更多的時間投入農業，國家得以穩定發展，人民生活逐漸富足，形成了歷史上有名的「貞觀之治」。

二十世紀初，美國企業家亨利．福特（Henry Ford）提出並實行了八小時工作制，即每天工作八小時，留出充足的時間讓員工休息和享受生活。當時許多工廠的勞工每天需工作十二到十六小時，過度的勞動導致效率低下、工傷頻發、員工流失率高。福特認爲，縮短工時並提高薪資，能讓工人更有精力，也能刺激消費，因爲工人有更多時間購物和休閒。這一舉措不僅提高了工廠的生產效率，還促進了經濟發展，成爲現代工作制度的重要里程碑，反映了「合理配合勞動」的重要性。

無論是唐太宗的均田制還是亨利．福特的八小時工作制，這些故事都體現了「使民以時」的智慧：治理者或管理者需要考慮勞動者的生產與生活需求，合理規劃時間與勞動分配，從而達到長遠的社會和經濟效益。這種以人爲本的理念在不同時代和文化中，都展示了其普世價值。

四、以禮待臣，以忠事君

定公問：「君使臣，臣事君，如之何？」孔子對曰：「君使臣以禮，臣事君以忠。」（〈八佾〉）

儒家有「五倫」之說，「君臣有義、父子有親、夫婦有別、兄弟有序、朋友有信」，在其中，各方均有其道德要求。君主應仁愛，臣子應忠誠。父慈子孝。夫妻應相敬如賓，分工合作。兄友弟恭。朋友應以信爲本，眞誠相處。而貫穿其中的必然有一個重要的字，就是「禮」。無論「五倫」的哪一倫，彼此都必須有「禮」。

魯定公問孔子說：「國君命臣子做事，臣子爲國君理事，該如何做呢？」孔子回答說：「國君應很有禮節地對待臣下，臣子則應以忠誠來爲國君做事。」

這段對話說明了不同分位的角色在政治活動中應當完成的價值。孔子的君臣倫理思想爲：第一、「君使臣以禮」：國君在命令臣下辦事時，應該秉持禮儀，尊重臣下的地位和人格，不能專橫或粗暴。第二、「臣事君以忠」：臣子在接受國君的命令時，應該竭盡全力，忠誠地完成職責，不可懈怠或懷有二心。

這段話充分體現了孔子的「仁政」與「德治」思想。他認爲，國君和臣子的關係不應該建立在威權與服從之上，而是建立在禮儀與忠誠的基礎上。只有在相互尊重的情況下，才能促進國家的和諧與穩定。這種倫理關係不僅注重權力的合理運用，也強調了人際關係中的相互尊重與責任，爲後世的政治文化奠定了基礎。

在現代社會，這段話對於領導力和團隊合作提供了寶貴的啓示：第一、「領導者的尊重與溝通」：在組織中，領導者應以禮相待，尊重下屬的專業與貢獻，避免專斷或忽視他人意見。第二、「員工的忠誠與責任」：下屬應以誠信和責任感完成工作，忠於職守，爲組織的發展貢獻力量。第三、「雙向尊重的文化」：一個健康的團隊需要雙向的尊重與信任，才能形成積極的工作氛圍。無論在家庭、組織還是國家治理中，孔子的這段話都傳遞了一種普遍適用的智慧，呼籲我們以尊重爲本，忠誠爲道，共同促進和諧發展。

諸葛亮在《三國演義》中被譽爲「鞠躬盡瘁，死而後已」的典範。他與劉備之間的關係可謂「君使臣以禮，臣事君以忠」的完美體現。劉備三顧茅廬請諸葛亮出山，展現了對其才華的極大尊重和誠意。即使在諸葛亮成爲蜀漢丞相後，劉備仍然尊重他的意見，並多次在軍事和政治上給予其充分的信任。諸葛亮則以忠誠回報劉備，無論是輔佐劉備創立蜀漢，還是劉備去世後全力輔佐後主劉禪，他始終以國家和君主利益爲先，堪稱「忠臣」典範。諸葛亮與劉備的君臣合作，展現了互相尊重與忠誠的力量，不僅成就了蜀漢的興起，也成爲後世傳頌的典範。

宋太祖趙匡胤一生秉持「以德治國」的理念，他在統一天下的過程中，對宰相趙普充分信任並以禮相待。趙普以「半部《論語》治天下」聞名，他提出了「重文抑武」的政策，爲宋朝開創了長期穩定的基礎。宋太祖尊重趙普的才能，無論是在軍事還是內政上，都給予他極大的權力和自由。趙普回報以忠誠，即便因政見不同而短暫罷相，仍不改對宋太祖的忠心。後來宋太祖再度起用趙普，繼續依靠他的才智輔佐朝政。宋太祖的尊重與趙普的忠誠相輔相成，成就了北宋初年的國家穩定，展現了「君使臣以禮，臣事君以忠」的理想模式。

十六世紀英國女王伊麗莎白一世對她的首席間諜弗朗西斯．沃爾辛漢（Francis Walsingham）極爲倚重。沃爾辛漢以忠誠和智慧，建立了當時世界上最有效的情報系統，成功挫敗了多次針對伊麗莎白的陰謀，包括天主教勢力策劃的暗殺行動。伊麗莎白則以極高的尊重回應沃爾辛漢的忠誠，給予他充分的信任和支持，讓他在情報和安全事務中擁有極大的自主權。沃爾辛漢對伊麗莎白的忠誠，以及伊麗莎白對他的尊重，成功地保護了英國的穩定，並奠定了英格蘭黃金時代的基礎。

這些中外故事再次印證了「君使臣以禮，臣事君以忠」的價值觀。不論時代或文化，尊重與忠誠都是成功治理和合作的基石，亦爲後世提供了深刻的啓示。

第三節　實現人間關懷的政治理想

一、治國三大方向：庶、富、教

子適衛，冉有僕。子曰：「庶矣哉！」冉有曰：「既庶矣，又何加焉？」曰：「富之。」曰：「既富矣，又何加焉？」曰：「教之。」（〈子路〉）

很多人以爲孔子只是個道德家、理想家，從孔子的談話看來，孔子不只有治國理念，對於施政的重點也有相當的研究，是一位非常務實的政治家。以下就是孔子認爲的治國三大步驟。

有一天，孔子在往衛國的路上，冉有爲他駕車。孔子看著衛國景象，說：「衛國的人口眞多啊！」冉有馬上接著問：「如果衛國人口已如此多，那麼底下該如何進一步發展呢？」孔子說：「該讓人民富有起來。」冉有又問：「富有以後又該如何做呢？」孔子說：「那就應該要好好教育他們了。」

孔子周遊列國，就是爲了實踐政治理想。雖然時不我與，孔子未能有實踐其理想的政治舞臺，但孔子在教導弟子的過程中，是有一幅政治理想的藍圖。

孔子認為，人口是國家發展的基礎。在古代，人口多，不僅意味著國家有強大的勞動力，也代表國家的繁榮潛力。然後就是「富」與「教」。孔子強調「民以食為天」，認為只有物質生活得到保障，社會才能穩定。當人民物質富足後，才有條件接受文化與道德教育。孔子認為，教育是促進社會和諧與進步的關鍵，教化能提升人民的素養，讓他們懂得如何以仁義行事，進而促進國家治理的長遠發展。

孔子的「庶、富、教」三個方向與步驟，不僅有清晰的邏輯性，還有極高的實用價值。儒家思想為「倉廩實則知禮節，衣食足則知榮辱」。孔子強調政治治理應從民生問題著手，逐步解決溫飽、富足和教化問題，避免了空談理想的弊端，展現了高度的務實精神。此外，孔子的治國思想重視漸進的發展路線，沒有脫離人民實際需求，也預示著政治領袖必須關注民眾的基本權益，這為後世的治國理政提供了寶貴的智慧。

孔子的「庶、富、教」理念在現代社會治理中仍然具有深刻的指導意義：第一、「經濟基礎優先」。在發展中國家，首先需要解決貧困問題，確保人民的基本生存需求。第二、「教育促進長遠發展」。當經濟發展到一定程度後，教育成為提升國民素質和國家競爭力的關鍵。第三、「以民為本的施政」。政府在制定政策時應考慮民眾的切實需求，逐步提高生活質量與文化水平，避免急於求成。

鄧小平是現代中國大陸改革開放的設計師，他的施政理念與孔子的「庶、富、教」思想不謀而合，表現爲穩定人口（庶）、發展經濟（富）、重視教育（教）的循序漸進治理模式。在改革開放初期，鄧小平提出解決人口與基本民生問題是施政的首要任務。在人口問題上，首先採取計畫生育政策，以減少人口壓力；經濟上先採取農業改革，實行家庭聯產承包責任制，把土地分配到農民手中，極大地提高了農業生產力，解決了大多數人的糧食溫飽問題。然後推動「先讓一部分人富起來」的改革開放政策。在深圳、珠海等地建立經濟特區，吸引外資、發展出口加工，帶動全國經濟增長。在推展教育方面，一九七七年，鄧小平恢復中斷多年的高考制度，推行九年義務教育，支持清華大學、北京大學等重點高校建設，並與國際接軌，派遣留學生出國學習。

十九世紀的日本明治維新，是一個從「庶、富、教」循序漸進發展的成功案例：明治政府廢除封建領地制度，實行土地改革，保證農民的土地所有權，穩定了農業生產和人口基礎。明治政府推動工業化，發展交通與通訊，提升國民經濟水平，使大量農民轉向工業就業，增加了國家財富。明治政府頒布《學制》，實行全民義務教育，培養現代化人才，逐步提高國民素質與國家競爭力。日本在短短幾十年間完成從農業國到工業強國的轉型，正是得益於按步驟推行孔子式的「庶、富、教」理念。

二、治國：德行勝於政令，禮儀勝於刑罰

子曰：「道之以政，齊之以刑，民免而無恥。道之以德，齊之以禮，有恥且格。」（〈為政〉）

「太陽與北風」的寓言是一則古希臘寓言，出自《伊索寓言》。這個故事以擬人化的方式，展現了溫和與強硬的不同效果，傳遞了智慧與力量的深刻道理。有一天，北風和太陽在爭論誰的力量更大。他們決定進行一場比賽，來證明誰更強。他們看到一名行人在路上行走，身上披著一件大衣。比賽的規則是：誰能讓行人脫下大衣，誰就是勝者。北風首先展示自己的威力。他猛烈地吹起強風，企圖用狂風將行人的大衣刮走。然而風越猛烈，行人就越緊緊地裹住大衣，以抵禦寒冷。最終北風的努力失敗了。接著輪到太陽行動。太陽溫暖地照耀著行人，漸漸地，行人感到溫暖，開始放鬆。他解開大衣的扣子，最後因為太熱而主動脫下了大衣。結果太陽用溫和的方式贏得了比賽。

如同「太陽」與「北風」，在國家治理上，也有「德」與「刑」哪個更有效果的爭辯。儒家強調「仁、義、禮、智、信」等道德價值，認爲治理國家應以道德教化爲主，讓人民自覺遵守社會秩序。法家強調「法、術、勢」，認爲人性本惡，治理國家需要依靠嚴

明的法律和強硬的手段，以懲戒來維持社會秩序。我們來看看孔子的觀點。

孔子說：「如果只會用政令來引導人民，以刑罰來齊一人民的行爲，那麼人民會只求避免政令的威迫與刑罰的處罰，而沒有羞恥心。如果用德行來引導人民，以儀禮規範來齊一人民的行爲，那麼人民會既有羞恥心，也會自動端正自己的行爲。」

孔子在這段話中，對比了「以政令和刑罰」與「以德行和禮儀」治理人民的兩種方法，揭示了不同治理方式對社會和人民的深遠影響：一種是「道之以政，齊之以刑，民免而無恥」，這表示如果只是用政令引導，用刑罰規範，人民只會害怕懲罰，行爲上看似遵守，但內心沒有羞恥心，行爲的約束只是被動的。另一種是「道之以德，齊之以禮，有恥且格」，這表示如果用道德教育引導，用禮儀規範，人民會因內心的羞恥感和自律而自覺端正行爲，這種內心的驅動力比外部的強制力更有持續性和深遠影響。孔子強調，治理國家應該注重德行與禮儀的教化，讓人民從內心深處產生對正直行爲的認同，而不是僅靠威懾與懲罰。

孔子的觀點充分顯示了「道之以德」的智慧，他洞察了人性，認爲人民只有在內心建立起羞恥感和道德感，才能眞正做到守法與端正行爲。相比僅用刑罰的方式，以德和禮的方式能夠讓社會更和諧，人民更具主動性和責任感。他的理念不僅是一種治國之道，也是一種人本主義思想，認爲每個人都有成爲更好個體的潛能，關鍵在於引導的方式是否能激發其內在的道德感。

當代社會治理中，僅靠法律和懲罰難以持久，應重視公民道德建設，如弘揚核心價值觀、推行倫理教育等，讓人民自覺遵法守禮。透過文化和禮儀來提升國民素養，比如推動文明行爲規範，能更有效促進社會秩序。在現代企業中，僅用規章制度管理員工可能導致冷漠和被動，而強調企業文化、價值觀和榮譽感，則能激發員工的自律和積極性。

漢文帝劉恆即位後，面對戰國以來的疲憊國力，他選擇以仁德爲基礎的治國策略。提倡「無爲而治」，減輕賦稅、廢除酷刑、關注百姓疾苦，推行「休養生息」政策。不以苛政或繁瑣的法律壓制百姓，而是通過減免刑罰和尊重百姓權益來贏得民心。漢文帝開啓了中國歷史上著名的「文景之治」，經濟繁榮，社會穩定，爲後來的漢武帝時期奠定了基礎。

宋仁宗以仁愛和寬政著稱，他強調道德教化，主張對百姓以教化爲先，而非動輒刑罰。宋仁宗提倡「民不畏法而畏德」，要求官員以禮待人、寬厚待民。減少苛稅、關注民生，以改善百姓的生活條件爲核心目標。他的仁政爲北宋的穩定發展奠定了基礎，受到了歷史學家的高度評價。

羅馬帝國的馬可．奧勒留（Marcus Aurelius）被稱爲「哲學家皇帝」，他將斯多葛哲學的道德理念融入到國家治理中。他強調以哲學和道德爲指導，推崇勤勉、節儉和公平，減少對刑罰的依賴。在他的日記《沉思錄》（*Meditations*）中，體現了如何用德行治理一個龐大的帝國。他被視爲羅馬帝國的五賢帝之一，爲帝國的穩定和繁榮貢獻巨大。

波斯帝國大流士一世（Darius the Great）統治波斯帝國時期，帝國疆域廣大，多民族、多文化並存。他主張以寬容的態度對待被征服地區的文化和宗教，尊重各地的風俗習慣。在法律和行政上實行公平政策，注重官員的誠信與禮儀。波斯帝國在他的統治下高度繁榮，形成了穩定的多民族國家，奠定了帝國的長期穩定。

「德行勝於政令，禮儀勝於刑罰」這一理念在不同時期的中外治理中均得到了印證。這些例子表明，單靠法律和刑罰無法長久維繫社會穩定，而道德和禮儀的感召力能夠深入人心，實現真正的和諧與繁榮。

三、理想的治理：從「治訟」到「無訟」

子曰：「聽訟，吾猶人也；必也使無訟乎！」（〈顏淵〉）

中國人的智慧是不鼓勵興訟的。俗語說：「家和萬事興，訟起百事哀。」意思是：家庭和睦能帶來興旺，但一旦有爭訟，就會帶來不幸與衰敗。「寧停一炷香，不打三更鼓。」意思是：寧可在佛前求和解，也不要敲響審案的鼓，意指避免訴訟能免去許多麻煩和損失。「一紙訟狀，十年恩怨。」意思是，訴訟引發的糾紛可能長期拖延，影響雙方的和氣與關係。治理國家也是一樣，如何讓人民減少興訟，是孔子所關心的事。

孔子說：「如果讓我來擔任審理案件的法官，我的能力大概跟別人差不多吧！但我該追求的應該不是如此。我最該做的，就是使人們完全不需要興訟。」

孔子雖知社會生活免不了興訟，而他對自己審理案件的智慧與能力也頗有自信。但是案件即使判得好，也無法從根本上平息民眾之間的紛爭。孔子所謂「無訟」並非禁止民眾打官司，而是希望從源頭做起，讓人民自尊自重，預先化解彼此的爭端，不必等事態嚴重時，才以興訟的方式解決爭端，這已經是不得已的做法。

孔子在這段話中揭示了他對法律與治理的深刻見解，孔子將其分為兩個層次。首先，「聽訟，吾猶人也」。孔子認為，解決具體訴訟的能力並不值得特別自豪，因為這種工作只是被動地處理矛盾和糾紛，每個有基本判斷力的人都能勝任。在這一方面，孔子認為，就算他自己來處理訴訟，其結果也和其他審理者差不多。其次，「必也使無訟乎」。孔子認為，眞正的治理智慧在於預防矛盾與糾紛的產生，實現「無訟」的理想狀態。這需要通過教育、道德教化和合理的社會規範，讓人們內心自覺地做到守禮、知恥，從而避免糾紛。

孔子的思想強調了「預防為主」的智慧，超越了僅靠法律解決問題的思維局限。他認為，治理的目的是建立和諧社會，減少矛盾根源，這一理念展現了他對長遠目標的追求，也折射出對人性和社會運行規律的深刻洞察。這種思維啓示我們，不應僅滿足於被動解決問題，而應主動通過教育與制度完善，建立可持續的和平與秩序。

孔子的思想落實在現代社會格外有用。首先，法律要與教育相結合。當代法治社會應該將法律的懲戒與道德教育結合起來。一個成熟的法律體系，不僅要能高效解決糾紛，還要致力於培養公民的法律意識與自律精神，減少違法行為的發生。其次，治理要以預防爲核心。現代企業或政府在管理過程中，應該重視事前的風險控制與矛盾預防，例如通過透明的溝通機制和合理的分配方式，降低內部或外部的摩擦，實現「無訟」的目標。第三、教育的預防功能。孔子所提倡的「教化」在今天可以體現爲價值觀教育，例如學校推廣德育、公民意識教育等，這不僅是避免社會矛盾的有效手段，也是提升國民素質的長遠方法。

明代首輔張居正進行改革時，提出治理國家必須「教化百姓，事前預防」。他要求地方官員在任內教導百姓遵守禮儀和法律，減少刑罰的使用。張居正甚至提出「重罰必輕教化」，認爲應把教育和道德感的建立放在首位。張居正的改革減少了社會糾紛與訴訟數量，提升了國家行政效率，也爲明朝中期帶來了一段經濟和社會的穩定時期。

新加坡以嚴格的法治著稱，但同時也非常注重公民的教育與道德建設。政府通過「社會行爲運動」，如反對亂丟垃圾、倡導守時等行爲，從小教育公民遵守社會規範。這些行爲規範逐漸成爲公民的自覺行爲，減少了許多不必要的法律糾紛。新加坡社會秩序良好，訴訟案件數量較少。公民內心形成了對規範的尊重和責任感，實現了法治與德治的統一。

這些案例展現了「無訟」思想在現代社會中的廣泛應用。它們共同的特點是通過教化與文化建設，使人們從內心自覺遵守規範、避免衝突，為建立和諧穩定的環境提供了重要的啓示。

四、君子先修己再安百姓

子路問君子。子曰：「脩己以敬。」曰：「如斯而已乎？」曰：「脩己以安人。」曰：「如斯而已乎？」曰：「脩己以安百姓。脩己以安百姓，堯舜其猶病諸！」（〈憲問〉）

「格物、致知、誠意、正心、修身、齊家、治國、平天下」，是儒家重要的理念。這段文字表明儒家認為，從個人的修養開始，逐步影響家庭、國家，最終實現天下的和平與安定，是一個由內而外、層層遞進的治理邏輯和人生理想。它在中國傳統文化中具有深遠影響，是修身與治國相結合的重要思想基石。

有一天，子路問如何做才符合君子之道？孔子說：「要用恭敬的態度去修養自己。」子路說：「如此而已嗎？」孔子說：「要先修養自己，接著使周遭的人各得其所。」子路說：「如此而已嗎？」孔子說：「先修養自己，再使天下百姓都能安居樂業。只是修己以安百姓的境界，恐怕連堯舜都還擔心自己做不到呢！」

藉由子路的提問，孔子指出政治人物嚮往的政治理想。孔子在這段對話中，逐步深化了「君子之道」的內涵，從個人修養到家國天下，展現了他的治理哲學和道德觀念。孔子將治國理想分為三個階段與層次。第一個階段，「脩己以敬」，也就是修身立本。孔子首先強調個人修養的重要性，指出要用恭敬謹慎的態度對待自身修養，這是君子行為的基礎。只有自己端正，才能影響他人。第二階段，「脩己以安人」，即由己及人。在修養自身的基礎上，君子應進一步努力，幫助周圍的人找到安定和幸福，這是個人修養的延伸。最上層階段則是「脩己以安百姓」，以關懷天下。孔子認為君子的最高境界是讓天下百姓安居樂業。然而即使如堯舜這樣的聖王，也會擔憂自己是否眞的能夠做到。這表明「脩己以安百姓」是一個極高的理想，但也是極其艱巨的任務。

這段話從修身、安人到安百姓，層層遞進，說明了君子應當從自身修養開始，最終致力於推動社會的安定與繁榮。從這個角度來看，我們可以說，孔子的政治理想始於人間關懷，也落實並完成於人間關懷。

孔子的「脩己以敬、脩己以安百姓」思想體現了他「內聖外王」的哲學觀：先內修自身德行，再推及他人和天下。這種從內向外的治理邏輯，符合社會發展的規律，既強調個人道德自律，又關注公共福祉，展現了儒家思想的實用性與崇高性。

孔子的「脩己以安百姓」思想，在現代社會具有以下啓示：首先，無論是政府領導還是企業管理者，都應以身作則，修養自身德行，並把實現人民或員工的幸福作為工作的目標。其次，個人的修養不僅影響自身形象，也會帶動周圍的人。這種從內而外的影響力，適用於家庭、職場和社會。最後，「脩己以安百姓」作為一種理想，雖然很難完全達成，但正是這種自我追求和對目標的敬畏，推動了個人和社會的進步。

能夠做到「脩己以安百姓」的確不是一件容易的事。南宋名臣范仲淹的「先天下之憂而憂」，南宋理學家朱熹提倡「正心誠意，修身齊家治國平天下」，都是以此為期許。明代哲學家王陽明提倡「知行合一」，認為修養自己的道德（脩己）必須通過實際行動來體現。他不僅在學術上追求內心的修養，還積極參與地方治理和軍事改革。在江西贛州，他打擊貪腐，施行寬政，解決了地方矛盾，百姓安居樂業，稱讚他為「活聖人」。王陽明以「知行合一」的行動實踐了「脩己以安百姓」的理想。他強調內心的修養必須與實際行動結合，讓百姓感受到真正的安定與幸福。

柏拉圖（Plato）在《理想國》（*The Republic*）中提出了「哲人王」（philosopher king）的理念，在第五卷中他提出「只有當哲學家成為國王，或當國王和領袖真正地具備哲學智慧，政治權力和哲學完全結合時，國家才能擺脫災難」。哲人王以知識與德性為基礎，以正義和美德為目標，使國家和人民達到和諧與繁榮。柏拉圖的「哲人王」思想與孔子的「脩己以安百姓」十分相似，認為個人的內在修養是治理國家的根本，統治者必須先修己，然後推及國民，最終實現全社會的和諧。

這些中西方哲學家的思想共同表明，統治者或領導者的個人修養對社會安定與百姓幸福至關重要。他們的主張與孔子的「脩己以安百姓」理念異曲同工，爲現代治理提供了普世的啓示。

五、人民對仁政的需要勝於水火

子曰：「民之於仁也，甚於水火。水火，吾見蹈而死者矣，未見蹈仁而死者也。」（〈衛靈公〉）

每個人的生活都離不開水與火，但是水與火也可以爲人們帶來不幸的災難。在孔子眼中，水火可助人也可死人，但是從來沒有看過，國家因爲施行仁政而死人。

孔子說：「人民對仁政的需要，更甚於需要水與火。人們固然需要水火，但一旦用之不愼，我看過因水災、火災而死的人們，但我從沒看過因著仁政而死的人。」

孔子這段話闡明了「仁政」在治理中的重要性，並透過對比凸顯其價值。首先，「民之於仁也，甚於水火」。孔子認爲人民對仁政的需求超越了水與火，因爲仁政不僅關乎物質生活，更是人們精神和社會秩序的基礎。水與火雖是人們生活的必需品，但如果使用不當，可能帶來災害。其次，相比之下，「吾見蹈而死者矣，未見蹈仁而死者也」。孔子指出，水火不當使用會威脅生命，而仁政則是無害的，它讓人民得到眞正的安全感與幸福感。

孔子這段話凸顯了儒家思想中「以民為本」的核心價值，認為政治的本質應該是以仁愛之心對待百姓。相較於僅滿足物質需求，仁政追求更高的精神境界，讓人民感受到尊重、公平與和諧。此外，孔子還暗示了「水火有害，仁政無害」的深層邏輯，揭示了錯誤的政治可能帶來災難，但真正的仁政卻能造福萬民。

孔子這段話的當代意義在於，首先，現代政府應將民生放在施政的核心，通過仁愛與關懷，制定惠民政策，確保人民的基本需求與幸福感。其次，施政者要有政策的責任感，應該深刻認識到政治決策的影響力，不僅要避免災害性的政策，更要推行有益於民的仁政。最後，要滿足人民的精神需求。在當代社會，僅提供物質保障已不足夠，政府與社會組織還應重視精神文化建設，例如推動教育、公平與社會正義，讓人民感受到社會的溫暖與尊重。

我們來舉幾個施行仁政的例子：唐太宗李世民注重施行仁政，他多次強調「水能載舟，亦能覆舟」，提醒自己關注百姓需求。唐太宗時期，經濟繁榮、民生安定，成就了「貞觀之治」，百姓安居樂業，深受尊敬。北歐國家以高水平的社會福利聞名，政府通過免費醫療、教育和住房政策，減少貧富差距，提升人民的幸福感。這些政策體現了仁政的核心理念，贏得了世界的尊重。臺灣的全民健保也是一項「以民為本」的政策，讓人民在面對醫療時，可以減少經濟上的憂慮。

孔子的「民之於仁也，甚於水火」道出了仁政的必要性與核心價值。水火雖爲生活必需，但若使用不當，會造成災難；而仁政則能帶來眞正的安定與幸福。無論古今中外，優秀的治理者都應以此爲施政目標，以仁愛之心對待百姓，才能眞正實現國泰民安、社會和諧的理想。

六、親情與正直衝突時的拿捏與平衡

葉公語孔子曰：「吾黨有直躬者，其父攘羊，而子證之。」孔子曰：「吾黨之直者異於是。父為子隱，子為父隱，直在其中矣。」（〈子路〉）

我們都聽過「大義滅親」這句聽起來非常「高大上」的話，但是在孔子看來，親人的親情與個人的正直兩者之間的取捨，絕非單純。

葉公跟孔子說：「我們鄉里出了非常正直的人，他父親偷了一隻羊，他兒子毫不隱瞞，舉發了這位父親。」孔子說：「我們鄉里對所謂正直的看法，跟你們的看法不太一樣。兒子有過錯，父親爲他稍做隱諱；父親有過錯，兒子爲他稍做隱諱（這樣固然出自父子的天性），這其中自有一種來自天性自然的正直。」

孔子在這段話中探討了親情與正直之間的微妙關係，並對「正直」提出了一種更富人情味的詮釋：葉公認爲，兒子舉發父親偷羊是正直的表現，因爲他遵循了社會公義和法律的要求，即使對象是自己的至親，也毫不隱瞞。這是葉公的「正直」觀。可是孔子認爲，父子之間的關係應該以親情爲本，兒子爲父親稍做掩護，父親爲兒子隱瞞過錯，這是一種符合天性的自然情感表現，並不違背正直。這是孔子的「正直」觀。孔子認爲，「正直」並非單一的道德標準，而是需要在法律與人情之間取得平衡。

孔子的見解既尊重法律，又注重人情，展示了一種溫暖且有彈性的道德哲學。他認爲，純粹的法律正直雖然值得尊重，但在親情關係中，適度的掩護並不與正直相悖，反而更符合人性的自然法則。這段話凸顯了儒家的核心價值：「親親相隱」是一種倫理選擇，既不否認法律的重要性，又不否定人性中與生俱來的情感需求。

孔子的見解告訴我們，第一、當現代法律與家庭倫理發生衝突時，我們應該要想辦法做到親情與法律的平衡，既不失公平正義，也能顧及親情和人情。第二、孔子的觀點啓發我們，柔性治理的重要。在公共治理中，應該將法律與人情相結合，避免僵化執法，從而提升社會的和諧。第三、要理解對方的情感，接受不同的多元化的現代社會，我們需要接受不同的「正直」定義，不應以單一標準判斷每個人的道德行爲。例如，主張廢除死刑的人就缺乏對受害者家屬的情感，而只是站在加害者的人權角度思考。

舜的父親（瞽叟）和弟弟（象）曾多次企圖傷害舜，但舜選擇以孝道包容他們，並未揭發其惡行。舜的行爲符合「親親相隱」的倫理要求，他用德行感化家庭成員，最終實現家庭和解。這一故事在儒家倫理中被推崇爲孝與倫理的典範。

在中國歷代的法律中，也有「親親相隱」的規定，例如：在漢朝法律中，對於直系親屬犯罪，法律允許「親親得相隱」，即親人之間可以選擇不揭發彼此，這被認爲符合儒家倫理。在《大清律例》中，規定若直系親屬對家人犯罪進行隱瞞，可酌情減輕處罰，這進一步體現了儒家親情優於法律的觀念。

英國王室對於哈利王子早年一些不成熟的行爲（如派對醜聞），選擇低調處理，並在公開場合對其表示支持，而非公開譴責或懲罰。王室的態度體現了「父爲子隱」的精神，通過保護成員的隱私和形象，維護了家庭的整體榮譽。

「父爲子隱，子爲父隱」的「親親相隱」，在中外歷史中都具有深厚的人性根基，無論是中國儒家文化還是西方家庭倫理，都能找到類似的實踐案例。這些故事共同表明，親情在法律與道德之外有其特殊的倫理價值，這種價值在維護家庭和諧與社會穩定中發揮了重要作用。

第十一單元

歷史與文化

前言

大多數文化都深深扎根於社會生活的實體之中。然而當一個社會邁向解體，其文化傳統往往也難以倖免，最終隨之煙消雲散。夏、商兩代的衰落便是如此的例證。周代的頹勢已顯，制度與道德無法再支撐社會秩序，政治互信蕩然無存，眼見著社會一步步滑向「唯力是尙」、「唯利是圖」的境地。在這樣的局勢下，周代的文化傳統將面臨怎樣的命運？

孔子的一生，正值這場根本性變革的洪流之中。他身爲殷人的後裔，卻以闡述周代的禮樂傳統爲畢生志業。面對諸侯僭越、禮崩樂壞的脫序時代，孔子對周代的禮儀制度懷有深切的推崇。然而他並未止步於此，而是溯源夏、商兩代，追慕堯、舜的偉大治世，並致力於闡揚古代歷史文化的精髓。這些價値與思想，成爲孔子教育弟子的核心內容。

儒家學派的興起，正是對歷史文化的一次重要守護。孔子創立的儒家，不僅在先秦諸子百家中獨樹一幟，更是所有學派中最爲重視保存歷史文化的群體。他們不僅投身於歷史文獻的撰寫與傳承，更在詮釋文化內涵方面不遺餘力，爲後世中華文化的發展奠定了牢不可破的基石。孔子對歷史的深刻思考，甚至深深影響了偉大的史學家司馬遷，令其推崇備至，並以孔子的理念作爲撰寫《史記》的重要準則。

孔子思想的魅力究竟何在？他的歷史觀如何影響後世文化？這個單元將試圖呈現其中

的要義。第一節「文化傳統」，重點介紹孔子對悠遠文化的珍視，以及他對歷史變遷的深刻洞見；第二節「詩、禮、樂」，探討作爲歷史文化載體的詩、禮、樂三者，如何在孔門思想中被賦予了嶄新的生命意義；最後，第三節「人物風範」，通過孔子對歷史人物的品評，展現他如何從人物身上捕捉活生生的歷史精髓，並以人物典範昭示後世。

孔子的思想不僅保存了文化的根脈，更深刻影響了歷史的書寫與傳承，成爲中國人特有的文化氣質，這正是儒家思想經久不衰的根本原因之一。

第一節　文化傳統

一、君子既傳承文化又勤敏好學

子曰：「我非生而知之者，好古，敏以求之者也。」（〈述而〉）

人類的歷史與文化並非孤立的片段，而是由無數經驗與智慧一點一滴地累積而成，認識過去是爲了更清楚地理解現在，並明智地展望未來。孔子很謙虛地表達出，他從懵懂無知透過學習，一點一點瞭解到生命的意義。

孔子說：「我並不是一個生來就知道一切道理的人，只是愛好古代文明教化，並且勤敏地去探索、學習而已。」

孔子在這段話中表明，他的智慧和成就並非天生，而是源於對古文化學習的熱愛和不懈努力。這段話包括三個方面。第一、「非生而知之」。孔子認爲自己並不是天才，他的智慧不是與生俱來的，這表現了他對自身的清醒認識和謙遜態度。第二、「好古」：孔子對古代文明的文化教化充滿敬意，他視之爲學習的重要來源。第三、「敏以求之」：他強調學習需要主動探索，勤奮且敏捷地追求知識，這是一種積極的求知精神。這段話展現了孔子的學習態度：謙虛、不懈追求，並強調了後天努力的重要性。

孔子謙虛地說自己非天才，反而以一種普通學者的身分示人，啓發後人不應倚仗天賦，而要腳踏實地學習。孔子的「好古」展現了他對歷史與文化傳承的珍視。他認爲，古代文化積累了豐富的智慧和道德價值，是現代學習和借鑒的重要資源。「敏以求之」突出了學習需要主動性和敏捷思考。他認爲，智慧的獲得不是被動接受，而是通過不懈的努力、敏捷的思維和廣泛的探索來實現的。

孔子告訴我們，成功的關鍵不在於天賦，而在於後天努力和學習。這對現代社會的教育具有深遠意義：我們應該相信，勤奮與持續的努力能戰勝先天的局限。孔子的「好古」啓發我們在追求現代化的同時，應注重對傳統文化的學習與保護，從歷史中汲取智慧，爲現代問題提供解決思路。孔子的「敏以求之」提醒我們，學習應該充滿熱情與積極性。當代的學習者應以積極探索的態度面對知識，不僅學會學習，更要養成獨立思考的能力。

南宋理學家朱熹深入研究《周易》，從中發現關於天地規律、人性修養的智慧。他在理學體系中結合《周易》的哲學思想，提出了以理性爲核心的修養之道，並將這一理論推廣於教育，影響了整個東亞儒學。朱熹對古代文化的學習與系統化，爲中國教育和倫理思想奠定了基礎。他的行動啓示我們，古代經典中蘊含的智慧可以指導現代人建構自身的精神世界。

法國啓蒙思想家孔多塞（Nicolas de Condorcet）從古希臘哲學家蘇格拉底、亞里士多德等人的思想中汲取靈感，提倡教育普及和理性精神。他撰寫的《人類精神進步史》（*Sketch for a Historical Picture of the Progress of the Human Mind*）受古代思想的影響，提出通過知識和教育實現人類進步的觀點。孔多塞的成功表明，古希臘思想不僅是學術資源，更能啓發人類的教育與社會進步。他用古代哲學推動啓蒙運動，成爲現代文明發展的重要人物。

中外歷史中，許多傑出人物都是「好古」的，例如，還有曾國藩以《四書》爲核心修身治國，王陽明以〈大學〉指導心學修養，法國思想家洛克深受《羅馬法》中的法治與社會契約觀念。他們也善於從古代思想中汲取智慧，並結合當代的需求加以創新。他們的故事啓示我們，古代文化不僅是歷史的遺產，更是豐富人生、指導行動的重要資源。在快速變化的現代社會中，瞭解古代智者們的智慧，正是面對未來挑戰的重要途徑。

二、推崇傳統文化

子曰：「周監於二代，郁郁乎文哉！吾從周。」（〈八佾〉）

很多人喜歡到「百年老店」消費或「古鎮」觀光旅遊，爲的就是滿足懷舊與創新。「百年老店」或「古鎮」之所以長盛不衰，是因爲它們能夠將傳統的穩定與創新的靈活結合起來，既傳承了文化與價值，又用新意滿足現代消費者的需求。這種智慧與能力，讓它們成爲社會中無可取代的一部分，永保生機。同樣地，令人神往的文化一定是個融合傳統與現代的文化。孔子就是對於文化的傳承非常重視。

孔子說：「周代的禮樂教化因爲植基於觀察比較夏、商二代的基礎上而生，因此展現了豐富而輝煌的禮樂制度和文化傳承，我依從（推崇效法）周代的文化。」

周朝的禮樂制度不僅完善了夏、商的基礎，還進一步提升了文化的規範性與美感，爲中國歷史文化的發展奠定了基石。其禮樂文化涵蓋政治、教育、宗教與生活等各個方面，強調秩序與和諧，是周代治國理政的核心。

孔子「從周」，即對周文化的推崇，體現了他對文化創新的高度認同。他認爲，周朝的成功在於能夠「監於二代」，周朝的禮樂文化以夏、商兩代的文化爲基礎，經過深入的觀察、比較和揚棄，形成了豐富而輝煌的制度與文化，這是一種智慧的表現，值得效法與推崇。

孔子強調文化的根基在於歷史，提醒我們要尊重傳統文化，保護和研究歷史文獻與遺產。在全球化的背景下，對本土文化的保護與發展尤為重要，只有深刻理解自己的文化基因，才能在文化競爭中立於不敗之地。孔子的觀點啓示我們，現代社會在發展與創新時，應該充分吸收歷史文化的精髓，將其轉化為符合當代需求的新形式。例如，中國的現代文化創作可以借鑒傳統文化（如詩詞、書法），融入現代藝術形式，創造具有本土特色的文化產業。

張居正是明朝著名的政治改革家。他在進行「萬曆改革」時，並非完全推翻舊制，而是以儒家經典為指導，借鑒歷朝制度，對稅制、吏治和軍事進行調整。例如，他在賦稅制度上推行「一條鞭法」，簡化徵稅方式，同時借鑒唐、宋的財政政策以提高效率。張居正的改革體現了「在舊有制度下改良」的精神。他在歷史的基礎上進行調整，既傳承了傳統文化，又進行創新，最終推動了明朝中期的社會穩定和經濟發展。

美國憲法的起草者深受古希臘和羅馬共和國制度的影響，同時結合了英國的法律傳統和《大憲章》的精神。他們借鑒了古羅馬的「三權分立」思想，並進一步發展成行政、立法和司法分立的體系，保障民主和法治。美國憲法的制定成功融合了古代和現代思想，體現了對歷史經驗的批判性吸收，符合「在舊有制度下改良」的智慧。

中外許多案例都證明了「在舊有制度下改良」的智慧價值。在當代，我們需要繼續從歷史中汲取經驗，尊重傳統，結合時代需求創新，從而推動社會與文化的可持續發展。

三、要保存、要真實認識傳統歷史文化

子曰：「夏禮，吾能言之，杞不足徵也；殷禮，吾能言之，宋不足徵也。文獻不足故也。足，則吾能徵之矣。」（〈八佾〉）

為什麼我們喜歡去博物館？又為什麼應該多去博物館看看？博物館存在的必要性在於它能以具體的形式保存歷史記憶，提供一個讓人們正確、全面、深刻認識歷史的機會。博物館不僅是文化遺產的保護者，更是教育的重要場域，能夠啓發人們對歷史的思考和未來的展望。

孔子說：「我能敘述夏代的禮樂制度，可惜無法透過夏的後裔杞國來驗證；我也能傳述商代的禮樂教化，可惜也無法透過商的後裔宋國得到證明。這是因為典籍制度和遺老不足的原因，如果史料充裕，我就能驗證我所瞭解的夏商文化了。」

孔子勤學而不輕信。孔子自信能夠敘述夏、商兩代的禮樂制度，但感慨無法透過當時的杞國（夏代後裔）與宋國（商代後裔）進行驗證。這是因為隨著歷史的推移，夏、商的

後裔杞、宋等國，早已喪失了固有的傳統，夏、商文化的文獻與傳統已經流失或中斷。孔子縱有領悟也無從印證，讓他深感惋惜。這段談話，展現了孔子的實證精神，他並不盲目相信口耳相傳，而是希望以實際證據（文獻和遺老）來驗證自己的認知，這種「求眞」的學術精神極具現代價值。

孔子的反思提醒我們，歷史文化的傳承需要系統性地保護和研究，文獻和實證是理解過去、塑造未來的重要基石。我們應該加強對文物進行數位化存檔、建立國家級的文化保護機構、鼓勵歷史學、考古學，弘揚傳統文化的發展。孔子對實證研究的重視也啓發我們，學術研究應以實證爲基礎，避免盲從與迷信。這對於當代社會的科學研究與決策具有深遠意義。

孔子的歷史觀強調過去與未來的密切聯繫，認爲文化的發展遵循一定規律，核心價值可以跨越時代延續至未來。這種思想對現代社會的文化傳承、政策制定和長期規劃具有重要指導意義。通過「以史爲鑑」，我們能夠在變革中保留核心，在創新中尋求秩序，實現歷史智慧與現代需求的平衡發展。

清朝乾隆時期爲了保護和系統化中國文化典籍，組織大量學者編纂《四庫全書》，將歷代重要的文獻和典籍進行整理和保存，爲後世留存了豐富的歷史資料。《四庫全書》的編纂正是對文化傳承的重視與實踐，彌補了部分歷史文獻失傳的遺憾，契合孔子對文化傳承的訴求。近年來，中國大陸爲了保存、研究、展示和傳播中國歷史文化版本的重要使命，分別在北京、西安、杭州、廣州建立了「中國國家版本館」，構建全國性的文化保存與傳承網絡。隨著其功能的進一步完善，中國國家版本館將來應會在全球文化版圖中占據更加重要的位置。

大英圖書館是世界上最大的圖書館之一，收藏了大量全球的古代文獻和手稿，成爲人類文化遺產的寶庫。超過兩千五百萬本書籍，超過兩百萬份手稿，超過四百五十萬份地圖，超過六億五千萬份報刊，超過六百萬件聲音錄音檔案，這一案例體現了全球範圍內對文化典籍的保護與尊重，與孔子的文化保護理念一致。

這些中外案例共同說明，歷史並非僅供回顧的遺跡，而是理解未來、引領變革的重要工具。孔子的「因革損益」與「以史爲鑑」思想，不僅適用於古代，更對現代社會的文化傳承、制度創新與未來規劃具有深刻的啓示。正如孔子所言，探索過去是掌握未來的關鍵，歷史是每個時代的明燈，爲我們指引前行的道路。

四、探索歷史與文化，可掌握未來的走向

子張問：「十世可知也？」子曰：「殷因於夏禮，所損益可知也；周因於殷禮，所損益可知也。其或繼周者，雖百世可知也。」（〈為政〉）

爲什麼我們要讀歷史，爲什麼要瞭解一個國家必先瞭解這個國家的文化？歷史與文化是一面鏡子，它記錄了人類的經驗與教訓，幫助我們理解社會、文化、經濟和科技的演變規律。通過研究過去的模式和變化，我們可以更好地預測未來的可能方向，從而制定更明智的計畫。孔子就認爲，歷史與文化在社會的發展中占有絕對重要的地位，瞭解了其中的精髓，就可以掌握未來的走向。

有一天，子張問孔子說：「十世之後的演變可以預先推知嗎？」孔子說：「殷朝的一切典章制度因襲夏朝，雖然有所更改，但是我們可以看得出它的軌跡；周朝則是因襲商朝的制度，我們同樣可以看出更改的軌跡。因此後世繼承周朝而興的朝代，即使百代之後，其制度的興革也是可以推測的。」

子張問孔子是否能預見未來，孔子卻給出了反向的回答：要掌握未來，唯有探索過去。因爲未來是過去的延續與發展，只有透澈研究歷史，才能理解未來的可能性。「殷因於夏禮，周因於殷禮」：殷朝在夏朝的制度基礎上進行了調整，周朝同樣延續並改進了殷朝的制度。「其或繼周者，雖百世可知也」：即使百代以後的制度演變，也可通過歷史規律推測出其變化軌跡。孔子強調，歷史的變化有其規律性，過去的制度是未來演進的基石。文化在繼承中演變，但核心價值（如禮、義）具有延續性。

在這段談話中，第一、孔子認爲，歷史與文化是作爲理解未來的基礎，未來的社會變化並非憑空而來，而是歷史的延續。各時代的文化無不有因有革，有變有不變。從夏、商到周，歷經千年以上的歷史，其間的變化不爲不多，但仍有萬變不離其宗的道理。孔子相信，同時掌握久遠歷史的永恆與流變，才能獲得對未來堅定的信念。這種「以史爲鑑」的智慧，提示我們學習歷史不僅是爲了回顧過去，更是爲了洞悉未來。第二、孔子指出，雖然各時代的文化都有所革新，但文化的核心價值和精神（如禮樂、道義）不會改變。這反映了儒家對人性與社會的深刻理解，認爲文化演進有其穩定的內核。第三、孔子提出「因於舊而革於新」的理念，強調歷史的連續性和創新性兼具。文化在傳承中必須適應新時代的需求，進行必要的損益與調整。

孔子提醒我們，理解未來需要以長期的歷史視角爲基礎，現代社會在制定政策或進行改革時，應從歷史中汲取經驗教訓，避免重蹈覆轍。例如，可以通過研究經濟大蕭條的歷史，找到應對金融危機的措施。在進行政治社會改革時，必須要瞭解傳統文化、民族習性對當代社會的需求。

司馬遷撰寫《史記》，記錄了從夏朝到漢朝的歷史變遷。他認爲歷史的變革有其規律，通過對過去的研究，可以爲當代和未來提供治理的借鑒。司馬遷的工作延續了孔子的歷史觀，讓我們通過系統的歷史記錄，理解未來可能的走向。

法國大革命後，拿破崙制定《拿破崙法典》，融合了舊有的法國習慣法與啓蒙思想，創造了一部既有傳承又具創新的法律體系，影響了歐洲許多國家的法律發展。《拿破崙法典》正是對孔子「因於舊，革於新」思想的實踐，表現了文化與制度演進的連續性與創新性。

這些故事說明，歷史並非僅供回顧的遺跡，而是理解未來、引領變革的重要工具。孔子的文化傳承思想，對現代社會的文化傳承、制度創新與未來規劃具有深刻的啓示。正如孔子所言，探索過去是掌握未來的關鍵，歷史是每個時代的明燈，爲我們指引前行的道路。

五、文化需要多元的傳承與學習

衛公孫朝問於子貢曰：「仲尼焉學？」子貢曰：「文武之道，未墜於地，在人；賢者識其大者，不賢者識其小者，莫不有文武之道焉。夫子焉不學？而亦何常師之有？」（〈子張〉）

孔子說過，「三人行，必有我師焉」。每個人都有他值得學習的地方，在文化的傳承上也是如此。有的人擅長從大視野出發，將文化的宏觀脈絡清晰梳理，展現文化在時代變遷中的流轉與發展；而有的人則注重文化的細節，從具體的器物、習俗或工藝入手，將文化的精髓細膩地呈現出來。我們應從不同的人和角度中學習，既能仰望星空，亦能腳踏實地，才能眞正傳承並發揚文化的精神。因此，在孔子眼中，能夠傳承文化的人，每一個人都可以是他的老師。

有一次，衛國的公孫朝向子貢請教說：「孔子這些學問是從哪裏學來的呢？」子貢說：「文王武王所開創的文化傳統，尚未墜落在地上，還在人們心中鮮活地存在著。賢德的人記述了它的重要意涵，一般人則也記述了較微小細瑣的內涵。不管怎樣，文武之道或多或少都有所保留。孔夫子在哪裏不能學習到東西呢？又哪裏只有固定的老師呢？」

這般談話展現出孔子的「好古敏求」。衛國的大夫公孫朝對孔子的師承感到好奇，認爲如此廣博的知識應該源自某個特定的老師。子貢強調，第一、孔子的學問來源廣泛，不拘泥於特定的師承。第二、孔子是將整個社會視爲知識的來源，只要有人傳承了文化，那些人就能成爲孔子學習的對象。第三、周文王與武王的文化傳統並未消失，仍然保留在人們的記憶與實踐中。在傳承文化上，賢德之人能記述文化的核心內涵，普通人則記錄其細微之處，因此，傳統多多少少存留在每個人的身上，然而又有誰肯像孔子般，時時用心、積沙成塔地學習呢？子貢指出蘊藏在孔子謙遜態度背後恢弘卓絕的精神。

孔子的學習態度啓發我們，在信息爆炸的時代，學習的來源可以是書籍、互聯網、生活經驗或他人的智慧。我們應該像孔子一樣，保持開放的心態，從多元的渠道汲取知識。子貢提到「賢者識其大者，不賢者識其小者」，啓示我們，文化是傳承的，在文化的接受與實踐上，每個人都有獨特的收穫與呈現，做爲一位學習者而言，文化的各個層面，都是我們學習的對象，而不是拘泥於哪一個層面或哪一個人呢？

被譽爲「藥王」的孫思邈，雖然熟讀醫學經典，但他也經常深入民間，向老百姓學習草藥知識。他記錄了大量民間療法，並結合自己的研究，編寫了《備急千金要方》，成爲中國傳統醫學的經典。孫思邈的學問來源於經典與民間智慧的結合，他的學習態度不拘一格，體現了對實用知識的重視。

達爾文（Charles Darwin）在探索進化論時，並未依賴某一位老師的指導，而是通過對自然的觀察、向同行交流學習。他的環球考察旅行中，與動植物學家、水手和土著居民對話，從中獲得了大量知識，最終提出了進化論。達爾文的成功在於他不拘泥於書本或單一師承，而是通過實踐和廣泛的交流，形成了突破性的科學理論。

這些故事共同展示了不拘泥於他們單一「師承」。他們從經典、實踐、生活和多元文化中汲取智慧，形成了實踐性的知識體系。這些故事啓示我們，學習無處不在，重要的是保持開放的心態和不懈的探索精神。

六、眞實地傳承歷史與文化

子曰：「述而不作，信而好古，竊比於我老彭。」（〈述而〉）

撰寫歷史時，眞實書寫與保持尊重是歷史記錄的核心原則，因爲歷史不僅是過去事件的記載，更是文化的傳承、價值的保存以及智慧的累積。如果在書寫中失去了眞實性或對歷史的尊重，那麼歷史便會淪爲主觀操控的工具，無法承載對未來的啓示。孔子就是這樣地傳承傳統文化。

孔子說：「我是一個傳述舊聞而不自創新說的人，對古代文化充滿敬重和信任，私下我想把自己比擬成商代的賢者老彭。」

在這段談話中，第一、孔子自認爲是「述而不作」，即自己只是文化的傳播者，而不是創新者，這並非他缺乏創造力，而是因爲他認爲經典中已經蘊含了足夠的智慧，應該忠實傳承。這裏充分展現了孔子的謙遜品格。第二、孔子的「信而好古」，即對古代文化抱持信任的態度，認爲其中蘊含了深刻的人生智慧。他認爲，承襲和整理前人的智慧，是確保文化延續與穩定的重要方式。在這一方面，孔子編撰《詩》、《書》等經典，正是這種思想的具體實踐，爲後世儒家文化奠定了基礎。第三、孔子表達出了對自己的期許，老彭是商代的賢人，代表了一種對道德與知識的忠實傳承。孔子以老彭自比，表明了他對古代賢德之人的崇敬，也說明他希望成爲文化與道德的「守護者」。

孔子的思想提醒我們，在現代化進程中，「信而好古」，應該重視對傳統文化的傳承。傳統中蘊含的價值與智慧，是當代社會穩定與發展的重要資源。例如，中國大陸在發展現代科技的同時，也大力推廣傳統文化，如漢服復興、非物質文化遺產的保護等。「述而不作」強調忠實於事實和經典，這對於現代學術研究與知識創造具有重要啓發意義。我們應避免斷章取義或無根據的推測，而應在現有知識的基礎上進行發展。在科學研究中，這種精神也適用，例如新技術的發明往往建立在前人研究的基礎上。孔子「述而不作」並非完全否定創新，而是主張在對傳統充分理解的基礎上進行改進和發展。這種精神啓示我們，創新應該是基於傳統的合理延伸，而不是脫離根基的突變。

北宋時期司馬光撰寫的《資治通鑑》，與西漢時期司馬遷的《史記》在編纂方式和精神內核上有相似之處，皆以忠實記錄歷史、傳承文化爲核心使命。《資治通鑑》歷時十九年完成，仿照《左傳》撰寫方式，記錄了從戰國到五代共一千三百六十二年的歷史。司馬光的編纂過程中，與司馬遷相似，他對歷史資料進行了詳盡的整理和分析，並遵循忠於史實的原則，展現了「述而不作」的精神。他在記錄的同時，也進行了深刻的歷史反思，爲後人提供了豐富的政治智慧和治理參考。《資治通鑑》是以編年的方式展現歷史脈絡，注重梳理歷史事件之間的因果關係，這一點不同於司馬遷的紀傳體《史記》。然而兩者共同之處在於，都強調以史爲鑑，通過歷史經驗爲現實社會提供指引。兩者共同構成了中國歷史文化的雙璧，體現了傳承文化、保存記憶的偉大意義。

查士丁尼大帝（Justinian the Great）在羅馬帝國晚期整理和編纂了過去的法律，形成了《查士丁尼法典》（*Corpus Juris Civilis*，意爲「民法大全」）。他並未創造新的法律，而是總結前人的法學成果，讓羅馬法得到延續。《查士丁尼法典》體現了「述而不作」的精神，通過傳承和整理，保障了法律文化的穩定性與延續性。

這些故事共同展示了「述而不作」的價值，無論是整理經典、編纂歷史，都體現了忠實傳承的重要性。孔子的這一思想提醒我們，文化和知識的延續需要以過去爲基礎，只有在充分理解傳統的前提下，才能更好地推動創新與進步。

七、人能弘道，非道弘人：主動與積極的弘道

子曰：「人能弘道，非道弘人。」（〈衛靈公〉）

孔子說：「道理要由人來認知、運用和發揚，並不能主動地弘揚人。」

知識是靜態的，人是動態的。一本書寫得再好，再有道理，如果沒有人願意去傳播，也只是書架上的掩飾物而已。

孔子這段話告訴我們，道理需要人去認知、理解和實踐，只有通過人的努力，才能使道理發揚光大。道理本身不具有改變現實的力量，並不能自動讓人偉大或成功，而是要依賴人的主動作爲。

道理是客觀存在的，是死的，但人是活的。道理的意義和價值需要通過人的行動來實現。孔子認爲，人是道的傳播者，眞正的道理只有在人們實踐中才能得以體現。離開了人的努力，道理將失去力量，淪爲空談。這種觀點突出了人的主動性和創造性，認爲人的價

值在於把抽象的道理變成具體的行動。孔子的這句話強調了實踐的重要性，反對只談理論而不付諸行動的學風。

在當代社會中，孔子的觀點啓發我們要充分發揮「人」的價值。在面對知識或規範時，應主動學習和實踐。在科學研究、技術開發和社會管理中，孔子的思想告訴我們，僅有理論是不夠的，必須通過實踐檢驗其價值。

孔子周遊列國，向諸侯推廣自己的儒家思想，這正是他「人能弘道」思想的最佳實踐。他並未等待「道」自行弘揚，而是通過自己的努力將儒家文化傳播開來。孔子以自身行動證明，只有通過人的努力，道理才能眞正影響社會。

星雲大師是著名的佛教弘法者，致力於推廣「人間佛教」理念，認爲佛教應服務於人間，讓每個人都能在日常生活中實踐佛法。他強調佛教應從純粹的宗教儀式中走出來，關注人生、社會、倫理與實踐。他創立了佛光山，致力於將佛教現代化和生活化。他的弘法實踐充分體現了「人能弘道，非道弘人」的精神。

教宗方濟各（Pope Francis）提倡簡樸與關愛貧困群體的基督教價值觀，他親自探訪貧民窟，推動教會更貼近普通民衆，讓宗教價值在現代社會中更具實踐性。教宗方濟各用行動弘揚宗教精神，展現了「人能弘道」的深刻含義。

這些例子都說明了道理的力量需要依靠人的努力才能實現。孔子的「人能弘道，非道弘人」思想提醒我們，不論是教育、政治、宗教還是文化，眞正的價值在於如何通過人的行動把它融入社會，讓它產生實際的影響。

八、一以貫之：堅持用核心價值看問題

子曰：「賜也，女以予為多學而識之者與？」對曰：「然，非與？」曰：「非也，予一以貫之。」（〈衛靈公〉）

看問題可以採取多個不同的視角，但是在面對問題或處理問題時，應該要有核心價值。核心價值是個人、團體或社會所秉持的基本信念和行爲準則，指導著決策和行動。有了核心價值，可以減少判斷的混亂，明確與方便地瞭解自己的目標與作法。孔子周遊列國、作育英才，都在弘揚其核心價值。

孔子說：「子貢啊！你認爲我是一個博聞而強記的學者嗎？」子貢回答：「是啊！難道不是嗎？」孔子回答：「不是啊！我是以一個原理原則，去貫通所有事理的。」

在這段對話中，孔子問子貢，是否認爲自己是通過大量學習和記憶而成爲博學之人。孔子否定了這一看法，強調自己並不是單純依靠大量學習和記憶，而是以一個核心原則來貫穿和統領所有的學問與道理。在這裏，孔子的「一」是指一種核心的價值或原則，通常被解讀爲「仁」或「忠恕之道」。孔子認爲所有知識與行爲都應以這個核心原則爲基礎，

從而統一和融通一切事物。從其中，可以看到孔子的教育理念，他認爲，學問的目的是提升個人的道德修養和實踐能力，而不只是單純追求學術的廣博。

孔子的「一以貫之」思想對於當代是很有參考價值的。第一、當代教育中常出現知識碎片化的問題，孔子的「一以貫之」提醒我們，應該尋找一個核心觀念或主線，將所學知識融會貫通。例如，在企業管理中，企業文化或核心價值觀可以成爲「一以貫之」的統領原則，指導公司發展。第二、孔子強調的「仁」或「忠恕之道」，對現代社會的道德教育具有重要啓發意義。當代人需要一個統一的價值觀來處理複雜的社會問題。例如，在多元文化背景下，「平等」、「包容」可以成爲現代社會的一以貫之的核心價值。第三、孔子的學習觀啓示我們，知識的學習應該服務於實踐，並以一個核心原則爲指導。例如，企業核心價值如「誠信」能確保在商業運作中保持信任，「顧客至上」能爲公司贏來更多的信賴。醫學的核心是「救死扶傷」，技術的核心是「服務人類」，所有的知識學習都應圍繞這些核心進行。

大學校訓是學校的核心精神和價值觀，旨在培養學生的思想、行爲和道德風範。這些校訓往往是大學發展的指導理念，影響著學生的成長與學術追求，期望師生能夠「一以貫之」學校的教育理念。以下是一些著名大學的校訓：

北京大學：「思想自由，兼容並包」。清華大學：「自強不息，厚德載物」。浙江大學：「求是創新」。復旦大學：「博學而篤志，切問。而近思」。中山大學：「博學、審問、愼思、明辨、篤行」。臺灣大學：「敦品勵學，愛國愛人」。香港中文大學：「博文約禮」。美國的哈佛大學（美國）：「Veritas」（眞理）。耶魯大學：「Lux et Veritas」（光明與眞理）。英國的劍橋大學：「Hinc lucem et pocula sacra」（此地是光明與知識的聖杯），牛津大學：「Dominus Illuminatio Mea」（主乃我光）。日本的東京大學：「以知識貢獻社會」。

這些著名大學的校訓均希望師生們能夠體現校訓的價值，並做到「一以貫之」，這些校訓從「眞理」「創新」到「服務社會」，核心理念不僅是學校的教育目標，也是學生行爲的指導方針。校訓的價值在於它能夠長期引領學生的思想和行動，塑造出具有卓越能力與高尚品格的社會棟樑。

第二節　詩、禮、樂

一、《詩經》的核心：內心情感的純正

子曰：「《詩》三百，一言以蔽之，曰『思無邪』。」（〈為政〉）

詩歌是人類文化中最古老、最普遍的表達形式之一，存在於幾乎每個民族的文化傳統中。詩歌的普遍性源於它能夠以精煉的語言、深刻的情感和獨特的節奏，滿足人類在表達情感、記錄歷史文化、溝通與凝聚認同、美與精神享受、激勵與啓發等多方面的需求。孔子特別凸顯《詩經》在傳達思想與抒發內心情感的純正性。

孔子說：「《詩經》三百篇，用一句話來涵括其旨，就是：『思想純正無邪。』」《詩三百》指的是《詩經》的三百零五篇詩歌，包括〈風〉、〈雅〉、〈頌〉三大部分，涵蓋了從民間歌謠到宮廷禮樂的多種詩歌形式。孔子特別推崇《詩經》，認爲它既是文學作品，又是道德教化的工具。孔子認爲，如用「一言以蔽之」，用一句話來說，就是「思無邪」，《詩經》所傳達的思想與情感，都是純潔、純正，沒有偏頗與邪念的。

孔子認爲詩歌的價值不僅在於抒情和娛樂，更在於它能潛移默化地改變人的思想，引導人樹立正確的價值觀。例如，〈關雎〉倡導愛情的純潔和節制，〈七月〉反映農事的辛勞和生活的樸實。孔子的「思無邪」啓示我們，文學創作應注重思想的純正與內容的積極意義。現代文藝作品應該避免過度渲染暴力、邪惡或不健康的情感。孔子對《詩經》的推崇，體現了傳統文化在教育中的重要作用。當代教育可以通過經典作品，培養學生的審美能力和道德情操。

中外不同的詩人透過不同的詩歌來呈現他們不同的關懷。例如，在抒發內心情感方面，中國唐代李白的詩歌充滿了豪放的情懷，抒發對自由與自然的嚮往。英國浪漫主義詩人雪萊（Percy Bysshe Shelley）的詩歌則表達了對愛與理想的追求。在文化的記錄方面，《詩經》是中國最早的詩歌總集，記錄了周代的社會風貌與民間情感。《荷馬史詩》記載了古希臘的神話與英雄故事，是西方文化的重要基石。在傳遞知識與智慧方面，《論語》中孔子提倡「詩可以興，可以觀，可以群，可以怨」，表明詩歌的教育功能。中世紀的吟遊詩人通過詩歌傳播歷史與價值觀。在團結民族與社會方面，陸游的「死去元知萬事空，但悲不見九州同」，表達出對國家統一的熱切渴望，喚起人民的家國情懷。英國詩人威廉・布萊克（William Blake）的《耶路撒冷》（*Jerusalem*）詩歌，以宗教和民族情懷呼籲英國人民的團結，表達對理想家園的嚮往。在美的追求與精神享受方面，王維的詩以其「詩中有畫，畫中有詩」的特點，帶來視覺與心靈的雙重享受。英國詩人濟慈（John Keats）以其感官豐富的詩句爲人所讚頌。

唐代詩人白居易主張詩歌應「文章合爲時而著，歌詩合爲事而作」，要求詩歌反映現實，服務於社會。白居易的詩歌創作繼承了《詩經》的精神，追求思想純正與社會價值。古羅馬詩人賀拉斯（Horace）在《詩藝》（*Ars Poetica*）中提出，詩歌的作用不僅在於愉悅讀者，還應教育他們，傳遞正確的道德觀念。賀拉斯的觀點與孔子的「思無邪」相契合，強調文學的教育與倫理價值。

孔子的「思無邪」不僅是對《詩經》精神的概括，更是一種對文學與道德的統一要求。它提醒我們，文學創作與文化教育應注重思想的純正與情感的眞摯，這不僅有助於個人的精神成長，也對社會的健康發展具有深遠意義。在現代，我們可以從中汲取啓示，創作與欣賞兼具美學價值與道德深度的作品，實現文學的教育與情感功能。

二、詩的功能：多重教育與啓發

子曰：「小子！何莫學夫《詩》？《詩》，可以興，可以觀，可以群，可以怨。邇之事父，遠之事君。多識於鳥獸草木之名。」（〈陽貨〉）

孔子說：「學生們啊！爲什麼不去學《詩》呢？《詩》三百（的內容），可以興發我們的情志，可以使我們觀察省思，可以讓我們和人們共鳴合群，也可以抒解心中的抑鬱。近則可以用它來學習侍奉父母，遠則可以學習侍奉國君之道，更能多多認識鳥獸草木等自然事物的名稱。」

孔子認爲《詩經》具有多重教育與啓發的功能，是修身治國的重要學習素材。他勉勵弟子學習《詩經》，因爲它不僅是文學的寶庫，更是涵養情志、陶冶品德的工具。孔子認爲《詩》有的四大功能：第一，「興（興發情志）」，可以激發內心情感，增強想像力與創造力。第二、「觀（觀察省思）」，可以幫助人們理解自然與人事，培養洞察力。第

三、「群（合群共鳴）」，可以促進人際和諧，增強社會適應能力。第四、「怨（抒發情感）」，可以抒解壓抑情緒，以文學方式表達不滿與苦悶。孔子認為《詩》的應用層面包括三點：第一、「邇之事父」，可以通過《詩經》學習孝敬父母，懂得親情的重要性。第二、「遠之事君」，可以從《詩經》中汲取治國理政的智慧，學習侍奉國君之道。第三、「多識於自然」，可以增加對自然界的認知，培養對天地萬物的尊重。

孔子強調《詩經》不是僅僅供人誦讀的文學作品，而是全面提升人的思想道德與實踐能力的工具。《詩經》具有教育、社會、文化的價值。教育方面，能激勵人面對生活的困難與挑戰，教人深刻理解人際關係與社會變遷。社會方面，能透過共鳴與抒情，促進人際和諧；也可以用詩歌的方式抒發不滿，而非採取過激行動，有助於穩定社會秩序。在文化方面，作為中國古代第一部詩歌總集，《詩經》不僅記錄了早期的社會生活與思想，更成為文化傳承的重要載體。它的內容涵蓋自然、倫理、政治等多方面，培養了全面的文化素養。

在當代物質橫流的社會裏，孔子的話提醒我們，詩歌與文學不僅是藝術的展現，更是情感的窗口和思想的橋梁。學習文學作品有助於拓展我們的情感和思想世界。孔子提到《詩經》可以「怨」，即通過抒情達到心理疏解，這對現代人管理壓力和情緒具有重要啟示。孔子提倡從《詩經》中學習對自然的認識，這與現代環保意識不謀而合。我們應該更加注重自然知識的教育，培養對生態的尊重。孔子的「邇之事父，遠之事君」教導我們，學習傳統文化可以幫助我們更好地履行對家庭和社會的責任。

屈原在國家危難時，用〈離騷〉表達內心的不滿與悲憤。他以個人忠誠和理想為基調，創造出深刻的愛國詩篇。《詩經》中的抒情功能被屈原繼承並發揚，他用詩歌抒發內心情感，激勵後人關注國家命運，體現了《詩經》中「怨」的抒情。〈木蘭辭〉以簡潔動人的敘述，講述花木蘭代父從軍的故事，激發了無數讀者對忠孝和勇氣的共鳴。〈木蘭辭〉以優美的詩歌形式，喚起人們對家國情懷的認同，體現了《詩經》中「群」的精神。

《奧德賽》（*The Odyssey*）是希臘詩人荷馬（Homer）的代表作，以詩的形式講述奧德修斯的冒險故事，激勵人們面對挑戰與困難。《奧德賽》也以英雄故事喚醒人們的勇氣與智慧，如《詩經》激發情志。但丁（Dante Alighieri）的《神曲》（*The Divine Comedy*）通過詩的形式，帶領讀者遊歷地獄、煉獄與天堂，思考人性的罪與德，探討生死與救贖。但丁的作品與《詩經》一樣，通過文學的「觀」功能，引導人們反思生命意義。

不只以上這些，還有更的中外詩歌展現了文學的多層次價值，不僅激發情志、抒發情感，還能引導人修身、齊家、治國，甚至觀察自然。這一觀點對我們現代人如何看待文學與文化具有深刻啓發。我們應重視文學作品的學習，從中獲得精神上的滋養與行動的指引。

三、歡樂哀傷：眞情流露而不過度

子曰：「〈關雎〉，樂而不淫，哀而不傷。」（〈八佾〉）

人非草木，孰能無情？人是最能表達出不同層次與深度情感的動物。在表達情感時，是否只要眞情流露，而不需有任何的節制？孔子藉由〈關雎〉一詩，來表達孔子的看法。

孔子說：「《詩經》的首篇〈關雎〉，這首詩適切的藉由音樂表露情感，歡樂而不過於流蕩，表達了悲傷卻不過度哀愁。」

〈關雎〉是《詩經．國風》的第一首，是古代婚禮和公共儀式中經常演奏的樂曲，樂風洋溢和諧悠遠的情思，描寫了君子對淑女的愛慕之情，以質樸莊重的詩句吐露近乎完美的愛情。詩中用「關關雎鳩，在河之洲」起興，表達君子追求淑女的純眞情感，並進一步展現男女相處的禮節與雅正。

孔子特別欣賞的是，在眞愛的得與失、哀與樂之間，還有可貴的自制，如此才能眞實地呵護所愛，也珍惜和完善自己。因此，孔子以「樂而不淫，哀而不傷」來評價〈關雎〉，強調詩歌情感表達的分寸與節制：「樂而不淫」，描述歡樂情感時不過度沉溺，保持雅正。「哀而不傷」，表達悲哀情感時不失節度，不致令人過度悲痛。孔子認爲詩歌不僅是抒發個人情感的工具，更是道德教育的載體。〈關雎〉的節制美體現了詩歌對社會禮儀和倫理的規範作用。

孔子的評價提醒我們，現代文藝作品應追求情感表達的深度與分寸感，避免過度煽情或浮誇，應以適度的表達打動人心。「樂而不淫，哀而不傷」的理念可以指導我們在生活中保持情緒平衡，面對歡樂或悲傷都不失理智，追求內心的平和與穩定。

陶淵明在〈歸園田居〉中，描寫了隱居田園的生活。詩中表現了他對自然與簡樸生活的熱愛，文字清新而恬靜，表達了內心的喜悅，但不流於浮誇的歡樂。陶淵明的詩歌是「樂而不淫」的典範，他的情感平和而真摯，讓讀者感受到返璞歸真的美好。

白居易在〈琵琶行〉中，用生動的文字表達琵琶女的哀愁，描述了樂聲的美妙與淒婉。然而詩中對哀情的描寫適度，並未讓整篇詩陷入過度悲苦，而是透過音樂展現一種人間情感的深刻共鳴。白居易用「哀而不傷」的筆觸，展現了生命中哀而美的情感，帶給人深刻的共鳴。

英國詩人濟慈（John Keats）的一首〈夜鶯頌〉（Ode to a Nightingale），讚美夜鶯歌聲的永恆與美好，對比自己生命的短暫與無奈。雖然流露出對人生有限的惆悵，詩歌用「樂而不淫」的情感抒發，展現對美好生命的熱愛，並引發深沉的思考。

愛爾蘭詩人葉芝（William Butler Yeats）的一首〈當你老了〉（When You Are Old），以「哀而不傷」的筆調，回憶青春年華，表達對逝去時光的懷念和深情，詩中感情溫柔而克制，沒有過度的哀傷或懊悔。葉芝展現了對過往歲月的眷戀，令人感受到愛情與人生的溫暖。

這些詩歌無論來自中國還是西方，都展示了「樂而不淫，哀而不傷」的情感節制之美。它們以深刻的情感和節制的語調，讓讀者在欣賞中感受到情感的深度與哲理的啓迪。這正是詩歌藝術的永恆魅力所在。

四、禮以誠為本，形式次之

林放問禮之本。子曰：「大哉問！禮，與其奢也，寧儉；喪，與其易也，寧戚。」（〈八佾〉）

有一天，學者林放問孔子，「禮」的核心精神爲何？孔子說：「這是個重大的問題啊（行禮的重點是讓對方感受到誠意，眞實把握禮的本質）！例如在交際往來時，與其饋贈珍貴的禮品，不如儉樸而有誠意；舉行喪禮時，與其把重點放在隆重的治喪儀式，不如讓親友盡心表達對死者的哀戚之心，更能接近喪禮的本質。」

讀詩要懂得品味，習禮也一樣。學者林放向孔子請教：禮的核心精神是什麼？孔子沒正面回答，而是提了「交際往來」與「出席喪禮」兩個例子讓問者體會。孔子指出，禮儀的本質不在於形式的繁榮和外在的奢華，而在於表達內心的誠意和眞情。在交際時，重視眞心誠意，勝過華貴的饋贈。在喪禮時，以深切的哀悼情感取代形式上的鋪張浪費。孔子認爲，禮儀只是表達情感的一種工具，眞正重要的是內心的眞誠。禮的根本在於情感與倫理的眞實性，而非外在的繁瑣與奢侈。如果缺少眞誠，禮儀再隆重也只會流於形式；如果有眞誠，哪怕形式簡樸，禮的精神也能得以彰顯。

在現代社交中，人們常注重昂貴的禮物而忽略眞心。孔子的話提醒我們，禮物的價值不在於價格，而在於是否能傳遞出對對方的關懷與誠意。當今喪葬儀式有時過度追求排場，忽略了對逝者的眞情哀悼。孔子的觀點啓發我們，應該回歸儀式的本質，用心表達哀悼之情。孔子的「儉樸而有誠意」契合現代的環保與節約理念，讓禮儀的實踐更符合可持續發展的價值觀。

臺灣的星雲大師自一九八〇年代開始推廣佛化婚禮，認爲婚禮應去除奢侈浮華，回歸儉約樸實的本質。他所創辦的佛光山經常舉辦集體佛化婚禮，爲新人舉行莊嚴而簡約的儀式，並鼓勵新人以慈善捐款代替昂貴的婚宴開支。佛光山的佛化婚禮體現了「形式莊嚴，心意爲重」的精神，減少了奢侈浪費，並將婚禮與慈善相結合。

瑞典國王卡爾十六世・古斯塔夫（Carl XVI Gustaf）於一九七六年與德國平民女子希爾維亞・索默拉特（Silvia Sommerlath）舉行婚禮。這場婚禮之所以特別，不僅因爲瑞典王室首次娶平民女子爲王后，更因其婚禮規模簡樸，婚禮儀式縮減開銷，避免鋪張浪費，並捐贈婚禮基金支持慈善事業。國王的行爲樹立了節儉榜樣，將婚禮與慈善結合，帶來積極的社會影響。

五、最好的音樂是盡美又盡善

子謂韶：「盡美矣，又盡善也。」謂武：「盡美矣，未盡善也。」（〈八佾〉）

相對於「詩」是一種眞情的言語，「禮」是含有誠意的作爲，「樂」則既可以作爲詩和禮的搭配，也可以超離言語和儀式而做獨立的演出。因此在古代文化裏，要想傳達人心的深刻意境，最豐富、最靈活的媒介就是樂。孔子說：「興於詩，立於禮，成於樂。」它們是孔子教學的重要內容，不僅因爲有用，更是足以啓發心靈、探索人文的學問之道。

人生離不開音樂。音樂不僅是藝術形式，更是一種情感，有的音樂表達的是美，有的音樂不僅滿足人們對美的精神追求，還能傳達倫理價值，引導人們走向善，提升心靈的境界。孔子認爲好的音樂，不僅要盡美還要盡善。

孔子評論舜所作的「韶樂」說：「韶樂已經達到了美與善的極致。」孔子也評論描述武王伐紂的「武樂」說：「武樂已經達到了美的極致，卻尚未達到極善的境界。」

孔子對「韶樂」與「武樂」的評論，揭示了他對音樂之美與道德價值的深刻思考，並體現了他對「美」與「善」的哲學辨析。

「韶樂」是傳說中由舜所創作的音樂，象徵舜帝時期的禮樂文明。它以完美的旋律和節奏，融合德治的內涵，被孔子評價爲「盡美矣，又盡善也」。孔子認爲「韶樂」在音樂形式上極爲優美，在精神內涵上也完全符合道德的要求，是禮樂的最高典範，是盡美與盡善的結合。「武樂」是用來描述武王伐紂成功後的勝利場面，以慷慨激昂的旋律和力量展現周朝的軍功。孔子對「武樂」的評價是「盡美矣，未盡善也」，表明它在形式上達到了美感的極致，但由於包含了武力與征伐的元素，未能完全符合「極善」的道德標準，未臻善的圓滿。孔子將音樂作爲文化與道德載體。他通過「韶樂」與「武樂」的比較，向我們展現了音樂不僅是藝術形式，更承載了文化與道德價值的功能。他對音樂的批判性欣賞，體現了他對人性和社會和諧的高度關注。

孔子的評論提醒我們，藝術不僅是形式的追求，更應該注重其傳遞的價值觀。在當代藝術創作中，創作者應考量作品是否既能激發審美愉悅，又能引發心靈思考和價值共鳴。孔子對「韶樂」與「武樂」的判斷，表現了「美」與「善」之間的微妙平衡。這種思維啓示我們，在追求美的事物時，應同時考量其是否符合更高的倫理與社會價值，這對於文化創意產業、教育和價值傳播具有指導意義。

古代、近代、現代，都有偉大的音樂家與音樂，我們就舉幾個例子：

中國古琴曲〈高山流水〉是伯牙爲摯友鍾子期所作，樂曲旋律優美，描繪了自然的壯麗與友情的深厚。孔子對此類音樂的意涵極為推崇，因為它能打動心靈，激發崇高的情感。這首曲子既展現了藝術形式的極致，又因其真摯的情感與道德內涵達到「盡美與盡善」。

李叔同（弘一法師）是中國近代著名的藝術家和教育家，他以推廣藝術與道德價值結合而聞名。他創作的〈送別〉是一首傳唱至今的經典歌曲，不僅旋律優美，而且傳遞出離別中的溫暖與希望，觸動了無數人的心靈。在弘一法師皈依佛門後，他致力於用音樂教化人心，創作了許多充滿慈悲與善念的佛教音樂。他的作品提倡仁愛與和諧，成為勸善和淨化人心的重要媒介。李叔同的音樂不僅在藝術上具有高度成就，更承載了倫理與社會教化的功能，體現了孔子所說「盡美又盡善」的價值。

邁克爾・傑克遜（Michael Jackson）是流行音樂之王，一九八五年他與萊諾・李奇（Lionel Richie）共同為非洲饑荒募款所撰寫的公益歌曲〈四海一家〉（We Are the World），用感人的旋律和歌詞號召世界團結，幫助貧困人口。音樂既充滿感染力，又表達了深刻的社會責任，成為「盡美矣，又盡善也」的經典作品。

意大利作曲家維瓦爾第（Antonio Vivaldi）的〈四季〉（The Four Seasons）用小提琴描繪自然的美麗與和諧，帶來對大自然的深刻讚美。樂曲旋律優美，讓人感受到自然的純潔與偉大，既有藝術的美感，也體現對自然的敬畏與熱愛，是「盡美矣，又盡善也」的經典作品。

音樂作品能否達到「盡美矣，又盡善也」，取決於其形式的美感與內在的道德價值的統一。從古琴曲〈高山流水〉到維瓦爾第的〈四季〉，這些經典音樂之所以被推崇，是因爲它們同時具備了藝術美感與人文精神，體現了孔子對音樂與道德的融合追求。而那些未完全達到「盡善」的作品，則提醒我們，美與善的統一是藝術創作的永恆課題。

六、禮以和為貴，和以禮為本

有子曰：「禮之用，和為貴，先王之道斯為美，小大由之。有所不行，知和而和，不以禮節之，亦不可行也。」（〈學而〉）

在施政時，有的人著重「規則、制度」，有的人在乎「和諧」。如何取捨拿捏，孔子提出了他的看法。

有子說：「禮節的功用，以和諧爲最可貴。先王治國之道，也以建立有禮的社會這件事最爲美善，事無大小，都依禮行事。但是若有行不通的時候，如果一味地爲了和諧而和諧，卻不遵循禮來節制人事，也不能行得通了。」

孔子的弟子有子認爲，「禮以和爲貴」，禮的最終目的是實現人際關係的和諧，這是禮的最高價值體現。然而「和不違禮」，和諧並非無原則地追求，人與人之間的和諧必須以「禮」作爲規範，否則就會陷入混亂，失去禮的約束力。有子提到，古代的聖王在治理國家時，正是以「禮」來規範社會，以實現最理想的和諧秩序。無論事情的大小，都應該遵循「禮」的規範，這是社會穩定與有序的基礎。有子還強調，要注意到「禮與和的平衡」。當禮與和發生衝突時，不能一味地追求表面的和諧，否則可能會導致制度與倫理的崩壞。有子還警告，如果不以禮爲基礎，和諧本身將難以長久維持。

在現代社會中，第一、「禮」可以理解爲法律和制度，「和」則體現了人際之間的和諧與包容。在多元文化和價值觀並存的環境中，我們應在遵守基本規範的基礎上，追求彼此的和諧共存。第二、有子的觀點提醒我們，在團隊合作中，規則（禮）是基礎，而和諧（和）是目標。不能一味地妥協以求和諧，否則會失去效率和公平。一個高效的團隊應該在遵守規則的基礎上協同合作，而非犧牲原則以維持表面上的一致。第三、禮在現代可延伸爲基本的道德規範，如孝敬父母、尊重他人；和則體現在家庭成員之間的互相關愛。家庭教育應在規範與和諧之間找到平衡，不溺愛也不專斷。

宋神宗時，王安石推行「青苗法」，以減輕農民負擔。然而變法中也出現了一些激烈的反對聲音，王安石多次以禮回應，強調政策對民生的好處。王安石在推行新政中，既堅持原則（禮），又注重與反對者溝通（和），爲後世提供了「和不違禮」的良好施政範例。

一二一五年，英國貴族通過《大憲章》（*Magna Carta*）與國王協議，限制王權，確立法律的基本框架，既避免了衝突，又維護了秩序。《大憲章》將規範作為基礎，達成了君臣之間的和諧，是「禮以和為貴」的典範。

這兩個中外的例子顯示，改革必須考慮到原則、制度與社會的和諧能夠並存且平衡，才能讓改革順利成功。沒有原則與規範的「和諧」則易成為和稀泥，不能達到和諧的規範與制度，只會產生民怨而難以成功。

七、正式場合用官方語言表達

子所雅言：《詩》、《書》、執禮，皆雅言也。（〈述而〉）

國家內部擁有共同語言對於國家的穩定、發展與凝聚力至關重要。在一個多民族、多地區的國家，容許地方性方言有必要，因為可以有效保護當地的文化，但是有共同語言更為至要，如此才能打破語言障礙，促進人民之間的交流，增強彼此的理解和合作。共同語言不僅是一種溝通工具，更是文化認同和社會團結的重要基礎。彼此在交流時，讓彼此都能清楚方便地溝通，也是對彼此的禮貌與尊重。孔子是怎麼看「共同語言」這件事呢？

〈述而〉篇說，孔子在正式場合講話用的都是正音（周代的官方語言）：誦讀《詩》、《書》和執行各項禮儀時，用的都是官方語言表達的。

「雅言」指的是周代的官方語言，亦即當時被視為正統、規範的語音，類似於現代的「國語」、「普通話」或「標準話」。孔子強調在正式場合，如誦讀經典《詩》、《書》或執行禮儀時，應使用雅言，體現了對語言規範性與禮儀正確性的高度重視。

孔子強調雅言的原因有三：第一、雅言對於文化傳承的意義。語言是文化的載體，使用正確的語言誦讀經典，能更準確地理解和傳遞其內涵，避免錯誤解讀對社會造成的不良影響。第二、雅言在禮儀中的重要性。禮儀是社會秩序的象徵，雅言的使用使儀式更具莊重與尊嚴，表現對天、地、祖先和他人的敬意。第三、雅言作為共同文化的工具。周代雅言超越了地域方言，成為各諸侯國共同的交流語言，有助於各地文化的融通與整合，孔子的提倡促進了文化的共同性。

在當代社會，孔子重視雅言的使用，第一、提醒我們標準語言對於文化傳承的核心作用。現代社會推廣國語或普通話，不僅是便於溝通，更是促進文化認同的重要手段。第二、提醒我們在正式場合應注意語言規範，例如公開演講、學術交流等情境，這也是一種禮貌。第三、提示我們語言是禮儀的重要組成部分。現代社會中，語言禮儀仍然是人際交往中的核心要素，應注重語言的恰當使用。

明清時期，隨著國家規模擴大，官話成為不同方言區官員間的交流工具，類似於周代的雅言。官話的出現有助於文化統一與溝通，與孔子提倡的雅言理念一致。現代中國推廣國語或普通話，作為國家的官方語言，有助於促進不同地區的文化交流與經濟發展。推廣國語或普通話與孔子提倡雅言的目的類似，都是爲了核心文化的趨同與有效的交流。

法國在十七世紀統一法語，取代各地方言，成爲全國官方語言，促進了國家文化的統一。法語標準化與孔子提倡雅言的理念相似，都是爲了文化傳承與社會溝通的便利。英語目前作爲國際通用語言，成爲國際交流的工具。當今英語的全球化應用與周代雅言的地位相似，成爲不同文化之間溝通的橋梁。

第三節　人物風範

一、大禹的風範：簡樸無私而奉公，盡力於民生

子曰：「禹，吾無間然矣。菲飲食，而致孝乎鬼神；惡衣服，而致美乎黻冕；卑宮室，而盡力乎溝洫。禹，吾無間然矣。」（〈泰伯〉）

孔子視「堯、舜、禹」爲聖人，我們來看看孔子是如何肯定大禹的德行的。

孔子說：「我對於夏代開國之君大禹的行事，眞是毫無可批評之處。他畢生不講究自

己的飲食，但在祭祀時卻力求恭敬；平日穿著簡樸，卻致力於典禮中禮服的莊重華美；他家居的住宅很小，卻盡力處理田間水道的疏導。禹這位君王，眞的使我毫無挑剔之處啊！」

孔子以高度的讚許之詞，描繪了夏代開國君主大禹的卓越品德與行事作風。孔子認爲，大禹不重視個人享受，而是將注意力集中在事關民生的治水、祭祀、禮儀等重要事務上。以下三個方面展現了大禹的簡樸與無私：第一、「菲飲食，而致孝乎鬼神」：大禹不講究日常飲食的豐富，卻在祭祀中表現出極大的虔誠與敬意。第二、「惡衣服，而致美乎黻冕」：他日常穿著簡樸，卻在重要禮儀場合注重莊重，體現對文化與禮儀的尊重。第三、「卑宮室，而盡力乎溝洫」：他的住宅簡陋，但將更多的精力投入於水利工程與國家的基礎建設，保障百姓生活安定。孔子以「吾無間然矣」總結，表明大禹的行事無可挑剔，將他塑造成一位具備無私奉獻精神、簡樸生活作風的理想君主。

孔子對於大禹的讚賞，給予我們以下三點的啓示。第一、克己奉公的精神：大禹以身作則，不重個人享樂，而專注於公共事務的治理。他以行動告訴我們，一位眞正的領袖應該爲民服務，無私奉獻，這種「以天下爲己任」的精神，歷經千年依然令人敬仰。第二、簡樸但重視禮儀：大禹的簡樸並非一味地忽視儀式與規範，而是在重要場合中注重禮儀的莊重，這種平衡體現了對文化與傳統的深刻理解與尊重。第三、對百姓福祉的重視：他以治理水患、修建溝渠爲重心，展現了對民生的高度關懷。他的行爲不僅改善了百姓的生活，也爲後世樹立了「民爲邦本」的榜樣。

大禹的行事風格爲現代領導者提供了寶貴的借鑑。他的簡樸與奉獻提醒今天的領導者，不應追求奢華享樂，而應將精力集中於解決人民的實際問題。把精神用在蓋更宏偉的辦公大樓，不如去增加民生所需要的建設。大禹在日常生活中簡樸，卻在禮儀場合精益求精，這啓示我們在多元化的世界，不忘根植於本民族的文化與傳統，將文化精神融入現代生活。

我們來介紹一下大禹的故事。大禹（約公元前二十一世紀）是中國夏代的開國君主，也是中國歷史上最著名的治水英雄之一。傳說在舜帝時期，洪水肆虐，百姓流離失所，生靈塗炭。舜帝委任禹的父親鯀治水，但因方法不當，未能成功，反而使洪水更加泛濫。禹接替父親治理洪水。他摒棄「堵」的方式，採取「疏導」的策略，根據地形疏通河道，引導洪水流向大海。他親自考察地形，帶領百姓鑿開山石、疏通河流，並分山河爲九州，讓洪水退去，田地恢復。在治水期間，禹一心一意投入工作，儘管他多次經過自己的家門，卻因工作繁忙未曾回家與家人團聚。他這種爲公忘私的精神成爲千古佳話。

大禹不僅是一位歷史人物，更是中國文化中的精神象徵。他的治水事蹟和奉公精神提醒我們，眞正的偉大來自對人民的責任與貢獻。在今天，他的故事依然具有深刻的教育意義。大禹的簡樸、敬業與奉獻精神超越時代，成爲孔子推崇的治國榜樣。他的行事不僅影響了中國古代政治文化，也爲現代社會提供了深遠的啓示。在今天，我們依然可以從他的精神中汲取力量，推動個人與社會的進步。

二、伯夷、叔齊的風範：不念舊惡、少有怨恨

子曰：「伯夷、叔齊，不念舊惡，怨是用希。」（〈公冶長〉）

孔子認為「不念羞惡、少有怨恨」是一個極好的美德，因而肯定商末時期的伯夷、叔齊為「有德」的榜樣。

孔子說：「商末孤竹國的伯夷與叔齊，一生不記著他人的缺失，寬厚以對，因此心中少有怨恨（也不會招致他人的怨恨）。」

我們先來談談這則故事的背景。伯夷和叔齊是商末孤竹國的兩位王子，兄弟皆為人品高尚的君子。按父王遺命，叔齊應繼承王位，但叔齊推讓給哥哥伯夷，伯夷則不願接受，兄弟二人皆不爭王位，選擇離開孤竹國。因為周武王討伐商朝，他們二人因而不願事奉周武王，選擇隱居首陽山，堅持不食周朝的穀物，最終餓死於山中。孔子肯定他們的品德在兩個方面：一是「不念舊惡」。伯夷與叔齊無論面對個人矛盾，還是對待外界的不公，都不記恨他人。二是「怨是用希」。正因他們寬厚待人，不念舊怨，內心也少有怨恨，因此，他們也不會招致他人的怨懟。

伯夷、叔齊的故事中，展示了寬厚待人的處世智慧。他們能夠不計較過去的恩怨，保持內心的平和與仁愛。他們以豁達的心態面對不公，並選擇用自身行動體現價值觀，而非陷入怨恨與對抗。

其實不只是儒家思想，在佛教也有相同的看法。佛教強調以慈悲心對待他人，原諒和接納他人的過失。懷有仇恨只會傷害自己，慈悲能讓人解脫怨憎，獲得內心的自在。《法華經》中就提到：「以慈心接引，以悲心救苦。」強調對所有衆生以慈悲對待，化解怨仇。佛教認爲嗔恨心是「三毒」（貪、嗔、癡）之一，是痛苦的來源。「少有怨恨」的生活就是減少嗔恨，培養內心的平和與慈悲。《法句經》說：「以慈心無嗔，調伏於己身。」意思是用慈悲對待他人，不生嗔恨，內心便會平靜。

在現代生活中，糾結於過去的恩怨，只會讓人失去當下的幸福感。學習伯夷、叔齊的不念舊惡，可以讓我們在人際交往中更爲和諧。在職場中，對曾有過分歧的同事，選擇寬容和理解，能促進團隊合作。個人若能做到「不念舊惡」，就能釋放心理負擔，過上更加輕鬆自在的生活。在面對生活中的挫折時，選擇寬容而非記恨，能讓自己更快從困境中走出來。

北宋大文豪蘇軾因反對王安石的變法，與王安石產生矛盾。但在王安石去世後，蘇軾對其才華與品格大加讚賞，爲其寫下感人悼文。蘇軾因「烏臺詩案」被貶，是章惇參與彈劾的結果。然而當章惇失勢時，蘇軾不僅未加報復，還幫助爲其辯解，甚至說章惇是「清廉之臣」。蘇軾超越個人恩怨，對王安石的貢獻給予公正評價；不因過去的迫害記恨章惇，展現了他的寬厚與大度。蘇軾這種「不念舊惡」的心態能讓自己超越怨恨，贏得更多人的尊重。

《悲慘世界》（*Les Misérables*）由法國作家雨果（Victor Hugo）創作，講述一位曾因偷麵包入獄的罪犯讓・瓦爾讓（Jean Valjean）在出獄後努力改過自新的故事。警探賈維爾（Javert）長期追捕讓・瓦爾讓，甚至導致瓦爾讓多次陷入危機。然而當瓦爾讓有機會報復時，他選擇救了賈維爾的生命，並釋放了他。瓦爾讓以寬容和仁愛超越了個人恩怨，展現了「不念舊惡」的高尚情操。

三、周公的風範：既有才華更有品德

子曰：「如有周公之才之美，使驕且吝，其餘不足觀也已。」（〈泰伯〉）

孔子認為君子才德要兼備，而且德更勝於才。孔子舉周公為例。

孔子說：「假如一個人具有周公一般的天分與才華，卻驕矜而吝於分享，那麼其他的才德就不值一提了。」

孔子非常讚揚周公，視周公為理想君子的典範。孔子認為周公是「多才多藝」的人物，但孔子也指出，即使他人擁有周公的天分和才華，但是只要驕傲自大、吝於與他人分享或幫助，那麼再有其他的才華也將無法掩蓋其缺點。換言之，在孔子眼中，周公之所以偉大，最大關鍵在人格，才能還是次要的。周公不僅才華橫溢，而且品行高尚，謙遜而無私，致力於社會的安定與和諧。

謙遜的人會修正自己，恢弘的人能成就遠大，這是能夠終身學習不可或缺的要件。兩者繫乎人格，不是才能所能取代的。周公曾經掌握天下政局，卻一直虛懷若谷；他平定東方、建立雒邑、奠定禮樂制度的基礎之後，又把權力交還成王，成爲超脫權位、貫徹理想的千古典範。

孔子認爲，德行是一個人能否成功、受人尊敬的核心。才華可能帶來短暫的成就，但若無德行，難以贏得持久的認同與尊重。眞正有才的人應該將其能力用於幫助他人或促進集體的利益，而非僅僅爲個人私利。

孔子以周公爲榜樣的例子告訴我們：第一、才華與品德的平衡是現代職場成功的關鍵。在當代社會的職場中，僅憑才華並不足以贏得成功，良好的品格（如謙遜、合作精神）更能促進長期的職業發展。優秀的領導者不僅需要戰略眼光，還需具備傾聽與尊重他人的品質，才能贏得團隊的信任。第二、才華的社會責任。現代社會需要強調才華的公益性。無論是科技創新還是文化創作，最終目標應是促進社會進步，而非個人名利。第三、才與德在家庭教育中的重要性。教育子女時，培養其才能的同時應注重品德教育，幫助他們理解謙虛和分享的重要性。家長可通過參與公益活動或家庭分享會，讓孩子體驗如何用才華幫助他人。

秦朝宰相李斯在協助秦始皇完成統一六國的過程中展現了非凡的才華。他推動了一系列影響深遠的制度，如書同文、車同軌。為了保身，他與趙高陷害秦始皇長子公子扶蘇，立幼子胡亥為皇帝，最終被趙高設計陷害，落得被腰斬的下場。才華橫溢的李斯因缺乏德行而導致悲劇，說明才而無德不僅害人，最終也會害己，是「才勝於德」的例子。

馬基雅維利（Niccolò Machiavelli）是義大利文藝復興時期的重要政治思想家，在其著作《君王論》（*The Prince*）中提出了「目的論」，即為了國家利益可以不擇手段。他推崇權術與實用主義，忽視道德的約束，強調君主可以為維護權力而欺騙與殘忍。雖然其思想為後世政治學提供了重要理論，但也成為許多專制者濫用權力的藉口。才勝於德的思想可能短期見效，但缺乏道德基礎的政治哲學難以持久。《君王論》就是一本「才勝於德」的著作。

四、泰伯的風範：能謙讓天下且無聲，是至德的表率

子曰：「泰伯，其可謂至德也已矣！三以天下讓，民無得而稱焉。」（〈泰伯〉）

孔子認爲，能夠做到謙讓天下，卻靜悄無聲，可謂是「至德」。孔子並以此用最高敬意肯定周文王的伯父泰伯。

孔子說：「文王之父季歷的長兄泰伯，大概可以稱得上是德行最高的人了（因爲父親看好幼子季歷），他多次把天下的權位讓給弟弟季歷（在外不回國繼承君位）。此事他從不說與人知，所以人們無從得知泰伯的謙讓之德而稱讚他啊！」

這則故事的背景是：泰伯身爲周太王的長子，原本可以繼承王位。但因周太王希望第三子季歷繼任，爲了不忍發生王位爭奪，泰伯三次選擇讓位給弟弟，並主動遠離家鄉，避免王位之爭。周太王死後，泰伯、仲雍竟不奔喪，讓季歷順利即位。後來季歷傳位給文王、武王，完成大業。泰伯始終退讓，且不求人知。

孔子推崇泰伯的原因在於，他將道德與家族和諧置於權力之上，體現了儒家「德爲先」的價值觀。泰伯的德行値得稱頌，但他卻從未炫耀自己的行爲，這種「謙讓無聲的德行」更顯難能可貴。泰伯的德行之所以偉大，不僅在於他的行爲本身，更在於他不求回報、不爲名利的無私品質，這是「眞正的德行」。泰伯的讓位之舉避免了家族內部的權力紛爭，也爲周朝的穩定和發展奠定了基礎。

泰伯的故事提醒我們，第一、領導者應學習泰伯的無私精神，將公共利益置於個人利益之上，避免因權力爭奪而損害組織或國家的利益。企業高管或政治領袖若能謙讓權力或退居二線，爲新人提供機會，將促進組織的長期穩定。第二、家庭中應注重培養子女的謙讓精神，教導他們在利益衝突中學會分享與妥協。在兄弟姐妹間的相處中，學會讓步與合作，將有助於家庭的和諧。第三、追求個人名利可能帶來短期的成功，但謙讓與無私的精神能構建更具長遠意義的和諧社會。在職場或團隊合作中，個人應以大局爲重，以促進整體成功爲先。

堯帝將帝位禪讓給舜，舜在位後，因看到禹在治水過程中展現的德才兼備，決定將帝位禪讓給禹，而非自己的子孫。舜以天下利益爲重，放棄家天下的私利，體現了無私的德行。舜的行爲顯示，謙讓和公正是領導者德行的至高境界。

天主教教宗本篤十六世（Benedict XVI）因健康原因，在二〇一三年主動退位，成爲近六百年來第一位主動退位的教宗。他認爲自己無力繼續承擔職責，選擇讓位於更合適的繼任者。在高位者主動退位需要極大的勇氣與謙讓，教宗本篤十六世爲天主教及後人樹立了榜樣。

這兩位中外人物，都是孔子推崇的「至德」的代表人物，他們的謙讓與無私，爲後世留下景仰的榜樣。在家庭、企業，還是國家，如果能夠經常思考謙讓與無私，整體的和諧與穩定必然會有極大的提升。

五、晏嬰的風範：不因日久，而失對朋友的尊敬

子曰：「晏平仲善與人交，久而敬之。」（〈公冶長〉）

孔子肯定那些不會因自己飛黃騰達就對昔日朋友起傲慢心，反而是持續對朋友維持友誼與尊敬的人。孔子認為齊國的晏嬰就是一個值得讚許的榜樣。

孔子說：「齊國大夫晏嬰善於和人交往，他待人從不因交往日久，就忽略對朋友的尊重。」

晏平仲，即晏嬰，春秋時期齊國著名的賢臣，以品德高尚、才智卓越著稱。他在齊國政壇擔任重任多年，他生活簡樸，卻樂於資助朋友與賓客，識拔人才，風範聞名天下。一般人稱道晏嬰交友廣闊，孔子卻指出晏嬰對待交往已久的老友始終恭敬，從不因熟悉而輕慢。孔子讚賞晏嬰的「久而敬之」，表明真正的友誼是以尊重為基礎的，時間不應磨滅這種敬意。晏嬰的行為展示了儒家對人際關係的理想，即交往中以平等和誠意對待他人，無論身分地位如何。

孔子推崇的「久而敬之」，在現代社會格外有其意義。第一、長期的人際關係（如朋友、同事、伴侶）往往因熟悉而忽視了應有的尊重，晏嬰的「久而敬之」提醒我們，尊重

是維繫關係的關鍵。長期合作的團隊若能保持相互尊重，就能增進彼此的信任與默契。第二、在職場中，與同事的相處需要不斷調整心態，避免因熟悉而輕視對方的能力或價值。優秀的領導者對部屬始終保持尊重，能夠激發團隊士氣，促進組織合作。第三、晏嬰的交友之道同樣適用於家庭中，無論是夫妻還是親子關係，長期相處也應該保持相互尊重。夫妻之間若能在日常生活中尊重對方的意見和選擇，感情將更為穩固。

唐代文學家韓愈與孟郊的師生之誼，是古代文壇上一段佳話。他們的交往跨越了年齡與地位的差異，形成了一種既親密又深具敬意的關係。韓愈以其博大的胸懷和學問風範，對孟郊這位年輕的詩人予以指導與鼓勵。他不僅在詩歌創作上為孟郊提供點撥，更在生活中以長者的身分給予關懷。孟郊以真摯的敬意對待韓愈，常把韓愈視為人生與學問上的指引者，從不因長期的親密交往而失去對師者的崇敬。孟郊因其詩歌風格冷峻而被稱為「詩囚」，在詩壇上初期名聲不顯。然而韓愈深刻洞察了孟郊的才華，對他的詩作給予高度評價，並多次在文壇推介，使孟郊逐漸被更多人認識。孟郊在自己的詩中也多次提及韓愈的恩情，表達自己對這位師者的感激與仰慕。兩人在詩歌交流中相互激發靈感，共同為唐代詩歌的繁榮做出了貢獻。孟郊雖晚於韓愈出名，但他始終將韓愈視為自己的精神導師，韓愈也在孟郊的成長中看到了自己學問傳承的價值。這種「久而敬之」的師生情誼，正是中國傳統文化中對師道尊嚴和人格平等的最佳詮釋。

音樂家莫札特（Wolfgang Amadeus Mozart）和海頓（Joseph Haydn）在音樂創作中建

立了深厚友誼。年輕的莫札特始終對比他年長二十四歲的海頓保持著高度的尊重。他不僅私下對海頓推崇備至，還在公開場合毫不吝惜地稱讚海頓的作品，並視海頓為創作的典範。莫札特曾向父親寫信提到，海頓是他敬仰的老師之一。另一方面，海頓對於莫札特的才華也毫不吝惜讚譽之詞。他曾多次向他人表示，莫札特是「上帝賜予音樂世界的奇蹟」，並認為莫札特的創作具有不可思議的深度與美感。海頓甚至在晚年提到，莫札特是當時最偉大的作曲家之一。這段友誼展示了，即使是天才之間，謙虛和尊重依然是友誼得以長久的關鍵。莫札特和海頓用音樂傳達了彼此的敬意，也向後人詮釋了藝術家之間如何在競爭中保有惺惺相惜的情感。這樣的友誼，不僅是音樂史上的一段美談，更成為後世音樂人相互激勵的典範。

這些故事告訴我們，真正高尚的友誼與合作需要禁得起時間的考驗，尊重是關係得以長久的核心要素。

六、甯武子的風範：有治世之才，有亂世之愚

子曰：「甯武子邦有道則知，邦無道則愚。其知可及也，其愚不可及也。」

（〈公冶長〉）

孔子肯定君子「邦有道則出」，為國家出謀劃策，奉獻己力；「邦無道則隱」，為的是堅持自己的操守與原則。在這一方面，孔子肯定衛國大夫甯武子的作為。

孔子說：「衛國大夫甯武子在國家有道之時，則大展長才，顯得足智多謀。而國家無道之時，甯武子則笨拙無所表現，顯得愚昧執著。他在治世的才智是其他人可以企及的，但他在亂世的堅持與操守，卻是多數人無法企及的。」

甯武子是春秋時期衛國的大夫，以才智過人和品德高尚著稱。他能在國家治理良好時發揮自己的智慧，但在國家陷入混亂時，選擇堅持自己的操守與原則。孔子指出甯武子在治世表現出的才智是常人可以學習的，是「知可及」。但在亂世時選擇「笨拙」的態度，堅守自己的原則和操守，則是超越常人的難得品格，是他人「愚不可及」的。甯武子這種「笨拙」其實是一種選擇性的不妥協，是堅守原則，既不聰明地順應世俗、隨波逐流，體現了對道德與信念的堅守，而世俗之人反倒以為他變笨了。甯武子所表現的足智多謀，別人還可能做到；但看似笨拙的作為，卻沒人做得到。這是對甯武子堅守原則的高度讚許，也是對世俗價值觀的諷刺。

孔子透過甯武子的故事啓示我們，在國家安定時展現智慧與才幹，人們應努力發揮自己的才華，為社會和國家作貢獻。當國家陷入混亂，甯武子選擇遠離權力核心，不與亂世同流合污，表現出「不爭名利、不攀權勢」的堅定立場，這啓示我們，在價值混亂的時代，堅守道德底線是一種高尚的品德，遠比迎合時局更具價值。甯武子展現了「知」與

「愚」的平衡智慧，即在不同時局中，選擇最符合道德和社會需要的行爲方式。顯示我們眞正的智慧並非只表現在知識與能力上，更體現在能否堅守原則，而且能夠做到「大智若愚」。

在一個公平透明的環境中，應努力展現自己的能力與價值；而在不公平或違背道德的環境中，應選擇堅守原則，即使表現得「笨拙」也不隨波逐流。在公司中，面對不符合道德規範的行爲時，選擇揭露眞相或退出。社會中應倡導甯武子的道德選擇：在面臨價值混亂時，不隨波逐流，堅守正義與良知。在學校中，學生面對作弊的誘惑時，也選擇堅守誠信。一位律師拒絕爲不道德的案件辯護，選擇放棄經濟利益。這些人都體現了看似「笨拙」，外人卻視爲「愚」的操守。

東晉文人陶淵明因不願向鄉里小吏低頭屈從，不爲五斗米折腰，辭去縣令職位，歸隱田園，過簡樸自由的生活。陶淵明的行爲與甯武子類似，他在亂世選擇遠離世俗名利，是一種「知退守愚」的智慧，體現了對純粹生活的嚮往，堅守內心的純淨與自由。

魏晉時期的嵇康因不滿曹魏政權的壓迫，與志同道合的朋友隱居在竹林中，自號「竹林七賢」。嵇康過著清貧的隱士生活，以琴、詩、酒寄託情懷。他選擇遠離無道的權力中心，堅守自己的高潔品格與精神自由。

柏拉圖在雅典的政治動盪中失去老師蘇格拉底，選擇遠離政治，專注於學術研究。柏拉圖隱居於雅典郊外，創立「學園」，致力於哲學和科學的教學與研究。柏拉圖的隱居選擇是一種對混亂政治的智慧避讓，他的學術成就影響了整個西方文明。

孔子肯定的甯武子，他的「知」與「愚」啓發我們，眞正的智慧是能夠分辨何時應展現才華，何時應堅守原則。這種選擇，才是超越時代的品格典範。以上故事中的隱者，以其智慧和堅守，成爲歷史長河中不朽的光輝典範。

七、君子的風範：貧而無諂，富而無驕；貧而樂，富而好禮

子貢曰：「貧而無諂，富而無驕，何如？」子曰：「可也。未若貧而樂，富而好禮者也。」子貢曰：「《詩》云：『如切如磋，如琢如磨。』其斯之謂與？」子曰：「賜也，始可與言《詩》已矣！告諸往而知來者。」（〈學而〉）

在孔子眼中，無論貧富都可成爲君子。貧者有貧者的君子之德，富者有富者的君子之德。那麼，貧者富者不同的表現有何差別？哪一種「德的層次」更值得肯定呢？

子貢問孔子說：「如果一個人能在貧困時不諂媚富人，富有時也不心懷驕傲，如何呢？」孔子說：「還可以。但不如一個人雖然貧困卻樂於行道，富有卻能精進禮義啊！」子貢接著說：「《詩經》有言：君子進德修業的態度，就如經過了治骨角的先切再磋，又有如治玉石的先琢再磨光。是否就是指這種精益求精的態度呢？」孔子稱讚子貢說：「賜

啊！我終於可以開始和你談《詩》了，因為你已經能夠舉一反三，鑒往知來地推測文意和事理了。」

這段孔子與子貢的對話，提到了幾個價值上的概念，也是做為君子應有的德行。第一、「貧而無諂，富而無驕」。子貢提到的這句話是指，一個人即使貧困也不向富人諂媚，即使富有也不自滿驕傲。這是一種基礎的品德修養。第二、「貧而樂，富而好禮」。孔子則認為，更高層次的境界是人在貧困時仍樂於行道，而在富有時進一步以禮義來約束自己。第三、「如切如磋，如琢如磨」。子貢引用《詩經》的比喻，形容君子不斷反思自身品德和修養，精益求精，就如同骨角經過切磋、玉石經過琢磨才能光滑完美。子貢的這個見解，得到了孔子的高度認可。第四、「告諸往而知來者」。孔子對子貢的讚許，說明子貢能夠舉一反三，從過往經驗中洞悉未來，並透過經典文字挖掘更深的意義。

孔子在這段談話，對於生活在現代社會的我們，有很高的參考價值。第一、「貧而不諂媚、富而不驕傲」的心態依然重要。比如，面對工作中的困境時，保持樂觀積極的態度；獲得成功時，謙虛待人、保持謹慎。第二、子貢引用的「如切如磋，如琢如磨」對當代人有很大啓發。無論是在學習還是職業技能的提升中，都應不斷打磨自己，追求卓越。第三、孔子認為君子不僅是消極地避免貧富之間的失德行為，更要積極地在任何境遇下提升自我修養。這才是君子以德為本的價值觀。

武訓是清末一位行乞維生的窮人，他立志興辦義學，為貧困孩子提供教育。他以行乞所得積攢資金，滿足自己對公益的熱愛。武訓集資創辦義學後，仍然保持質樸的生活，專注於幫助他人。即使處於貧困，也能選擇爲他人帶來光明，成功後保持謙遜是難能可貴的。對於武訓來說，他的一生已無所謂貧富問題，他只在乎能夠爲社會提供公益，這種以仁愛對待他人，是人格的高度體現。

在《基督山恩仇記》（*The Count of Monte Cristo*）小說中，埃德蒙．唐泰斯（Edmond Dantès）是一位水手，被陷害入獄多年，後來憑藉智慧與毅力獲得巨大財富。在獄中，他始終保持信念，學習知識，爲未來鋪路，體現了「貧而樂」的精神。成爲基督山伯爵後，他選擇幫助弱者，並寬恕悔過的敵人，可以說是「富而好禮」的體現。

這些人物的故事告訴我們：眞正的幸福與價值不在於財富，而在於心靈的充實與對他人的關懷。

八、君子的風範：不患人之不己知，患不知人

子曰：「不患人之不己知，患不知人也。」（〈學而〉）

很多人在遇到問題時，多有「別人都不瞭解我」的感嘆。在孔子看來，君子應該先想到的是，「我瞭解別人嗎？」

孔子說：「我不擔心別人不瞭解我，卻擔心我不瞭解別人。」

孔子的「不患人之不己知，患不知人也」是一種深刻的人際智慧，揭示了人際交往與修養中的一個重要觀點：與其擔心別人不瞭解自己，不如反省自己是否足夠瞭解他人。這裏「知」並非僅指一般意義上的認識，而是包含理解、同理、體恤等更深層次的涵義。

「不患人之不己知」的意思是，孔子並不在意他人是否瞭解自己的才華或內心，認為這種外在的認可並不是最重要的問題。「患不知人也」的意思是，孔子強調修養的重點在於如何認識他人，理解他人的需求、情感與處境，這是一種內在修養與智慧的體現。孔子以此言提醒人們，在人際交往中應該注重理解與共情，超越對自我認可的渴求。

孔子的思想體現了一種高度的胸襟與格局。他認為，眞正值得憂慮的並非來自外界的忽視，而是自己是否有能力眞正理解他人。這種價值觀展現了君子修養的深度。君子能夠換位思考，讓人際交往更加和諧。而「知人」的過程是理解他人、包容差異的過程，也是修煉自身的過程。這種智慧在任何時代都具有深遠的啓發意義，有助於個人修養、人際關係以及社會和諧的實現。

在當代社會，人們常因追求他人的認同而忽略眞正的交流與理解。孔子的話提醒我們，應該將注意力從「被瞭解」轉向「理解他人」，促進更深層次的互動。面對社交媒體帶來的「被看見」焦慮，孔子的思想提供了一種解壓方式：更關注他人、更關注內心的成長，而非過度在意外在評價。在多元文化共存的現代，理解他人、尊重不同文化與價值觀，正是「知人」的重要內涵。這有助於增強國際間的理解與合作。

孫子的「知己知彼，百戰不殆」，提出了深刻的「知人」思想，這不僅適用於戰爭，也適用於商業合作。瞭解合作夥伴的需求、價值觀、目標與能力，是建立長期穩固合作的基礎。《孫子兵法》被全球商界廣泛引用，特別是在談判策略、團隊管理、競爭分析中，對於「知人」的要求極高。商業合作中，理解對方的需求與利益點，制定雙贏的策略，正是「患不知人」的體現。

企業家與人際關係大師戴爾·卡內基（Dale Carnegie）在《人性的弱點》（*How to Win Friends and Influence People*）中提到，成功的商務人士必須學會理解別人的需求與心理。卡內基在商業談判中，從不急於推銷自己的產品，而是通過對話瞭解對方的需求，從而提出雙方共贏的方案。這就是「患不知人」的體現，商業成功的關鍵不在於讓別人認可自己，而在於自己能否真正理解對方。

第十二單元

生命的尊嚴與傳承

前言

孔子的一生充滿了跌宕起伏，他曾意氣風發，也曾陷入顛沛流離的境地。然而，無論身處何種境遇，孔子始終以眞誠的生命態度與弟子相互交流、理解、珍惜，共同追求理想世界的實現。他的人生到處彰顯出充滿智慧與活力的生命光輝。對於孔門師生而言，生命是一種實踐仁道的歷程，是對上天使命的回應。因此，儘管面對生命的有限性與死亡的遺憾，他們依然能以平和心態面對。

本單元分爲三節，從不同角度探討孔子及其弟子對生命與死亡的態度。第一節以「疾病」與生命中的困境爲切入點，展現了孔門師生以正面積極的態度詮釋生命意義與價值的過程。他們以仁道精神彼此扶持，師生之間流露的深厚情誼更令人動容。

第二節聚焦於顏淵之死，深入探討死亡問題。孔子對顏淵去世的深切悲痛，彰顯出師生之間既是師生又似父子的情感聯繫，以及對「學絕道喪」的惋惜與憂傷。通過悲傷的流露，孔門師生以哀悼儀式與死者建立新的精神聯繫，體現了古代喪禮中情感的表達與儀節的分寸之美。

第三節以孔子名言「未知生，焉知死」爲主題，闡明只有正視生命的價值，才能眞正理解死亡的意義。對生命生生不息的理解，使死亡賦予其莊嚴與尊重，生命的眞正價值在於對仁道與眞理的領悟與踐行。

我們可以從孔子面對生死的智慧中，反思他生命的完整歷程。透過閱讀孔門師生對自我使命的堅持，我們能讓個人有限的生命融入歷史與文化的長河中，從而昇華並回歸宇宙生生不息的創造之中。孔門師生留下的《論語》一書，不僅承載了豐富的眞理與智慧，也開創了儒家價值體系，成爲中國文化的核心脈絡。這一體系不僅影響了中國，也深刻地塑造了韓國、日本、越南等東亞國家的文化，可以說是東亞文明的重要源泉，更是人類文化的璀璨成果之一。

第一節　面對生命的有限

一、生命無常，坦然接受天命

伯牛有疾，子問之，自牖執其手，曰：「亡之，命矣夫！斯人也而有斯疾也！斯人也而有斯疾也！」（〈雍也〉）

佛教的「三法印」，也就是佛教教義中的核心思想，用以概括宇宙和人生的基本眞理。三法印是檢驗佛法正確性的標準，如果一個教義不符合三法印，則不能被稱爲佛法。「三法印」其中第一項就是「諸行無常」（anicca），意思是世間一切事物都在不斷變化，無一恆久，這當然包括我們的生命。依照佛教來說，德行只是生命長短的衆多因緣之一，還有其他因緣的和合或化滅，共同決定了生命的長短，因此，我們經常感慨「生命無常」，爲何有時會發出「好人不長命」的感慨。孔子也是參透人生，他瞭解到生命的長短，不因個人意志而轉移，從而希望他的弟子們能充分認識「天命」。

做爲孔門四科德性科的代表弟子之一的冉耕（字伯牛）患了重病，孔子探望他，從窗口牽著他的手，感嘆著說：「沒有其他原因，眞是命運捉弄啊！這樣好的人，卻得了這樣的病！這樣好的人，卻得了這樣的病！」

每個人的生命，都訴說著獨特的故事，充滿了高潮與低潮、歡笑與痛苦、希望與失望。從自然生命的角度來看，生老病死是無法迴避的過程。尤其當我們面對致命疾病時，往往會感到無助與恐懼，深刻地意識到生命的有限。

在這一則選文中，孔子探訪罹患重病的冉伯牛，隔著窗戶緊握他的手，留下了一幅令人動容的場景。冉伯牛與顏淵、閔子騫一樣，是孔門中以德行著稱的弟子，但卻因病重無法醫治。孔子親自前往探望，爲他送別，並發出了深切的感嘆：「沒有特別的原因，這就是命運吧！這樣好的人，竟然得了這樣的病！這樣好的人，竟然得了這樣的病！」這樣深情的嘆息，充分表達了孔子對冉伯牛德行的高度肯定，同時也流露出對生命有限的無奈與接受。孔子將這種生命的客觀限制稱之為「命」。

一般人常認為「有德者必有福」，所謂「好心有好報」。但當面對德行與福報不一致的情況時，許多人會選擇怨天尤人。然而孔子卻主張「不怨天，不尤人」。他認為，實踐仁德與關懷他人，正是人類尊嚴與高貴的體現，其動機不應是為了追求福報。儘管冉伯牛罹患惡疾，但在德行上，他已經交出了無比亮麗的成績單。

這則選文在當代的意義為：第一、在現代醫學無法完全掌控的疾病面前，孔子的感嘆提醒我們，要以敬畏的態度看待生命的脆弱，同時珍惜健康。第二、孔子對冉耕的讚許表明，無論命運如何，人們應該追求高尚的品德，這是一種能超越命運限制的內在力量。第三、孔子的話給予人們面對命運的勇氣，即便無法改變現實，也要以積極的態度面對，並從中領悟人生的深意。

王勃是唐朝著名詩人，他以〈滕王閣序〉聞名，才華橫溢，少年得志。王勃不僅文才出眾，而且具有高尚的品格，對朋友與親人充滿深情，詩文中常流露對家國的熱愛。王勃因意外溺水而死，年僅二十七歲，英年早逝。「落霞與孤鶩齊飛，秋水共長天一色」，「渺滄海之一粟，哀吾生之須臾」，「閑雲潭影日悠悠，物換星移幾度秋」為其〈滕王閣序〉中的名句。王勃用短暫的生命為後世留下不朽的文學篇章，證明才華可以超越生命的長度。

王爾德（Oscar Wilde）是十九世紀英國的著名作家，以其機智與幽默的文風著稱，但因個人生活問題而被迫害。雖遭遇困難，他始終堅持自己的人格與藝術追求，並在逆境中創作出經典作品如《道林．格雷的畫像》（*The Picture of Dorian Gray*）。王爾德因生活窘迫和健康惡化，於四十六歲去世。他的名句衆多，例如：「做自己，因爲別人都已有人做了」，「活著是世上最罕見的事情，大多數人只是存在而已」，「我們都在陰溝裏，但有些人在仰望星空」，這些句子充滿了王爾德式的智慧與幽默，既能啓發深思，又發人莞爾，展示了他對人生的深刻洞見與批判性態度。他的文學與人格影響了後世，成爲獨立與創造精神的象徵。

這些中外人物的故事表明，雖然命運殘酷，但他們的才華德超越了生命的長短，爲後人留下了不朽的精神財富。

二、用善行與上天溝通

子疾病，子路請禱。子曰：「有諸？」子路對曰：「有之。誄曰：『禱爾於上下神祇。』」子曰：「丘之禱久矣。」（〈述而〉）

禱告是許多宗教的重要實踐，無論形式如何，都是希望通過禱告，人們表達內心的渴望、感激、懺悔或請求，建立與神明之間的精神連結。對於孔子來說，與其禱告祈求上天，不如先做到誠意正心，而其本身就是一種祈禱。

有一次，孔子生重病時，子路請代禱於鬼神，以求老師病癒。孔子病癒後問子路：「你眞的做了這件事嗎？」子路回答說：「有的。我向鬼神祈禱：『請天地神祇能保佑您！』」孔子說：「（如果如此）那我孔丘自己的禱告也已經很久了。」

在這則選文中，由於師生情深，當孔子病重時，子路憂心忡忡，便私下替孔子向鬼神祈禱，希望老師能夠早日康復。孔子得知此事後，向子路求證。子路坦承此事，並將禱辭的內容念給孔子聽。面對子路如此深摯的情感，孔子不忍心責備，但同時也認爲這樣的做法並非他所願。因此，孔子含蓄地說：「其實，我長久以來一直在眞誠地向上天祈禱。」言下之意是，眞正的禱告不是形式上的求神，而是通過自身的行爲來體現內心的誠敬。通過實踐仁德、履行上天賦予的使命，就像不斷地向上天祈禱一樣。孔子認爲，子路不必因自己的病痛特意爲他求福。反求諸己、心無愧於天地，才能保持內心的寧靜和平和，從而眞正放下對疾病和死亡的恐懼。

這段對話中，孔子用「內在的祈禱」重新定義了「禱告」的含義。他強調仁德實踐和內心的誠敬是最好的祈禱方式，啓示我們如何在當代社會中通過行動與眞心來應對挑戰、關愛他人。

在現代社會中，人們面對困境時常依賴外在的力量，例如祈禱或求助，但孔子的智慧提醒我們，改變命運的力量更多來自於內在的德性修爲。孔子的理念鼓勵我們「敬天而修己」，我們對天地自然保持敬畏，並以道德的實踐回應這種敬畏。在環境保護、家庭、社會責任等問題上，這種精神尤爲重要。孔子也提醒，無論是宗教信仰還是其他精神活動，都應該注重內心的眞誠與具體的實踐，而非僅僅追求儀式的繁複與外在表現。

中國的文化向來有以「大赦天下」來行仁義，並向上天祈禱的傳統。例如，西漢文帝即位後首度大赦天下，赦免了百姓的罪行，旨在讓民心得以安定。他認爲「大赦」是一種與上天的溝通方式，用仁政感化百姓，並求天降祥瑞。中華國文化認爲，以寬恕之心對待百姓，是一種仁政的實踐，也是對天意的尊重。

特蕾莎修女（Mother Teresa）終生奉獻於服務貧困者、病人和孤兒，爲人間帶來溫暖與希望。她曾說過：「愛的行動本身就是一種祈禱。」她將幫助他人視爲實現上帝意志的方式，通過自己的行動詮釋了眞正的信仰。雪梨・馬里昂（Sydney Marion）創辦和平基金會，致力於調解國際紛爭，推動各國和平合作。她認爲，眞正的和平不能單靠祈禱，而是需要通過教育與國際行動推動世界和諧。

這些故事展示了仁德行善的力量，眞正的祈禱不是僅僅依靠上天，而是通過實際行動改變現實，讓社會更良善和諧。這是對生命的最高尊敬，也是對天地最深的回應。

三、弘揚文化的決心，不輕易放棄生命

子畏於匡，顏淵後。子曰：「吾以女為死矣。」曰：「子在，回何敢死？」（〈先進〉）

生命的意義在哪裏？人難道只是爲活而活嗎？我們從孔子與他的弟子顏回的對話看出，他們兩人都以弘揚文化做爲生命的意義及使命。

孔子在匡邑對於意圖加害自己的匡人有戒心，後來看到顏淵來了，孔子說：「我還以爲你已經死了。」顏回說：「夫子還在，我顏回怎敢輕易犧牲生命呢？」

在這則選文中，孔子與弟子們遭到匡人圍困，經過一場驚險的解圍後，弟子們一度失散。當顏淵最後才趕到並與孔子重逢時，孔子驚喜交集，激動地說：「我以爲你已經不在了！」聽到老師這樣的擔憂，顏淵眞情流露地回應道：「只要老師還在，我怎敢先於老師而犧牲自己呢！」顏淵的回答展現了他對孔子的忠誠與敬愛，同時也流露出他對傳承文化與理想的堅定決心。他深知，自己尚有責任繼續追隨孔子，實現師生共同的使命，因此不會輕易選擇犧牲，而是要以自己的生命和行動去延續歷史與文化的傳承。

「子在，回何敢死」這段談話中顯示，顏淵的回應不僅是對孔子的尊重，也流露出濃

厚的師生情誼。他將老師的安危視爲首要，自己則願意擔負更大的責任，展現了一種以他人爲先的無私精神。顏淵認爲，作爲孔子的弟子，他有義務傳承老師的理念，不能輕易放棄生命。他的話語表現了深刻的責任意識，也反映了儒家「承繼大道」的價值觀。

現代教育中，師生關係往往停留在知識的傳授層面，而缺乏情感和道德的連結。這段對話提醒我們，師生之間應該建立更深厚的情感聯繫，共同承擔推動社會進步的責任。顏淵的回應反映了一種精神，也就是只有追求共同的信念，才會在師生之間產生榮辱與共、生死相惜的情感。這種精神對現代社會和職場文化具有重要的借鑒意義。

西漢時期司馬遷因《史記》而名垂千古，然而在完成這部作品的過程中，他遭受宮刑，生命屢受摧殘。儘管面對身體與心靈的痛苦，司馬遷以生命爲代價，完成了這部被譽爲「史家之絕唱」的大作。司馬遷在〈報任少卿書〉中，直言自己對生命意義、歷史責任的深刻理解，以及爲完成《史記》而忍辱負重的決心，這封信不僅是司馬遷對自身遭遇的眞情流露，更是一篇充滿哲理與精神力量的文學瑰寶。司馬遷強調，他受父親司馬談的囑託，要完成一部「究天人之際，通古今之變，成一家之言」的史書。他說：「人固有一死，或重於泰山，或輕於鴻毛，用之所趨異也。」意思是說，人的死亡價值因其選擇而異，他願意爲成就文化使命，使自己的生命重於泰山。《史記》成爲中國第一部通史，奠定了中國史學的基礎，影響了後世無數史家。他用有限的生命換來了歷史記憶的永續傳承。

文森特．梵高（Vincent van Gogh）是荷蘭後印象派畫家，他以充滿情感和強烈色彩的繪畫風格而聞名。雖然在生前未獲得廣泛認可，但他如今被視爲西方藝術史上最具影響力的藝術家之一。僅在短短十年間完成了超過兩千件作品，卻終生飽受精神疾病的困擾。他在三十七歲時結束了自己的生命，但他的作品如《星夜》、《向日葵》成爲後世藝術的瑰寶。梵高的藝術風格開創了現代繪畫的新篇章，他的作品激勵了無數後來的藝術家。梵高用有限的生命創造了不朽的藝術價值，成爲人類精神世界的重要遺產。

每個人的生命都是有限的，君子以自己的有限生命和行動去延續歷史與文化的傳承。以上兩則故事，一個堅持忍辱偷生，一個雖然因精神病魔無法控制自己而失去生命，但是都爲人類留下了寶貴的資產。

四、以自然為師：從天地萬物中體悟道理

子曰：「予欲無言。」子貢曰：「子如不言，則小子何述焉？」子曰：「天何言哉？四時行焉，百物生焉，天何言哉？」（〈陽貨〉）

爲什麼我們經常說，「大自然是人類的老師」？因爲它通過自身的運行法則、無窮的變化與生命的奧秘，爲人類提供了深刻的啓發與智慧。從四季更迭、日出日落、潮汐漲

退，這些自然規律教導我們生命需要遵循法則，找到與世界的和諧共處之道。從大自然的壯麗山川與浩瀚宇宙提醒我們人類的渺小，讓我們懂得敬畏與珍惜。從動植物的生存法則如變色龍的僞裝、候鳥的遷徙，提醒人類適應環境的重要性。從自然災害如地震、洪水和氣候變遷，提醒我們尊重與保護環境。孔子從四季的運作，也體會出《周易》所說，「天行健」，君子要自強不息的道理。

孔子說：「我很想什麼都不說啊！」子貢說：「您若不說，那我們要如何遵循呢？」孔子說：「上天說了什麼嗎？但是四季照樣運行，而百物依然滋生，上天又說了什麼嗎？」

這段話是孔子與弟子子貢之間的一次對話，展現了孔子對「言教」與「身教」的深刻思考。子貢關心如果老師不說話，弟子們該如何學習並遵循。他的問題體現了對傳統師徒教學模式的依賴。孔子表達了對教育中「言語」作用的某種超越。他認爲言語並非傳遞智慧的唯一方式，甚至可能不是最有效的方式。

孔子以「天」爲喻，指出大自然不需要言語，但其行爲本身就是教育。在孔子的觀念中，「天」並非高高在上、遙不可及，而是可以從春夏秋冬四季的季節變化，以及萬物的生長繁衍中，感受到其生生不息的創造性。這些都是無言的教化，蘊含著深刻的道理。孔子希望學生能從天地萬物中體悟道理，而非僅僅依賴言語的傳授。

孔子以自身的「學不厭，教不倦」實踐著「天」的精神，而顏淵的「其心三月不違仁」則完美詮釋了內心堅守仁德的努力。這些不僅體現了孔門弟子對理想的追求，也展示了人類通過自身的行動與努力，可以與「天德」相契合。

正因如此，孔子相信，每個人都可以通過自身努力讓生命發光發熱，持續爲世界帶來價值。這種與「天」呼應的德行，不僅彰顯了個人的生命意義，更成爲一種無窮盡的精神力量。

現代人常依賴外部指引，而忽視了內在的自我教育。孔子的理念告訴我們，人生的很多答案可以從自然與生活的點滴中找到，自我體悟的智慧才是突破自己的必要途徑。

莊子善於從自然萬物中汲取人生的智慧，以生動的比喻和深刻的哲理啓示人們如何面對生命的困境、追求自由與精神超越。莊子在〈逍遙遊〉這篇中，說了個樗樹的無用之用的故事。樗樹是一棵因木材質地不佳而無法被砍伐的樹，但正因如此，它得以免遭人類砍伐，安然長壽。無用之用即爲大用。看似無用的特質，往往成爲保全自身的關鍵。莊子認爲，無爲而治、順應自然，才能活得逍遙自在。

美國作家海明威（Ernest Hemingway）在《老人與海》（*The Old Man and the Sea*）這本書，講述了一位老漁夫聖地亞哥與大海、與大魚搏鬥的過程，表現出人類與自然的關係。老人從海洋的廣闊與魚兒的力量中感悟到生命的堅韌與人類的渺小，同時體會到尊重自然與敬畏生命的重要性。美國作家亨利・戴維・梭羅（Henry David Thoreau）在瓦爾登湖畔隱居兩年，與自然爲伴，出版《瓦爾登湖》（***Walden***）一書（又名湖濱散記），記錄了他從自然中獲得的體驗與哲理。梭羅從自然的簡樸中領悟到「簡單生活」的智慧，認爲眞正的富有不在於物質，而在於心靈的自由和對生活本質的體悟。

這些故事告訴我們，自然是最偉大的老師。我們可以從自然的規律中學習到謙遜、堅韌、簡單生活的智慧，並反思我們與環境的相處之道。

五、歲月如流水，不會片刻停留

子在川上，曰：「逝者如斯夫！不舍晝夜。」（〈子罕〉）

很多人都有過時間如「白駒過隙，忽然而已」的感覺，感嘆時光流逝迅速，如白馬過隙，一瞬即逝。「天地無極，光陰若流」也比喻時間的流逝如河水奔流不止，難以挽回。孔子也有相同的感慨。

孔子站在滾滾流動的河川旁，和弟子說：「逝去的時光就如這條河川，晝夜不停止啊！」時間如流水一樣，不會因任何事情停止，表達對時間流逝的感慨。

孔子站在河邊，感嘆時間如同滾滾河水，日夜不停地流逝。他以這種比喻來啓發弟子思考生命的短暫與珍貴。「逝者如斯」這句話中的「逝」指的是時間，河流象徵時間永不停息地向前流動。孔子藉自然現象來提醒弟子，時光不可逆，應當珍惜當下，積極行動，避免空耗光陰。「不舍晝夜」這句話表明時間無論白天或夜晚，始終不會停留，進一步強調了時光一去不復返的現實，啓發人們在時間流逝中持續努力，追求進步。

在現代快節奏的生活中，孔子的話提醒我們不要浪費時間，應該專注於有意義的事情，實現自我價值。如同河水不會回頭，人生中的每一刻也不會重來。這句話激勵我們學會專注當下，拒絕拖延與懈怠。河水的流動也象徵了人類應該持續學習與成長，不停下腳步，追求進步。

《紅樓夢》中的林黛玉，多次在詩中感嘆「好花不常開，好景不常在」的人生短暫、時光流逝，尤其在面對繁華消逝時更顯悲涼。她的詩句反映了對流年易逝的深刻體會，提醒人們珍惜生命中的美好時光。范仲淹也以「未覺池塘春草夢，階前梧葉已秋聲」詩句，感慨時間如白駒過隙，提醒人們要未雨綢繆，關注未來發展，與孔子的感嘆有異曲同工之妙。

英國大文豪威廉．莎士比亞的《十四行詩》（*William Shakespeare's Sonnets*）第十八首就在感嘆時間流逝，在這首詩中，莎士比亞用夏天的美景比喻愛人的美麗，並感嘆時間無情地摧殘一切美好事物。「夏天」象徵著生命的短暫，時間如流水般迅速消逝。美國著作家瑪格麗特．米切爾（Margaret Mitchell）《飄》（*Gone with the Wind*）的主角斯嘉麗．奧哈拉（Scarlett O'Hara）在面對內戰摧毀的家園和失落的親友時，多次回顧過去的繁華，並感嘆時間改變了一切。斯嘉麗感受「逝者如斯」，回憶過去，對比當下的困境，強烈感受到時光流逝與生活無法挽回的改變。雖然如此，她最終選擇向前看，展現了在時間中努力生存的韌性。

這些作品都通過描寫自然、記憶或人性來感嘆時間的流逝，並試圖賦予流逝的時間以新的意義。他們告訴我們，儘管時光無法挽回，但我們的選擇和行動可以讓短暫的人生充滿價值與意義。

第二節　跨越生命的門檻

一、師生深情、真情流露

顏淵死。子曰：「噫！天喪予！天喪予！」（〈先進〉）

顏淵死，子哭之慟。從者曰：「子慟矣。」曰：「有慟乎？非夫人之為慟而誰為？」（〈先進〉）

顏回（字子淵）是孔子的得意弟子之一，被孔子評價爲「德行第一」。他出生貧寒，但勤奮好學，品德高尙，對孔子的教導尤爲敬重，顏回與孔子的關係不僅是師徒，更是思想的傳承者與實踐者，知音與摯友。他們的關係是儒家文化中理想師生情誼的典範，並體現了「仁道」理念在個體間的深刻實踐。顏回用自己的生命詮釋了孔子的教誨，成爲歷史上爲人稱頌的模範弟子。顏回的英年早逝對孔子而言，不僅是一位愛徒的離去，更是心靈深處的巨大衝擊。這兩則選文呈現出孔子對於顏淵的不捨與哀痛。

孔子晚年頻遭白髮人送黑髮人的傷痛，七十歲時，他唯一的兒子孔鯉辭世；七十一歲時，與他情同父子的顏淵也短命而死；翌年，他視之如兄弟的子路，也在衛國的內亂中死了。面對最愛之人的死別，孔子的悲痛可想而知。

第一則選文，孔子得知顏淵的死亡，激動地發出最沉痛的哀嘆：「眞是上天要毀滅我呀！上天要毀滅我呀！」顏淵是孔子寄望最高的學生，也是對孔子所傳的道，最能領會與實踐的人。如此朝夕相隨、情感相繫、理想相契的愛徒，竟先孔子而逝，這對孔子的生命與志業，無疑是一大重擊。孔子強烈地感受到：希望破滅了，世界崩塌了。這不就是我們面對親愛之人辭世的眞實寫照嗎？死亡，似乎帶走了一切。從《論語》中，我們可以發現，孔子從未如此激動過。

在第二則選文，隨同前去顏淵家弔唁的弟子，察覺孔子哀傷過度，勸孔子說：「您已經哭泣得過於悲傷了」，提醒他節哀。孔子這才回神，喃喃自語，眞情流露地說：「我眞的過度哀傷了嗎？如果不是為這樣一位品德卓越的弟子而悲傷，還能為誰悲傷呢？」這顯示出孔子的情感深度，他並非過於情感化，而是認為顏回的逝去值得他傾注所有悲情。在孔子的眼中，死亡，讓愛與哀痛成正比。

孔子對顏回的愛惜之情令人動容，展現了儒家教育中師生之間的深厚感情。這種感情不僅僅是對才華的欣賞，更是對人格的無限敬重。孔子身為古代聖人，卻在面對摯愛弟子的離世時，毫不掩飾自己的悲傷，表現出一位有血有肉、有情有義的真性情，令人敬佩。

孔子對顏回的深情提醒當代的我們：首先，要珍惜與感恩生命中的貴人。要珍惜生命中那些支持我們、啓發我們的人。他們的存在可能是我們生活中的光。其次，要珍惜與讚美君子。顏回的高尚品格成為孔子永恆的痛惜，現代社會中，我們也應該學會讚美和珍視德行卓越之人。第三、不吝於表達真實的情感。孔子不掩飾自己的悲傷教會我們，不需要壓抑內心的真情實感，適當地表達情緒能夠更好地面對生命中的失去。

李密是晉代的孝子，他因祖母年邁而辭官侍奉，寫下名篇〈陳情表〉。李密自幼喪父，由祖母劉氏撫養長大。西晉統一後，李密被召為官，但當時祖母年事已高，且身體虛弱，無人照顧。李密深知「忠孝難兩全」，為了盡孝，他向晉武帝上奏此表，陳述自己不願離家應命的理由。該表稱「臣無祖母，無以至今日；祖母無臣，無以終餘年」，直陳祖孫間的依存關係，表達了李密對祖母的至孝之情。「臣生當陳力以報恩，死當結草以報德」，表示願盡忠為國，但在此情此景下只能選擇孝道。〈陳情表〉以至情至性和真摯的言辭感動了無數後人，是中國古代文學中表達孝道與忠誠的名篇，體現了中國傳統倫理道德觀念的重要價值。

在《聖經》的《約翰福音》中，耶穌的好友拉撒路（Lazarus）病逝。當耶穌抵達拉撒路的墓地時，看到馬大（Martha）和馬利亞（Mary，拉撒路的姐妹）哭得悲痛欲絕，他也「深感動，心裏憂愁」，甚至流下了眼淚。雖然耶穌後來復活了拉撒路，但他的眼淚表現了對摯友失去的眞切悲傷，也展現了他人性的情感一面。

這些故事中，無論是東方還是西方，這些人物都展現了對摯愛之人失去的深切哀痛。他們選擇眞實地表達情緒，爲後世提供了值得珍視的人性力量和眞情之美。

二、情的抒發不逾越禮的規範

顏淵死，顏路請子之車以為之椁。子曰：「才不才，亦各言其子也。鯉也死，有棺而無椁。吾不徒行以為之椁，以吾從大夫之後，不可徒行也。」（〈先進〉）

顏淵死，門人欲厚葬之。子曰：「不可。」門人厚葬之。子曰：「回也視予猶父也，予不得視猶子也。非我也，夫二三子也。」（〈先進〉）

中國人自古以來非常重視禮數，尤其在喪葬禮儀方面，這種重視體現在不同身分、地位和社會角色的人所採用的不同下葬規制，這既是對逝者生前地位的體現，也是對文化傳統的遵循。這種規範深刻反映了儒家「禮」的思想核心，即尊重、等級和秩序。以下兩則選文是孔子在「情與禮」方面的平衡。

第一則選文：顏淵死了，他的父親顏路（因爲家貧）去請孔子把自己的車賣掉，助他買一副外棺。孔子說：「才和不才雖有差異，也都是自己的兒子啊！以前我兒子鯉過世時，也只有棺而沒有外椁。我不能徒步，把車子賣掉來爲他做外棺，是因爲我也曾做過大夫，不能徒步行路的啊！」

第二則選文：顏回過世之後，孔門弟子因爲孔子重視顏回而想厚葬他。孔子說：「因爲不合禮，不能厚葬。」門人還是厚葬了顏回。孔子說：「顏回雖然把我看成是父親一般，但我卻不能眞的視他如親生兒子一樣厚葬。這不是因爲我的緣故，而是你們這些學生如此而逾越了禮制啊！」

孔子與他的弟子，在哀傷中接受了顏淵的死亡，他們也藉由喪禮的安排，治癒哀傷與死者的生命重新連結。這兩則選文，可以看出孔子與其他學生對於顏淵喪禮的安排有不同的看法。

在第一則選文中，顏回去世後，他的父親顏路因家境貧困，無法負擔外棺，便請求孔子賣掉自己的車來幫助厚葬顏回。然而孔子婉拒了，並提到自己的兒子孔鯉去世時也僅用簡樸的葬禮，未添外椁。孔子的拒絕並非冷漠，而是出於禮制的考慮。孔子強調禮制，即使對自己的兒子，他也不曾逾越，因此他不願爲顏回破例。孔子還提到自己曾爲魯國大夫，按禮大夫必須乘車，而沒有答應，說明孔子不得不在情與禮中取捨。

在第二則選文中看到孔子對於情與禮關係的理解。門人弟子因敬重顏回，仍擅自厚葬，孔子無奈但也理解地表示：「這不是我的意思，是你們逾越了禮制。」孔子這句話有兩個意涵。一是對禮的堅守與對情感的尊重。孔子再三強調，儒家思想中「禮」是行事準則，即使面對至親，也需遵循規範，不能因私情而破壞社會的制度與秩序。二是對弟子的不同選擇的理解。學生對顏回的厚葬，代表了他們對師兄的敬愛，但也顯示了他們在行禮與表達情感之間的拉扯。

在孔子眼中，顏淵德行修養之可貴，就在於「一簞食，一瓢飲，在陋巷，人不堪其憂，回也不改其樂」（〈雍也〉）。厚葬顏淵，反而不能符合顏淵的心意。但是，孔子深知：在血緣與倫理上，顏路對顏淵的喪禮有主導權；其他學生因爲與顏淵情誼深厚，想厚葬顏淵的心情也無可厚非。孔子雖然有不同的看法，卻也無法阻止。孔子只想表明，喪禮應該以表現對亡者的哀戚思念爲主，而非鋪張的形式。從顏淵之死與其喪禮的舉辦，我們深切體認到：生與死，都有其尊嚴。

孔子的母親去世後，他遵循周禮爲母親守孝三年。在此期間，他辭去官職，住在簡陋的居所，飲食簡單，以表達對母親的哀思（情）和對禮制的尊（禮）。他不僅恪守了禮儀規範，還眞誠地表達了內心的悲痛，成爲後世的典範。

我們從中國的古籍來看，《漢書》中記載漢武帝喪禮極爲隆重，修建茂陵，埋葬大量陪葬品，體現了天子的無上地位。而普通百姓僅有簡單的土葬。明代皇帝葬於十三陵，展現出天子葬禮的莊嚴與氣派。而同時期普通士人的喪葬可能僅有石碑和簡單墓穴。《禮記・喪大記》文中詳細描述了不同身分的喪禮禮儀，例如「天子七日而殯，三十日而葬」，而平民則有更簡化的規程。在現代社會，雖然不再有明確的等級化喪葬制度，但對禮數的重視依然保留。例如，重要人物的國葬依然莊重隆重，而普通人的喪禮則以簡樸、尊重爲主。這種傳統不僅是文化的延續，也是對人類情感和倫理價值的深刻體現。

在這裏也介紹一下中國文化中特有的「奪情」。「奪情」源自中國古代禮制，指的是官員在父母喪期內，因特殊情況被強制停止守喪（即喪期中斷），重新返回職位執行國家公務的行爲。依據儒家禮制，父母去世後，子女需守喪三年（實際約二十七個月），以表達孝道。然而若因國家面臨危急或其他重大需要，皇帝有權「奪情」，命令官員停止守喪履行職責。是中國古代在「情」與「禮」之間的一種艱難選擇，集中體現了孝道與公務責任之間的張力。

在《聖經・舊約》中，亞伯拉罕接受上帝的試煉，被要求將自己心愛的兒子以撒獻祭給上帝。亞伯拉罕依禮遵從上帝的命令，但在行動過程中充滿了掙扎與痛苦。他最後舉刀之際，上帝天使出現制止了這一行爲，並讚揚了亞伯拉罕的信仰與情感平衡。亞伯拉罕既表現了對上帝的敬禮，也展現了深沉的父愛。

這些中外故事展現了「禮」與「情」的深刻交融，讓我們看到了在「禮」與「情」中做選擇的糾結與智慧，無論是家族倫理、法律制度，還是宗教信仰，當人們面對難題時，如何平衡情感與理性的抉擇是一種值得學習的智慧。

三、戰戰兢兢愛護生命以無愧父母

曾子有疾，召門弟子曰：「啓予足，啓予手。《詩》云：『戰戰兢兢，如臨深淵，如履薄冰。』而今而後，吾知免夫！小子！」（〈泰伯〉）

《孝經》教誨說，「身體髮膚，受之父母，不敢毀傷」。《孝經》認爲人的身體是父母賦予的，子女應該珍惜自己的身體，視其爲孝敬父母的一種表現。孝道並非僅僅是對父母的順從和供養，還包含對自身生命的愛護。儒家認爲，愛護自己的身體，就是對父母的尊敬，因爲身體來自於父母，損傷它便是對父母的辜負。

曾子病重，臨終之前召集了門下弟子，說：「（弟子們）把被子掀開，檢視一下我的腳和手吧！《詩經》曾說：『要懷著戒愼恐懼之心，就像站在萬丈深谷之前，踏在薄冰之上一樣謹愼。』（我以此心對待我的身體髮膚），從今以後，我知道可以免於愧對自己和生我養我的父母了！你們明白了嗎？」

曾子是孔子得意門生，以「孝」著稱。《孝經》據傳由他所作。臨終時，曾子召弟子檢視自己的身體（手與腳），引用《詩經》的警句，表達了自己一生戒慎恐懼的態度，以及對父母的孝道無愧。

從曾子的臨終之言，體現死亡與生命的尊嚴，成為「慎終」、「正終」的典範。對以進德修業自許的君子來說，死亡的意義，在於生命的完成。在這段對話中，曾子在臨終前說「啓予足，啓予手」，請弟子掀開被子檢查自己的肢體，確保身體髮膚完整無損。曾子並引用《詩經．小雅》中的「戰戰兢兢，如臨深淵，如履薄冰」的文句，以此總結他對待身體和行事的態度，強調終生敬慎無怨。在結語時，曾子認為自己無愧於父母的養育之恩，身體毫無損傷，心中得以坦然，而發出「吾知免夫」的自豪。曾子遵循儒家思想中的「孝」和「慎終追遠」，認為身體髮膚受之於父母，必須完好保全，這不僅是外在的要求，更是對生命的敬重與感恩的具體體現。

曾子的臨終表現是對儒家孝道的最佳詮釋。第一，他展現了慎終如始的孝道典範。他的「戰戰兢兢」態度，展現了一生對孝道的高度重視，是對「身體髮膚，受之父母，不敢毀傷」的具體實踐。第二、他展現了以身作則的教育力量，曾子並非僅以語言傳授孝道，而是以生命最後的行動，為弟子留下了最具說服力的榜樣。第三、他展現了敬畏生命的態度。曾子的一生以「戰戰兢兢」為座右銘，強調謹慎和敬畏，不僅是對父母的孝，也是對自我生命的尊重和珍惜。

在日常生活中，這句話啓示人們要珍惜健康，不做有害於身體的事。例如，避免因衝動而做危害自身的舉動，這不僅是對自己的愛護，也是對父母的尊重。它也提醒人們尊重他人的生命和身體，因爲每個人的生命都是父母辛苦賦予的，應該被珍惜和尊重。在現代社會，這種孝道精神可以延伸到更廣泛的層面，包括關注健康、珍惜環境、避免過度消耗資源等，因爲這些行爲都與對生命的尊重息息相關。

舜是中國上古五帝之一，以孝道著稱。他的父親瞽叟偏愛後母與弟弟，對舜百般苛待，但舜依然以德報怨，孝順父母。傳說舜在田中耕種時，牛和鳥被他的孝行感動，自動前來幫助他。最後，他的孝道感動了天地，被堯帝舉爲繼承人。舜的故事體現了孝道的力量，也表現出一種謹慎與忍耐的生活態度，爲人處事時不因怨恨而背離道德準則。

馬可・奧勒留（Marcus Aurelius）是古羅馬的一位著名哲學家皇帝，也是斯多葛學派（Stoicism）的哲學代表人物。他在著作《沉思錄》（*Meditations*）中多次提到對父母的尊敬和對生命的珍視。馬可・奧勒留感念母親和父親教會他自律與謙遜。他認爲，珍惜生命是一種對父母教誨的實踐，因爲生命是父母賦予的。他對自我健康的管理和生活的克制正是他對生命的尊重。馬可的哲學思想教導人們要以理性與克制對待生命，這與孝道中珍視身體的精神有異曲同工之妙。

這些故事中，中外角色都以謹慎與感恩的態度面對生活，將「孝」與「愼」的價值深深植入了自己的行爲之中，並影響了後世。

第三節　追求生命的尊嚴與傳承

一、君子不談有關怪力亂神之事

子不語：怪、力、亂、神。（〈述而〉）

一般人都喜歡「怪、力、亂、神」的故事，例如中國的《聊齋誌異》，近年流行的《哈利波特》與《魔戒》（又稱《指環王》）的小話及影視作品，因爲它們可以豐富故事情節，同時引領觀衆進入一個超越現實的世界。還有些用暴力來討論社會現象與倫理精神的影視作品，如《教父》（*The Godfather*）。同樣地，一些社會革命與宗教中偏愛「怪、力、亂、神」的元素，例如在太平天國運動中，洪秀全就利用宗教色彩的超自然敘述，將自己的領袖地位視爲「天父之子」，成功地凝聚了大量追隨者。而中世紀的十字軍東征中，宗教領袖宣稱「聖戰」得到神明的庇佑，並將勝利與救贖相聯繫。在當今社會，還有不少「邪教」，都是以「怪力亂神」矇騙信徒。孔子面對這些事，從來不予否認它的存在性，但卻避免去談論，以免影響到應有的認識及解決方法。

孔子不談論「怪、力、亂、神」，也就是不談有關於怪異、暴力、悖亂和鬼神之事。從這則的選文來看，孔子對於學生的教導是「下學上達」、「知之爲知之，不知爲不知，是知也」。因此，孔子平日教導學生，談論可以理解的世界，不談論怪異的世界；強調道德的實踐，不訴諸勇力的攫取；申論治理之道，而不著眼於悖亂之事；著重可見的人倫世界，而不揣測不可知的鬼神世界。

孔子不談論稀奇古怪的現象，認爲這些話題容易讓人偏離正道，無助於人們的修養和實際生活。強調理性與務實，不被無稽之談或迷信干擾。孔子不提倡暴力，反對通過武力解決問題，而主張以「德」與「禮」來化解矛盾。強調以仁德與道義爲核心，反對野蠻與強權。孔子不喜歡談論社會的悖亂，認爲與其指責，不如從根本上改善人心與制度。注重修身齊家治國，避免煽動或渲染負面情緒。孔子對鬼神之事採取敬而遠之的態度。他認爲應將重心放在現世的道德與行爲，而不是依賴超自然力量。提倡「未知生，焉知死」的實際精神，注重現實生活的意義。

在當代，孔子「子不語」的態度可以理解爲對科學與理性的倡導。第一、孔子拒絕談怪異之事。當代社會中，面對各種未經證實的傳言、迷信或陰謀論，我們應該保持批判性思維，專注於實際問題的解決。第二、孔子拒絕談論暴力與叛亂，提醒我們在面對社會問題時應以和平的方式解決，而非依賴暴力或對抗。第三、孔子的「不語神」態度提醒現代人，不應過度依賴超自然的解釋或力量，而應將注意力集中在現世的道德實踐與生活改善上。第四、面對當前社會的負面信息（如暴力事件、恐怖新聞等），孔子的態度告訴我們，可以選擇遠離這些話題，專注於積極的行動與改變，將注意力放在自身可控制的範疇內。

東漢思想家王充在《論衡》中批判了許多迷信和神異現象，如「天人感應」和「災異說」。他說：「事不目見耳聞，而臆度之者，皆謂之妄」，「智者察其理，愚者畏其神」。意思是說，凡事若非親眼所見、親耳所聞，卻憑空猜測的，都可以說是荒誕不經的，聰明的人會探究事物的原理，愚昧的人則害怕神祇的力量。他認為這些所謂的「災異」現象並非神靈的作為，而是自然規律或人為解釋的結果。他提倡用理性分析問題，反對迷信傳說。王充的思想深受儒家影響，他以「子不語」的態度審視傳統觀念，強調理性和現實的力量。

愛因斯坦（Albert Einstein）在面對量子力學的隨機性問題時，曾說：「上帝不擲骰子。」他認為宇宙的運行是基於嚴密的規律，而不是隨機的神秘力量。雖然量子力學後來證實了概率的存在，但愛因斯坦的態度反映了他對自然規律的敬重與對神秘解釋的懷疑。愛因斯坦的科學追求與「子不語」的理性精神相符，他拒絕過度渲染神秘力量，專注於探索可驗證的事實。

這些故事展現了中外先哲如何以理性、實踐和現實為核心，避免陷入迷信與怪力亂神之中，強調智慧與務實的價值。

二、君子務實：事人先於事鬼，知生先於知死

季路問事鬼神。子曰：「未能事人，焉能事鬼？」敢問死。曰：「未知生，焉知死？」（〈先進〉）

埃及的金字塔，是一種爲死亡和來世而建的宏偉建築，充分反映了古埃及人的心理世界和文化價值觀。埃及人相信，「死亡是通往永生的門戶」。爲了確保亡者的靈魂在來世得到安穩，他們投入巨大的資源修建陵墓，準備隨葬品，並進行複雜的宗教儀式。金字塔主要是法老和貴族的陵墓，其核心功能是保護亡者的遺體和財物，並確保他們在來世的安全與尊榮。同時，金字塔象徵著通往天界的階梯，幫助亡者的靈魂（Ka和Ba）升向永恆的星辰，特別是與太陽神拉（Ra）或北極星的神聖聯繫。可是在孔子看來，應該有比死亡更應該優先關心的課題。

子路問孔子祭祀與事奉鬼神之道。孔子說：「我們生前若不能把人間的事情處理好，哪裏有餘暇去談事奉鬼神？」子路又請教死後的世界。孔子說：「如果人們還沒有瞭解生前的世界，如何能預知死後的世界呢？」

作爲一位智慧的實踐者，孔子深知生命與死亡是一體的兩面，都具有莊嚴的意義。雖

然人們對於死後世界不免揣測，有所關懷；但孔子更導引學生思考：如果我們不曾好好地、認眞地活過一生，就無法理解死亡的意義。孔子不正面回答子路如何事奉鬼神，而是引導子路將精神用心與思考的方向，轉回對生命自身的關注，人倫日用的實踐。同樣地，針對子路對於死亡的探問，孔子也從生命的價值創造來回應。

這段對話記錄了孔子對其弟子子路關於祭祀與鬼神、死後世界的提問所做的回答。孔子以兩個問題爲起點，引導學生專注於現實世界中的倫理道德與人際關係，而非分散精力於超自然和未知的領域。第一、人倫爲核心。孔子認爲「未能事人，焉能事鬼？」敬事人倫是生活的核心。在人倫未盡之前，過度關注鬼神或死後世界，反而容易忽略現實生活的義務與責任。孔子將人倫與社會責任放在首位，強調人與人之間的關係遠比鬼神之事重要。第二、關注當下。孔子認爲「未知生，焉知死？」孔子並非否定鬼神或死後世界的存在，而是認爲人的首要任務是善待他人、完善自己。這種思想啓發了後世儒家學者的現實主義哲學。

在現代社會中，我們經常分心於不可控的未來或虛幻的擔憂，孔子的這段話提醒我們應該聚焦當下，善盡責任，關注當前可以改變的事情。在面對迷信與未知領域時，要保持冷靜與批判思維，避免將過多精力放在虛無縹緲的事物上。與其猜測死後世界，不如專注於提升生命質量、實踐道德，活出有意義的人生。

佛教與基督教都是宗教，都有自己的神佛觀，但是也關注人世間事。「人間佛教」強調佛法應該服務於現實生活，幫助眾生解脫苦難，而非僅僅追求來世的解脫或極樂世界的安住。它提倡將佛法應用於日常生活，通過慈悲與智慧來改善人間的現實處境，從而使眾生離苦得樂。民國時期的太虛大師與星雲大師都是倡導者，臺灣大多數佛教界也都是落實「人間佛教」為理念，不僅重視修身養性，推動社會和諧，建立淨土在世間，也注重慈善事業、教育、醫療等方面的貢獻，以實際行動減輕眾生的苦難，更主張化解社會矛盾、促進國際和平，實現眾生的平等與尊重。

基督教強調「愛鄰如己」的信仰精神，認為信徒應以基督的愛心為榜樣，積極參與現世的服務與關懷。基督教倡導人類在現世中實踐仁愛與公義，鼓勵信徒幫助貧窮、孤獨、病痛的人，積極參與慈善事業，建立學校和醫院，提供教育與醫療援助，改善人們的生活條件，致力於推動種族平等和社會改革，以實現正義和和平。德蕾莎修女（Mother Teresa）就是最好的例子。

「未能事人，焉能事神？」這些例子展示了兩大宗教在關注人間現實、推動愛與和平方面的實踐價值，並體現了宗教在人類生活中的重要意義。

三、開悟得道的重要：朝聞道，夕死可

子曰：「朝聞道，夕死可矣。」（〈里仁〉）

生命長壽與開悟得道，哪個更重要？換句話說，如果一輩子都「想不通」，不能做個「明白人」，活得再久又有什麼意義呢？

孔子說：「如果一個人早上體悟了至道，就算晚上過世也不枉此生了。」

對孔門師生而言，生命的尊嚴與價值，就體現在對於「道」的追求與實踐。「道」若按字面意義是指道路。但孔子所說的「道」，更意味著人人可行的大道，既包含以「仁」爲主而體現於人倫世界、歷史文化傳統的「人道」，也包含就生生不息的創造而言的「天道」，用現代的詞語來說，就意味著「眞理」。我們有限的生命，就在對眞理的追求與傳承中，彰顯出無限的價值。死亡並不可怕，重要的是要活出生命的價值與意義。

孔子說的「朝聞道，夕死可矣」提醒我們，眞理超越時空的限制，只要我們能眞正體悟眞理，即使死亡猝然來臨，也不枉活。「聞道」是一種精神上的滿足和生命的升華，能夠超越生死，帶來眞正的內心平靜。孔子的話反映了他對智慧和人生至道的不懈追求，生命的意義並不取決於長短，而在於內在的充實與領悟。這一思想提醒我們，不應浪費生命，而應追求更高層次的精神目標。

毫無疑問地，孔子本身就是一位儒家思想的奠基人與弘揚者，追求不僅限於個人修養，而是將儒家的「道」延展到社會治理與教育。孔子周遊列國，雖屢遭挫折，仍堅持推行「仁政」與「德治」，以實現天下太平的理想。南宋理學家朱熹通過「格物致知」的方法追求儒家「道統」，認爲學問的最高境界在於窮理明道。他提倡「修身齊家治國平天下」，將「道」的實踐融入現實社會和個人修養。朱熹的追求，體現了儒家思想的學術高度和現實價值，將哲學落實於生活中。相對而言，莊子追求宇宙的本質與自然的眞理，他的思想體現了對「道」的徹底放下和自由追求。他以寓言故事闡釋對「道」的理解，如〈逍遙遊〉中展現了無拘無束的精神境界。莊子認爲，人應順應自然，不執著於名利得失。

蘇格拉底以對眞理的追問爲人生使命，他認爲「未經審視的生活不値得過」。他一生通過辯論與提問探討人生的本質與道德的根源，堅持尋找智慧，即使面臨死亡也不放棄信仰。蘇格拉底的精神體現了對「道」的無畏追求，並成爲西方哲學的奠基人。笛卡爾（René Descartes）以「我思，故我在」爲哲學基石，認爲理性是通往眞理的唯一道路。他通過系統的懷疑方法尋找確定性，認爲眞理必須是清楚而明確的。他的哲學爲西方理性主義提供了堅實的理論框架。

這些中外人物雖處於不同的文化背景與時代，但他們對「道」的追求均展現了人類對眞理、倫理與生命意義的深刻探索。他們或通過哲學、或通過實踐，將「道」的精神貫徹於人生，爲後世提供了寶貴的思想遺產與行動榜樣。

四、仁人志士，寧殺生以成仁，不苟活以害仁

子曰：「志士仁人，無求生以害仁，有殺身以成仁。」（〈衛靈公〉）

「生命誠可貴，愛情價更高；若爲自由故，二者皆可拋。」這句話出自匈牙利詩人裴多菲・山多爾（Sándor Pet fi）的詩作〈自由與愛〉（Liberty and Love）。〈自由與愛〉在匈牙利民族解放運動中廣泛流傳，成爲激勵人心的革命歌曲。裴多菲本人也在一八四八年的匈牙利革命中積極參與，並於一八四九年在戰場上爲國犧牲，實現了他詩中對自由的無悔追求。他對於「自由」價值的追求，與孔子對於「仁」的熱愛，是完全一致的，都遠遠放在生命之前。

孔子說：「有志於行仁的人，從來沒有因爲求生存而拋棄操守損害仁道的，只有犧牲生命來成就仁德。」

這段話是孔子對志士仁人的價值觀與行爲準則的闡述。「志士」指的是有崇高志向的人，「仁人」則是以仁德爲核心價值的人。孔子通過這段話，強調「仁」的重要性，並認爲在生與死的抉擇面前，仁德高於生命。孔子認爲，君子「無求生以害仁」，志士仁人絕不會爲了貪生怕死而違背仁德。他們堅持原則，即便生命受到威脅，也不會放棄「仁」。

必要時，他們也會「有殺身以成仁」，即當生命與仁德產生衝突時，他們寧可犧牲生命，也要成就「仁」，體現了對道德和價值的至高追求，這就是生命的尊嚴與傳承。

孔子的這段話體現了一種高尚的道德理想，鼓勵人們在面對困難和威脅時，不應爲了保全個人利益而違背倫理操守。孔子將「仁」放在生命之上，展現了儒家思想對道德理想的執著追求，這種價值觀塑造了東亞文化中對誠信與責任的重視。

在現代社會中，個人經常面臨道德與利益的衝突。第一、孔子的觀點提醒我們，要在道德原則的基礎上做出抉擇，即使面臨困難，也要堅持正確的價值觀。第二、孔子的「殺身成仁」鼓勵人們擁有道德勇氣，敢於承擔社會責任，爲公益和正義而奮鬥。第三、現代社會的快速發展中，個人容易陷入對物質或利益的過度追求。孔子的話提醒我們，眞正的生命價值來自於對仁德和信仰的堅持，而非僅僅追求生存或利益。

南宋末年，文天祥面對元軍的侵略，拒絕投降，寧願被俘受刑，仍堅守氣節。他寫下〈正氣歌〉，表達對忠義與仁德的追求，並以「人生自古誰無死，留取丹心照汗青」作爲對自己信念的寫照。文天祥用生命捍衛了對國家與忠誠的堅持，是「殺身成仁」的典範。

切・格瓦拉（Che Guevara）是阿根廷革命家，致力於推翻壓迫性政權，追求社會公平。他在推動玻利維亞革命時被捕，並被處決。他的名言，「如果你因每一件不公的事情而憤怒，那麼你就是我的同志。」「革命並不是成熟時自然掉下的蘋果，你必須讓它落下。」格瓦拉的犧牲成爲反抗壓迫與追求自由的象徵，展現了爲理想而付出的「殺身成仁」精神。

中外歷史上有太多可歌可泣的「殺身成仁」故事，他們以犧牲生命或承受極大的個人代價，捍衛了眞理、仁德、正義與人道價值。他們的行動超越了個人利益，成爲「殺身成仁」精神的典範，爲人類社會提供了深刻的榜樣與啓示。

五、士不可以不弘毅，任重而道遠

曾子曰：「士不可以不弘毅，任重而道遠。仁以為己任，不亦重乎？死而後已，不亦遠乎？」（〈泰伯〉）

在第四單元第二節「仁心的自覺」時，我們已介紹過這句曾子的名言。做爲本書最後一個選文，還是希望將其納入「追求生命的尊嚴與追求」這一節，以爲與讀者相互的勉勵。

曾子說：「一位士人的心胸不可以不弘大堅毅，他一生所擔負的責任很重，而要走的道路很遠。因爲他把行仁當成自己的責任，這不也是沉重的負荷嗎？一直要到死才能把責任放下，不也是很遠的路程嗎？」

曾子體認到生命的過程，與其說是「由生而死」的變化過程，不如說是「由始而終」

的成德過程。在這實踐仁德的生命之旅中，每一步都是珍貴的，每一程都需要傳承，而且必須堅持至生命的終點。如同上天的生生之德，儒者的小我也得以融入大我，代代相傳，最後匯聚成歷史文化生命的長河，使個人有限的生命得到永恆的安頓。薪盡火傳，不知其盡也。這眞是要窮盡一生的努力，才能達到的理想。因此曾子體認到：一個有志之士，必須有以仁爲己任的宏大抱負，死而後已的堅忍意志，才能擔當此重責大任。

曾子在以「士不可以不弘毅」，鼓勵士人必須心胸寬廣（弘）且意志堅強（毅），只有這樣才能承擔起重大的責任與挑戰。以「任重而道遠」，提醒士人肩負的使命重大（任重），而實現使命的路程漫長（道遠）。這種責任感要求士人既有勇氣，又能長期堅持。以「仁以爲己任，不亦重乎」，要求士人以實現「仁」爲一生的目標，這是一項極其沉重且神聖的責任。以「死而後已，不亦遠乎」，期許士人完成「仁」的使命需要畢生努力，直至生命結束，這是一條漫長且持久的道路。

「士不可以不弘毅，任重而道遠」這句話告訴我們，無論是個人生活還是社會責任，心胸的廣闊與意志的堅毅是承擔責任的前提。現代社會中，我們需要以堅定的信念和耐心，完成自己的使命。在快節奏的時代，很多人傾向於追求短期目標與即時滿足。然而，這句話也提醒我們，要放眼於長遠目標，理解實現理想需要長期的努力與堅持。仁德是對人的關懷與責任感。在當代，這種價值觀可以體現在對家庭、社會和環境的關注上，可以帶來和諧與幸福，是值得我們努力追求實現的。

唐朝時期的玄奘大師無疑是「士不可以不弘毅，任重而道遠」這句話的典範。他一生承擔傳播佛法的重任，走過艱難險阻，以堅韌不拔的毅力完成了弘法的偉業。玄奘對佛法的理解和追求無比執著。他獨自一人冒著生命危險踏上西行之路，穿越沙漠、高山、雪原，歷經千辛萬苦，最終到達印度那爛陀寺，專心學習佛法，並系統整理了大量佛教經典，為中國的佛教發展奠定了基石。在完成西行歸來後，玄奘專注於翻譯佛教經典，將印度的佛學智慧引入中國，並通過著作如《大唐西域記》記錄沿途的所見所聞，促進了中印之間的文化交流。他翻譯的經典數量之多、質量之高，令後世學者敬仰。他的努力不僅惠及佛教界，更成為中外文化交流的橋梁。

孫中山的一生是「士不可以不弘毅，任重而道遠」的當代典範。孫中山以「振興中華」為畢生目標，推動辛亥革命推翻封建帝制，為共和制度奠定了基礎。他面對內外重重困難，始終堅持實現國家富強的理想。孫中山的胸懷與堅毅，正是「弘毅」精神的詮釋，他以畢生努力承擔了沉重而漫長的「道」，即使在他臨終之前，他還期許他的追隨者能夠繼續努力，發出「革命尚未成功、同志仍須努力」的叮嚀。

耶穌基督的一生也是「士不可以不弘毅，任重而道遠」的完美詮釋。他以堅毅的精神承擔拯救世人的責任，並以犧牲成就了仁愛的最高境界。耶穌的生命不僅影響了基督教文化，更為人類提供了一種超越時代的精神榜樣，教導我們如何以仁愛和堅韌應對人生的挑戰，完成更大的使命。

中外歷史中，還有太多的偉大人物，不論是改變歷史、推動社會進步，還是爲人類精神帶來啓迪，都詮釋了「士不可以不弘毅，任重而道遠」的精神。他們無畏挑戰，堅持信念，將崇高的理想轉化爲行動，成爲時代的燈塔。

我們就以「士不可以不弘毅，任重而道遠」這句話做爲本書完美結語，期待每一位中國人，都能成爲「君子」，做個「理想的中國人」，這也是我們所有中華民族「不可以不弘毅，任重而道遠」的偉大文明旅程。

理想的中國人——孔子教你做君子

作　　者／張亞中
出 版 者／揚智文化事業股份有限公司
　　　　　孫文學校
發 行 人／葉忠賢、張亞中
總 編 輯／閻富萍
地　　址／新北市深坑區北深路三段 258 號 8 樓
電　　話／(02)26647780
傳　　真／(02)26647633
E - mail／service@ycrc.com.tw
網　　址／www.ycrc.com.tw
ISBN／978-986-298-457-4
初版一刷／2025 年 8 月
定　　價／新台幣 700 元

國家圖書館出版品預行編目（CIP）資料

理想的中國人：孔子教你做君子/張亞中著. --
初版. -- 新北市：揚智文化事業股份有限
公司；[臺北市]：孫文學校, 2025.08
面；　公分

ISBN 978-986-298-457-4（平裝）

1.CST: 論語 2.CST: 注釋 3.CST: 修身

121.222　　114011934